Technik – Handeln – Wissen

Werner Rammert

Technik –
Handeln – Wissen

Zu einer pragmatistischen
Technik- und Sozialtheorie

2., aktualisierte Auflage 2016

 Springer VS

Werner Rammert
Berlin, Deutschland

ISBN 978-3-658-11772-6   ISBN 978-3-658-11773-3 (eBook)
DOI 10.1007/978-3-658-11773-3

Die Deutsche Nationalbibliothek verzeichnet diese Publikation in der Deutschen National-
bibliografie; detaillierte bibliografische Daten sind im Internet über http://dnb.d-nb.de abrufbar.

Springer VS
© Springer Fachmedien Wiesbaden 2007, 2016

Lektorat: Dr. Cori Mackrodt, Kerstin Hoffmann

Gedruckt auf säurefreiem und chlorfrei gebleichtem Papier

Springer VS ist Teil von Springer Nature
Die eingetragene Gesellschaft ist Springer Fachmedien Wiesbaden GmbH

Inhaltsverzeichnis

V

Vorwort zur 2. Auflage

In Zeiten, in denen mehr publiziert als rezipiert wird, in denen Texte allerorts abrufbar sind, ist die Neuauflage eines Buches für Verlag und Verfasser ein Grund zur Freude – zumal sich die ,Halbwertzeit' neuen Wissens und konstruierter ,Wenden' in den Sozialwissenschaften beständig verkürzt.

Eine weitere ,pragmatische Wende' in der Soziologie auszurufen, das war mit diesem Buch nicht unbedingt beabsichtigt, wohl aber eine Erweiterung ihres Gegenstandsbereichs und die konsequente Erneuerung soziologischer Begriffe angesichts allgegenwärtiger ,Digitalisierung' und verdichteter Kontakte mit ,interaktiven Techniken' und ,autonomen technischen Systemen'. Bescheidener als Beitrag zu einer „pragmatistischen" Technik- und Sozialtheorie angekündigt, folgt es dabei vor allem den Traditionen der Chicago School von *Dewey* und *Mead* und den Interpretationen von *Joas* und *Pickering*. Zu *Latours* Akteur-Netzwerk-Methodologie verhält es sich kritisch, nutzt ihn jedoch in der Arena des „Technopragmatismus" als ,Sparring-Partner' für die Ausarbeitung einer soziologischen Perspektive.

Einen Beitrag zur Soziologie der Technik und Technisierung wollte das Buch natürlich auch leisten: In den Worten eines skeptischen Rezensenten präsentiert es einen „anspruchsvollen Entwurf soziotechnologischer Theorie", gibt es einen „instruktiven Überblick über die Techniksoziologie" und bietet eine „bemerkenswerte Synthese techniksoziologischen Wissens". In diesem Sinn kann es weiterhin als eine Art *Einführung in die Techniksoziologie für Fortgeschrittene* und Interessierte anderer Fächer gelesen werden.

Über die engere Techniksoziologie hinaus wollte das Buch zur „Technik- und Sozialtheorie" und zur soziologischen Handlungstheorie beitragen: Technik sollte nicht mehr auf instrumentelles Handeln, funktionierende Artefakte oder sachliche Infrastrukturen in der Umwelt reduziert und an den Rand der Gesellschaft und raus aus der allgemeinen soziologischen Theorie gedrängt werden. Technik wird hier als konstitutives Element des Sozialen begriffen, Technisierung als besondere soziale Form gefasst, die im Medium des Handelns, der Dinge und der Zeichen als wirksame Konstellation mit erwartbaren Leistungen verfertigt und gefestigt wird. Damit rückt die technische Vermittlung des Sozialen, wie sie mit jedem Klick in den vorgegebenen Formaten und jedem Blick auf die gespeicherten Aktivitäten in den Sozialen Medien praktiziert wird, in den Fokus soziologischer Analyse. Mit dem Konzept „verteilten Handelns" von Mensch, Maschine und Programm hat das Buch begonnen, die soziologische Handlungstheorie für die Analyse von Interaktivitäten mit Softwareagenten und Suchmaschinen, mit Robotern und autonomen Fahrzeugen als Handlungsinstanzen fit zu machen, mehr noch: deren aktiven Anteil am Gesamthandeln in soziotechnischen Konstellationen sichtbar und die verschiedenen Niveaus und Grade ihres Mithandelns differenziert bestimmbar zu machen.

Die Rezeption ging über die Technik-, Organisations- und Arbeitssoziologie sowie die Soziologie im Allgemeinen hinaus: Medien-, Theater-, und andere Kulturwissenschaften[1] interessieren sich für den relationalen und nach Trägermedien differenzierten Begriff der Technisierung sowie für die „Agency" von Objekten. Bei den Technikwissenschaften, z.b. auf den Feldern der Informatik, der Softwareergonomie, dem Schnittstellen-Design und der Robotik, regten die Überlegungen zur „hybriden Handlungsträgerschaft", zur „Sozionik" und zur „Zukunft der künstlichen Intelligenz: verkörpert – verteilt – hybrid" bis heute zu Kommunikation und interdisziplinärer Kooperation an. Die hierzu entwickelten Konzepte gingen u.a. ein in Schriften der Akademie der Technikwissenschaften zu „Intelligenten Objekten"[2] und „Technologischem Wissen"[3] und in die Formulierung des Förderprogramms des BMBF „Mensch-Technik-Interaktion für den demographischen Wandel".[4]

Trotz des Tempos aktueller Technisierung haben die Beiträge dieses Buchs nichts von ihrem theoretischen Reiz und ihrer praktischen Relevanz verloren. Daher erscheinen sie in nur leicht aktualisierter Auflage. Fehler wurden korrigiert.

---

1   Vgl. u.a. Paradoxes of Interactivity: Perspectives for Media Theory, Human-Computer Interaction, and Artistic Investigations, edited by Uwe Seifert, Jin Hyun Kim, and Anthony Moore, Bielefeld/New Brunswick: Transcript/Transaction Publishers 2008.

2   Intelligente Objekte: Technische Gestaltung – Wirtschaftliche Verwertung – Gesellschaftliche Wirkung, hrsg. von Otthein Herzog und Thomas Schildhauer, Berlin: Springer 2009

3   Technologisches Wissen: Entstehung, Methoden, Strukturen, hrsg. Von Klaus Kornwachs, Berlin: Springer 2010

4   Bruno Gransche, Erduana Shala, Christoph Hubig, Suzana Alpsancar und Sebastian Harrach: Wandel von Autonomie und Kontrolle durch neue Mensch-Technik-Interaktionen. Grundsatzfragen autonomieorientierter Mensch-Technik-Verhältnisse, Stuttgart: Fraunhofer Verlag 2014.

Der Inhalt jedes Kapitels wird jeweils am Anfang knapp zusammengefasst. Die Seitenzahlen sind gegenüber der vorigen Auflage leicht verändert.

Werner Rammert   Berlin, den 10. April 2016

Vorwort zur 1. Auflage

Technik, Handeln und Wissen sind zentrale Begriffe soziologischer Theorie, könnte man meinen. Ein Blick in die Literatur belehrt einen schnell: Für Handeln und Wissen gilt das sicherlich, aber für Technik wohl kaum. Auf Handlungstheorie kann in keiner Sozialtheorie verzichtet werden. Wissenssoziologie spaltet sich in eine besondere sozialtheoretische Tradition und in das Feld einer Spezialsoziologie auf. Techniksoziologie blieb bisher nur eine Bindestrichsoziologie. Das soll sich ändern.

Diese Lücke mangelnden Technikbezugs in der Sozial- und Gesellschaftstheorie zu füllen ist ein Anliegen dieses Buches. Technik wird zu einem soziologischen Begriff in einem sozialtheoretischen Kontext entwickelt. Dazu wird auf verschiedene Technik-, Medien-, Symbol- und Interaktionstheorien zurückgegriffen. Phänomenologie (Hans Blumenberg, Don Ihde), Laborstudien (Karin Knorr Cetina) und Akteur-Netzwerk-Theorie (Bruno Latour) sind bei diesem Unternehmen wichtige Ideengeber. Der theoretische Kurs wird jedoch überwiegend durch zwei Varianten des Pragmatismus, die Techniktheorie experimentellen Handelns (John Dewey, Larry Hickman, Andrew Pickering) und die Sozialtheorie der Interaktion und Interaktivität mit Objekten (George Herbert Mead, Hans Joas), und durch die Handlungs- und Strukturationstheorie (Anthony Giddens) bestimmt. Schrittweise werden Teilstücke einer pragmatistischen Technik- und Sozialtheorie herausgearbeitet. Die einzelnen Kapitel tragen nicht nur zum etablierten Programm einer speziellen Techniksoziologie begrenzter Reichweite bei, sondern sie treiben das Projekt einer allgemeinen Soziologie der Technik voran, welche Technisierung als eine besondere Form sozialer Praktiken und Prozesse unter anderen und Technostrukturen als besondere soziale Tatsachen und Konstellationen begreift.

Das Buch gliedert sich in drei Teile: Technik, Handeln und Wissen. Sie sind durch das eben skizzierte Projekt einer pragmatistischen Technik- und Sozialtheorie verbunden, nehmen aber jeweils einen anderen Aspekt zu ihrem Fokus. Im *Teil I Technik* wird nach einer Einleitung in eine allgemeine Soziologie der Technik die „technische Konstruktion als Teil der gesellschaftlichen Konstruktion der Wirklichkeit" in enger Auseinandersetzung mit der Sozialphänomenologie (Peter Berger, Thomas Luckmann) behauptet und programmatisch skizziert. Dann wird ein prozessualer und medialer Technikbegriff herausgearbeitet, der über die Missverständnisse einer „verdinglichten" Sicht auf die Technik aufklärt, wie sie wohl durch die moderne Maschinentechnik, durch die Konzentration auf Produktionstechnologien und durch unsere auf sichtbare Apparate fixierte Alltagswahrnehmung erzeugt worden ist. Dazu werden an Praxis, Prozess oder Funktion orientierte Techniktheorien (Aristoteles, Dewey, Heidegger, Blumenberg, Cassirer, Luhmann) herangezogen. Als Ergebnis wird ein zweigeteilter Technikbegriff vorgeschlagen: *erstens* Technisierung als eine besondere Form der praktischen Herstellung Sinn entlasteter und Wirkung erzielender Schemata und *zweitens* Konstellationen von Trägermedien, in welche die Technisierungsformen verkörpert (Organe, Bewegungen), versachlicht (physische Artefakte) oder eingeschrieben (Zeichensysteme) sind. Schließlich wird am Fall eines natürlichen Objekts, seiner Erforschung und seiner technischen Kontrolle, aufgezeigt, wie der Pragmatismus der Forschung (Dewey) und die „Mangel der Praxis" (Pickering) zu einem Konzept *experimenteller Interaktivität"* weiterentwickelt werden können. Der Pragmatismus bietet sich damit ähnlich wie die Akteur-Netzwerk-Theorie als ein Theorieprojekt jenseits von Realismus und Konstruktivismus an.

Handeln war zumindest von Max Weber über Talcott Parsons bis hin zu Jürgen Habermas unumstritten der Begriff, um den sich soziologische Theoriekonstruktionen drehten. Auch Theorien rationaler Wahl, an Kommunikation orientierte Systemtheorie und Praxistheorien räumen dem Handlungsbegriff noch strategische Bedeutung ein. Daran kann im *Teil II Handeln* angeschlossen werden. Gleichzeitig wird auf ein wesentliches Defizit der Theorien zweckrationalen, kommunikativen oder instrumentalen Handelns aufmerksam gemacht: Was zur Handlung zählt und wer oder was handelt, das wird selbst nicht mehr untersucht, sondern normativ vorausgesetzt. Kritisiert werden der vorgängige Dualismus von Menschen, die bewusst handeln, und technischen Agenturen, die bloß funktionieren. Kritisiert wird der Dualismus von Subjekt und Objekt, der von vorneherein zwischen menschlichen Akteuren mit Intention und technischen Artefakten als passive Instrumente unterscheidet. Vom Pragmatismus experimentellen Handelns (Dewey) kann man lernen, dass sich erst in Situationen herausstellt, wer handelt und was wirkt und wie man die Effekte jeweils zurechnet. Hier liegt auch das Defizit begründet, die Kreativität des Handelns nicht in den (Be-)Griff zu bekommen (Joas). Vom Pragmatismus der Interaktionen und Interaktivität (Mead) wird die Grundidee übernommen, dass sich sinnhaftes Handeln erst aus der Gerichtetheit, Wechselseitigkeit und Wiederholbarkeit von Aktivitäten herausbildet, nicht *im* Bewusstsein eines Ego oder Alter, sondern *zwischen* ihnen im Wechsel von Gesten, die Bedeutung für beide und Dritte erlangen. Mit der Akteur-Netzwerk-Theorie wird die symmetrische Einbeziehung aller möglicher Instanzen geteilt, die aktiv sind (Aktoren), die im Auftrag handeln (exekutive Agenten) und denen Handeln zugerechnet wird (korporative Akteure, Softwareagenten), aber ohne die sich in der Interaktion zeigenden Differenzen zu ignorieren. Die Kapitel in diesem Teil verfolgen das Ziel, eine *Theorie verteilten Handelns* („distributed agency") zu entwickeln, welche zwischen der Verteiltheit a) auf mehrere Akte, b) auf mehrere Akteure und c) auf heterogene Handlungsträger unterscheidet. Damit lässt sich ohne normative Vorgaben untersuchen, auf welchem Niveau und mit welchem Grad an Handlungsfähigkeit beobachtbares Verhalten von Menschen, Tieren und Maschinen in bestimmten Situationen stattfindet. Wird in den ersten beiden Kapiteln das gradualistische Konzept des Handelns und die Theorie verteilten Handelns begründet, demonstrieren die beiden anderen seine Anwendung auf zwei Feldern, der Verteilung der Interaktivitäten zwischen Fahrern, Fahrzeugen und Umwelt im intelligent gesteuerten Verkehrssystem in naher Zukunft und der verteilten Beobachterordnung bei Videoüberwachungssystemen in der aktuellen Gegenwart.

Wissen wird immer noch als kompaktes Gut, das transportiert und gespeichert wird, angesehen und nicht als Kompetenz, etwas gekonnt zu tun. Die elektronischen Informations- und Kommunikationstechnologien scheinen den „Container"-Begriff des Wissens nur noch verstärkt zu haben. Aber das Wissen steckt nicht in den Köpfen, Büchern und Datenbanken, sondern Wissen ist aus pragmatistischer Sicht nur in Beziehung zum praktischen Handeln und in Beziehung zu den Konstellationen aus Körpern, Dingen und Zeichensystemen zu verstehen. Die Kapitel in *Teil III Wissen* behandeln diesen Wissensbegriff auf recht verschiedene Weisen: Sie forschen systematisch nach der Bedeutung nicht-expliziten Wissens in der Soziologie und der Sozionik. Sie gehen den Wegen des Umgangs mit Wissen in Techniken der Informatik und der Künstlichen Intelligenz nach. Sie zeigen auf, wie Wissen von Laien für von Experten geführte Debatten über Hochtechnologien zur Erweiterung der Perspektiven in demokratischen Öffentlichkeiten (Dewey) führt. Und sie gipfeln im letzten Kapitel in eine Diagnose zweier Grundprobleme einer auf Innovation und wissenschaftlichem Wissen basierten ‚Wissensgesellschaft', nämlich wie sie das in den ausdifferenzierten Bereichen produzierte heterogene Wissen verknüpfen und wie sie das allerorts wachsende implizite Wissen verwerten können. Mit der Unterscheidung zweier Regime der Wissensproduktion und zweier Stile des Wissens wird darauf eine für das Wissensmanagement von Organisationen und die Wissenspolitik der Gesellschaft neuartige Antwort gegeben, die aus der Verbindung von institutionalistischer Differenzierungstheorie (Schimank) und pragmatistischer Theorie der Wissens (John Dewey/Arthur Bentley, Michael Polanyi) hervorgegangen ist.

Pragmatistische Technik- und Sozialtheorie stiftet so etwas wie die Einheit – bescheidener den Rahmen – für die Beziehungen in der Vielfalt. Allerdings darf sie selbst auch nicht als eine geschlossene Theorie angesehen werden. Sie ist vielmehr ein aus den Werken der Gründungsväter des amerikanischen Pragmatismus John Dewey, Charles Peirce und George Herbert Mead destilliertes theoretisches Programm und Set von methodologischen Prinzipien, das sich seit den letzten Jahrzehnten über verschiedene Interpreten und Wissenschaftsfelder erneuert. Das vorliegende Buch kann zudem nur aufzeigen, welche Erkenntnisse und Einsichten aus der Beschäftigung mit dem Pragmatismus gewonnen werden können. Es kann noch nicht selbst eine am Pragmatismus orientierte Soziologie der Technik liefern, da es aus vielen Einzelbeiträgen besteht, die aus unterschiedlichem Anlass zu verschiedenen Zeiten entstanden sind. Allerdings bildet der Pragmatismus das durchgehende Band, das die Versammlung der Beiträge unter diesem Titel rechtfertigt. Mögen die Leser und Leserinnen in bester pragmatistischer Tradition selbst probieren und prüfen, ob sie das Projekt einer Soziologie der Technik anregt, überzeugt und auf ihrem jeweiligen Wissensgebiet voranbringt! Für meine theoretische und empirische Forschungsarbeit der letzten acht Jahre war diese Orientierung an der pragmatistischen Technik- und Sozialtheorie ein viel versprechendes Programm, das über den Sozialkonstruktivismus und die Akteur-Netzwerk-Theorie hinausweist.

Danksagung

Dank gebührt vielen Personen, die mich auf dieser spannenden Forschungsreise kritisch und konstruktiv begleitet haben, und den Institutionen, die mir die Mittel, die Zeit und den nötigen Freiraum für das Forschen und Experimentieren mit Ideen verschafft haben. Es begann mit meinem vorletzten von der Lehre befreiten Forschungssemester, den mir noch die Freie Universität Berlin vor neun Jahren gewährte. Da fing ich an, mich mit den Schriften des Pragmatismus vertieft zu beschäftigen. In dieser Zeit war mir Hans Joas ein kundiger Ratgeber und wichtiger Gesprächspartner. Dass ich gegenwärtig das Buch zusammenstellen und einleiten konnte, verdanke ich einer großzügigen Förderung der DFG, die mich für ein Jahr von den Pflichten der Lehre und Selbstverwaltung durch die Finanzierung einer Lehrstuhlvertretung befreit, um ein neues Buch mit dem Thema „Technik in Aktion: Verteiltes Handeln in hybriden Konstellationen" zu schreiben, wozu das vorliegende nur eine sichtende Vorarbeit darstellt.

Den vielen Kollegen und Kolleginnen im Umfeld des Instituts für Soziologie an der FU und seit 1999 an der TU Berlin und den auswärtigen, die sich an einer

Diskussion der Vorfassung der einzelnen Beiträge beteiligt haben, wird für Ihre Zeit und Sorgfalt ganz herzlich in den jeweiligen ersten Fußnoten gedankt. Selbstverständlich tragen Sie für die Schwächen der endgültigen Fassung keine Verantwortung. Den wechselnden Besuchern meines ständigen Forschungscolloquiums zur Wissenschafts- und Technikforschung, in denen ich die meisten Texte zur Diskussion gestellt habe, bevor sie als TUTS-Working Papers und dann mit dem üblichen Zeitverzug in den jeweiligen Büchern und Zeitschriften erschienen sind, sei für ihre beherzte Kritik gedankt, vor allem den jeweiligen Mitarbeitern und Mitarbeiterinnen, wie Gerald Wagner, Josef Wehner, Michael Schlese, Frank Janning, Klaus Scheuermann, Ingo Schulz-Schaeffer, Daniela Manger, Holger Braun-Thürmann, Cornelius Schubert, Martin Meister, Carsten von Wissel, Michael Hahne, Corinna Jung und im weiteren Sinn auch Jörg Strübing. Für die freundliche Genehmigung des Wiederabdrucks einzelner Beiträge danke ich dem Campus-Verlag, dem LIT-Verlag, der UKV-Verlagsgesellschaft und dem Suhrkamp-Verlag und Ingo Schulz-Schaeffer für die Erlaubnis zum Wiederabdruck des gemeinsam verfassten Beitrags „Technik und Handeln". Genauere Angaben zum Erstabdruck finden Sie am Ende des Buches in den *Hinweisen*.

Die Unterstützung bei der Recherche, Beschaffung und beim Verzeichnis der Literatur durch die Tutorinnen und studentischen Hilfskräfte Klaus Scheuermann, Corinna Jung, András Budavári, Jessica Stock und Viola Bösebeck habe ich nicht vergessen. Der meiste Dank gebührt meiner Sekretärin Frau Rosemarie Walter, die auch dieses Mal wieder die ganze Arbeit mit der Umformatierung der Beiträge und ihrer Integration in eine Druckvorlage hatte, aber auch schon vorher alle Beiträge für die jeweiligen Veröffentlichungen und Vorfassungen bearbeitet und Korrektur gelesen hat. Sie hat mich und meine Arbeit über viele Jahre zuverlässig begleitet, wofür ich ihr von Herzen danke.

Berlin, den 22. November 2006   Werner Rammert

Teil I
Technik

Technik, Handeln und Sozialstruktur 1

Eine Einführung in die Soziologie der Technik

Zusammenfassung

Dieser Beitrag führt systematisch und exemplarisch in die soziologische Analyse von Technik, technikbezogenem Handeln und Technostrukturen der Gesellschaft ein. Themen sind die Technisierung im Alltag, die begriffliche Bestimmung der Technik und der technische Wandel in der Gesellschaft. Behandelt werden die verschiedenen Perspektiven der Techniksoziologie: (1) die technikdeterministische mit Blick auf die Folgen der Techniken für die Gesellschaft; (2) die sozialkonstruktivistische mit Betonung von sozialer Genese und Gestaltung von Technikprojekten; (3) die eines nicht-dualistischen Technopragmatismus, der sich für Praktiken der Herstellung technischer Sozialformen und für die gerahmten und gefestigten Interaktivitäten in soziotechnischen Konstellationen interessiert. Die Erkenntnisse der sozialwissenschaftlichen Technikforschung werden in Thesen und Regeln zusammengefasst und anhand vieler Fallstudien und Alltagsbeispiele veranschaulicht.

1.1   Die Technik der Gesellschaft: Ein kurzer Abriss

In diesem Beitrag wird *Technik* zugleich als integraler Bestandteil und besonderer Aspekt der Gesellschaft betrachtet. Sie ist selbstverständlicher Teil der *Sozialstruktur*. Denn ohne Bezug zu unterschiedlichen Formen der Technik ließen sich die Berufs-, Branchen- und Sektorenstrukturen einer Gesellschaft nicht erklären. Berufe und Arbeitssituationen wandeln sich mit den Typen von Technik (Werkzeuge, Maschinen, Automaten); Industriebranchen und Wirtschaftssektoren verändern sich mit neuen Generationen von Technologien (Großrechner, PC, Internet). Zusammen mit den *technischen Infrastruktursystemen* (Mayntz 1993; Mayntz/Hughes 1988) für Wasser, Energie, Verkehr und Kommunikation bilden diese soziotechnischen Konstellationen die *Technostruktur* einer Gesellschaft.

Techniken sind Resultate *sozialen Handelns* und sind oftmals insbesondere eine Form *kreativen Handelns,* wie das Forschen und Entdecken von Ursache-Wirkungs-Beziehungen (Kausalität) und das Erproben und Erfinden von wirksamen Zweck-Mittel-Relationen (Effektivität) (Dewey 1938). Handeln mit Technik wird häufig auf den Typ *instrumentellen Handelns* (Habermas 1968) verkürzt. Arbeitshandeln oder Maschinenführung sind nicht nur instrumentelle Vollzüge, sondern beinhalten auch kooperative Abstimmung, interaktive Aneignung und manchmal auch innovative Umgestaltung. Technikbezogenes Handeln im Alltag beschränkt sich ebenso wenig auf die rein instrumentelle Nutzung der nützlichen Dinge, sondern bedeutet auch demonstratives Konsumhandeln (Veblen 1899) mit Edelmarkenprodukten, expressive Identitätsbildung bei mobilen Musikgenießern (Du Gay et al. 1997) und Kultivierung von Lebensstilen bei „Zeitpionieren" oder „Wellenreitern" mittels der Technik und ihrer spielerischen Umnutzung (Hörning 2001).

Die Techniken der Gesellschaft sind in doppelter Weise mit deren *Kultur* verbunden: Einerseits sind sie selbst vergegenständlichte Kultur – wie Architektur und Autokultur –, andererseits werden sie in ihrer Gestalt und Genese durch besondere kulturelle *Stile* und *Orientierungen* geprägt (Rammert 2002a). Diese verdichten sich in kulturell kontrastierenden Nutzungsvisionen, wie die Verwendung von Schießpulver für die Vernichtung oder zum Vergnügen, in technischen *Leitbildern* (Dierkes/Hoffmann/Marz 1992) einer menschenleeren Fabrik, eines papierlosen Büros oder einer autogerechten Stadt und in kulturellen *Nutzungskonzepten* (Rammert 1993), wenn Telefone entweder als einseitiges Nachrichtenmittel oder als Medium des Wechselgesprächs, Computer entweder als Rechenmaschine oder als Kommunikationsmedium entworfen oder genutzt werden. Umgekehrt können die Gestalt einer Technik und die Eigenheiten einer gesamten Technostruktur als *„objektive Kultur"* (Simmel 1900) gelesen werden. Sie repräsentieren nicht nur, welche Denkweisen in einer Kultur dominieren und welche Problemlösungen be-

vorzugt werden, sondern auch die Art und Weise, wie verschiedene gesellschaftliche Gruppen im Alltag praktisch und stilbildend mit Techniken umgehen.
Techniken werden als Ressourcen für die Ausübung von *Macht* zwischen Menschen, Organisationen oder Nationalstaaten verwendet. Sie wirken dann als Mittel zur Kontrolle der Beschäftigten durch das Management, z.b. durch EDV- und
Überwachungssysteme (Ortmann/Windeler/Becker/Schulz 1990), zur Stärkung
der Wettbewerbsposition von Unternehmen durch Produktinnovation (Rammert
1988) oder zur Gestaltung internationaler Beziehungen (Staaten mit und ohne
Atomwaffen). Wenn von der „Macht der Computer und der Ohnmacht der Vernunft" (Weizenbaum 1977) gesprochen wird, dann ist ein anderer Aspekt gemeint:
der *Sachzwang*, der von der Materialität und Undurchsichtigkeit technischer Systeme ausgeht. Von anderen sozialen Zwängen unterscheidet er sich durch seine besondere Widerständigkeit gegenüber abweichendem und veränderndem Handeln.

Technik wird zwar in den institutionellen Bereichen von Wissenschaft, Wirtschaft und Politik vorangetrieben, und im Hinblick auf technische Innovationen
spricht man von einem *nationalen Innovationssystem* (vgl. Braun-Thürmann 2005;
Blättel-Mink 2006). Aber die Erzeugung und Verwendung von Techniken bildet
kein eigenständiges Teilsystem der Gesellschaft, das über die Interdependenz
mit anderen Teilsystemen zur *funktionalen Integration* der Gesellschaft beiträgt.
Vielmehr gehen aus den einzelnen *Sachintegrationen* (Joerges 1996) in die Handlungsabläufe eines jeden Teilsystems gefestigte *soziotechnische Konstellationen*
hervor. Über die Anschließbarkeit der technischen Teilstrukturen untereinander
wachsen Technostrukturen heran, welche über Leitungsnetze der Versorgung und
Entsorgung, über Verkehrsnetze der Mobilität von Personen und Gütern und über
Funk- und Kabelnetzwerke der Kommunikation eine *materiale Integration* der
Gesellschaft sicherstellen.

1.2 Technik und soziales Handeln im Alltag: Eine phänomenologische Annäherung

Technik ist so selbstverständlich, dass wir sie kaum noch im Alltag wahrnehmen.
Aber es vergeht keine Stunde, in der sie nicht unsere Handlungen vermittelt und
beeinflusst. Es gibt kaum einen Ort, an dem sie nicht präsent ist oder den sie nicht
hintergründig prägt. Wenn Gesellschaften und andere soziale Einheiten durch die
sachliche Vielzahl, die zeitliche Wiederholung und die räumliche Ausbreitung
von Handlungen und Interaktionen näher bestimmt werden können (vgl. Giddens
1988), dann lassen sich kaum Interaktionssituationen, wie die der Sozialisation in
Familie und Freizeit oder der Kooperation und Kommunikation bei der Arbeit fin-

den und erst recht keine Sozialstrukturen oder Teilsysteme der Gesellschaft, wie die Klassenstruktur, die Wirtschaft oder das Gesundheitswesen erfassen, die nicht *technisch bedingt* oder zumindest *technisch vermittelt* sind. Schauen wir uns nur einige der ersten Handlungen im Tageslauf eines modernen Menschen an! Wecken ist die erste *soziale Handlung* am Morgen. Heute summt zwar der Wecker – also doch nur eine rein *technische Operation?* – aber dahinter stecken viele soziale Handlungen und soziale Beziehungen (Arbeitsteilung; Zeitordnung), deren Produkt der Wecker ist. Sie sind in ihn eingebaut, und er ist sinnvoll in sie eingebettet. Nur kleine Kinder und Geliebte erfahren das Wecken noch als liebevolle körperliche Interaktion oder als unmittelbaren kommunikativen Weckruf „Aufstehen!". Das Wecken ist in der Regel an einen *Mechanismus* delegiert, der Uhrwerk, Summer und Zeitprogramm miteinander kunstvoll und zweckmäßig kombiniert. Der Uhrmechanismus macht nur Sinn, wenn er mit Zeigern oder Ziffernsystemen ausgestattet ist, die wiederum die Technik der Zeitmessung mit den sozialen Zeitstandards verknüpfen. Ohne das Zusammenleben einer größeren Anzahl von Lebewesen und ohne die gesellschaftliche Teilung der Arbeit wären technisch präzise Zeitmessung und Zeitordnung nicht erforderlich. Heute hingegen in unserer hoch differenzierten Gesellschaft wäre die Koordination der Milliarden von Interaktionen ohne *Zeittechniken* kaum möglich (Elias 1984: 15). *Ohne Teilung und Taktung der Arbeit gäbe es keinen Zeittakt, ohne Zeittakt keinen Maschinentakt, auch keine getaktete „just in time"-Fertigung und letztlich auch keine technisch vermittelte und raffiniert verschachtelte Zeitordnung der Gesellschaft.*

Waschen ist die nächste soziale Handlung. Wieso sozial? Man wäscht doch nur seinen eigenen Körper. Ganz früher, weit auf dem Lande oder in schlechten Zeiten wusste man noch, dass dazu jemand Wasser holen musste. Heute strömt der Wasserstrahl warm aus dem Duschkopf. Dahinter verbirgt sich jedoch ein *technisches Netz* aus Wasserleitungen, das wiederum mit einem Wasserwerk, Filtern und Pumpen verbunden ist, aber auch noch ein Rohrsystem zur Entwässerung mit einem Klärwerk an dessen Ende. Dass es sich beim Wasserholen nicht um eine freundliche Geste, sondern um nützliche *Arbeit* handelt, merkt man spätestens, wenn man als Kunde für die Leistung zahlt. Ob freundschaftliches Wasserholen mit dem Eimer vom Brunnen oder wirtschaftliches Bereitstellen fließenden Wassers, beide Handlungen sind *technisch vermittelte Sozialbeziehungen.* Man darf eben nicht beim einzelnen *technischen Artefakt* stehen bleiben. Hinter dem Duschkopf und dem elektrischen Boiler stecken weit verzweigte technische Netzwerke (Braun 1993; Braun/Joerges 1994) und *technische Infrastruktursysteme* der Gesellschaft (Mayntz 1993). *Zu diesen großen technischen Systemen zählen nicht nur die physikalischen Apparaturen und technischen Leitungsnetze, sondern auch die sozialen Standards und wirtschaftlichen Abrechnungssysteme, die Vertrags- und*

Gesetzeswerke wie auch die Regulierungsbehörden und Betreiberorganisationen (vgl. Hughes 1987).

Überschlagen wir das gemeinsame Frühstück, obwohl auch das biodynamische Müsli nicht ohne Kühlschrank für die Vorzugsmilch und Vertriebssystem per Lastwagen denkbar wäre, der Werbespot im Rundfunk oder der Videoclip im Fernsehen sich auf das Kauf- und Konsumverhalten auswirken könnte, die Zeitungslektüre die politische Meinungsbildung beeinflussen könnte, usw.

Autofahren ist eine weitere soziale Handlung. Das wird uns jedoch meistens erst dann bewusst, wenn der Motor ‚streikt'! Erst wenn die Technik *nicht funktioniert,* wird ihre Verflechtung in ein größeres gesellschaftliches Netzwerk sichtbar: Die Werkstatt wird angerufen. Sie bildet mit den Autoherstellern, den Zulieferbetrieben, den Tankstellen, den Abschleppdiensten, den Kfz-Versicherungen, den technischen Überwachungsstellen, den Forschungsinstituten für Verkehrstechnik und vielen anderen ein großes gesellschaftliches *Expertensystem* (Giddens 1995), in dem das für die Herstellung, Verbesserung, Verbreitung und sichere Nutzung des Automobils relevante *Spezialwissen* auf viele Instanzen verteilt gespeichert ist. Der Anruf bei meinem Arbeitgeber übermittelt meine Entschuldigung für die heutige Verspätung. Mit der Motorisierung der Mobilität (vgl. Burkart 1994) sind neue *soziale Erwartungen* verbunden: dass man auch eine weit entfernte Arbeitsstelle annimmt und dass man für die Gewährleistung der Mobilität sich selbst und zuverlässig zu kümmern hat. Die sozialen Folgen der gewählten oder strukturell vorgegebenen *Verkehrstechnik* sind u.a. die starke räumliche Trennung von städtischen Industriebezirken und vorstädtischen Wohnsiedlungen.

Halten wir einige wesentliche Gesichtspunkte unserer phänomenologischen Annäherung an die Technik fest und verbinden sie mit einigen zentralen Einsichten der Techniksoziologie!

• Technik ist selbstverständlich *in unsere alltäglichen Handlungen eingebaut.* Wenn wir einkaufen, rechnet und registriert die Kasse, informieren uns Preisschilder, benutzen wir Einkaufswagen und Kofferraum; wenn wir uns verabreden, vermittelt das Telefon die Nachricht, koordiniert der Stadtplan den Ort, bewegt die U-Bahn die Körper im Raum und synchronisiert die Armbanduhr die Zeiten der Akteure.

• Die Technik ist zudem *in dahinter und darunter liegende, kaum sichtbare große Infrastruktursysteme eingebettet.* Kauf und Verkauf in der Wirtschaft beruhen auf Verkehrsnetzen, wie Straßen, Schienen und Luftwegen. Kochen, Fernsehen und Verabreden bedürfen der Kraftwerke, Leitungsnetze und Stationen jenseits der Steckdose und des Kabelanschlusses.

- Technik wird *in ihrer Wirkung erfahrbar, wenn sie fehlt oder wenn sie nicht funktioniert.* Springt das Auto nicht an oder fällt gar der Strom für längere Zeit aus, dann werden Routinen in kleinen Alltagswelten gestört, Rationalitäten in größeren Arbeitswelten unterbrochen, oder es bricht sogar die gesamte soziale Ordnung zusammen, wie wir es bei größeren Katastrophen immer wieder erleben.
- Technik hat *erwünschte Folgen* und *weniger erwünschte Nebenfolgen.* Die Folgen sind nicht durch die Technik direkt determiniert, sondern durch die Gestalt, die wir ihr geben, die Weise, wie wir sie institutionell einbetten, und den Stil, wie wir mit ihr umgehen.

Techniken sind ohne Frage zu allen Zeiten und an allen Orten vermittelnde, formende und fundierende Elemente sozialer Handlungen und sozialer Systeme.

Techniken sind einerseits als Sachtechnik wie auch als explizites Regelwerk eine soziales Handeln ermöglichende *Ressource* in Gesellschaften (vgl. Schulz-Schaeffer 1999), auf die zugegriffen werden kann; andererseits werden die Techniken erst durch *konstruktive und experimentelle Praktiken* der Wirkungssteigerung unter Sinnverzicht (vgl. Blumenberg 1981) als *Formen der Technisierung,* wie Routinen, Mechanismen und Methoden, hervorgebracht (siehe auch Kap. 3 in diesem Buch). Sie sind somit sozial gemachte, sozial geprägte und sozial eingebettete Produkte der Gesellschaft. Techniken sind daher in mehrfacher Hinsicht als soziale Phänomene und Prozesse zu verstehen:

- Techniken werden *bewusst* geschaffen und *planmäßig konstruiert,* sind variabel gestaltbare *materielle oder symbolische Artefakte,* was z.B. die einförmige Bienenwabe von der bunten Vielfalt menschlicher Bauwerke oder die festgelegte Kommunikation der Bienen von der offenen Kreativität menschlicher Kommunikationsmedien unterscheidet.
- Techniken sind zu bestimmten Zwecken kombiniert und werden als materielle *Infrastrukturen institutionalisiert,* um dauerhaft und verlässlich *gesellschaftlich definierte Erwartungen und Bedarfe* zu erfüllen, wie die Netzwerke der Energieversorgung, des Verkehrs oder der Kommunikation.
- Techniken werden in *Projekten der Technisierung* (Entwickler) und im *praktischen Umgang* (Nutzer) als *nützliche Objekte* oder *zweckmäßige Systeme* geschaffen und drücken jeweils verschiedene Haltungen zur Welt aus. So lassen sich beim Autobau sportliche, ästhetische und luxuriöse *Konstruktionstraditionen* unterscheiden. Bei den Käufern und Fahrern wiederum finden sich sparsame, kraftprotzerische oder am sozialen Prestige orientierte *Nutzungsstile.*

Techniken sind also nicht allein ingenieurtechnische Konstruktionen wirksamer Werkzeuge und Maschinen, sondern zugleich auch soziale Konstruktionen der Mittel und Formen, wie in Gesellschaften gearbeitet, geforscht, kommuniziert und gelebt wird. Techniken sind nicht nur technische Installationen aus physischer Materie, Energie und Information, sondern zugleich auch material vermittelte soziale Institutionen.

1.3 Der Begriff der Technik: Ein systematischer Vorschlag

Das Wort *Technik* hat so viele verschiedene Konnotationen, dass wir ohne historisches und theoretisches Vorwissen keine Ordnung in die Begriffvielfalt bringen können. Wir kennen die Maschinentechnik, aber auch die Biotechnologie. Wir sprechen von Produktionstechnik, aber auch von den Informations- und Kommunikationstechniken oder den technischen Medien der Kommunikation. Kulturtechniken, wie Schreiben, Lesen und Rechnen, gehören auch zur Wortfamilie der Technik dazu. Es wird sogar von Meditationstechnik und Liebestechnik gesprochen. Kein Feld sozialer Tätigkeit scheint es zu geben, in dem Technik nicht vorkommt.

Ein Blick in die Geschichte lehrt uns, dass sich der Begriff der Technik mit den Epochen gewandelt hat. In der Antike verstand man unter *techne* eine *Kunst des Machens,* die sich vom politischen Handeln und vom mühsamen Arbeiten darin unterschied, dass mit *Kunstfertigkeit* etwas hergestellt wird, was *nützliche Wirkung* erzielt. Im Begriff des *technischen Artefakts* ist diese Idee aufgehoben. Von den schönen Künsten unterscheiden sich die technischen Künste durch Nützlichkeit. Von den sich selbst bewegenden Prozessen der Natur unterscheiden sich die technischen Prozesse dadurch, dass sie künstlich und mit „ingenium" („Ingenieur") gemacht und in Gang gebracht sind. Was wir aus diesem Rückblick lernen können: Technik muss nicht auf sachliche Artefakte (Sachtechnik) beschränkt gesehen werden; die Wurzel des Technischen liegt in einer Art *Handlungstechnik,* die sowohl für das nützliche und schöne Bauen (Architektur) als auch für die zweckmäßige Regelung des Zusammenlebens (Gesetzes- und Verwaltungstechnik) als auch für das wirksame Reden (Rhetorik) Anwendung findet.

Ein historisch aufgeklärter Blick auf die moderne Industriegesellschaft lässt die Verschiebung des Akzents von der Technik des Machens zur *Technik der Sachen* erkennen. Das Werkzeug, die Maschinen, die Fabrikanlagen, das ganze „technische Ensemble" (Marx) tritt deutlich sichtbar in den Vordergrund: der Rhythmus des Handwerkens verfestigt sich im Takt der Maschinen; die Teilung der Arbeit in der Manufaktur vergegenständlicht sich im *Mechanismus der Maschinerie* in der

Fabrik; die Landschaften und Gemeinden transformieren sich in Industrieregionen und Großstädte. Die versachlichte Technik beschränkt sich nicht auf Apparate und Maschinen; sie umfasst auch künstliche Materialien, wie Stahl oder Kunststoffe, und technische Infrastrukturen, wie Schienenwege und Kabelnetze.

Die gegenwärtigen Techniken scheinen nicht mehr so fest, sichtbar und groß wie die Technik des Maschinenzeitalters zu sein. Die kontrollierte Kettenreaktion von Atomkernen findet zwar auch in großtechnischen Anlagen statt; aber im Wesentlichen geht es um die technische Kontrolle kaum sichtbarer, hochdynamischer Naturprozesse, die ohne die theoretische und experimentelle wissenschaftliche Tätigkeit nicht zustande gekommen wären. Das gilt ebenso für die nanotechnische Manipulation von Molekülen wie für die gentechnische Transformation von Zellen. Computer und Internet bestehen zwar noch aus Siliziumchips und Glasfaserkabeln; aber der Kern dieser Technologien liegt in der *Technik der Zeichenverarbeitung,* den *Programmen* des PC und den *Protokollen* des Internet oder den *Codes* der Gene und den *Klassifikationen* des periodischen Systems.

Was lernen wir aus der historischen Sicht? Begriffe der Technik verändern sich mit den Gesellschaften und den jeweils vorherrschenden Techniken. Für die Analyse von Technik und Innovation in einer Gesellschaft sollte man auf der einen Seite die begriffliche Verengung auf Sachtechnik vermeiden; sie schlösse die Handlungs- und Zeichentechniken aus und machte keinen Sinn bei modernen Agrar-, Bio- und Medizintechniken oder den „*Biofakten*", bei denen sich natürliches Wachstum und künstliche Eingriffe mischen (vgl. Karafyllis 2005). Die Onko-Maus z.B., die für Forschungszwecke mit einem Krebsgen ausgestattet ist, fällt weder unter die Kategorie natürliches Lebewesen noch sachliches Artefakt. Auf der anderen Seite sollte die Ausweitung des Technikbegriffs auf alle Mittel und Methoden, ein besonderes Ziel zu erreichen (vgl. Ellul 1964), vermieden werden; sie verwischte wichtige Unterschiede wie dem zwischen dem Technischen und dem Nicht-Technischen.

Wie könnte das Technische so bestimmt werden, dass wir alle Aspekte erfassen und gleichzeitig den Unterschied zum Nicht-Technischen festhalten können?

Wir trennen den Prozess der Technisierung vom Trägermedium der Technik. In Ermangelung eines Tätigkeitswortes für „Technik tun" oder „etwas technisch machen" bezeichnen wir mit *Technisierung* die besondere formgebende Praxis, Elemente, Ereignisse oder Bewegungen kunstfertig und effektiv in schematische Beziehungen von Einwirkung und notwendiger Folge zusammenzusetzen. *Handlungen, natürliche Prozessabläufe oder Zeichenprozesse sind dann technisiert, wenn sie einem festen Schema folgen, das wiederholbar und zuverlässig erwartete*

Wirkungen erzeugt. Diese Formen der Technisierung können in verschiedenen *Trägermedien* verkörpert, versachlicht oder eingeschrieben sein: Bei der Handlungstechnik werden körperliche Bewegungen einem Schema der Technisierung unterworfen: Wir sprechen von *Habitualisierung,* wenn Handlungen ohne Bewusstsein quasi-automatisch ablaufen. So werden z.b. Arbeits- wie Tanzbewegungen in einfache Elemente zerlegt, von Überflüssigem gereinigt, auf Teilaspekte spezialisiert und kunstvoll kombiniert, um durch Trainingsdrill die Leistung von schaufelnden Arbeitern oder Revuetänzerinnen zu erhöhen. Wir bezeichnen diesen Prozess als *Mechanisierung,* wenn er sich auf die Konstruktion und Kombination von physischen Dingen zu Maschinen und komplexen Anlagen bezieht: die Materialbearbeitung des Drehens, Fräsens und Bohrens wird durch Spezialisierung vereinfacht und auf die Mechanik von Werkzeugmaschinen übertragen. Wenn es sich um Techniken der Zeichenverarbeitung handelt, nennen wir diesen Prozess *Algorithmisierung,* das bedeutet die Zerlegung von Anweisungen in einfachste und eindeutige Befehle, die zu Programmen für eine sequentielle Problemabarbeitung zusammengefasst werden. Dies gilt für die einfachste schriftliche Rechentechnik (Addieren im Zehnersystem durch Untereinanderschreiben in Spalten) wie für komplizierte Computerprogramme der Künstliche Intelligenz-Technologie.

MEDIUM	FORM	TECHNIK	NICHT-TECHNIK
Körperliche Bewegungen ("wet ware")	*Habitualisierung*	Trainingsdrill Revuetanz Seziertechnik	Spazierengehen Spiel Herumschnipseln
Physische Dinge ("hard ware")	*Mechanisierung*	Werkzeugmaschine Ölraffinerie Onko-Maus	Maschinenkunst von J.Tinguely Müll
Symbolische Zeichen ("soft ware")	*Algorithmisierung*	Reimschema Computerprogramm Textedition Genetischer Code	Gedicht Freies Sprechen Gekritzel

Abbildung 1.1   Trägermedien und Formen der Technisierung (eigene Darstellung, weiterentwickelt nach Rammert 1998d)

Häufig wird unter Technik nur die physikalisch vergegenständlichte *Sachtechnik* gefasst, die vom Faustkeil zur Rakete, vom Hammer zur komplexen Maschinenanlage reicht. Diesen Sachtechniken ging jedoch fast immer die in schematisierten Bewegungen und in der Kombination menschlicher Handlungen verkörperte *Handlungstechnik* voraus. Das trifft sowohl für einzelne Werkzeuge zu, die manchmal als Verlängerung oder Verstärkung menschlichen Organgebrauchs (Faust ballen, Hände pressen) entstanden, als auch für die Koordination vereinfachter und spezialisierter Tätigkeiten (Arbeitsteilung), die dann später zum Vorbild für zusammengesetzte mechanische Maschinen (Werkzeugmaschine) oder integrierte Maschinensysteme (Fließfertigungsanlage) wurde. Die gewaltige technische Leistung früherer Gesellschaften, z.b. Pyramiden zu bauen, verdankt sich weniger den relativ einfachen Sachtechniken, wie Hebel, Rolle und schiefe Ebene, sondern den hoch entwickelten Handlungstechniken der technischen Arbeitsteilung, die der Technikhistoriker Lewis Mumford (1977) als „Megamaschine" bezeichnete. Ohne die in Symbolsystemen eingeschriebene *Zeichentechnik,* wie Rechenkalküle mit Zahlen oder Listen und Programme aus Ziffern und buchstäblichen Anweisungen, wären die beiden anderen Techniken nicht möglich gewesen und hätten auch nicht zu den gegenwärtigen Hochleistungstechniken weiterentwickelt werden können. Die technische Arbeitsteilung in Ägypten erforderte schon rudimentäre Planungsskizzen und schriftliche Verwaltungstechnik; die Programmiertechnik heute macht aus Maschinen moderne Automaten, aus Fahrzeugen mobile und relativ autonom agierende Roboter und aus Telekommunikationsnetzen den künstlichen und interaktiven Internetraum des Cyberspace.

Die drei Formen und Träger der Technisierung tauchen in der Regel gemeinsam und eng aufeinander bezogen auf, in den *soziotechnischen Konstellationen.* Das Produktionssystem für Mikrochips kann z.b. als eine solche Konstellation analysiert werden, die sich aus Handlungstechniken, hier aus geübten Bewegungen der Konstrukteure mit der PC-Maus und schematisierten Kontrollblicken, aus Sachtechniken, wie Siliziumpressen und photoelektronischen Geräten, und aus Zeichentechniken, wie Designentwürfen und Fertigungsablaufplänen, zusammensetzt. Aber auch das Experimentalsystem zur Erzeugung genmanipulierter Versuchstiere (Onko-Maus) lässt sich mit diesem Konzept studieren; dann sieht man, dass es sowohl aus den trainierten menschlichen Manipulations- und Seziertechniken, als auch aus dem spezialisierten Sezierbesteck, den hochtechnologischen Sequenzanalysegeräten und den Onko-Mäusen selber besteht und zusätzlich noch aus den genetischen Codes und den Bildern von Gensequenzen.

Unter Technik verstehen wir demnach die Gesamtheit der in der Gesellschaft kreativ und künstlich eingerichteten Wirkzusammenhänge, die aufgrund ihrer Form, Funktionalität und Fixierung in verschiedenen Trägermedien zuverlässig und dauerhaft erwünschte Effekte hervorbringen.

1.4 Technischer Wandel als Thema der Soziologie: Einige Aspekte

Zur Ausarbeitung einer Soziologie der Technik und des technischen Wandels hat *Karl Marx* (1818-83) grundlegende und nachhaltige Beiträge geliefert. Beispielhaft sollen hier (1) seine Makrotheorie technisch-gesellschaftlichen Wandels, (2) seine Organisationstheorie soziotechnischer Konstellationen von Arbeit und Technik und (3) seine sozioökonomische Theorie technischer Innovation skizziert werden.

(1) Marx begreift die Geschichte der Gesellschaft als einen widersprüchlichen und konflikthaften Prozess, in dem sich die technischen Kräfte und Kompetenzen (*Produktivkräfte*) auf der einen Seite und die sozioökonomischen Bande und Beziehungen (*Produktionsverhältnisse*) auf der anderen Seite wechselseitig bedingen und behindern. Die kapitalistische Gesellschaft entfesselte z.B. in der Industriellen Revolution die mechanischen Produktivkräfte in einem bis dato unbekannten Maße und sprengte die Fesseln der feudalen Sozialbeziehungen. Zum weiten Technikbegriff von Marx zählen nicht nur der Fortschritt der sach- und verfahrenstechnischen Entwicklung, sondern auch der Stand des technologischen Wissens, das Niveau der Qualifikation der Arbeitskräfte und der Grad der gesellschaftlichen Teilung und Organisation der Arbeit. Die technische Entwicklung ist bei ihm keine eigene und der Gesellschaft äußerliche („exogene") Größe, sondern integraler Bestandteil gesellschaftlichen Wandels. Neuere Analysen der „nachindustriellen Gesellschaft" (Bell 1979), der „Risikogesellschaft" (Beck 1986) oder der „Netzwerkgesellschaft" (Castells 1996) schließen immer noch an dieses Muster der Marxschen Theorie technisch-gesellschaftlichen Wandels an.

(2) Das gesellschaftliche Verhältnis zwischen Lohnarbeit und Kapital sah Marx auch auf der Organisationsebene als *sachlich vermittelte Sozialbeziehung* an: Im ersten Band seines Hauptwerks „Das Kapital. Zur Kritik der politischen Ökonomie" (1867) analysierte er den Übergang von der *Kooperation* („Das Wirken einer größeren Arbeiteranzahl zur selben Zeit, in demselben Raum ... zur Produktion derselben Warensorte, unter dem Kommando desselben Kapitalisten..." Marx 1969: 341) über die *Teilung der Arbeit und Manufaktur*" (Zerlegung der Tätigkeiten, Spezifizierung der Arbeitsinstrumente, Kombination in einem Gesamtmechanismus) bis hin zu *Maschinerie und große Industrie* (Ersetzung des Arbeiters durch einen Mechanismus, der mit einer Masse von Werkzeugen gleichzeitig operiert, Kombination zu einem gegliederten Maschinensystem, angetrieben durch Bewegungsmaschinen) als einen technisch vermittelten Formenwandel der kapitalistischen Sozialbeziehung. Nicht die Maschinentechnik, weder die Dampfmaschi-

ne noch die Werkzeugmaschine, determinierten die soziale Entwicklung hin zum kapitalistischen Industriebetrieb, wie es der *technische Determinismus* mancher Interpreten nahelegt, sondern es bildete sich in wechselseitiger Abhängigkeit und gestaltender Aktion technisch-organisatorischen Wandels eine besondere *soziotechnische Konstellation* heraus: die „Maschinerie" als fest gekoppeltes Mensch-Maschine-System der modernen Fabrikorganisation. In der Organisations- und Risikosoziologie und besonders in der Arbeits- und Industriesoziologie werden die Wechselwirkungen in soziotechnischen Systemen (vgl. den letzten Abschnitt 1.5.3 „Soziotechnische Konstellationen im Wandel") und der Wandel technisch-organisatorischer Produktionsregimes (vgl. Kern/Schumann 1984) weiterhin auf dieser Grundlage untersucht.

(3) Rate und Richtung des technischen Wandels erklärt Marx ebenfalls durch gesellschaftliche Kräfte, nicht durch das Wirken einer technologischen Eigendynamik. Die Wettbewerbsbeziehung auf den Märkten beschleunigt den technischen Erneuerungsprozess in zweierlei Weise: durch kostensenkende *Prozessinnovation* und durch qualitätssteigernde Produktinnovation. Je nach dem Verhältnis der Kosten für die Faktoren Arbeit oder Kapital wird die technische Innovation in Richtung arbeits- oder kapitalsparende Techniken gelenkt, z.b. Maschinen, die menschliche Arbeitskraft ersetzen (Automaten), oder technische Verfahren, welche die Prozesskosten der Produktion senken („Schlanke Produktion"). Neben diese Prozessinnovationen tritt zunehmend die *Produktinnovation,* welche im Qualitätswettbewerb neue Märkte schafft oder Marktanteile vergrößert. Beschleunigte Produktzyklen, z.b. für neue Generationen von Mobiltelefonen oder Softwaresystemen, schlagen sich im vorzeitigen „moralischen Verschleiß" (Marx 1969) funktionstüchtiger Geräte oder Systeme nieder. In der Innovationsökonomie wurden einige dieser Konzepte übernommen und weiterentwickelt (vgl. Rosenberg 1976). In der sozialwissenschaftlichen Technikgeneseforschung (siehe Abschnitt 1.5.2 „Zur gesellschaftlichen Konstruktion von Techniken"), die sozioökonomische, politisch-institutionalistische und kulturalistische Ansätze umfasst, wurde die These der rein ökonomischen Orientiertheit der technischen Entwicklung durch den Nachweis politischer Kontrollinteressen, institutionalisierter Akteurarenen und kultureller Prägungen erheblich revidiert (vgl. Rammert 1993).

Wir können daher zusammenfassen, dass große *technische Revolutionen* viele Veränderungen in der Gesellschaft mit sich bringen. Nicht umsonst pflegen wir Zeitalter und Gesellschaftsformationen danach zu unterteilen, welche Techniken vorherrschen: Maschinenzeitalter und Industriegesellschaft, Atomzeitalter und Risikogesellschaft, Computerzeitalter und Netzwerkgesellschaft. Selbstverständlich handelt es sich dabei nicht um eine einseitige Determinationsbeziehung, sondern um eine wechselseitige Strukturierung auf vielen Ebenen und über längere Zeit- räume und mit vielen Varianten soziotechnischer Konstellationen. *Was später als technische Revolution wahrgenommen wird, verläuft bei näherer Betrachtung über viele Projekte technischer und sozialer Innovationen, die erst in ihrer Ver- knüpfung miteinander zu neuen technologischen Paradigmen (Dosi 1982; Peine 2006) mit einer starken Eigendynamik werden.*

Technische Innovationen in der Arbeitswelt, wie die „mechanische Revolution" im Büro (Pirker 1962) oder die „Computerisierung der Arbeit" geben Anlass zu neuen Formen der Arbeitsorganisation, begünstigen bestimmte Lebensstile und bedingen Veränderungen von Berufs-, Branchen- und Beschäftigungsstrukturen. Der männliche Korrespondent im Büro mit Feder, Tinte und Formular vor 100 Jahren übte ebenso Angestelltenarbeit aus wie die vielen weiblichen Sekretärinnen 50 Jahre später mit Schreibmaschine, Kohlepapier und Tabulator oder wie gegen- wärtig die EDV-Fachkraft, welche Bestellungen aus dem Internet entgegennimmt und sie in vorprogrammierte Masken auf dem Bildschirm ihres PC eintippt. Und doch haben die mechanische Revolution im Büro und der Medienwechsel zum Internet die gesellschaftliche und insbesondere die geschlechtsspezifische Teilung der Arbeit, die beruflichen Anforderungen, das soziale Prestige und die Macht- position in der betrieblichen Kommunikationsstruktur stark verändert (vgl. Holt- grewe 1997). Was häufig als *Technikfolgen* bezeichnet wird, ist keine unmittelbare Wirkung der Technik, kein technischer Determinismus. Vielmehr sind die Folgen gesellschaftliche Antworten auf technische Möglichkeiten, die je nach Interesse, Macht und Orientierung unterschiedlich ausfallen können.

Auch die *Handlungen im Alltagsleben* sind einem technischen Wandel unter- worfen. Sie sind kaum ohne technische Vermittlungen vorstellbar. Vor allem *Me- dieninnovationen* verändern Wahrnehmung, Interaktion und Kommunikation in den zwischenmenschlichen Beziehungen der Gewalt, der sozialen Kontrolle, des Spiels und des Streits. Es macht z.B. einen erheblichen Unterschied,

- ob ich jemandem Aug in Aug gegenüberstehe und mit den Fäusten direkt schla- ge oder nur ein Knöpfchen drücke, mit dem ein Stromstoß ausgelöst wird (vgl. Milgram 1974), oder einen Hebel ziehe, der eine Kugel auf ein distanziertes Ziel losschickt (vgl. Latour 1998: 31 ff),
- ob das Verhalten auf öffentlichen Plätzen über die direkten Blicke der Anwe- senden oder vermittelt über Videokameraanlagen beobachtet wird (vgl. Hem- pel/Metelmann 2005, Kap. 8 in diesem Buch),

- ob ich mit anderen körperlich Anwesenden auf einem realen Rasenplatz Fußball spiele, oder ob ich mich am Bildschirm per Tastatur in ein virtuelles Spiel einklinke,
- ob ich meinen Beziehungskonflikt im unmittelbaren Blickkontakt mit dem Partner austrage oder ihn über Telefongespräche fernmündlich führe oder mit einem elektronischen Briefwechsel zeitlich versetzt und schriftlich kontrolliert zu lösen suche.

Mit jedem technischen Medium verändern sich Mikrostrukturen der Moral, der Autorität, des Rollenspiels und der sprachlichen Verständigung. Das Handyklingeln z.b. unterbricht heute wider alle Gepflogenheiten höflicher Kommunikation laufende Gespräche in der Gruppe, ja sogar intimes Geflüster zwischen Verliebten. Was häufig als *Medienwirkung* aufgefasst wird, ist ebenfalls kein äußerlich determinierender Faktor, sondern eine in vielen verschiedenen Versuchshandlungen erprobte und dann als soziale Antwort gefestigte Struktur. So bilden sich gegenwärtig mit der mobilen Telekommunikation unterschiedliche Praktiken des Flirtens und Verabredens heraus. Es entstehen veränderte Verhaltensnormen für den Umgang mit dem Handy unterwegs und zuhause, wobei die sozialen Strukturgrenzen zwischen privater und öffentlicher Sphäre neu vermessen werden. Solche *medientechnischen Konstellationen* lassen neue Gattungen und Stile der Kommunikation neben den alten entstehen.

Wie kommt es zum technischen Wandel?

Erfindungen fallen nicht zufällig vom Ideenhimmel, sondern entstehen häufig in Gruppen auf Praxisfeldern mit großem Aufmerksamkeitswert und starkem Problemdruck. Eine frühe Soziologie der Erfindung hat schon darauf hingewiesen, dass technische Neuerungen schrittweise erfolgen, aus einem Komplex verschiedenster Elemente bestehen und in einem systemischen Zusammenhang sich wechselseitig stimulieren (Gilfillan 1935). Technische Innovationen tauchen nicht einfach nur so einzeln auf, sondern entwickeln sich in gehäuften Innovationsschwärmen (Mensch 1977), deren unberechenbare Dynamik manchmal mit der Metapher des Feuerwerks beschrieben wird (vgl. Van de Ven et al. 1999; Braun-Thürmann 2005). Alle Techniken beginnen als *Projekte der Technisierung* (Rammert 2000a: 74 ff). Sie werden von Menschen angesichts konkreter Probleme in diversen Situationen erdacht und gemacht, kombiniert und ausprobiert (vgl. Dewey 2002 <1938>). Techniken sind zunächst einmal das Resultat von sozialen Handlungen in konkreten Situationen:

- dem *kreativen Handeln* auf der Suche nach Ursache-Wirkungs-Beziehungen (Kausalität) in der Wissenschaft,
- dem *experimentellen Handeln* zur Steigerung der Wirksamkeit (Effektivität) in der Technologie,
- dem *rationalisierenden Handeln* zur Maximierung des Nutzens im Verhältnis zum Aufwand (Effizienz) in der Wirtschaft und
- dem *kultivierenden Handeln* zur Markierung von Eigenheit und Besonderheit (Prestige) in Politik und Alltag.

Da wissenschaftliche, technologische, wirtschaftliche und kulturelle Orientierungsgrößen in das *Innovationshandeln* eingehen, prägen sie auch die Projekte und die Gestalt der jeweiligen Technik.

Fassen wir die bisherigen Überlegungen vorläufig zusammen:

Technische Artefakte werden in verschiedenen Projekten der Technisierung schrittweise und in Kooperation und Konkurrenz zu anderen Projekten und in systemischer Kohärenz mit anderen vorhandenen Techniken geschaffen. Daran sind in der Regel mehrere gesellschaftliche Akteure beteiligt, nicht nur Erfinder, Forscher und Ingenieure, sondern auch Unternehmer, Gesetzgeber und Nutzer mit jeweils unterschiedlichen Visionen, Entwürfen und Erwartungen, die häufig in gemischten Gruppen oder in heterogenen interaktiven Innovationsnetzwerken miteinander verbunden sind.

Es wäre jedoch zu einfach und auch empirisch falsch, die gesamte technische Entwicklung als unmittelbares Ergebnis intentionalen Handelns der daran beteiligten sozialen Akteure zu deuten. Es gibt *unintendierte Effekte intentionalen Handelns* (vgl. Merton 1936). Konflikte und Kompromisse zwischen Akteuren in politischen Verhandlungsarenen können die Projektziele verschieben. Wirtschaftliche Strukturen, politische Machtbeziehungen oder kulturelle Wertmuster können als *institutionelle Filter* aus den vielen Technikvarianten diejenigen auswählen, die am ehesten an die vorhandenen technischen wie anderen gesellschaftlichen Umwelten angepasst und am leichtesten daran anschließbar sind (technische Kompatibilität, Sozial- und Umweltverträglichkeit). Daher ist die technische Entwicklung aus dieser umfassenderen und langfristigeren Perspektive als eine *soziotechnische Evolution* anzusehen, bei der man drei Mechanismen unterscheiden kann:

1. Die *Variation* zeigt sich in der gleichzeitigen Konstruktion vieler *Technisierungsprojekte* nebeneinander zu ein und demselben Problem.

2. Die *Selektion* der Projektvarianten wirkt durch die *institutionellen Filter* ökonomischer Märkte, politischer Machtverhältnisse und kulturell vorherrschender Weltbilder, die nur einige für die Weiterentwicklung auslesen.

3. Die *Stabilisierung* erfolgt durch die institutionelle Einbettung als Teil der *Technostruktur* und die kulturelle Etablierung als *technisches Paradigma*.

Im Unterschied zur natürlichen biologischen Evolution handelt es sich bei dieser soziotechnischen Evolution um keine blinde, sondern um eine von Menschen gemachte Variation, und um keine natürliche, sondern um eine künstliche Selektion.

1.5 Perspektiven der Techniksoziologie: Eine Verschiebung

Wie hängen Technik und Gesellschaft zusammen?

Ist die Technik (T) Treiber und Träger des gesellschaftlichen Wandels? Oder bestimmt vielmehr die Gesellschaft (G) Gang und Richtung der technischen Entwicklung? In der Techniksoziologie lassen sich grob vereinfacht drei Perspektiven unterscheiden, wie das Verhältnis von technischem und gesellschaftlichem Wandel gefasst werden kann (vgl. einführend Degele 2002; ausführlich Schulz-Schaeffer 2000).

Die erste Perspektive wird häufig als *Technikdeterminismus* bezeichnet: Technik wird als bestimmende Größe angesehen. Gefragt wird nach den gesellschaftlichen Folgen von Techniken (**T → G**).

Die zweite Perspektive dreht die Blickrichtung um: Im *Sozialkonstruktivismus* geht es um die gesellschaftliche Konstruktion und Institutionalisierung von Techniken. Gefragt wird nach den wirtschaftlichen, politischen und kulturellen Größen, die für die Genese und die Gestalt neuer Techniken verantwortlich sind (**G → T**).

Eine dritte Sichtweise, die eher interaktionistisch (Pragmatismus) oder assoziationistisch (Akteur-Netzwerk-Theorie) die Einheit von Technik und Gesellschaft in den Blick nimmt, betont die Vermischung, Verteilung und Vernetzung von sozialen und technischen Agenten in hybriden Gebilden: Dieser *Technopragmatismus* verbindet technische Praktiken und soziotechnische Konstellationen miteinander und vergleicht sie mit anderen. Er fragt nach dem Niveau der *Handlungsträgerschaft* („agency"), nach der Art der *Koppelung* der Aktivitäten von Menschen, Maschinen und Programmen und nach den Praktiken der *Zurechnung und Verteilung der Kontrolle* in solchen soziotechnischen Konstellationen (**T/G → T/G**). Diese drei Perspektiven sollen in den folgenden Abschnitten detaillierter dargestellt werden.

1.5.1 Technik und die gesellschaftlichen Folgen: Formen des Technikdeterminismus

Wie wirkt Technik?

Beginnen wir mit den Folgen der Technik. Ohne Technik gäbe es keine menschliche Gesellschaft. Ohne Textilien und ohne Töpferei, ohne Äxte und ohne Architektur, aber auch ohne Zeichentechniken unterschieden sich menschliche Gesellschaften kaum von Primatengruppen. Techniken ermöglichen die Sicherung des Bestandes, die Steigerung der Ausbeute, die Vergrößerung des Territoriums und die Verbesserung der Techniken selbst. In diesem Sinne ist Technik *konstitutiv* für die menschliche Gesellschaft.

Der *strenge Technikdeterminismus* setzt an der strukturierenden Kraft technischer Revolutionen an. Danach werden gesellschaftliche Epochen und Gesellschaftsformationen nach dem Niveau der Technikentwicklung (siehe *Produktivkräfte* bei Karl Marx im vorigen Abschnitt) voneinander getrennt. Der Gebrauch von Steinwerkzeugen, die Herstellung von Metallgeräten oder die Beherrschung der Agrikultur bringt jeweils andere Gesellschaften hervor, die sich nach Größe, Dichte und Sozialstruktur deutlich unterscheiden (vgl. Popitz 1995). Die Bündelung einzelner Innovationen, wie die Erfindung des metallischen Pfluges, des Steigbügels und der Dreifelderwirtschaft, bedingte eine Steigerung der Nahrungsproduktion, die Herrschaft einer spezialisierten militärischen Ritterklasse und die Durchsetzung einer hierarchischen Feudalgesellschaft im europäischen Mittelalter (vgl. White 1962). Auch technische Medien der Kommunikation, von der Straße über die Schrift und den Buchdruck bis hin zum elektronischen Netz, legen Größe und Dichte beherrschbarer Territorien und Populationen fest. Schnelligkeit und Zuverlässigkeit bei der Übertragung von Nachrichten und der Verbreitung von Gesetzen bestimmen die Ausdehnung von Weltreichen und die Intensität des Handelsverkehrs schon seit den ersten Hochzivilisationen (vgl. Innis 1972). Pferd, Eisenbahn, Auto und Flugzeug verkleinern die Sozialräume, verändern die Kriegsführung und erhöhen die Tempoanforderungen im gesellschaftlichen Alltag. Mit der Erfindung der Schrift verkümmert zwar die menschliche Gedächtnisleistung, wie schon Platon als früher Technikkritiker beklagte, aber die Gedankenführung wird stärker kontrollierbar, was juristischem und wissenschaftlichem Argumentieren zugute kommt. Das Telefon und die moderne Telekommunikation überwinden durch ihre fast allgegenwärtige Präsenz und den unvermittelten Zugang soziale Schranken zwischen den Schichten und räumliche Grenzen zwischen Regionen und Nationen. Die neuen elektronischen Medien, wie Fernsehen und Internet, bauen viele eingespielte Unterschiede ab, etwa die zwischen den Erfahrungswelten von Kindern und Erwachsenen (vgl. Postman 1985), von Experten und Laien, ebenso die Grenzziehungen zwischen Nachrichten und Unterhaltung und auch die zwischen Privatalltag und Weltgeschehen; gleichzeitig schaffen sie neue Foren und virtuelle Räume einer Weltgesellschaft, wodurch Politik, Krieg, Unterhaltung und soziale Gruppen (vgl. Thiedecke 2003) ihren Charakter stark verändern.

Eine *weniger strenge Form des Technikdeterminismus* entsteht, wenn nur der zeitliche Vorsprung technischer Innovationen gegenüber gesellschaftlichem und kulturellem Wandel ins Spiel gebracht wird. Der Pionier des „Technology Assessment" William F. Ogburn argumentiert, dass Erfindungen und technische Neuerungen immer den soziokulturellen Veränderungen vorausgingen und dadurch einen starken Anpassungsdruck ausübten. Diese These des „cultural lag" behauptet ein ständiges Hinterherhinken der gesellschaftlichen hinter der technischen Entwicklung (vgl. Ogburn 1937). Sie bildet damals wie heute die konzeptuelle Grundlage für die *Technikfolgenabschätzung*, die im Jahre 1936 mit regelmäßigen Trendreports an die US-amerikanische Regierung über zukünftige Erfindungen und ihre Folgen, z.B. des Radios oder der Luftfahrt, begann und heute in Deutschland unter dem Etikett „Innovations- und Technikanalyse" im Rahmen des „Netzwerks Technikfolgenabschätzung" fortgeführt wird (vgl. Bora/Decker/Grunwald/Renn 2005).

Von einem *weichen Technikdeterminismus* kann man sprechen, wenn die Wechselwirkungen mit sozialen Formen oder die Filterung durch institutionelle Ordnungen stärker berücksichtigt werden. Erst die Verknüpfung technischer Möglichkeiten mit gesellschaftlichen Eigentumsverhältnissen, ökonomischen Ordnungen, politischen Regimes und kulturellen Orientierungsmustern schafft die Technostrukturen, von denen dann vorgezeichnete Bahnen der Weiterentwicklung (Trajektorien) und Spielräume wie Grenzen gesellschaftlicher Organisation fixiert werden. Die Koppelung der Maschinenentwicklung mit der Lohnarbeitsform in der kapitalistischen Fabrik, die Monopolisierung telekommunikativer Infrastrukturen durch Nationalstaaten oder die Orientierung technischer Gestaltung an dominanten Designtraditionen sind Beispiele dafür. Zeitlich können dadurch *Pfadabhängigkeiten,* wie bei der einmal entwickelten und nie mehr veränderten QWERTY-Tastatur für Schreibmaschinen und Computer (vgl. David 1985) entstehen. Denn eine einmal etablierte Technologie, die damit einhergehende industrielle Infrastruktur zu ihrer Produktion, die damit verbundenen neuen Berufe und wissenschaftlichen Professionen, die darin investierten Interessen und die darauf eingespielten Gewohnheiten der Entwickler und Nutzer unterstützen sich wechselseitig und blockieren technische Alternativen, je weiter der Technikpfad beschritten worden ist.

Fassen wir noch einmal die Formen und Grade der Wirkung der Technik auf die Gesellschaft zusammen:

1. *Technik ist zutiefst konstitutiv für die Entstehung, Gestaltung und Erhaltung gesellschaftlicher Formen; sie ist nicht nur Umwelt der Gesellschaft.*
   - Sie *ermöglicht* viele Sozialprozesse, vom Bezahlen mit Hartgeld bis zu elektronischen Finanztransaktionen (vgl. Preda 2006) oder von lokaler mündlicher Rede auf dem Forum bis zur massenmedialen globalen Kommunikation.
   - Sie *verstärkt* soziales Handeln um viele Wirkungsgrade, wie die menschliche Arbeitskooperation durch Antriebs-, Arbeits- und Transmissionsmaschinerie in der Fabrik oder durch Diagnosegeräte, Narkosetechnik und Herz-Lungen-Maschinen in der modernen Medizin (vgl. Schubert 2006).
   - Sie *steigert* die Wirkungen sozialer Prozesse in vielerlei Hinsicht, z.B. *zeitlich* durch ihre Beschleunigung einerseits (vgl. Rosa 2005) und Aufbewahrung in Archiven des kulturellen Gedächtnisses andrerseits (vgl. Assmann/ Assmann 1994) oder *räumlich* durch lokale Verdichtung möglicher Interaktion (Lesen, Recherchieren, Bestellen, Tauschen, Quatschen, Verabreden u.a.m. per Handy oder Internet) und ihre globale Ausdehnung (vgl. Schroer 2006).
   - Und sie *verstetigt* soziale Beziehungen und Institutionen, wie zwischenstaatliche Machtbeziehungen durch Waffenarsenale oder Privateigentum durch schriftliche Archive und sachliche Produktionskapazitäten.

2. *Technik determiniert soziales Handeln und soziale Abläufe mit unterschiedlichen Wirkungsgraden: Diese lassen sich nach Zwang, Druck und Drift einteilen.*
   - *Sachzwang* bezeichnet eine starke Determination. Wenn Maschinenoperationen, Fließbandbewegungen oder Steuerungsprogramme den Arbeitern oder Bedienmannschaften Taktzeiten und Eingriffspunkte fixiert vorgeben, dann wirkt sich das auf die Handlungsautonomie und auf die Qualifikationsanforderungen restriktiv aus.
   - Von einem *technischen Druck* oder ‚technologischen Imperativ' sprechen wir, wenn durch infrastrukturelle Vorentscheidungen die Wahl oder die Entwicklung alternativer Techniken nur mit großem Aufwand verfolgt werden kann, z.B. wenn der individualisierte Personenverkehr mit Benzinautos auf alternative Mobilitätsformen und Antriebssysteme umgestellt werden soll.
   - Die weiche Determination wirkt als *technischer Drift*, wobei soziale Handlungsabläufe kaum merklich in eine nicht beabsichtigte Richtung gedrängt

werden und ein sanfter Druck zur ‚Normalisierung' des Verhaltens ausgeübt wird, z.b. was den Besitz eines PKWs oder den Zugang zum Internet anbelangt. Das Fehlen dieser Geräte, der dazugehörigen Infrastruktur und der Kompetenz, diese richtig zu bedienen, bedeutet dann einen Ausschluss von der gesellschaftlichen Teilhabe.

Haben wir bisher das Wesen der Technik in ihrer Wirkung auf die Gesellschaft betrachtet, so haben wir stillschweigend die Frage ausgeblendet, woher diese Wirkung kommt und wie die Techniken mit ihren unterschiedlichen Formen und Folgen entstehen. Im Unterschied zu den Wirkungen der Natur – so hatten wir oben festgestellt – werden die Wirkungen der Technik bewusst erzeugt und planvoll eingesetzt. Damit ist die Technik selbst Teil des sozialen Prozesses und der Gesellschaft (vgl. Weingart 1989 und Kapitel 2 in diesem Buch).

1.5.2 Die gesellschaftliche Konstruktion von Techniken: Phasen der Technikgenese

Wer oder was schafft und formt die technische Entwicklung?

Die technische Entwicklung wird gerne aus einer in ihr steckenden ‚Logik' abgeleitet. Entweder vermutete man, dass technische Ideen (Hebel, Schraube, schiefe Ebene) als objektive Prinzipien in der Natur vorzufinden seien, die es nur noch zu entdecken galt. Oder man nahm in der Anthropologie eine Art gerichteter Technikentwicklung an, die aus den Organmängeln des Menschen im Vergleich zu den Tieren erklärt wurde (vgl. Gehlen 1957). Demnach käme es zu einer schrittweisen Kompensation der jeweiligen Mängel durch eine Verstärkung der Organe (Faust-Hammer), durch eine Entlastung der Organe (Muskel-Hebel) oder durch einen Ersatz der Organe (Bein-Rad). Techniken fänden ihre Form als Prothesen des Menschen von einfachen Werkzeugen über Arbeits- und Kraftmaschinen bis hin zu Nachrichtenmedien und Rechenautomaten. Aber weder frei vorfindliche Ideen noch funktionaler Bedarf können den Gang und die Richtung technischer Entwicklung erklären (vgl. zur Kritik Halfmann 1996).

Erfinden ist hingegen eine soziale Praxis, nämlich durch kreatives und experimentierendes Handeln neuartige und sozial akzeptable Lösungen angesichts selbst definierter, ganz konkreter Probleme zu entwickeln und als Innovation dauerhaft zu etablieren.

Die jeweilige geschichtliche und gesellschaftliche Situation, in der Techniken entwickelt werden, spielt daher eine entscheidende Rolle. Die Frage lautet dann: Welche *gesellschaftlichen ‚Logiken' und strategischen Akteure* können beobachtet werden, die die technische Entwicklung mit ihren Ressourcen organisieren und in ihrer Richtung orientieren?

(1) Die *ökonomische ‚Logik'* bestimme letzten Endes die technische Entwicklung; darin waren sich Karl Marx und Max Weber einig. Ein Überschuss an Arbeitskräften habe z.b. schon in Sklavenhaltergesellschaften der Antike wie auch in den amerikanischen Südstaaten den technischen Fortschritt behindert. Eine Knappheit an Arbeitskräften habe z.b. in den Anfängen der USA oder in Wachstumsperioden der modernen Wirtschaft die Entwicklung arbeitssparender Maschinen gefordert. Die Intensivierung des Wettbewerbs führt in kapitalistischen Marktgesellschaften zu verschärfter Rationalisierung der Produktion und damit zur Favorisierung von *Prozessinnovationen* (Fließfertigung; Automation), um Kosten zu sparen; die Verschiebung zum Qualitätswettbewerb hingegen beschleunigt die Zyklen der Innovation und begünstigt *Produktinnovationen*, um Marktanteile zu halten (neue Fahrzeugtypen) oder neue Märkte zu erschließen (neue Geräte oder Dienste der Telekommunikation). Die strategischen Orte der Technikentwicklung wären demnach die Konstruktionsabteilungen der Unternehmen und die im ökonomischen Auftrag arbeitenden Forschungs- und Entwicklungsinstitute, z.B. der Fraunhofer-Gesellschaft in Deutschland. In letzter Instanz wären die Unternehmen in modernen Gesellschaften die zentralen Akteure, da sie mit ihren ökonomisch rationalen Technikwahlen die Nachfrage auf den Technologiemärkten maßgeblich bestimmten.

Allerdings lassen sich gegen einen solchen ökonomischen Determinismus viele gewichtige Einwände vorbringen. Was für die ökonomischen Entscheidungen über schon bekannte Techniken gelten mag, gilt ganz sicher nicht für neue Techniken. *Technische Innovationen* liegen – darauf hat vor allem Joseph Schumpeter (1961) hingewiesen – nicht auf der Linie normaler Rentabilitätskalküle, zerstören sie doch die bestehende profitable Produktion vor der Zeit. Radikale Innovationen bedürfen daher besonderer Erfinder-Unternehmer-Persönlichkeiten (z.B. Werner von Siemens, Steve Jobs), die abseits der Masse aus anderen als rein ökonomischen Motiven neue Technisierungsprojekte wagen. Qualitativ neuartige Techniken können zum Zeitpunkt ihrer Entwicklung keinem soliden Kosten-Nutzen-Vergleich mit etablierten Techniken unterzogen werden. Wie die evolutionäre Ökonomie (Nelson/Winter 1982) aufgezeigt hat, folgt die technische Entwicklung nicht rationalen Wahlen, sondern bewährten Routinen. Diese verdichten sich zu *technischen Paradigmen* (vgl. Dosi 1982), z.B. der mechanisierten Massenproduktion oder des Verbrennungsmotors, welche die Entwicklungsbahnen („Trajektorien") der Technik durch unhinterfragte Parameter und Standardverfahren so lange festlegen, bis in Umbruchphasen wieder Chancen für neue Paradigmen und Pfade entstehen.

Je radikaler eine technische Innovation ist, desto ungewisser sind ihre pro-duktionstechnische Machbarkeit, ihre ökonomische Rentabilität, ihre Chancen der Vermarktung, ihre Verträglichkeit mit den bestehenden Normen und ihre Akzeptanz bei Anwendern, Nutzern und betroffenen Bürgern. Angesichts dieses Ungewissheitszirkels (vgl. Rammert 2002a: 177) liegt es nahe, dass der Staat in den frühen Phasen der Technikgenese die Kosten und Risiken, z.b. für alternative Energien oder schadstoffarme Fahrzeuge, übernimmt.

(2) Die *politische ‚Logik' der Herrschaft und Kontrolle* tritt als zweite bestimmende Größe technischer Entwicklung hinzu. Militärische Interessen der Staaten, über technische Zerstörungs- und Verteidigungspotentiale zu verfügen, bestimmen große Teile der Technikentwicklung. Vor jeder ökonomischen Verwertung und ohne Rücksicht auf Kosten werden neue Techniken, wie Explosiv-, Funk- oder Flugtechnik, zunächst daraufhin überprüft, inwieweit sie als vernichtende Waffe, als Mittel der Aufklärung oder als Instrument der Verteidigung genutzt werden können. Von der wechselseitigen Beschleunigung der Fortschritte bei Angriffswaffen und Verteidigungsbauten in der frühen Neuzeit – schon Leonardo da Vinci engagierte sich in den Diensten wechselnder Fürsten mal für den einen, mal für den anderen Aspekt – bis hin zur Rüstungsspirale von Atomwaffenträgern und Raketenabwehrsystemen scheint die technische Entwicklung weitgehend der militärischen Logik zu folgen. Die staatlichen Förderprogramme, z.B. für die Kerntechnologie, die Raumfahrt oder die Mikroelektronik, und die geheimen militärischen Forschungslabors, in denen Wernher von Braun die ersten Raketen erprobte (seit 1942 in Peenemünde) oder in denen beim Manhattan-Projekt (1943-45 in Los Alamos) die erste Atombombe entwickelt worden ist, scheinen demnach die strategischen Orte zu sein, an denen die technische Entwicklung orientiert und organisiert wird. Zivile Technologien der Raumfahrt und der Kernenergienutzung folgten erst später.

Allerdings wird der Einfluss der Staaten und Militärs stark überschätzt. Wenn es um die frühen Phasen der Technikgenese geht, dann sind es eher die wissenschaftlichen Forscher- und Ingenieurkulturen, die neue Techniken hervorbringen, wie auch schon das Beispiel von Leonardo da Vinci gezeigt hat. Die Atomspaltung wurde zuerst an einem kleinen Experimentiertisch in Berlin-Dahlem 1937 praktiziert; auf die Implikationen dieses Experiments für die Entwicklung einer Megabombe mussten die damaligen politischen und militärischen Führer, wie Hitler, Roosevelt und Stalin, von den Wissenschaftlern erst hingewiesen werden. Das Internet, genauer die Technik des Internet-Protokolls, entstand zwar auf der Grundlage eines Datenaustauschnetzwerkes des Verteidigungsministeriums (DARPA-net) zwischen militärischen und zivilen Forschungsinstituten, wurde aber bekanntlich von einem zivilen Hochenergiephysiker für persönliche wissenschaftliche Kommunikationszwecke entwickelt. Angesichts der überragenden Bedeutung der Natur- und Technikwissenschaften kehrte sich in den 1930er Jahren und später noch einmal in den 1950er Jahren wie auch in den 1970er Jahren die Sicht um: Thesen zur „Herrschaft der Technik" in der wissenschaftlich-technischen Zivilisation, der Zunahme der „Sachzwänge" gegenüber demokratischer Willensbildung und politischer Entscheidungsmöglichkeit kamen in der so genannten „Technokratie-Debatte" auf. Die Kritiker jener Auffassung, die von einer Verselbständigung und Eigendynamik der technischen Entwicklung ausging, kritisierten die „Eindimensionalität der technologischen Rationalität" (Marcuse 1967) und die herrschaftslegitimierende Funktion von Wissenschaft und Technik (Habermas 1968). Sie wandten ein, dass es von der jeweiligen *institutionellen Einbettung* abhängt, inwieweit die Gewalt technischer Verfügung in den Konsens handelnder und verhandelnder Bürger zurückgeholt und ein Spielraum der Praxis gegenüber der Technik erhalten werden kann. *Die „Macht des Computers und die Ohnmacht der Vernunft" (Weizenbaum 1977) oder genereller die Macht der technischen Artefakte und der Zwang technischer Strukturen sind zunächst zwar ernstzunehmende harte Fakten; aber sie sind ebenso soziale Tatsachen, wie Normen und soziale Klassen, die grundsätzlich von Menschen gemacht, aber nicht in jeder Einzelheit intentional geprägt und kurzfristig geändert werden können.*

(3) Andere Deutungen gehen von einer Art *kultureller ‚Logik' der Weltbilder* aus, welche die Richtung und die Dynamik technischer Entwicklung weich, aber nachhaltig mitprägen soll. Die jüdisch-christliche Haltung zur Natur („Macht euch die Erde untertan!") hätte der Technik im Westen eine andere Orientierung gegeben als diejenige östlicher Religionen: Das okzidentale Postulat der aktiven Unterwerfung der äußeren Natur und der universellen Rationalisierung wird mit dem Orientalen Leitbild der duldsamen Pflege der Natur und der Beherrschung des inneren Selbst kontrastiert (vgl. White 1968). In der ökologischen Technikkritik wird der ‚harten', ‚lebensfeindlichen' und .energieintensiven' Ausbeutertechnik eine ‚sanfte', ‚konviviale' und ‚menschenzentrierte' Technik gegenübergestellt (vgl. Illich 1975).

Langfristig lassen sich solche *Wahlverwandtschaften* zwischen kulturellen Modellen und technischen Merkmalen wohl feststellen. Sie wirken allerdings in beide Richtungen: Die christliche und speziell die klösterliche Kultur rituell geregelter Zeitordnung verlangte nach kalendarischen Techniken der exakten Zeitrechnung und nach mechanischen Techniken der Zeitmessung; die ersten Uhrwerke in den Kirchtürmen überall haben wiederum das Bild vom rational geregelten Kosmos und das mechanistische Weltbild befördert. Die Rationalisierung der Lebensführung in allen Facetten der modernen okzidentalen Gesellschaft fand ihren abstraktesten Ausdruck in der hoch formalisierten Mathematik, die wiederum die Grundlage für eine Mechanisierung des Denkens und der Computertechnik wurde (vgl. Heintz 1993). Die soziale Mobilisierung der Menschen und die Stärkung ihrer Individualität in der modernen Gesellschaft gingen mit einer räumlichen Mobilisierung und technischen Motorisierung in Richtung Individualverkehr einher (vgl. Rammler 2001). In den gegenwärtigen ethischen Debatten zu Biotechniken des Klonens und der Stammzellforschung wird mit *Menschenbildern* und *Naturrechten* argumentiert, um technische Entwicklungen zu begrenzen. Gleichzeitig verschiebt sich die für selbstverständlich gehaltene Vorstellung vom bewussten und autonomen Menschen, wenn Künstliche Intelligenz-Techniken das Terrain intelligenten Denkens und autonomen Verhaltens mit Software-Agenten und mobilen Robotern immer weiter erobern (siehe Kap. 7 und 10 in diesem Buch), wenn medizinische Techniken Anfang und Ende des Lebens neu definieren (vgl. Lindemann 2003) oder wenn gentechnische und neurotechnische Eingriffe Eigenschaften und Kompetenzen von menschlichen Personen gezielt hervorbringen können.

Mit globalen Weltbildern, groben Modellen oder gesicherten Werten können keine Erkenntnisgewinne mehr erzielt werden. Daher werden sie in der Technikgeneseforschung in lokal und zeitlich begrenzt wirksame *Leitbilder* (autogerechte Stadt, menschenleere Fabrik, papierloses Büro), fein differenzierte *Metaphern* (Schreibmaschine als Schreibklavier; Computer als Rechenmaschine oder Kommunikationsmedium) oder *kulturelle Konzepte* (Telefon als Experimentiergerät, als Luxusapparat oder als Massenkonsumartikel; Telefonieren nach Telegrafie-, Rundfunk- oder Dialog-Konzept) aufgelöst (vgl. Dierkes/Hoffmann /Marz 1992; Mambrey 1993; Rammert 1993, Kap. 12). *So können die Weltbilder als explizite Leitbilder oder implizite kulturelle Modelle spezifiziert werden, die gesellschaftliche Erwartungen an Technik ausdrücken und konkrete Linien der Technikentwicklung in frühen und kritischen Phasen kulturell orientieren und somit mitprägen.*

Institutionalistische Technikgenesestudien betonen stärker die Bedeutung der relevanten *Akteure* und vor allem der *Akteurkonfigurationen,* welche in die Rahmen von *politischen Konfliktarenen* und von *sozialen Netzwerken* der Kooperation und Konkurrenz eingebunden sind (vgl. Weyer 2000). Sie erklären Technikentwicklungen aus der institutionell gerahmten Interaktion zwischen Organisationen als Akteuren, aus Machtunterschieden und aus Regimen der Standardisierung und staatlichen Steuerung (vgl. Dolata 2003; Werle 2005; Bender 2006).

Zusammenfassend lässt sich sagen:

Der Sozialkonstruktivismus und die akteur- und institutionsorientierten Studien der Technikgeneseforschung haben gezeigt, dass die gesellschaftliche Konstruktion der Technik nicht durch das Wirken einer einzigen Strukturlogik erklärt werden kann, sondern nur durch mehrere Orientierungsgrößen, wie ökonomische, politische oder kulturelle, die in wechselnden Kombinationen an der Genese und Gestaltung neuer Techniken beteiligt sind.

Wie hat man sich das im Einzelnen vorzustellen? Erstens kann man davon ausgehen, dass die Orientierungsgrößen in zeitlicher Hinsicht mit den unterschiedlichen Phasen der Technikentwicklung in Intensität und Mischung variieren. Zweitens ist die Durchsetzung der Orientierungen von der Definitions- und Organisationsmacht der sozialen Akteure abhängig, wie sie sich in Konfliktarenen und Kooperationsverflechtungen herausbildet und den Pfad der Technikentwicklung bestimmt (vgl. Garud/Carnoe 2001; Windeler 2003).

Daher können Analysen der Phasen und Pfade der Technikentwicklung genauere Auskunft über die gesellschaftliche Konstruktion neuer Techniken geben.

Welche Phasen und Pfade der Technikentwicklung lassen sich erkennen?

Techniken beginnen nicht als ‚fix und fertige' Produkte, sondern als *Projekte der Technisierung*. Das Fahrrad z.B., wie wir es heute kennen, begann mit recht unterschiedlichen Entwürfen, nicht nur des technischen Designs, sondern auch der sozialen Erwartung an die Nutzung. Das Laufrad des Freiherrn Karl Friedrich von Drais (1817) war als eine einfache Unterstützung des Gehens gedacht. Die Hochräder (seit 1874) waren als komplizierte Rennräder konzipiert und wurden von der Entwickler- und Nutzergruppe der Sportbegeisterten vorangetrieben. Das niedrigere „Sicherheitsrad" (Club Safety 1885), das jedermann und vor allem auch Frauen benutzen konnten, war mit zwei fast gleich großen Rädern ausgestattet und wurde von einer Unternehmer- und Nutzergruppe angestrebt, die an breiter Massennutzung und Verkehrssicherheit interessiert war. Erst als sich durch die Kombination des Rads mit einem aufpumpbaren Gummischlauch die Geschwindigkeit dieses Geräts erheblich beschleunigen ließ, setzte sich das so genannte „Hollandrad" als eine Art Mittelding und Kompromiss zwischen den beiden anderen Projekten durch (vgl. Pinch/Bijker 1987).

In der frühen Phase der Technikgenese konkurrieren mehrere Technisierungsprojekte mit hoch variablen Konstruktionsentwürfen: Kontroversen und Konstruktionsalternativen sind Kennzeichen einer *interpretativen Flexibilität*, die noch offen lässt, was nach welchen Kriterien als beste technische Form für eine noch zu definierende Funktion gilt. In der Phase der *sozialen Schließung* hat sich eine der technischen Formen als *dominantes Design* durchgesetzt, an dem sich nachfolgende Projekte orientieren. Diese Schließung erfolgt nicht nach eindeutigen rationalen Wahlen für die effektivste oder effizienteste Technik – Welche der vielen technischen Parameter sollen denn als wichtiger und zeitlos herangezogen werden, die Schnelligkeit, die Sparsamkeit, die Eleganz, die Sicherheit, die Umweltverträglichkeit? Worüber nicht mehr gestritten wird und was von allen als Standardmodell akzeptiert wird, ist dann in einem gesellschaftlichen Sinn als „beste" Technik institutionalisiert.

Zum Funktionieren einer Technik gehört nicht nur die technische Konstruktion, sondern auch die gesellschaftliche Konstruktion der Kriterien und Testverfahren, die definieren, was Funktionieren und Nichtfunktionieren heißt.

Nach der Schließung beginnt die Phase der Stabilisierung, wobei sich das dominante Design zu einem *technischen Paradigma* verfestigt und der weitere Verlauf der technischen Entwicklung den Charakter eines determinierten Pfades, einer „technischen Trajektorie" (Dosi 1982), annimmt. Was in der Anfangsphase der Technikgenese noch an konstruktiver Variabilität und institutioneller Selektivität möglich war, verschwindet zugunsten einer sozial eingerichteten *Eigendynamik* der weiteren technischen Entwicklung. Gegenüber politischen Versuchen, sie umzusteuern, gewinnt sie ein „technisches Momentum" (Hughes 1987), eine nicht nur durch Technik bedingte Trägheit, die in der versachlichten Technostruktur (PKW-Flotte, Fertigungsanlagen), in der institutionalisierten Infrastruktur (Straßen- und Tankstellennetz), in den investierten Interessen (Konzerne, Verbände, Lehrstühle) und in der Routine von Entwicklern („Konstruktionstraditionen") und Nutzern („Automobilismus") ihre sozialen Wurzeln hat (vgl. Knie 1994 und Burkart 1994). In der Richtung entsteht die oben schon beschriebene *Pfadabhängigkeit* (David 1985) der weiteren technischen Entwicklung, die einerseits durch ökonomische Skaleneffekte und technische Sicherheitsaspekte begünstigt wird, andererseits bei kritischen Veränderungen der Umwelt (Erdölknappheit, Luftverschmutzung) zu Krisen der Selbstblockade und Sackgassentechnologien führen kann.

Die Technikgenese folgt nicht einer linearen Logik der Entfaltung einer technischen Idee, sondern ist als ein mehrstufiger Prozess der Entwicklung von Technisierungsprojekten anzusehen, der eher nach dem nicht-linearen Muster soziotechnischer Evolution verläuft (vgl. Rammert 1993) und mit den Modellen rekursiver Innovation (Kowol/Krohn 1995), verteilter Innovation (Rammert 1997b) oder völlig unvorhersehbarer Innovationsreisen (Van den Ven et. al. 1999) erfasst werden kann (zum Überblick vgl. Braun-Thürmann 2005).

Trotzdem kann der Verlauf der Innovation nachträglich in drei Phasen eingeteilt werden (vgl. Weyer 1997: 133):

1. In der Phase der *Entstehung* wird in den jeweiligen Technisierungsprojekten der „soziotechnische Kern" variantenreich, mit wechselnden Akteurkonfigurationen (vgl. Callon 1983 zum Benzin- oder Elektroauto) und meist in informeller Kommunikation ausgehandelt.

2. In der Phase der *Stabilisierung* erfolgen nach der Selektion einer Variante als Prototyp eine paradigmatische und eine institutionelle Schließung des Feldes und die Herausbildung eines engen sozialen Netzwerks zwischen den Akteuren.

3. In der Phase der *Durchsetzung* wird der Prototyp zum dominanten Design verallgemeinert, und das soziale Netzwerk hat sich durch Markt- und Koalitionsprozesse weltweit neu und exklusiv konfiguriert.

1.5.3 Soziotechnische Konstellationen im Wandel: Varianten des Technopragmatismus

Wie sind technische und menschliche Aktivitäten in hybriden Ordnungen verteilt?

So lautet die Leitfrage einer neuen pragmatistischen Perspektive auf die Technik jenseits von Technikdeterminismus und Sozialkonstruktivismus. Der *Sozialkonstruktivismus* hat die Technik ganz in die Gesellschaft zurückgeholt (vgl. Pinch/Bijker 1987). Er hat Techniken als gesellschaftliche Konstrukte unter den Aspekten ihrer Entstehung wie auch ihrer Gestaltung analysiert. Sind damit die Techniken und die von ihr ausgehenden Wirkungen als rein soziologische Phänomene wie Rollen und Institutionen zu erklären? Oder gibt es da nicht noch wesentliche Unterschiede zwischen sozialen Normen und *technischen Regeln*, zwischen Erwartungsdruck und *Sachzwang*, zwischen Menschenhandeln und *Maschinenoperation?*

Der techniksoziologische *Realismus* verweist auf die Sachdimension der Techniken (vgl. Linde 1972); die Technik wird gleichsam als „Körper der Gesellschaft" angesehen (Joerges 1996). Die Materialität macht demnach die Unterschiede: zwischen frei verhandelbarer Sozialität und fest fixierter Technizität, zwischen weicher, rein kommunikativ vermittelter Sozialbeziehung und hartem, durch Sachen vermitteltem Verhältnis, zwischen ermüdenden, fehleranfälligen und manchmal renitenten menschlichen Handlungssystemen und kontinuierlichen, zuverlässig funktionierenden Sachsystemen. Diese Trennung von Technik und Gesellschaft, von Maschine und Mensch, von Ingenieurwissenschaften und Sozialwissenschaften wollten wir aber vermeiden, hatten wir doch nachgewiesen, dass Technik, Maschine und Ingenieurwissenschaften ebenfalls *soziale Tatsachen* sind und damit integrale Bestandteile von Gesellschaft und ihrer sozialwissenschaftlichen Analyse.

Der *Pragmatismus* in der Technik- und Sozialtheorie sieht das Problem in
der unausgesprochenen Annahme einer Dualität der beiden Welten liegen. Praktisch wird die unterstellte Dualität zwischen Natur und Kultur, Technik und
Gesellschaft, ständig untergraben. Natürliche Klimafolgen sind nicht ohne For-
schungskontroversen und politische Klimakonferenzen festzumachen; technische
Netzwerke sind von vornherein mit sozialen Organisationen und symbolischen
Artefakten verflochten, wie es der Technikhistoriker Thomas P. Hughes (1983)
mit dem zweideutigen Titel *Networks of Power* seiner Studie über die Systeme der
Stromversorgung und der Machtverteilung zugleich anspricht. Technische und soziale Ordnungen werden gleichzeitig geschaffen, sozusagen ko-produziert. Wenn
wir den Ingenieuren in ihre Labore folgen (vgl. Latour 1987; 2006), können wir
ihnen dabei zusehen, wie sie mit ihren *Praktiken* des Entwerfens und Modellierens
beim Design großer technischer Anlagen und Infrastrukturen oder bei der Gestaltung von Computer- und Netzarchitekturen gleichzeitig soziale Arbeitsrollen, hierarchische Beziehungen in Organisationen und soziale Machtverhältnisse zwischen
institutionellen Feldern festlegen. Demnach ist es ebenso sinnvoll und in gewisser
Weise symmetrisch, wenn die Soziologen nicht nur beobachten, wie *technische
Sachen* gemacht und genutzt werden, sondern auch all diejenigen Aktivitäten, die
in die technischen Sachen als *Programme* (= Anweisungen für Ausführungen) eingeschrieben werden, die an sie als *Agenten* (= Handlungsbevollmächtigte) übertragen werden, und auch diejenigen, die ungeplant und überraschend von ihnen als
Widerständigkeiten (= Abweichungen, Störungen, Verselbständigungen) ausgehen.

Emile Durkheim hatte in seinen *Regeln der soziologischen Methode (1895)* gefordert, soziale Phänomene wie Sachen zu behandeln, d.h. Konventionen, Normen
und Institutionen wie harte physikalische Tatsachen aufzufassen (Durkheim 1961:
115). Der Sozialkonstruktivismus hat die Regel aufgestellt, technische Sachen
wie soziale Phänomene zu behandeln, d.h. technisches Gestalten und die Genese
von Techniken als materiellen Ausdruck von Macht-, Wert- und anderen Sozialbeziehungen zu betrachten. Aber erst der *Technopragmatismus,* unter dem hier
so unterschiedliche Richtungen wie der erkenntnis- und gesellschaftstheoretische
Pragmatismus von John Dewey und George Herbert Mead (vgl. Joas/Knöbel 2004;
Strübing 2005), die Praxis- und Objekttheorien von Andrew Pickering (1995) und
Karin Knorr Cetina (1998) und die posthumane Akteur-Netzwerk-Theorie von
Bruno Latour, Michel Callon und John Law (vgl. Belliger/Krieger 2006) versammelt werden, untergräbt den Dualismus von Determinismus und Konstruktivismus, von materieller Umwelt und sinnhafter Sozialwelt, von Natur und Kultur,
indem er die praktische Herstellung aus Menschen und Dingen gemischter Gebilde (Fabrik; Labor) und die historische Genealogie soziotechnischer Ordnungen
(Industrie; Hochtechnologien) aufdeckt. Die klassischen Begriffe instrumentellen

Handelns und ökonomisch rationaler Wahl verlassen sich zu sehr auf die Getrenntheit und Fixiertheit der Welten und versagen, wenn es um die Analyse der Prozesse der Naturerkenntnis, der Technikentwicklung und der Innovation geht. Der pragmatistische Begriff der *experimentellen Praxis (inquiry)* stellt hingegen soziale Zwecke und technische Mittel nicht einfach gegenüber, wie das z.b. bei der soziologischen Theorie technischen Handelns mit ihrem Zweck-Mittel-Bezug geschieht, sondern lässt Handlungszwecke und -mittel in schrittweiser Verfertigung von möglichen Zwecken *(ends-in-view)* und im ständig neu erprobenden Umgang mit Objekten und ihren beobachteten Wirkungen zusammen entstehen (vgl. Dewey 1995 <1925>; Hickman 1990).

Diesen Wechsel zwischen vorläufiger menschlicher Sinngebung und Zielsetzung auf der einen und materieller Widerständigkeit und leichter Zielverschiebung auf der anderen Seite kann man besonders gut beim spielerischen und kreativen Umgang mit Objekten studieren, z.b. wenn beim Basteln und Probieren neue technische Kombinationen erfunden oder beim Forschen und Experimentieren im Labor neue Stoffe und Wirkschemata entdeckt werden. Man kann diese Wechselwirkung auch als *Mangel der Praxis* (Pickering 1995) beschreiben, bei der Objekte und Absichten wie die zwei Walzen einer Mangel den Stoff pressen, prägen und aneinander anpassen. Dieser Wechsel zwischen passiver Anpassung an die fest fixierte Umwelt *(accommodation)* – wie es das technikdeterministische Konzept des Sachzwangs nahe legt – und aktiver Umschaffung einer flexibel formbaren Welt *(adaptation)* – wie es der Sozialkonstruktivismus eher sieht – wird in einer pragmatistischen Soziologie der *Kreativität des Handelns* (Joas 1992) als ein Zusammenhang gedacht, in dem in Interaktion mit anderen Subjekten und in *experimenteller Interaktivität* mit Objekten (siehe Kap. 4 in diesem Buch) neue soziotechnische Ordnungen geschaffen werden.

Soziales Handeln bedarf also der praktischen Vermittlung durch menschliche Körper wie auch zunehmend durch künstliche technische Körper (vgl. Hirschauer 2004; Reckwitz 2003).

Natürliche und technische Körper sind nicht nur *neutrale Mittel (means)* zweckbezogenen menschlichen Handelns, sondern in wachsendem Ausmaß auch *aktive Mittler (mediator)* im spielerischen oder experimentellen Handeln. Sie verharren nicht überall in der Funktion von *passiven Instrumenten*, sondern in hoch technisierten Konstellationen verteilten Handelns übernehmen sie die Rolle von *mobilen Agenten* (vgl. Rammert/Schubert 2006: 163 ff). Schauen wir uns die Entwicklung dieser dem Dualismus gegenüber kritischen Sicht einmal genauer an!

Wer oder was bestimmt die Arbeitsbedingungen im Kohlebergbau? Das war die Ausgangsfrage arbeits- und industriesoziologischer Studien des Tavistock-Instituts in den 1960er Jahren des vorigen Jahrhunderts. Die neuartige Antwort darauf lautete: Weder das technische System (Maschinen, Mechanisierungsgrade), wie Ingenieure und Technikdeterministen unterstellten, noch das soziale System (industrielle Beziehungen und Arbeitsorganisation), wie Manager und Soziologen meinten, bestimmen allein die jeweils andere Seite, sondern es wirkt das *soziotechnische System* in seiner gesamten funktionalen Bezogenheit der Einheiten aufeinander, also die Kombination aus Pressluftbohrern und Einzelarbeitern mit Akkordlohn oder die Kombination aus automatischem Großbohrwerk mit Hobel und Transportbändern und Gruppenarbeit mit Kollektivprämien. So wurde der angloskandinavische Ansatz des soziotechnischen Systems begründet (vgl. Trist 1981).

Wer oder was ist die Ursache für Störungen, Unfälle und Katastrophen? Mit dieser Frage ging der Organisationssoziologe Charles Perrow in den 1980er Jahren an die Analyse von Industrieunfällen und chemischen wie atomaren Katastrophen bei Großtechniken heran. Üblicherweise trennte die Risikoforschung konzeptuell und methodisch zwischen technischen Fehlern und menschlichem Versagen. Alle Einheiten wurden nun nach den beiden Aspekten der Interaktionsform („linear" oder „komplex") und der Koppelung („streng" oder „locker") untereinander untersucht und vergleichend eingeordnet (Perrow 1987: 138). Die überraschende Antwort auf die Frage nach der *Sicherheit* von *hochriskanten Systemen,* wie Schiffstransporten, Mondraketen, Chemiefabriken oder Kernkraftwerken, verließ den konventionellen Weg der dualistischen Trennung von technischen Operationen und menschlichen Interventionen: Je enger gekoppelt die menschlichen wie technischen Einheiten eines Systems sind – mit geringen Spielräumen für Veränderungen und ohne große Puffermöglichkeiten – und je komplexer die Interaktionen zwischen den Einheiten gestaltet sind – mit dichter Anordnung, Mehrfachfunktionen und nicht direkt einsehbaren Rückkopplungsschleifen –, desto größer sind das Risikopotential und damit die ‚Normalität' von Katastrophen bei diesen Systemen.

Wer oder was fliegt das Flugzeug nach Fuerteventura? *Soziologen* würden zunächst antworten: Der menschliche Pilot steuert natürlich die Maschine. Dann würden sie sich fragen, ob er nicht mindestens einen Ko-Piloten oder Funker mit an Bord hat und ob er nicht auch in Kooperation mit Flugkontrolleuren und Funklotsen am Boden steht. Die erste vorläufige Antwort hieße dann: Die Gruppe oder das Team navigiert den Flieger. Bei weiterem Nachdenken würde ihnen auch noch einfallen, dass ohne zahlende Passagiere und ohne Charterunternehmen, ohne Flughafenbetreibergesellschaften und ohne Ausbildungs-, Sicherheits- und Wartungsorganisationen diese Fliegerei gar nicht zustande käme. Damit wären jetzt alle menschlichen *sozialen Akteure,* die individuellen (Individuum), die kollektiven (Gruppe) und die korporativen Akteure (Organisation) benannt, die mit ihren Intentionen alle an der Ausrichtung des Fliegens nach Fuerteventura beteiligt sind.

Ingenieure hätten eine ganz andere und komplementäre Sicht: Naturgesetze, technische Vorrichtungen, Geräte und Steuerungszeichen lassen das Flugzeug fliegen. Luftströme brechen sich in einem bestimmten Winkel an den Tragflächen und lassen das Flugzeug schweben. Windströmungen unterstützen oder stören das Fliegen. Propeller oder Düsen treiben das Flugobjekt an, zusammen mit Seiten- und Höhenrudern lenken sie es in die richtige Richtung. Aber auch Flugkarten, Funkleitstrahlen und Auto-Piloten-Programme sind am Fliegerhandeln mehr (Automatik) oder weniger (menschliche Intervention) beteiligt. Die *Fakten der Natur* und die *technischen Artefakte* bewirken zwar das Fliegen des Flugzeugs nach Höhe, Tempo und Richtung, werden jedoch nur als passive Mittel menschlicher Intentionalität des Typs instrumentalen Handelns gesehen.

In dieser dualistischen Sicht bei der Beschreibung des Fliegens sind sich Technik- wie Sozialwissenschaftler in der Regel einig: Nur Menschen können *handeln*, d.h. Zwecke setzen, Mittel wählen, Zweck-Mittel-Beziehungen intelligent abwägen, während Maschinen eben nur *funktionieren*, d.h. nach einem festen Schema operieren. Gibt es gute Gründe, von diesem Dualismus abzuweichen?

Ja, denn erstens handeln die *Menschen* häufiger als angenommen ‚mechanisch', vollziehen Handlungen automatisch', so dass man auch bei bestimmten menschlichen Handlungen davon spricht, dass sie funktionieren. Das ist nicht nur metaphorisch gemeint, sondern die Fähigkeit, Handeln zu routinisieren, zu habitualisieren und zu formalisieren – so hatten wir oben gesehen – bildet die Grundlage dafür, dass Formen der Technisierung auch im Medium physischer Dinge und symbolischer Zeichen gemacht werden können, wie das Zählen mit Fingern, mit Rechenkugeln oder mit Ziffern. Man kann also die menschlichen Handlungen in die große Menge der ‚maschinenmäßigen' und damit mechanisierbaren und in Computerprogrammen simulierbaren Aktivitäten und die kleinere Menge der ‚situativen' und damit von Kontexten und Interpretationen abhängigen Aktivitäten einteilen (vgl. Collins/Kush 1998; Suchman 1987). Nicht jede menschliche Handlung ist also einzigartig und unnachahmlich.

Zweitens, die *Maschinen*, wie sie gegenwärtig entwickelt werden, lassen sich immer weniger auf ihren Status als passives *Instrument* reduzieren. Maschinen sind kombinierte technische Systeme aus mehreren funktionalen Komponenten: Die ‚Aktorik' (Arbeit und Ausführung) gibt ihnen mehr Aktionsfähigkeit. Die ‚Motorik' (Antrieb und Bewegung) macht sie mobiler im Raum. Die ‚Sensorik' (Umwelt- und Selbstwahrnehmung) sorgt für eine differenzierte Empfänglichkeit für die Umgebung. Die ‚Informatik' (Steuerung und Regelung) verleiht ihnen eine kalkulierende, memorierende und strategische Intelligenz. Zusammen mit der ‚Telematik' (Kommunikation unter EDV-Systemen) erwachsen daraus Möglichkeiten zur Verteilung der Aktivitäten auf viele technische Agenten, zur flexiblen

Koordination und zur relativ autonomen Kooperation unter ihnen. Der *avancierten Technik* muss man immer mehr den Status als pro-aktiver, kontext-sensibler und kooperativer *Agent* zuerkennen (siehe Kap. 6 in diesem Buch).

Drittens, die *Beziehung zwischen Menschen und Maschinen* verändert sich vor diesem Hintergrund: Das rein *instrumentelle* Verhältnis zu Werkzeug und Maschine verwandelt sich in eine *interaktive* Beziehung zwischen Maschine und Nutzer, nicht nur am Interface des Bildschirms, sondern auch in der Verteilung der Aktivitäten auf Maschinen, Programme und Menschen. Wir sprechen immer dann von *Interaktivität*, wenn die Beziehung zwischen Mensch und technischem Objekt durch Komplexität, durch Kontingenz und durch symbolisch vermittelte Kommunikation gekennzeichnet ist. Bei kombinierten technischen Systemen sind viele Elemente, verschiedenartige Beziehungen und funktionsbezogene Kopplungen möglich. Bei programmierbaren Maschinen sind verschiedene Wahlmöglichkeiten und Rückkopplungen mit der Umgebung möglich. Bei Bildschirmschnittstellen wachsen die Kapazitäten für die Kommunikation von Zuständen und Anweisungen so unermesslich, dass differenzierende Dialoge geführt und der anderen Seite Interaktionsfähigkeit zugerechnet werden können. Der PC z.B. wird zum „Interaktionspartner" (Geser 1989).

Eine erste und weit verbreitete Reaktion auf diese Mischung der Aktivitäten besteht darin, die fundamentale Differenz zwischen Menschen und Maschinen, Handeln und Operieren, Geist und Programm herauszustellen, eben immer wieder neu zu behaupten, dass Computer nicht denken oder Maschinen nicht handeln können (vgl. zur Kritik d'Avis 1994 und Rammert/Schulz-Schaeffer 2002). Diese Aussagen sind insofern tautologisch, da sie von vornherein Denken und Handeln mit Kriterien wie Bewusstseinsfähigkeit und Leiblichkeit definieren, die nur für den Menschen gelten. *Handlungsträgerschaft (agency)* ist keine stabile Wesenseigenschaft des Menschen. Sie wurde in der antiken Gesellschaft den Sklaven nicht zugesprochen, und sie wird gegenwärtig unter Drogen stehenden Menschen gar nicht, Kindern teilweise und korporativen Akteuren, wie Unternehmen und Staaten, die Verträge abschließen, voll zugesprochen. Diese Aussagen sind zudem für eine soziologische Forschung untauglich, da sie die *Grenzziehungen* zwischen Handeln und Verhalten nicht mehr zum Gegenstand machen (vgl. Lindemann 2002), da sie die historisch, medizinisch und juristisch wechselnden *Zurechnungen* von Handlungen ignorieren (vgl. Schubert 2006; Teubner 2006; Schulz-Schaeffer 2007) und da sie – und das betrifft besonders die gegenwärtigen Veränderungen durch *autonome Maschinen* (vgl. Christaller/Wehner 2003) und *verteilte Agenten* in Kommunikationsnetzen (siehe Kap. 7 in diesem Buch) – die feinen Verteilungen von delegierten und automatisierten Handlungen in den vielen soziotechnischen Konstellationen nicht mehr zum Thema machen können.

Eine zweite höchst kreative, aber umstrittene Reaktion radikalisiert das Denken, indem die Differenz durch eine Symmetrie der Einheiten ersetzt wird. Die *Akteur-Netzwerk-Theorie* (vgl. Latour 2005) behandelt Menschen, Muscheln und Maschinen alle gleich als ‚*Aktanten*‘, die wirken und widerständig sein können, einem Programm folgen und durch die Einbindung und Allianzbildung zu einer heterogen gemischten Handlungseinheit, dem *Hybrid,* werden. Demnach ‚handelt‘ auch eine einfache Bodenschwelle, ein so genannter ‚schlafender Polizist‘ (vgl. Latour 1992), wenn sie den Autofahrer ebenso wie ein wachsamer menschlicher Polizist oder wie ein symbolischer Polizist auf einem Schild oder wie eine sichtbare Überwachungskamera dazu bringt, im Schritttempo zu fahren.

Der Gewinn dieser symmetrischen Sichtweise besteht darin zu erkennen, dass Handeln auf verschiedene Instanzen verteilt sein kann, eben nicht nur auf Menschen, sondern auch auf natürliche Dinge, die einbezogen werden, und künstliche Sachen, die gemacht werden. Ein Handlungsziel, wie sich durch Faustschläge zu rächen (Programm 1), kann durch die Verbindung mit einem Revolver, der scharf schießt (Programm 2), in ein neues Programm verschoben oder übersetzt werden, nämlich zu töten. Erst die Verbindung eines menschlichen Aktanten mit einem nichtmenschlichen Aktanten schafft diese neue Handlung. Der Hybrid aus beiden ist die handelnde Einheit (vgl. Latour 1998). Je mehr Handeln und Interaktion gegenwärtig durch andere Instanzen vermittelt oder an sie delegiert werden – man denke nur an die vielen Möglichkeiten der intelligenten Objekte, der elektronischen Dienste und der künstlichen Kommunikation (siehe Kap. 10 in diesem Buch) –, desto attraktiver scheint eine solche Hybridperspektive auf die Gesellschaft als Assoziation von Menschen und Dingen in *Akteur-Netzwerken* zu sein, nimmt sie doch die in die Umwelt der Gesellschaft verbannte und sozialtheoretisch vergessene Technik wieder in den Blick.

Allerdings dürfen auch nicht die Verluste verschwiegen werden, die diese Sichtweise mit sich bringt. Der radikale Gestus der Symmetrisierung gibt Unterscheidungen und graduelle Unterschiede auf, die Sinn machen und relevante Folgen haben. Nicht alle Dinge und Techniken sind in der gleichen Weise am Handeln beteiligt; es lohnt sich, zwischen *einfachen* (Werkzeuge, Apparate, Maschinen) und *avancierten Techniken* (Hochtechnologien, intelligente Systeme, smarte Objekte) zu unterscheiden (siehe Kap. 6 in diesem Buch): Die ersteren wirken nur in einer festgelegten Weise, wie die Schwelle oder der Revolver, bedürfen keiner über das kausal-mechanische Vokabular hinausgehenden Beschreibungssprache. Die letzteren, wie Roboter in Intra-Aktion oder Software-Agenten in Kooperation, verfügen jedoch dank Sensorik, Operationsprotokollen und Programmen fallbasierten Schließens über Möglichkeiten, auch anders handeln zu können, werden bei hoher Komplexität und Kontingenz in ihrem jeweiligem Verhalten besser durch ein intentionalistisches

Handlungsvokabular (*belief, desire, intention, action*) beschrieben. Programmierer wie auch Nutzer verwenden dieses bei avancierten Techniken, weil die Zurechnung von Handlungsträgerschaft in diesen Fällen den Umgang mit der Technik erleichtert. Es macht also Sinn, verschiedene Niveaus und Grade der Handlungsträgerschaft von der *„verändernden Wirksamkeit'* (Kausalität) über das *„Auch-anders-handeln-Können"* (Kontingenz) bis hin zur *„intentionalen Erklärung"* (Intentionalität) (Rammert/Schulz-Schaeffer 2002: 49 und siehe die Abbildung 6.5 in Kapitel 6) sowohl für Menschen wie für andere Instanzen zu unterscheiden.

Für eine soziologische Analyse sozio-technischer Konstellationen ist es weiterhin wichtig, die mit den Praktiken hergestellten Beziehungen zwischen den heterogenen Einheiten genauer zu bestimmen. Wir unterscheiden davon drei Arten von Beziehungen:

1. Die *Interaktion* zwischen menschlichen Akteuren bleibt eine wesentliche und sinnstiftende Beziehung. Sie schafft den Ordnungsrahmen der *praktischen Intersubjektivität* (vgl. Joas 1989). Sie kann daraufhin untersucht werden, inwieweit durch die technische Rahmung und die technische Vermittlung neue Formen im weiten Spektrum zwischen strategisch-kalkulierender und emotional-integrierender Interaktion *(Partner matching, public viewing, blogging)* aufweisen.
2. Die *Intra-Aktion* zwischen technischen Objekten (vgl. Braun-Thürmann 2002) kommt als neue Dimension *materialer Sozialität* für die soziologische Analyse hinzu. Diese materielle Reihung und Rahmung von Aktionen betrifft den Bereich der praktischen *„Interobjektivität"* (vgl. Latour 2001). Je nachdem wie die Beziehungen zwischen den Objekten durch Design, Systemarchitektur und Programmierung festgelegt werden, lassen sich eher hierarchisch und fest gekoppelte Systeme (Raumfahrtstart) oder eher verteilt und locker gekoppelte Systeme (Kooperierende Roboter) voneinander unterscheiden.
3. Die *Interaktivität* bezeichnet die Beziehungen zwischen Mensch und technischem Objekt. Über welche Medien der Wahrnehmung und der Einwirkung sie jeweils vermittelt ist, erzeugt veränderte Konstellationen der praktischen *Intermedialität*. Es macht einen großen Unterschied, ob menschliche Akteure und technische Objekte unmittelbar über ihre Körper und Organe in eine *instrumentelle* Beziehung treten – wie bei der Handwerksarbeit oder bei der chirurgischen Operation (beobachtende Augen und Werkzeug führende Hände) – oder ob sie – wie bei der Maschinenführung oder bei Computer gestützter Systemsteuerung – über intermediale Schnittstellen in eine *instruktive und mittelbar steuernde* Beziehung oder über Bildschirmschnittstellen – wie in modernsten Cockpits und Kontrollzentren – in eine nur *begrenzt intervenierende* und *interaktive* Beziehung treten (vgl. Rammert/Schubert 2006: 174 ff).

Aus der Perspektive einer pragmatistischen Technik- und Sozialtheorie besteht die gesellschaftliche Wirklichkeit aus allen drei Beziehungen, den zwischenmenschlichen Interaktionen, den künstlich hergestellten Aktionen zwischen Dingen und den intermedialen Beziehungen zwischen Menschen, Wirkobjekten und Zeichenobjekten. In der Praxis jeglicher Art, sei es Arbeit, Interaktion oder Kommunikation, werden sie in einer bestimmten Konstellation zueinander und gleichzeitig miteinander erzeugt.

Wie werden aus den angesprochenen Beziehungen gefestigte soziotechnische Konstellationen?

Soziotechnischen Konstellationen bestehen aus körperlichen Routinen, sachlichen Designs und symbolischen Steuerungsdispositiven. Sie kristallisieren sich heraus, wenn sich probierendes Handeln (Herumschaufeln, Herumschnipseln) in körperliche Routinen (Schaufeltechnik, Sezierschnitte) verwandelt, wenn sich die experimentelle Kombination von Sachen (Lochkarten und Webstühle) zu dominanten Designs (NC- Maschinen) verfestigt und wenn sich symbolische Kreationen (Zeichen und Bilder) in disponierende Medien der Steuerung und Kontrolle (Computerprogramme, digitale Identifizierung) transformieren. Die praktizierten Beziehungen werden erst durch ihre zeitliche Wiederholung, durch ihre räumliche Ausbreitung und durch ihre sachliche Fixierung als gesellschaftlich signifikante Gesten und Gestalten ausgezeichnet und als Ausdruck gesellschaftlich erwünschter Wirksamkeit dauerhaft institutionalisiert. Für den Bereich der *industriellen Arbeit* erinnere ich an die historische Herausbildung der Konstellationen „handwerklicher Kooperation" (kompetent agierende Körper/spezialisierte Werkzeuge/ Vorbilder), manufektureller Arbeitsteilung" (spezialisierte Teilkörper/zentrale Maschinen/hierarchische Arbeitsanleitungen) und des „Systems der Maschinerie" (trainierte Teilorgane/Sequenz von Spezialmaschinen/maschinell inkorporierte Steuerung und technisch bedingter Arbeitstakt) im 19. Jahrhundert.

Wie wir am Anfang des Beitrags schon gesehen haben, ist fast jegliche Praxis auf alle drei Trägermedien angewiesen; die Anteile und Gewichte sind in den jeweiligen Konstellationen unterschiedlich verteilt. Der von seinen jeweiligen Trägern gereinigte Begriff der *sozialen Kommunikation* lässt leicht vergessen, dass die *mündliche* Kommunikation im Vergleich zur *schriftlichen* oder *elektronischen* Kommunikation nicht nur auf Stimme und sprachlich-mimische Äußerung beschränkt war, sondern immer schon in Verbindung mit verschiedenen Schallräumen und Schallverstärkern und auch mit besonderen symbolischen Rahmungen in unterschiedlichen Konstellationen gestaltet wurde: der Priester mit gesungener Litanei im kirchlichen Sakralraum, der Ausrufer mit lautem Schreien oder Lautsprechertrichter auf der öffentlichen Straße, oder der Professor auf einem Podest, der Schauspieler auf einer Bühne usw.

Mit den *neuen Informations- und Kommunikationstechniken* werden vor allem die jeweiligen Anteile zwischen menschlichen Gesten, medialen Maschinen und symbolischen Mitteln verschoben und neu verteilt: Gegenüber dem reichhaltigen Repertoire an menschlichen Gesten (Arbeiten, Kommunizieren, Memorieren) haben das Ensemble der technischen Güter (Maschinen, Verbreitungsmedien, Datenbanken) und vor allem die *Archive des symbolischen Wissens* (Drucksachen, Dateien, Programme) ungeheuerlich zugenommen. Als noch bedeutender als diese Verschiebung erweist sich die *Aktivierung* und *Mobilisierung* der technischen Objekte, indem sie durch Künstliche Intelligenz-Programme aufgerüstet und durch Kommunikationsnetze allgegenwärtig verbunden werden. Fahrgäste per Bahn zu befördern, Schiffe zu navigieren oder Patienten zu operieren früher und heute scheinen sich nur auf den ersten Blick zu ähneln; eine *technografische Analyse* (Rammert/Schubert 2006) der neuen soziotechnischen Konstellationen kann genau und detailreich nachzeichnen,

1. wie diese Handlungen heute auf mehrere heterogene Instanzen verteilt sind,
2. wie so viele Einzelaktivitäten dabei häufig unausgesprochen und unsichtbar *im Hintergrund* oder *im technischen Objekt integriert* ablaufen,
3. dass Software-Agenten, die *miteinander interagieren,* häufig wie kleine Heinzelmännchen (vgl. Rammert 1998a) daran *aktiv beteiligt* sind und
4. dass und wie die technischen Objekte dabei ein immer höheres Niveau und einen *höheren Grad an Handlungsträgerschaft* erreichen, z.B. wenn sie von sich aus tätig werden, Erwartungen an den Nutzer aufbauen, im Rahmen vordefinierter Möglichkeiten sich auch anders verhalten können oder sogar Interventionen des Nutzers in kritischen Situationen ignorieren.

Durch diese Techniken, die als *Agenturen verteilter Aktion* (siehe Kap. 5 in diesem Buch) wirken, werden Entwickler wie Nutzer vor die Entscheidung gestellt, wie viel *Autonomie* sie dem technischen System aus Gründen der Kosten und des Komforts geben sollen und wie viel *Intervention* und *Transparenz* sie für den menschlichen Nutzer vorsehen sollen, um Selbstbestimmung, Sicherheit und Datenschutz zu bewahren.

Eine solche pragmatistische Perspektive der Soziologie auf die Technik hat auch hat auch *praktische Folgen*, die mit der üblichen Arbeitsteilung zwischen den Disziplinen bricht:

Wenn die technische Konstruktion als ein selbstverständlicher Teil der gesellschaftlichen Konstruktion von Wirklichkeit angesehen wird (siehe Kap. 2 in diesem Buch), dann sollte auch die Trennung zwischen technischem Optimieren und nachfolgendem sozialen Anpassen aufgegeben und Platz für eine von Technik- und

Sozialwissenschaftlern *gemeinsame Gestaltung soziotechnischer Systeme* eingeräumt werden (siehe Kap. 12 in diesem Buch).

Wenn Technik und Mensch oder Technik und Gesellschaft nicht mehr dicho-
tomisiert und als getrennte Sphären des Handelns und der Wissenschaften angesehen werden, dann kann die Soziologie jenseits von pauschaler Automationskri-
tik und nachträglicher Technikfolgen- und Technikakzeptanzforschung zu einer
konstruktiven Soziologie übergehen, die durch eine *technografische Analyse* und
eine *experimentelle Entwicklung* soziotechnischer Konstellationen gekennzeichnet ist. Mithilfe eines solchen analytischen und methodischen Instrumentariums
kann man dann erforschen, modellieren und gestalten, wie Aktivitäten mit welchem Aktionsniveau auf menschliche, maschinelle und symbolische Agenten mit
welchen Folgen für Effizienz, Sicherheit und Selbstbestimmung verteilt werden
können.

Die technische Konstruktion als Teil der gesellschaftlichen Konstruktion der Wirklichkeit[1]

2

Zusammenfassung

In diesem sozialtheoretischen Beitrag wird in engem Dialog mit Berger/Luckmanns Klassiker aufgezeigt, dass trotz der Grundlegung der Soziologie auf subjektiv gemeinten Sinn, auf symbolischer Interaktion, auf Intersubjektivität oder auf selbstprozessierten Sinnselektionen der Anteil und die Teilnahme technischer Instanzen an der gesellschaftlichen Konstruktion der Wirklichkeit nicht automatisch ausgeschlossen sind. In Analogie zu Sprechhandlungen und Sprache werden Wirkhandlungen der Technisierung und Technostrukturen als soziale Prozesse und deren Objektivierungen vorgestellt: Das technikbezogene Handeln (Verwenden, Herstellen, Operieren lassen) wird als Teil der Lebenswelt und besonderer Typ sozialen Handelns entwickelt. Die Herausbildung von Technostrukturen wird nach dem Muster von Institutionalisierungsprozessen begriffen.

---

1 Vortrag auf der Tagung „Neue Perspektiven der Wissenssoziologie – Zur Aktualität eines Forschungsparadigmas. Thomas Luckmann zum 75. Geburtstag" in Konstanz am 21. Juni 2002. Für die Unterstützung bei bibliografischen Vorarbeiten danke ich meiner Tutorin Corinna Jung.

2.1   Das Problem mit der Technik: Technisierung und Gesellschaft

Woran liegt es eigentlich, dass es in der Philosophie so viele Werke gibt, die sich mit der Frage der Technik befassen, die Soziologie aber in ihren theoretischen Schriften das Thema meint vernachlässigen zu können? An der mangelnden Relevanz des Problems der Technik scheint es nicht zu liegen: Werkzeuge und Waffen haben immer schon Gesellschaften und Gruppierungen nach Stufen des Könnens und Potentialen der Macht voneinander geschieden. Maschinen und Medien haben immer schon je nach ihrer Verfasstheit über Arbeitsbeziehungen und Ungleichheitsverhältnisse mitentschieden. Gegenwärtig werfen die neuen Informations- und Lebenstechnologien neue Fragen zum Wandel des Wissens und der Wahrnehmung, der Moral und der Identität auf. Und wiederum finden die Philosophen und Technologen mehr Gehör als die Soziologen.

Es muss wohl am theoretischen Zugriff der Soziologie liegen, dass die Technik in ihren Werken kaum in Erscheinung tritt, weder als Teil der gesellschaftlichen Wirklichkeit noch als Teil der gesellschaftlichen Konstruktion. Die soziologische Theorie fokussiert auf an anderem Verhalten orientiertes eigenes sinnhaftes Verhalten, könnte aber auch ebenso gut den objektivierten und inkorporierten Sinn einbeziehen. Sie konzentriert sich auf die Interaktion zwischen Menschen, vernachlässigt dabei die ebenso relevante Interaktivität mit Objekten. Sie setzt ganz emphatisch auf kommunikative Verständigung, könnte aber auch nüchtern die technische Koordination ohne Kommunikation stärker berücksichtigen. Sie setzt radikal auf autopoietische Kommunikation in psychischen und sozialen Systemen, klammert jedoch weitgehend die Kommunikation mit Körpern und Computern aus. Die Grundlegung der Soziologie auf subjektiv gemeintem Sinn, auf symbolischer Interaktion, auf Intersubjektivität oder auf selbstprozessierten Sinnselektionen muss nicht automatisch den Anteil und die Teilnahme technischer Instanzen an der gesellschaftlichen Konstruktion ausschließen. Nur wer im Interesse einer „reinen" Sozialtheorie die Sinnprozesse und Kommunikationen von ihrer „Vermittlung" oder „Verschmutzung" mit Körpern, Sachen und medialen Trägern reinigt, verweist sie in die Umwelt der Gesellschaft und tut sich dann schwer, empirisch gehaltvolle und praktisch relevante Antworten auf die Probleme der Gesellschaft mit der Technik anzubieten.

Im ersten Teil werde ich daher kurz untersuchen, wie begriffliche Vorentscheidungen die Auffassung des Verhältnisses von Technik und Gesellschaft geprägt haben. Ziel der Argumentation ist es, von den Folgen der Technik für Gesellschaft über die gesellschaftliche Konstruktion der Technik zu einer Auffassung zu gelangen, die soziotechnische Konstellationen als hybride Gebilde zum Ausgang der Forschung nimmt.

Im zweiten Teil werde ich prüfen, inwieweit der sozialphänomenologische und sozialkonstruktivistische Ansatz der Wissenssoziologie Möglichkeiten in sich birgt, dieses Unternehmen einer Techniksoziologie mitzudenken und zu unterstützen. Dabei konzentriere ich mich zunächst auf die Beziehung von Lebenswelt und Technisierung. Ich werde zu zeigen versuchen, dass der Prozess der Technisierung eine integrale und fundamentale Form der Lebenswelt ist und sich sehr wohl als sinnhaftes Handeln, nämlich der spielerisch-kreativen wie auch der mechanisch-routinisierten Entlastung von Sinnbezügen zur Leistungssteigerung verstehen lässt.

Im dritten Teil stelle ich dann den Zusammenhang zwischen Prozessen der Institutionalisierung und der Herausbildung von Technostrukturen her. Dort werde ich dafür plädieren, die Technik nicht nur als Gerippe der Gesellschaft oder als Nervenbahn für Kommunikationen zu verstehen, sondern quer zur Trennung von Technik und Gesellschaft oder von Körper und Kommunikation Mischgebilde aus Mensch-Maschine-Programm-Interaktivitäten vergleichend zu untersuchen.

Die technische Konstruktion – das soll nachgewiesen werden – ist über Prozesse der Technisierung immer schon eine gesellschaftliche Konstruktion der Wirklichkeit. Die gesellschaftliche Konstruktion hingegen weist verschiedene Grade von Agency und Technisierung und unterschiedliche Verteiltheiten der Aktivitäten und gefestigten Formen auf menschliche Handlungen, sachliche Abläufe und zeichenhafte Operationen auf.

2.2 Die Relationierung von Technik und Gesellschaft: Technik als exteriores Ding, als endogene Größe oder als Zwischending

Bei der sprachlichen Formulierung Technik und Gesellschaft schwingt – übrigens ähnlich wie bei der Gegenüberstellung von Individuum und Gesellschaft – die Unterstellung mit, als ob es sich um zwei einander ausschließende eigene Bereiche der Wirklichkeit handelte, die wechselseitig füreinander Umwelten bildeten. Technik sei als ein der Gesellschaft ebenso exteriores Ding anzusehen, wie die Gesellschaft als ein dem Einzelnen gegenüber äußere Wirklichkeit eigener Art.

Diese dualistische Auffassung der technischen und der gesellschaftlichen Wirklichkeit hat bestimmte Implikationen für die Theorieentwicklung und für die Forschung. Die soziologische Theorie hat, je mehr sich die Soziologie von Marx über Durkheim zu Weber und Parsons hin als eigene Disziplin festigte, desto schärfer die Technik als exteriore Sache behandelt und in die Umwelt der gesellschaftlichen Entwicklung verwiesen. Im Gegenzug wurden die Probleme der

Gesellschaft mit der Technik – mangels sozialtheoretischer Durchdringung – in lebensphilosophischen und zivilisationskritischen Techniktheorien behandelt und dementsprechend aus der Verselbständigung der Technologik und der Eigendynamik der technischen Entwicklung erklärt. Angesichts der jeweiligen Ausblendung des Sozialen oder des Technischen dürfte es auch nicht überraschen, wenn, wie auf der einen Seite Soziales nur durch Soziales erklärt wird (Durkheim 1970: 193), so auf der anderen Seite Technisches nur durch Technisches. Soziologismus und Technizismus bedingen sich wechselseitig.

Für die sozialwissenschaftliche Technikforschung, die sich weniger an die Reinheitsgebote der Soziologie, Soziales nur durch Soziales zu erklären, halten musste, brachte diese dualistische Auffassung ein einfaches, aber fruchtbares Forschungsprogramm. Es lässt sich im Kern auf die Frage zuspitzen: Welche Folgen hat die Technik für die Gesellschaft? Dieser Typ der Technikfolgenforschung entsteht schon in den 30er Jahren des 20. Jahrhunderts (vgl. Ogburn 1936). Mit der bekannten Ogburn'schen These des „Cultural Lag" (Ogburn 1957), des Hinterherhinkens der Gesellschaft hinter den technischen Erfindungen, an die sie sich anzupassen habe, hat er stilbildend bis zur heutigen Technikfolgenabschätzung gewirkt. In der Regel war damit ein mehr oder weniger harter technologischer Determinismus verbunden.

Die Gegenbewegung, aber auch noch ganz unter dem Vorzeichen des Dualismus, fand wesentlich in den 60er Jahren des vorigen Jahrhunderts statt. Technik wird wieder in die Gesellschaft zurückgeholt. Sie wird als historisch-gesellschaftliches Projekt, als Produkt und Resultat der Gesellschaft (vgl. Jokisch 1982; Rammert 1983) und als sozialer Prozess (vgl. Weingart 1989) begriffen. Unter Rückgriff auf den kritischen frühen Marx gegen den historisch-materialistischen Deterministen werden Konzepte eines autonomen technischen Fortschritts, Vorstellungen wissenschaftlich-technischer Revolutionen und Vorhersagen einer Technokratie heftig kritisiert. In Ökonomie, Soziologie und Geschichte setzten sich Theorien durch, die Technik als Teil der Gesellschaft und somit als endogene Größe betrachten (vgl. Lutz 1987). Allerdings blieben diese neuen Sichten auf die Relationierung von Technik und Gesellschaft für die Entwicklung soziologischer Theorie relativ folgenlos. Es sieht so aus, als habe man mit dem technologischen Determinismus gleichzeitig auch die tiefere Beschäftigung mit der Technik aus der soziologischen Theoriewerkstatt vertrieben (vgl. Rammert 1998c).

In der sozialwissenschaftlichen Technikforschung hingegen hat die neue Fragerichtung zu einem äußerst erfolgreichen Forschungsprogramm geführt. Es firmiert im weitesten Sinn als Sozialkonstruktivismus unter den Etiketten „Social Shaping of Technology" (MacKenzie/Wajcman 1985; Williams/Sörensen 2002), „Social Construction of Technological Systems" (Bijker/Hughes/Pinch 1987) und

Technikgeneseforschung (Rammert 1993; Dierkes/Hoffmann 1992) statt. Im Kern geht es um die Frage der gesellschaftlichen Konstruktion von Technik: Welche gesellschaftlichen Größen wirken auf die Genese und Gestaltung von Techniken ein? Man fand heraus, dass nicht nur Marktkonstellationen, sondern auch Koalitionen politischer Akteure, nicht nur Entwicklervisionen, sondern auch Nutzererwartungen, nicht nur explizite Leitbilder, sondern auch implizite kulturelle Modelle die technische Konstruktion und Entwicklung prägen (vgl. zum Stand der Forschung Cronberg/Sörensen 1995). Die volle Vielfalt gesellschaftlicher Einflussgrößen fand Eingang in die Beschreibung der sozialen Konstruktion der Technik. Immer wenn von sozialer Konstruiertheit die Rede ist, wird unterstellt, dass die Technik auch anders hätte gestaltet werden können. Analog zur sozialen Konstruktion wissenschaftlicher Fakten nimmt man eine interpretative Flexibilität oder konstruktive Offenheit technischer Artefakte an (Pinch/Bijker 1987). Sie wird durch wissenschaftliche und technologische Kontroversen belegt. Erst mit der Schließung der Kontroverse, die rein rhetorisch oder durch Umdefinition des technischen Problems geschehen kann, wird eine Technik in ihrem gesellschaftlichen Umfeld stabilisiert. Aber reicht es für die Erklärung technischer Entwicklung aus, die Generierung und Legitimierung nur des technologischen Wissens zu untersuchen?

Jenseits der Auffassungen von Technik als exteriorer Tatsache und endogener Größe der Gesellschaft gibt es noch eine dritte Richtung: Technik wird als Zwischending, Zwitter oder Hybrid konzipiert. Technik und Gesellschaft werden nicht mehr auseinanderdividiert. Quer zur traditionellen Trennung von technisch-dinglicher Welt und menschlich-sozialer Welt werden konkrete Kollektive aus menschlichen und nicht-menschlichen Elementen mit anderen soziotechnischen Komplexen verglichen. In dieser nicht-dualistischen Auffassung bilden Technik und Gesellschaft ein nahtloses Geflecht („seamless web") (Hughes 1986), eine heterogene Assoziation, eine kreolisierte Mischung aus zwischenmenschlichen Beziehungen und Objekt-Beziehungen (Knorr Cetina 1998) oder ein Aktanten-Netzwerk aus menschlichen und nichtmenschlichen Wesen (Latour 1998). Der privilegierte Zugriff auf Gesellschaft nur über Menschen, die handeln und symbolisch interagieren, oder über sinnhaft orientiertes Handeln wird durch den Kunstgriff einer „ontologischen Symmetrisierung" (Latour 1995: 127 ff.) umgestellt auf einen Zugang zu Assoziationsformen von Menschen und anderen Wesen, die in Wechselwirkungen mal technisches Ablaufverhalten und mal mehr intentionales Handeln zeigen (Rammert/Schulz-Schaeffer 2002), mal mehr als Subjekt oder mehr als Objekt in den Beziehungen fungieren (Pickering 1995; Rammert 1999a) und die immer als Medium oder aktiver Vermittler (Latour 1998) den Sinn und das Ziel von Aktivitäten verändern.

Da dieser Ansatz als Konstruktionstheorie der gesellschaftlichen Wirklichkeit noch nicht systematisch ausgearbeitet ist, sondern eher in rhetorischer, polemischer oder politischer Gestalt vorliegt (vgl. Latour 2001), ist er mit vielen Unzulänglichkeiten und auch Fehlern behaftet (vgl. zur Kritik Schulz-Schaeffer 2000: 103 ff.). Allerdings rechtfertigt das noch nicht vorschnell eine Zurückweisung der grundlegenden nicht-dualistischen Denkweise als postmoderne Provokation, zumal sich dieser Ansatz in der Wissenschafts- und Technikforschung als äußerst produktiv erwiesen hat. Sieht man mal von den pfiffigen, aber polemischen Beispielen für fehlende Massen („the missing masses") in der Soziologie (Latour 1992), den „handelnden" Schlüsselanhängern, Drehtüren und Bodenschwellen (Latour 1996), ab, dann scheint er für die Analyse von Situationen und Infrastruktursystemen „verteilten Handelns" (Rammert 1998a: 113 f.) besonders geeignet zu sein, wenn nämlich die Aktivitäten auf aktuelle Vollzüge und gespeicherte Abläufe, auf menschliche Akteure und technische Programme, z.B. in informatisierten Arbeits- und Kommunikationswelten, oder auf individuelle, kollektive und technische Akteure, z.B. in großtechnischen Verkehrs- und Versorgungssystemen (vgl. Kap. 7), verteilt sind.

Eine Theorie der Techniksoziologie, die sich nicht von vornherein auf die dualistischen Vorprägungen von Technik und gesellschaftlichen Folgen oder von Gesellschaft und ihren Einflüssen auf die Technik einschränken lassen möchte, müsste sich schon auf eine Konstitutionstheorie einlassen, welche die Ko-Konstruktion von technischer und gesellschaftlicher Wirklichkeit im Blick hat. Dazu bedarf es eines Technikbegriffs, der das Technische als eine Form des Sozialen fasst. Dazu bedarf es einer Vorstellung von sozialer Welt, die offen für eine Verteilung der konstitutiven Prozesse auf verschiedene, eben auch sachliche Handlungsträger ist. Dazu bedarf es außerdem einer Auffassung von gesellschaftlicher Konstruktion, die Prozesse der Subjektivierung und der Objektivierung aufeinander bezieht. Der phänomenologische Begriff der Technisierung, die Anthropologie der alltäglichen Lebenswelt und der wissenssoziologische Sozialkonstruktivismus scheinen mir vielversprechende Angebote dazu zu machen. Im nächsten Schritt sollen sie auf ihre Leistungen und Grenzen hin untersucht werden.

2.3 Technisierung als Teil der Lebenswelt und als Typ sozialenH andelns

2.3.1 Technik als Teil der alltäglichen Lebenswelt

Wir wollen die Frage beantworten, in welcher Weise Technik als Teil der gesellschaftlichen Wirklichkeit angesehen werden kann. Luhmann und Latour vertreten in dieser Hinsicht die Extrempositionen: Während Luhmann einen fundamentalen Trennungsstrich zwischen gesellschaftsbildender Kommunikation und technischen Systemen in der Umwelt der Gesellschaft zieht, verwischt Latour alle Differenzen zwischen dem sinnhaften Handeln der Menschen und den Operationen nicht-menschlicher Wesen. In ontologischer Symmetrie sind Techniken in Aktanten-Netzwerke eingebunden und binden gleichzeitig selbst andere Wesen ein. Wir suchen hingegen eine theoretische Lösung, die Technik von vornherein als integralen Teil gesellschaftlicher Wirklichkeit konzipiert, aber ihre spezifische Differenz aufrechterhält.

Die Einheit von Technik und Gesellschaft lässt sich z.B. von den „Strukturen der Lebenswelt" her begründen. Folgt man den formalen Beschreibungen des Aufbaus der alltäglichen Lebenswelt von Schütz und Luckmann (Schütz 1974; Schütz/ Luckmann 1979), so finden sich viele Hinweise darauf, dass Techniken – in welcher Form auch immer – zur Ausstattung und zum Wissensvorrat dieses als grundlegend gedachten Bereichs der sozialen Wirklichkeit gehören. Ähnlich wie in der Durkheim'schen Aufzählung soziologischer Tatsachen tauchen hier technische Artefakte, wie Waffen, Kommunikationsmittel und Werkzeuge, und Zeichensysteme, wie schriftliche Papiere und die theoretische Physik, auf. Als „sinnhaltige Objekte" sind sie ebenso Elemente einer „selbstverständlichen, zwingenden Faktizität" (Berger/Luckmann 1969: 26) wie Naturdinge, Körperlichkeit oder Erwartungen. Die Einheit dieser „obersten" Wirklichkeit wird durch die Anordnung aller Erzeugnisse des Handelns – von den unintendierten Anzeichen, über die intendierten Werkzeuge bis hin zu den Zeichensystemen – in der unmittelbaren Wirkzone konstituiert. Ihr Wirken als Objektivationen subjektiver Äußerungen macht alle Handlungserzeugnisse zu gleichrangigen Elementen der sozialen Wirklichkeit.

Zusätzlich verändert sich der Kern der unmittelbaren Wirkzone mit neuen Techniken und Medien: Durch Telefon und Television vergrößert sich die Reichweite der Kommunikation und der Erfahrung und die Weite der Wirkzone. Selbst dieser Kernbereich gesellschaftlicher Wirklichkeit kann nicht unter Abstraktion von Technik angemessen beschrieben werden: Mögen neue Techniken anfangs noch als besondere sinnvolle Mittel der Information und Verständigung eingesetzt werden, so sinken sie in der folgenden Generation zu selbstverständlich gegebenen, sedimentierten Sinnobjektivationen ab: das fotografierte oder gefilmte Bild verlängert den aktuell erinnerten Raum; das mobile Telefon gehört nun zum Sprechen in unmittelbarer Reichweite; das Radio bringt unterwegs und zuhause Nachrichten über die Welt und musikalische Events in unmittelbare Hörweite; der ständig laufende Fernseher wandelt sich zum Guckloch auf das intime und zänkische Treiben der unmittelbaren Nachbarschaft und zum Fenster auf exotische und kriegerische Welten; der Internetanschluss bringt Wissens-, Einkaufs-, Unterhaltungs- und Spielewelten, die weit in der Welt verstreut sind, in unmittelbare Reichweite.

Jenseits jeglicher Medienkritik soll hier nur festgehalten werden, dass die Konstitution der Wirklichkeit in der alltäglichen Lebenswelt nicht technik- oder medienfrei rekonstruiert werden kann (vgl. auch Knoblauch 1995: 141 ff. und Soeffner/Raab 1998). Es gibt keine von technischen Objektivationen freie, gleichsam „natürliche" Wirklichkeit, von der sich dann die „künstlichen" Wirklichkeiten geschlossener Sinnsysteme als sekundäre abgrenzen ließen. Von der Anlage der Theorie her und nach meiner Lesart gibt es keinen Grund, die Technik aus der Konstitution der alltäglichen Lebenswelt herauszuhalten und sie nur für gesonderte Wirklichkeiten vorzubehalten. Besonders fatal hat sich hier die Habermas'sche Lesart erwiesen, welche Lebenswelten als Sphären rein kommunikativen Handelns den Funktionssystemen zweckrationalen Handelns gegenüberstellt. Umgekehrt sind auch Versuche von Luhmann-Schülern zum Scheitern verurteilt, technische Systeme als besondere Systeme neben den anderen Teilsystemen zu konzeptualisieren. Was hier behauptet wird und aus Platzgründen nicht weiter ausgeführt werden kann, ist die These, dass Technik von vornherein ein Konstitutionselement der sozialen Welt ist.

2.3.2   Technisierung als Typus sozialen Handelns

Der Dualismus von Technik und Gesellschaft, von Arbeit und Interaktion, von instrumentellem und kommunikativem Handeln oder von Operation und Praxis (vgl. Giegel 1998) hat sich als Hindernis für die angemessene Reflexion der Rolle der Technik in der Gesellschaft erwiesen. Technik wurde entweder als schwergewichtiges sachliches Artefakt oder als dürres Schema der Technizität gefasst. Das Handeln mit Sachen, wie es noch im Marx'schen Begriff der Arbeit als Auseinandersetzung mit der Natur angelegt war, verschwand gegenüber dem am Verhalten anderer Menschen orientierten Handeln. So richtig die Kritik an der Fokussierung der Marx'schen Gesellschaftstheorie auf Arbeit und ökonomische Herrschaftsverhältnisse war, so falsch war die nachfolgende Entsozialisierung der Arbeit. Die

Kritik ist bekannt und wird von vielen geteilt (u.a. Honneth 1980; Berger 1982; Knoblauch 1996), aber eine Alternative ist daraus nicht erwachsen. Gesucht ist also jetzt ein Begriff, der das Technische der Gesellschaft als ein ihr Eigenes, aber gleichzeitig als Differenz zu anderen Elementen fassen kann. Der erste Schritt dazu besteht darin, Technik als Prozess und nicht als Substrat zu denken. Denn die physische Gegenständlichkeit dürfte sicherlich nicht die differentia specifica der technischen gegenüber den anderen Objektivationen menschlichen Handelns sein; auch Kunstwerke besitzen diese Eigenschaft. Es fehlt der deutschen, aber auch der englischen und französischen Sprache ein Tätigkeitswort für das, was die Griechen noch als Verb „techne" im Sinne von „technisch handeln", „kunstgemäß etwas verfertigen" oder „technisieren" ausdrücken konnten (Krohn 1989: 19). Dieses technische Tun – so meine These – ist selbst ein Typus sozialen Handelns und kein den anderen Praktiken gegenüber nicht-soziales Handeln, wie es in der Gegenüberstellung von Technik und Praxis unterstellt wird.

Hans Blumenberg (1981) hat in seinem Vortrag „Lebenswelt und Technisierung" 1959 in kritischer Auseinandersetzung mit Husserls später Phänomenologie scharf herausgearbeitet, was unter Technisierung zu verstehen ist. Es ist ein besonderes Sich-Verhalten zur Natur, aber nicht nur zu ihr, eine Haltung, die vom lebensweltlichen Sinn bewusst absieht („Sinnverzicht" anstatt „Sinnverlust" Blumenberg 1981: 44), die fraglos gegebene Wirklichkeit in eine kontingente Wirklichkeit transformiert, um daraus Spielraum für Erfindung und Konstruktion zu schöpfen. Handlungs- und Ereignisabläufe werden schematisiert und aus der Kombination dieser Schemata Gewinn für die Steigerung der Leistung gezogen. Bei Berger und Luckmann findet sich der Hinweis, dass sich „vor dem Hintergrund habitualisierten Handelns ... ein Vordergrund für Einfall und Innovation" öffnet (Berger/Luckmann 1969: 57). Auch der phänomenologische Begriff des „Weltverhältnisses" (vgl. auch Ihde 1990: 72 ff.) lässt sich ohne weiteres in soziologische Kategorien des Sich-Verhaltens zur Welt übersetzen. Der technologische Habitus unterscheidet sich von anderen Haltungen dadurch, dass er unter Absehen von Sinnbezügen durch schematisierte Wirkungen Leistungen steigern möchte; er gleicht sich mit anderen darin, dass diese Technisierungen nur dann funktionieren, wenn sie sinnvoll in größere Handlungszusammenhänge wieder eingebettet sind.

Der zweite Schritt beginnt mit der nötigen Differenzierung der Prozesse, die unter den Begriff der Technisierung oder des technischen Tuns fallen. Technisierung betrifft

- erstens den verwendenden Umgang mit den technischen Objektivationen (Arbeit, Konsum, Nutzung und Verwendung),

- zweitens den erzeugenden Umgang (Herstellung, Konstruktion, Erfindung, Entdeckung) und
- drittens die Aktivitäten des technischen Objekts selbst (Operation, mechanische Abläufe, Automatismen).

In allen drei Bereichen gibt es wieder Ansätze, die den Umgang mit den Objekten und das Verhalten der Objekte selbst wieder in den Kern der Soziologie zurückholen. Der Ansatz subjektivierenden Arbeitshandelns (Böhle u.a. 2002), die „Work Place-Studies" (Suchman 1987; Heath/Luff 2000; Heath/Knoblauch 1999) und die „Cultural Studies" (Du Gay u.a. 1997) zielen auf die Praktiken und Kulturen der Verwendung. Der Sozialkonstruktivismus in der Wissenschafts- und Technikforschung hat die Entstehung und Gestaltung neuer Techniken zum Thema gemacht und die technische als Teil der gesellschaftlichen Konstruktion untersucht. Schließlich gibt es neuere Versuche, das Verhalten von Objekten im Rahmen von Mensch-Maschine-Interaktivität und im Rahmen hybrider soziotechnischer Systeme für die Soziologie zurückzuerobern (Latour 1998; Knorr Cetina 1998; Rammert/Schulz- Schaeffer 2002; Braun-Thürmann 2002). Das kann alles besser nachgelesen und kritisch geprüft werden. Hier sollte nur plausibel gemacht werden, dass Technisierung sehr wohl als ein Typ sozialen Handelns konzeptualisiert werden kann. Wenn es um die Entwicklung neuer Techniken geht, dann können wir mit dem pragmatistischen Handlungskonzept erprobenden und kreativ-spielerischen Handelns (Dewey 1995; Joas 1992) eine besondere Form des sozialen Handelns ausmachen, die in anderen Handlungstheorien durch den konventionellen Klassifikationsraster fällt. Wenn es um die Verwendung und auch um das Wirken der technischen Objekte selbst geht, dann spielen routinisierte Handlungen, mechanisierte und programmierte Aktivitäten eine Rolle, die Teilhandlungen übernehmen, und insofern auch im Rahmen einer technischen Konstruktion der Wirklichkeit mitbedacht werden müssen. Neben den Interaktionen zwischen Menschen wären die Interaktivitäten zwischen Menschen und Objekten und die Interobjektivitäten zwischen den Objekten in den soziologischen Gegenstandsbereich aufzunehmen.

2.4   Technostrukturierung als Teil der Institutionenbildung

Technische „Projekte", in denen Probleme situationsspezifisch definiert und durch Anwendung bestimmter Schemata der Technisierung gelöst werden, erlangen den Status einer dauerhaften und allgemein akzeptierten Technik, wenn sie sich aus lokalen Kontexten heraus zu globalen Musterlösungen verbreiten und wenn sie aus der episodenhaften Verwendung zu dauerhaft genutzten Techniken werden. Nach meinem Verständnis werden die Techniken nicht nur institutionell eingebettet; sondern sie sind selbst eine Institution (vgl. auch Hennen 1992). Meine These für diesen Teil der Argumentation lautet daher: Die technische Konstruktion ist Teil des gesellschaftlichen Institutionalisierungsprozesses.

Seit Durkheim fassen wir unter den Begriff der Sozialstruktur alle sozialen Institutionen, die als „ärgerliche Tatsache der Gesellschaft" (Dahrendorf 1967) Kristallisationen des sozialen Handelns darstellen und als gesellschaftliche Ordnung gleichsam von außen das individuelle Handeln einschränken. Mit dem Begriff Technostruktur (Böhme 1982) wird eine vergleichbare Verfassung und Festigung des Sozialen bezeichnet, die als soziotechnische Ordnung den Rahmen und die Restriktion für individuelles Handeln abgibt (Rammert 1995). Diese Technostrukturen regeln auf eine grundlegende Weise, zum Beispiel wie in einer Gesellschaft welche Energie erzeugt, verteilt und verwendet wird oder mit welchen Mitteln, in welcher Verteilung und mit welchen Folgen Mobilität praktiziert wird. Dazu zählen eben nicht nur die Maschinen, Anlagen, Wege und Fahrzeuge, sondern die gesamte Infrastruktur (vgl. Mayntz 1988), u.a. das wissenschaftliche und technologische Wissen, das sich in spezifischen „technologischen Paradigmen" (Dosi 1982) verdichtet, die Organisation der Herstellungs-, Betriebs- und Nutzungsprozesse, die sich im „großtechnischen System" (Hughes 1987) als ein Netzwerk von physikalischen Artefakten, kollektiven Akteuren und symbolischen Artefakten formieren, und die Weise der institutionellen Regulierung, die man als „technologisches Regime" (Nelson/Winter 1977) typisieren kann. Technostrukturen lassen sich also ähnlich wie Sozialstrukturen unter verschiedenen Aspekten und vor allem vergleichend untersuchen.

Allerdings weist das Konzept der Technostrukturen die gleichen Mängel auf wie Durkheims Auffassung der Sozialstrukturen: Wenn die Beteiligung des Handelns an der Strukturbildung ausgeklammert wird, dann führt das direkt zu einem technologischen, bzw. soziologischen Strukturdeterminismus. Wenn Strukturen nur unter dem Gesichtspunkt der Einschränkung betrachtet werden, bleibt ihr Potential als Ermöglichung von Handeln unterbelichtet (vgl. Giddens 1988). Berger und Luckmann fassen dementsprechend in ihrem wissenssoziologischen Ansatz die gesellschaftliche Konstruktion der „objektiven Wirklichkeit" als einen dialektischen Prozess der Objektivierung und Institutionalisierung auf der einen Seite und der Internalisierung und Sozialisation auf der anderen Seite auf (Berger/Luckmann 1967: 65).

Besonders produktiv für die soziologische Forschung scheint mir dabei das Vorgehen zu sein, zwischen verschiedenen „Stufen" der Objektivierung des Wissens zu unterscheiden: „Anzeichen" sind Objektivierungen erster Stufe (Schütz/

Luckmann 1979: 320), die sich in Ausdruckformen und Handlungen in einer gemeinsam geteilten Situation niederschlagen; „Erzeugnisse" und dazu zählen auch die „Werkzeuge" und andere technische Erzeugnisse, sind Objektivierungen zweiter Stufe, die sich in Vorgängen und Gegenständen verkörpern, die zwar noch an gewisse typische Situationen gebunden sind, aber von ihrer Entstehungssituation abgekoppelt sind. Werkzeuge sind „Objektivierungen von Gliedern in Um-zu- Zusammenhängen …, die vor allem in Bezug zu routinisierten Fertigkeiten stehen" (Schütz/Luckmann 1979: 330). Auf der dritten Stufe der Objektivierung des subjektiven Wissens sind dann die „Zeichensysteme" zu finden, die wie die Sprache explizit zur Übertragung genutzt werden unter vollständiger Abkopplung von der Situation. Dabei wird der höchste Grad an „Idealisierung" und „Anonymisierung" erreicht (Schütz/Luckmann 1979: 339).

Techniken sind ebenfalls Objektivierungen des Wissens, aber nicht nur des Wissens, wie sie hier unter der Kategorie des Werkzeugs auftauchen. Auch wenn es gerade in der sozialkonstruktivistischen und institutionalistischen Wissenschafts- und Technikforschung eine solche Akzentuierung des technologischen Wissens gibt (vgl. Pinch/Bijker 1987; Weingart 1982), so gehe ich davon aus, dass Techniken in erster Linie als Objektivierungen des Handelns und Wirkens zu begreifen sind. Auch Ernst Cassirer (1985) hat in seiner Theorie der symbolischen Formen die Form der Technik als eine eigene vierte Form des menschlichen Ausdrucksverhaltens, nämlich im Medium des Wirkens, begründet. Er entdeckte eine Ähnlichkeit zwischen der Funktion der Sprache und der Funktion der Technik: Wort und Werkzeug dienten gleichermaßen dazu, sich der Wirklichkeit durch bildendes Gestalten zu bemächtigen. Die Sprache konstruiert die kommunikative Wirklichkeit mit Mitteln sprachlich-theoretischen Denkens, die Technik konstruiert die materielle Wirklichkeit durch das „Medium des Wirkens" (Cassirer 1985: 52).

In Analogie zu den Stufen der Objektivierung des Wissens (Schütz/Luckmann 1979: 318) lassen sich – so meine parallele Strategie der Theoriebildung – auch Stufen der Technisierung von Abläufen und Handlungen unterscheiden. Technik wird ebenso wenig wie andere gesellschaftliche Institutionen als feste und fertige Substanz und als harte und objektive Instanz aufgefasst; vielmehr wird sie als Produkt des sozialen Prozesses der Technisierung gesehen, das erstens verschiedene Stufen der Objektivierung aufweist und zweitens in unterschiedlichen Trägermedien vergegenständlicht werden kann (vgl. Rammert 1998d). Stufen der Technisierung bezeichnen keine Entwicklungsstufen von Gesellschaften, sondern Grade der Objektivation von Handlungsfunktionen. Auf einer ersten Stufe der Objektivierung geht es um Entwürfe, Proben und Tests technischer Abläufe oder problemlösenden Handelns, die sehr tentativ, zeitlich episodisch und räumlich von lokaler Bedeutung bleiben. Darunter würden alle Formen der Bastel- und

Bricolagetechnik fallen, auch in modernen Forschungslabors der Künstliche Intelligenz-Forschung (vgl. Rammert u.a. 1998) oder der Gentechnik (vgl. Knorr Cetina 1988). Auf einer zweiten Stufe der Technisierung finden wir die erprobten und fertigen Erzeugnisse. Dazu zählen wir die technischen Objekte, wie Maschinen, Anlagen und Verfahren mit den dazugehörigen Formen der Arbeitsteilung und Organisation und die „epistemischen Dinge", wie Sonden, Messgeräte und andere Versuchstechniken mit den dazugehörigen Experimentalpraktiken. Hier sprechen wir schon von gefestigten Formen der Technostruktur, wie „Maschinerie", „Fabriksystem" oder „Experimentalsystemen" (Rheinberger 1994). In gewisser Weise haben sich schon die Formen vom situativen Kontext gelöst, bedürfen aber immer noch der Einbettung. Sogar die Reproduktion wissenschaftlich-technischer Experimente ist nachweislich auf inkorporierte Fertigkeiten angewiesen, die über Teammitglieder aus dem Ursprungskontext übertragen werden muss (vgl. Collins 1992). Erst auf einer dritten Stufe der Technisierung erreichen wir das Niveau eines höchst universalisierten technologischen Systems, das vergleichbar zur Sprache der Worte und Aussagen eine Sprache der Tätigkeiten und Wirkungen hervorgebracht hat. Es entspricht dem vorgegebenen „Zeichensystem", das sich ganz von den subjektiven Erfahrungen der Lebenswelt abgelöst hat. Es bietet ein riesiges Reservoir an gesammelten und sedimentierten Erfahrungen und ermöglicht es den Einzelnen, sich für spezifische Kontexte diese subjektiv anzueignen und zum persönlichen Ausdruck oder individualisierten technischen Entwurf zu nutzen. So wie die gesellschaftliche Grundfunktion der Sprache „auf ihrer Entsubjektivierung, auf ihrer Struktur als quasi-ideales Zeichensystem" beruht (Luckmann 1980: 117), genauso lässt sich die gesellschaftliche Funktion der Technologie deuten als Ausdruck höchster Anonymisierung und Idealisierung von wirkendem Handeln und als dekontextualisiertes System technischer Schemata.

Die Möglichkeiten der Erkenntnis, die in einer solchen Analogisierung von symbolischer Sprache und technologischer „Sprache" stecken, sind noch gar nicht ausgelotet worden. Auf jeden Fall lässt sich ahnen, dass sich mit einer „Grammatik der technischen Operationen", einer „Semantik der Technisierungsschemata" und einer „Pragmatik der soziotechnischen Konstellationen" ein ebenso fruchtbares Forschungsfeld eröffnen ließe wie in der soziolinguistischen und sprachsoziologischen Forschung nach der pragmatischen Wende von der Sprache zum Sprechverhalten.

Es wäre an der Zeit, dass wir nicht mehr von der Technik und ihrer Struktur ausgehen, sondern von den Techniken und ihren Erzeugungsweisen in Prozessen und Projekten der Technisierung. Diesen gesellschaftlichen Prozess der Herstellung und Objektivierung bezeichne ich – damit dem Giddens'schen Modell der Strukturation folgend (Giddens 1988) – als „Technostrukturierung". Er umfasst alle Aspekte des als Technisierung bezeichneten Handelns: Das betrifft das verändernde Bewirken auf der körperlich-materialen Ebene, das Rechtfertigen technischer Ordnungen, die immer auch anders sein könnten, auf der interaktiven Ebene und das Bezeichnen und Aufzeichnen als funktionierende Schemata auf der kognitiven Ebene. Außerdem bestehen Technostrukturen aus bestimmten Mischungen von physikalischen Techniken, wie Maschinen und Anlagen, von Handlungstechniken, wie Arbeitsteilung und Routinen, und von Zeichentechniken, wie Kalkül, Programm oder Schriftsystemen, die wir als soziotechnische Konstellationen bezeichnen. Die gesellschaftlichen Prozesse der Technostrukturierung könnten zudem nach Stufen der Technisierung und nach Typen und Gattungen von Technostrukturen differentiell untersucht werden. Je nach der Verteiltheit und der Koppelung der Elemente in den soziotechnischen Konstellationen dürften unterschiedliche Folgen für Trägheit und Flexibilität großtechnischer Systeme oder für Sicherheit und Risiko hochtechnisierter Systeme (vgl. Perrow 1987) erwartet werden.

2.5   Fazit: Techniksoziologie als Sozialtheorie

Damit zeichnet sich das Forschungsprogramm einer techniksoziologischen Gesellschaftstheorie ab, die sich nicht mehr auf die engen Grenzen einer Bindestrichsoziologie, die nur nach Folgen und Entstehung der Techniken fragt, beschränkt. Techniksoziologie als Sozialtheorie zu betreiben heißt hingegen, die technische Konstruktion der Wirklichkeit als Teil der gesellschaftlichen Konstruktion der Wirklichkeit zu begreifen. Ich habe hier für diese Theorieorientierung nur das Tor aufgestoßen, indem ich gezeigt habe,

- erstens, dass man Technik als selbstverständlichen Teil der alltäglichen Lebenswelt auffassen kann,
- zweitens, dass man mit der Technisierung einen eigenen Typ sozialen Handelns abgrenzen kann und
- drittens, dass man das Konzept der Technostrukturierung für die Begründung eines differenzierten Forschungsprogramms über Grade und Gattungen der Technisierung und über Typen und Mischungen von soziotechnischen Konstellationen heranziehen kann.

Außerdem bedarf es noch einer Revision soziologischer Handlungstheorie, damit zwischen Menschen, Maschinen und Programmen verteiltes Handeln und damit verschiedene Grade von „agency" und Technisiertheit beobachtet und zugerechnet werden können (vgl. dazu Rammert/Schulz-Schaeffer 2002).

Die Form der Technik und die Differenz der Medien

3

Auf dem Weg zu einer pragmatistischen Techniktheorie[1]

Zusammenfassung

In diesem Beitrag werden instrumentalistische und substantialistische Technikauffassungen durch einen relationalen und zweistufigen Technikbegriff abgelöst: Er beruht auf einer prozessualen Sicht auf die Technisierung und einer Form/Medium-Differenz. Im Dialog mit Dewey, Heidegger, Cassirer, Blumenberg und Luhmann werden (1) Technisierung als eine besondere Form der praktischen Herstellung von anderem Sinn entlasteter und nur erwünschte Wirkung verlässlich erzielender Schemata und (2) als gefestigte Konstellationen von Trägermedien begriffen, in welchen die effektiven Formen verkörperlicht (Organbewegungen), versachlicht (physische Artefakte) und eingeschrieben (Zeichensysteme) sind. Damit werden die Voraussetzungen für eine soziologische Analyse von Praktiken der Technisierung von Entwicklern und Nutzern und von neuen und komplexen Technik- und Medienkonstellationen geschaffen.

---

1   Für die kritische Diskussion einer ersten Fassung danke ich Dirk Baecker, Jost Halfmann, Ulrich Mill, Ingo Schulz-Schaeffer und Jörg Strübing.

3.1   Was ist Technik? Zum Wandel der Ansichten

Es ist weitgehend üblich, Technik als Masse der materiellen Artefakte, als Menge der zweckmäßigen Mittel, als Sammlung des Wissens über herstellbare Wirkungen oder als Ausdruck des Wunschs zur Bemächtigung der Welt anzusehen. Alle diese Ansichten beinhalten jeweils einen wichtigen Aspekt, der notwendig zum Gesamtbild der Technik beiträgt.

Wenn Technik in dieser Weise bestimmt wird, bewegt man sich auf den Bahnen einer alten und wohl etablierten Tradition. Seit den Zeiten des Aristoteles wurden vier Elemente unterschieden, die Technik konstituieren: Das erste Element ist der Stoff oder das Material, aus dem eine Technik besteht („causa materialis"); das zweite Element ist die Form oder Gestalt, die ihr gegeben wird („causa formalis"); das dritte Element ist der Zweck oder Nutzen, für den sie bestimmt ist („causa finalis"); das vierte Element ist die bewirkende Handlung, die der Mensch vollbringt („causa efficiens").

Man kann Vertreter verschiedener Technikauffassungen danach unterscheiden, inwieweit sie einzelne dieser Elemente in den Vordergrund rücken. Wer das Materielle an der Technik betont, macht sie zu einem eigenen Seinsbereich der festen Fakten und „harten" Sachen. Er läuft leicht Gefahr, die Physikalität mit der Festigkeit zu verwechseln, immaterielle Techniken auszuschließen und die soziale Form der Fixierung und „Härtung" aus seinem Problemhorizont zu verlieren.[2]

Wer das Instrumentelle als allgemeine Form hervorhebt, reduziert die Technik leicht auf eine vorgegebene Funktion in einem Zweck-Mittel-Zusammenhang. Sicherlich ist die Zweck-Mittel-Form eine der wesentlichen Züge technischer Instrumentalität. In dieser Fassung suggeriert sie jedoch die Existenz von festen Funktionen, wie Naturbeherrschung, Kraftersparnis oder Entlastung, welche fast automatisch zu festen Formen führten, als ob soziale Formen des Handelns, Denkens und Fühlens nicht kreativ oder listig intervenierten.[3]

Wer die Zweckgerichtetheit technischen Treibens und Fortschreitens in den Vordergrund stellt, blendet die konstruktive Offenheit und die „interpretative Fle-

---

2   Es ist das Verdienst des Sozialkonstruktivismus, die „black box" technischer Artefakte geöffnet und die Prozesse der sozialen „Härtung" und des „black boxing" empirisch nachgezeichnet zu haben. Vgl. u.a. Pinch/ Bijker 1987 und Knie 1994.

3   Gegenüber einem sozialtheoretisch entproblematisierten Begriff des „instrumentellen Handelns", der sich auf anthropologische und funktionalistische Interpretationen der Technik einlasst (vgl. Habermas 1968), betont der pragmatistische „Instrumentalismus" (Dewey 1995: 9 ff.) die Kreativität, Situiertheit und Historizität des Handelns, in dem Dinge oder Zeichen zu Instrumenten („tools") gemacht werden. Zur Handlungstheorie vgl. Joas 1992: 187 ff. und zur Techniktheorie Hickman 1990.

xibilität" (Pinch/Bijker 1987:40) technischen Wandels zu sehr aus. Er überschätzt
die Wirkung, die Zielsetzungen und Leitbilder in der technischen Entwicklung
zeigen, und unterschätzt den Anteil, den vorhandene Artefakte und versteckte
Orientierungen wiederum auf die Veränderung der Zwecke haben.[4]

Wer das bewirkende Handeln der Menschen zur alleinigen Ursache erklärt, löst
die Subjekt-Objekt-Beziehung unzulässig einseitig auf. Er vergisst die Eingebettetheit des bewirkenden Handelns in soziale Formen. Er unterschlägt seine Verteiltheit auf verschiedene Agenturen. Er verliert schließlich die Verwobenheit historischer Pfadverläufe aus dem Blick.[5] Solche Technikauffassungen, die vor allem nur
einen Aspekt herausgreifen und ihn über alle anderen stellen, fallen zunehmend
unter das Verdikt der Unhaltbarkeit, wie es auch über andere ontologische, funktionalistische, teleologische und anthropomorphe Theoreme ausgesprochen wird.
Wie könnte eine Sozialtheorie der Technik beschaffen sein, welche die Elemente
zwar in sich aufnimmt, aber in einen anderen Zusammenhang bringt?

Auch Martin Heidegger hat zunächst das vierfältige Schema in seiner „Frage
nach der Technik" aufgenommen: „Wo Zwecke verfolgt, Mittel verwendet werden, das Instrumentale herrscht, da waltet Ursächlichkeit, Kausalität" (1962:7). Er
kritisiert jedoch das fehlende vermittelnde Band. Er beklagt die Blindheit solcher
Bestimmungen gegenüber dem „Wesen" der Technik. Bekanntlich sieht er in erster
Linie die Technik als eine „Weise des Entbergens" und „Her-Vor-Bringens" und
die moderne Technik speziell als ein „Stellen im Sinne der Herausforderung", das
durch Erschließen, Umformen, Speichern, Verteilen und Umschalten auf „Steuerung und Sicherung" abstellt (ebd. 16).

Ähnlich kritisch gegenüber dieser langen philosophischen Tradition verhält
sich John Dewey. Er verwirft deren begriffliche Unterscheidungen von Subjekt
und Objekt, Idee und Realität, Zweck und Mittel, insofern sie sich von ihrem ver-

---

4   Dieser Vorwurf trifft alle Ansätze, welche die Ausrichtung der technischen Entwick-
     lung zu sehr an einem Zweck orientiert sehen, sei es die kapitalistische Verwertung,
     die herrschaftliche Kontrolle oder die dominante (westliche, christliche, männliche)
     Kultur. Zur Kritik vgl. Rammert 1993: 151 ff. und zur Steuerung durch Leitbilder vgl.
     Dierkes/Hoffmann/Marz 1992.

5   Die „Eingebettetheit" des Handelns wird aktuell von Theoretikern der „Strukturie-
     rung" (Giddens 1995; für die Technik vgl. Orlikowski 1992 und Rammert 1997a und
     1997b) und auch von den Netzwerktheoretikern (Granovetter 1985; Powell 1990; für
     die Technik Weyer u.a. 1997) betont. Die „Verteiltheit" des Handelns spielt sowohl in
     der „Aktor-Network-Theorie" (Callon/Law 1992; Latour 1996) als auch in der neu-
     eren symbolisch-interaktionistischen Wissenschafts- und Technikforschung eine Rol-
     le (Bowker/Star 1998; zum Überblick vgl. Strübing 1997). Die „Pfadabhängigkeit"
     technischer Innovationen betonen die Ökonomen Brian Arthur (1989) und Paul David
     (1993).

achteten, aber heimlichen Vorbild des künstlerischen Schaffens und handwerklichen Herstellens verselbständigt haben.[6]Alle Dinge, auch Ideen, können nach Deweys pragmatistischer Auffassung zur Technik werden. Sie werden zum technischen „tool" oder „equipment" nur durch die Beziehung zum forschenden Handeln und durch die Art und Weise, wie sie benutzt werden. Die Praxis der Arbeit zeigt zum Beispiel die Dinge in ihren Verknüpfungen mit anderen Dingen, in ihrer Wirksamkeit, Produktivität, Förderung, Behinderung, Erzeugung und Zerstörung (Dewey <1925> 1995: 93). Zwecke sind Projektionen möglicher Konsequenzen; Dinge werden in ihren aktiven Verbindungen als Mittel und als Zeichen betrachtet. Sie werden als Technik markiert, installiert und inventarisiert, insofern sie als sequenzielle Verknüpfungen, als „objektive Relationen" (ebd. 128), von denen bestimmte Wirkungen erwartet werden, genutzt werden können. Die Verknüpfung von Sprachformeln in magischen Ritualen fällt unter diesen weiten Technikbegriff ebenso wie die Kopplung von Kraftübertragung und Widerständen in mechanischen Maschinen.

Technik möchte ich aus einer pragmatistischen Sicht vorläufig und ganz allgemein als eine sachlich zwingende Form und eine zeitlich wiederholbare Form ansehen, die sozial als Vermittler zwischen Wünschen und Wirklichkeit eingesetzt wird. Technik wird weder wesentlich durch nur eines der oben angegebenen vier Elemente noch durch ihre einfache Aggregation bestimmt. Technik wird hier als eine zwingende, wiederholbare und vermittelnde Form bestimmt, die sich aus der Relationierung dieser Elemente in der praktischen Auseinandersetzung mit ihnen in sozialen Situationen ergeben hat. Technik wird genetisch und pragmatisch als eine *praktische Form* bestimmt. Technik umfasst die Prozesse des Schaffens, Herstellens und Nutzens von diesen vermittelnden Beziehungen, nicht nur die Mittel und Maschinen als Produkte.[7] Technik schließt auch die symbolischen kulturellen Artefakte ein, nicht nur die handfeste „hardware".

Zunächst möchte ich nicht tiefer nach dem „Wesen" von Technik graben. Das führte nur zu einer endlosen Debatte. Die Bedeutung eines Begriffs erschließt sich eher durch die Betrachtung der Art und Weise, wie er jeweils verwendet wird. Daher werde ich im nächsten Teil in groben Zügen nachzeichnen, wie Technik

---

6   Bei der Interpretation von Deweys Schriften beziehe ich mich weitgehend auf Hickmann 1992 und Wood 1982; 1992.

7   Die „Artefakte selbst", deren „Herstellung durch den Menschen" und deren „Verwendung im Rahmen zweckorientierten Handelns" werden in der deutschen Technikphilosophie ähnlich als die wichtigsten Elemente eines Technikbegriffs betrachtet, vgl. Tuchel 1967, 30 f., Ropohl 1979: 31 und Hastedt 1991: 32. Zu angelsächsischen Typologien vgl. Mitcham 1978 und Bruce/McGinn 1981.

in der Ideengeschichte[8] wechselnd bestimmt wurde. Aus meiner kleinen Genealogie des Technikbegriffs kann eine Abfolge herausgelesen werden, als ob die Bestimmungen von Technik einem geheimen Fahrplan gefolgt wären: Technik wurde immer in Abgrenzung von etwas anderem definiert, zuerst in Differenz zu Natur und Leben, dann in Differenz zur Kultur und schließlich in Differenz zur Gesellschaft. In jedem Fall wurden ontologische Sphären oder substanzielle Qualitäten unterstellt. Diese Annahmen zerbröckelten mehr und mehr unter den Angriffen, wie sie jegliches ontologische und substanzialistische Denken erfährt. Aber auch wenn man sie nur als analytische Unterscheidungen verwendet, scheinen sie immer weniger geeignet zu sein, die Eigenheiten und Entwicklungen gegenwärtiger Techniken zu erfassen. Der erste Strang meiner Argumentation beginnt mit einer exemplarischen Kritik an der Praxis, substanzielle Unterscheidungen zu treffen, und mündet in die Aufforderung, einen *relationalen* Begriff der Technik zu entwickeln (Teil 3.2).

Welche Relationen oder Beziehungen konstituieren Technik? Üblicherweise wird die instrumentelle Beziehung zwischen Mitteln und Zwecken im Hauptstrom des theoretischen Denkens über Technik in Philosophie und Soziologie hervorgehoben. Eine speziellere Version setzt Rätsel und Probleme mit Problemlösungen in Bezug zueinander. Diese Ansätze unterstellen, dass es eine vorgegebene Ordnung der Beziehungen gibt oder dass die Beziehungen unzweideutig erkennbar sind. Aber die Kontingenz und die Komplexität der modernen Technik lassen es nicht mehr länger zu, solche Annahmen aufrechtzuerhalten. Deshalb werde ich einige Seitenströmungen im techniktheoretischen Denken wieder aufgreifen, die eine Prozesssicht auf die Technik bevorzugen und die der Tatsache Rechnung tragen, dass Techniken kontinuierlich konstruiert und immer durch Handlungen in Gang gesetzt werden. Im zweiten Strang meiner Argumentation bereite ich den Grund für eine Wende zu einer *prozeduralen* Sicht der Technisierung und zu einem *pragmatistischen* Technikkonzept (Teil 3.3).

Wodurch entstehen Unterschiede zwischen den Techniken? Ging es vorher um den Unterschied des Technischen, werden hier die Unterschiede zwischen den Techniken behandelt. Sie zeigen sich auf verschiedenen Ebenen. Zunächst macht das *„Schema"* einer Technik oder wie Beziehungen zwischen den Elementen kreiert werden – einen Unterschied. Wenn man z.B. das Schema menschlichen Symbolumgangs nachahmt, wird man Wissensmaschinen[9] der klassischen künst-

---

8   Vgl. auch andere und ausführlichere Studien zur Geschichte des Technikbegriffs in Krohn 1989, Mitcham 1994 und Halfmann 1996.

9   Vgl. dazu empirisch differenzierter Rammert/Schlese/Wagner/Wehner/Weingarten 1998.

lichen Intelligenz konstruieren; wenn man strategisch dem Schema folgt, wie Gehirne arbeiten, wird man parallel prozessierende Programme und neuronale Rechner entwerfen; wenn man sich das Schema sozialer Interaktion in Gesellschaften vorstellt, wird man die Multi-Agenten-Systeme der verteilten künstlichen Intelligenz entwickeln.[10] Das „Projekt" einer Technik – oder wie Modelle konkret konzipiert und entwickelt werden – macht einen weiteren Unterschied. Computersysteme unterscheiden sich z.b. danach, ob sie für militärische, kommerzielle, wissenschaftliche oder spielerische Zwecke entworfen werden und welchen Konstruktionstraditionen Ingenieure und Programmierer folgen. Die *Aneignung* einer Technik – oder wie der Umgang mit ihr geregelt und von den Nutzern kreativ kultiviert wird – macht einen zusätzlichen Unterschied. Ob der PC zum „Hacken", zum grafischen Gestalten, zum Basteln, zum Rechnen oder zum Kommunizieren benutzt wird, jeder Stil der Kultivierung des Computers formt diese Technik durch die praktische Nutzung noch einmal um.[11]

Aber jenseits dieser Arten der Formung und Gestaltung von Technik gibt es noch den „Stoff, aus dem die Technik gemacht wird. Damit wird kein Rückfall zu Substanzen im ontologischen Sinn eingeleitet. Stoff wird hier im Hinblick auf seine vermittelnden Funktionen untersucht. Techniken werden als bestimmte Formen praktischer Kontrolle erwartbarer Konsequenzen angesehen, die in unterschiedliche Trägermedien eingeschrieben werden. Menschliche Körper, physische Dinge und symbolische Zeichen sind solche Medien. Wir können von der allgemeinen Theorie der Medien[12] lernen, dass ein Medium der Technisierung – oder wie seine Elemente gekoppelt sind – ebenfalls einen Unterschied macht. Im letzten Teil werde ich für eine medienbezogene Verfeinerung in der Techniktheorie plädieren. Sie schließt die Ablösung der strategischen Mittel-Ziel-Relation durch eine *praktisch-experimentelle Form-Medium-Beziehung* ein (Teil 3.4).

---

10 Vgl. dazu Malsch 1997 und Rammert 1998a.

11 Zur Kultivierung und zu den Nutzerstilen beim PC vgl. Rammert/Böhm/Olscha/Wehner 1992.

12 Ich beziehe mich hier weder auf die spezielle Theorie der Massenmedien noch auf die spezifische soziologische Theorie der Kommunikationsmedien, sondern auf die allgemeinen Funktionsbedingungen von Medien. Vgl. dazu Heider 1926; McLuhan 1964 und Luhmann 1997.

3.2 Die technische Differenz: Von der Substanz zur Funktion

Die Geschichte der Techniktheorien kann so gelesen werden, als ob eine ständige Tendenz bestanden hätte, Technik in Abgrenzung zu einer anderen Substanz zu definieren. Die Substanzen, von denen sie jeweils unterschieden wurde, wechselten, aber die Denkrichtung blieb immer dieselbe. Ich erinnere kurz an die wichtigsten Stationen, die technische Differenz zu bestimmen.

Die Differenz von *Technik und Natur* scheint die längste Tradition aufzuweisen. Seit der Antike wurde die Technik von der Natur unter dem Gesichtspunkt unterschieden, dass die Technik gekonnter menschlicher Intervention bedarf, um in Erscheinung zu treten, während die Naturerscheinungen spontan zustande kommen.[13] Auf diese Weise wurde die künstliche[14] Welt der Artefakte von der irdischen Sphäre der Natur getrennt. Aber je mehr wir feststellen, dass unsere Sicht auf die Natur durch die experimentelle Intervention und mit Hilfe von Artefakten gewonnen wird (vgl. Knorr Cetina 1992), desto mehr löst sich die scheidende Differenz auf. Je mehr wir die Erde über die irdischen Grenzen des Wachstums bestimmen, desto stärker werden wir uns des konstruierten Wesens unseres Naturbildes bewusst. Wir sind in der Zirkularität einer substanziellen Definition gefangen.

Die Differenz von *Technik und Leben* fällt unter die gleiche Strategie, die technische Differenz zu bestimmen. In diesem Fall werden das Regen und spontane Selbstbewegen lebendiger Organismen mit der Starre und vollständig regulierten Rhythmik von toten Mechanismen verglichen.[15] Aber gegenwärtig ist auch die Grenze zwischen organischem Leben und mechanischer Technik im Verschwinden begriffen. In der Biotechnologie wird nun organisches Leben künstlich hergestellt: Die genetisch erzeugte Labormaus ist gleichzeitig ein Teil organischen Lebens und konstruierter Technik, die patentiert werden kann. In den Computerwissenschaften lösen gegenwärtig verschiedene Ansätze, künstliches Leben zu er-

---

13   Zur Technik bei den Griechen vgl. Schadewaldt 1970: 492 f. und 519 ff.

14   Die „Künstlichkeit" zur Grundlage einer modernen Techniktheorie machen Simon 1981 und Bunge 1985.

15   Mechanisierung und organisches Leben konfrontierte schon z.B. Giedion <1948>1984. Es gibt eine lange Tradition der „linken" Kritik an der kapitalistischen Mechanisierung von Marxens Aussage über den Widerspruch von „toter" und „lebendiger Arbeit" über die Unterscheidung von angepassten Lebenstechniken und destruktiven mechanischen Techniken (Mumford 1977) bis hin zu postmodernen Kritiken der Funktionalisierung von Körper und Sinneswahrnehmungen. Es besteht eine parallele, ebenso lange Tradition konservativer Technikkritik, die sich auf die gleiche Entgegensetzung bezieht (vgl. u.a. Jünger 1949; auch Heidegger 1962).

zeugen oder Programme evolutionären Prozessen der Variation und Selektion zu unterziehen, die mechanischen Modelle der künstlichen Intelligenz ab (vgl. Turkle 1998: 238 ff.). Maschinen und Programme überschreiten die Grenzen reiner Mechanik.

Physische Materialität und mechanische Artifizialität mögen wichtige Kennzeichen für viele technische Objekte sein. Aber sie reichen nicht mehr aus, die gegenwärtige Technik und ihre Kernmerkmale zu bestimmen.

Eine zweite Linie der Unterscheidung wurde zwischen *Technik und Kultur* gezogen. Die Technik/Kultur-Differenz zeigt viele Gesichter. Der kreative Bereich der Kultur wurde – vor allem in der Tradition des deutschen Idealismus – dem bloß akkumulativen Bereich der Zivilisation gegenübergestellt.[16] Die bedeutungsvolle Sphäre der Sprache wurde mit den buchstäblichen und formalen Sphären der Logik und Mathematik kontrastiert. Aber der späte Ludwig Wittgenstein (<1952>1984) hat uns belehrt, dass sogar die rigoroseste symbolische Technik, die mathematische Logik, auf Sprachspiele des Alltags angewiesen ist. Ethnomethodologen und Konversationsanalytiker haben umgekehrt demonstriert, dass sogar die belanglose Alltagsrede formalen und technischen Regeln der Gesprächsführung folgt (vgl. Schegloff 1972). Es kann nicht mehr länger eine klare Trennungslinie zwischen einer kulturellen Welt der Sinnstiftung und einer technischen Welt der blinden Regelbefolgung aufrechterhalten werden.

Die Materialität der Zeichen und die Formalität von Regeln bereichert die klassische Auffassung von Technik, die sich auf materielle Werkzeuge, Maschinen und Mechanismen konzentrierte.

Die Differenz zwischen *Technik und Gesellschaft* eröffnet einen dritten Strang der Diskussion. Technische Wirksamkeit wird oft sozialer Unzuverlässigkeit gegenübergestellt. Der „one best Way" einer vermeintlich neutralen technischen Rationalität wird mit dem pluralistischen Chaos wertebehafteter Sozialität kontrastiert. Diese Unterscheidungen werden sowohl von den Verfechtern eines technischen „Sachzwangs" und Anhängern einer Technokratie vorangetrieben, wie auch von ihren Kritikern immer wieder gefestigt.[17] Wenn zum Beispiel die technische Lösung eines Problems gefordert wird, dann wird in der Regel eine soziale oder poli-

---

16   Eine Folge dieser Entgegensetzung war die Debatte um den „Kulturwert" der Technik. Friedrich Dessauers Philosophie der Technik (1927) kann z.B. als Versuch interpretiert werden, die „Ingenieurphilosophie" auf das Niveau einer vierten Kantianischen Kritik, nämlich als „Kritik des technischen Machens", zu heben (vgl. Mitcham 1994: 31).

17   Für die Technokratiediskussion in den U.S.A. vgl. Veblen 1954 und Winner 1977: 135 ff. und in Frankreich und Deutschland Ellul <1954> 1964, Schelsky 1961 und Habermas 1968.

tische Weise, das Problem etwa durch Aushandeln oder Kompromisse anzugehen, abgelehnt. Eine generelle Präferenz für „technische" oder „soziale" Lösungen kann nicht gerechtfertigt werden. Von beiden Seiten wird eine strenge Scheidelinie zwischen einer sozialen Welt und einer technischen Ordnung gezogen. Die soziale Weise zu Handeln bedeutet, die doppelte Kontingenz der Interaktion zwischen Subjekten anzuerkennen. Sie setzt Kommunikation voraus und lässt Aushandlung zu. Die technische Weise des Machens wird mit der einfachen Regelmäßigkeit von Operationen zwischen Objekten verbunden. Sie vereint programmierbare Kontrolle mit zuverlässiger Ausführung. In gewisser Weise reproduzieren die analytischen Unterscheidungen von Technik und Praxis, von Arbeit und Interaktion oder System und Lebenswelt diese Trennung der technischen von der sozialen Welt.[18]

Aber Gesellschaft kann nicht ohne ihre technische Vermittlung begriffen werden. Über Techniken der Produktion wirken Gesellschaften auf sich selbst ein, indem sie den Spielraum für ökonomische und politische Strukturierung schaffen. Über technische Medien der Kommunikation bestimmen sie die räumliche Ausdehnung von Gemeinschaften und die zeitliche Intensität sozialen Lebens.[19] Produktionstechniken und Kommunikationsmedien sind keine Mittel von außerhalb der Gesellschaft, sondern integrale Teile menschlicher Vergesellschaftung. Sogar soziale Interaktionen, Kommunikationen und Aushandlungen sind heute überwiegend technisch vermittelt. Die alltägliche Begegnung bedarf zunehmend des Telefons, des Autos und der Uhr. Selbst die Intimkommunikation greift zu roter Tinte, Handy oder Emoticons im elektronischen Verkehr. Und auch die Aushandlung einer politischen Lösung bedarf der verschlossenen Türen, der schriftlichen Dokumente und der massenmedialen Präsentation.

Umgekehrt ist auch die Technik vom Sozialen durchdrungen, nicht nur äußerlich überformt. Soziale Vorstellungen und Praktiken werden bewusst und unbewusst zum Beispiel in Maschinen verkörpert und in Programme eingeschrieben. Nach dieser Lesart sind Techniken derjenige Teil der Gesellschaft, der hart gemacht und auf Dauer gestellt wurde (vgl. Latour 1991). Gesellschaft befindet sich also auch nicht außerhalb der Technik, sondern Gesellschaft steckt in den Maschinen. Eine substanzielle Differenz zwischen Technik und Gesellschaft kann nicht aufrechterhalten werden.

---

18 Für eine ausführliche Reflexion dieser Trennung siehe Habermas 1981, Bd. 1: 384 ff., Bd.2: 173 ff, zur Kritik der Trennung von Praxis und Theorie vgl. Luhmann 1969 und zum aktuellen Stand der Diskussion vgl. den Beitrag von H.-J. Giegel 1998

19 Darauf hatte schon Karl Marx, u.a. im „Kommunistischen Manifest", hingewiesen. Gegenwärtig betonen diesen Zusammenhang Anthony Giddens 1988 und 1995, Lash/ Urry 1994 und Bruno Latour 1994a und 1995.

Materielle Dauerhaftigkeit und Verlässlichkeit der Ausführung sind nicht auf die Technik beschränkt; aber sie beleuchten die besondere Funktion, für die sie konstruiert wurde.

Damit ist der schnelle Durchlauf durch die Geschichte der semantischen Differenzen von Technik beendet. Wir können nun einige Schlussfolgerungen ziehen. Wenn Technik weder durch ihren artifiziellen Status noch durch ihre materielle Eigenschaft ausreichend bestimmt werden kann, weder durch ihre mechanische Signatur noch durch ihren nichtsozialen Charakter als neutrales Mittel, dann können alle substanziellen Differenzen dekonstruiert und sollte diese Strategie der Definition aufgegeben werden. Wenn Technik in jeder der oben angeführten Welten beobachtet werden kann, dann sollten wir nach einer besonderen Funktion suchen, welche die Technik quer zu den substanziellen Unterschieden ausübt und welche ihr in Erfahrung und Handlung praktisch zugewiesen wird. Wenn wir nicht eine klar geschnittene Welt ontologischer Sphären voraussetzen können, sind wir aufgefordert, relationale Konzepte, die überprüft werden können, zu entwickeln. Die Suche nach einem solchen relationalen Konzept beginnt mit einer kurzen Durchsicht von Techniktheorien, welche die relationale Form, den Prozess und die Performanz der Technik betont haben.

3.3 Technisierung und technische Praxis: Die Form der Technik und ihre konstituierenden Beziehungen

Wenn wir die Materialität, die Artifizialität und die Instrumentalität der Technik herausstreichen, haben wir noch nicht die Eigenheit von Technik ganz begriffen. Technik existiert nicht nur als materielles Ensemble, als von Menschen gemachte Artefakte und als Mittel-Zweck-Beziehung. Es ist eine besondere Beziehung zur Welt, die Technik konstituiert. Von welcher Art könnte diese Beziehung sein?

Ernst Cassirer hat in seinem Aufsatz „Form und Technik" vorgeschlagen, auf den Prozess des Werdens, die „forma formans" der Technik, anstatt auf die Struktur des Gewordenen, die „forma formata" des technischen Ensembles, zu schauen (<1930> 1985: 43). Er entdeckte eine Ähnlichkeit zwischen der Funktion der Sprache und der Funktion der Technik: Wort und Werkzeug dienten gleichermaßen dazu, sich der Wirklichkeit durch bildendes Gestalten zu bemächtigen. Die Sprache konstruiert die kommunikative Wirklichkeit mit Mitteln des sprachlich-theoretischen Denkens, die Technik konstruiert die materielle Wirklichkeit durch das „Medium des Wirkens" (Cassirer 1985: 52). In magischen Techniken waren beide Formen sinngebender Praxis noch miteinander verflochten. Erst die Idee der *kau-*

salen Beziehungen und der *notwendigen Kopplung* scheidet die moderne Technik von der magischen Technik ebenso wie vom künstlerischen Werk. Von dieser Zeit der Trennung an konnte sich erst die moderne Auffassung der Technik durchsetzen. Sie sieht den Prozess der Technikherstellung als instrumentelle Abstraktion von anderen Bedeutungen und Konnotationen. Sie betreibt damit eine Objektivierung der Welt. Sie vollzieht sich über die Einkapselung der beabsichtigten Wirkungen in eine „black box" und die Ausgrenzung der nicht-beabsichtigten Wirkungen.

Edmund Husserl entwickelte in seinem Spätwerk „Die Krisis der europäischen Wissenschaften …" eine kritische Haltung gegenüber der modernen Wissenschaft und Technik. Er diagnostizierte eine tiefe Kluft zwischen dem physikalistischen Objektivismus auf der einen Seite und dem transzendentalen Subjektivismus auf der anderen Seite. Im Kapitel, in dem er die Entwicklung der modernen Mathematik und den technischen Gebrauch von Formeln in den Naturwissenschaften abhandelt, kommt er zu der Schlussfolgerung, dass der Prozess, den er als „Technisierung" bezeichnet (Husserl <1936> 1982: 49), die zentrale Ursache für die angesprochene Kluft und die daraus folgende Krise der Moderne ist. Zur Technisierung gehören die Einschränkung der Erfahrung durch das Absehen von anderen Bedeutungen, die Vereinfachung durch Formbildung und Methodisierung und das reine Operieren mit den sinnentleerten Formeln. Diese „pathologische" Form der Technisierung wendet Wirklichkeit in eine bloße Ressource für mögliche Welten. Sie vergisst die Fundierung in der Lebenswelt. Nach Husserl steigert die Technisierung die Wirksamkeit zum Preis der „Sinnentleerung". In seiner Kritik an Husserl erinnert Hans Blumenberg an die unvermeidliche Ambivalenz der Technisierung: Es kann keine Erschaffung neuer Welten ohne das Risiko der Entfremdung von der Lebenswelt geben. Husserl verstrickt sich in das Paradox, dass die phänomenologische Methode selbst ein Teil der Technisierung ist, die sie kritisiert; denn wie die modernen Naturwissenschaften schärft auch sie das Bewusstsein für die Kontingenz der Welt (Blumenberg <1963> 1981: 47).

Auf dem jetzigen Stand der Diskussion können wir *Technisierung* als eine schematische Beziehung zwischen Ursachen und Wirkungen bestimmen, die unabhängig von der Kommunikation von Bedeutung operiert. Die schematisierten Beziehungen können zu komplexeren technischen Gebilden gekoppelt und kombiniert werden. Ein mathematischer Algorithmus besteht zum Beispiel aus mehreren Rechenformeln, sodass komplexe Probleme berechnet werden können, ohne genau den Kontext zu kennen. Eine mechanische Maschine verbindet eine Reihe von Werkzeugen oder einfachen Maschinen; sie löst zum Beispiel automatisch Schüsse aus oder löscht Texte, ohne moralische Bedenken zu haben. Ein gedrillter Scharfschütze vereinigt verschiedene Wahrnehmungs- und körperliche Bewegungstechniken, sodass er eine Person auf Befehl gezielt töten kann, ohne die Gründe dafür und dagegen abzuwägen. Über die Unterschiede zwischen einem Algorithmus, einer Maschine und einem gedrillten Schützen werde ich noch im nächsten Abschnitt sprechen, wenn die Medien für technische Formen unterschieden werden. Was hier zählt, ist die Differenz zwischen einer *technisierten* und einer *nichttechnisierten* Beziehung. Aus meiner Sicht sollte sie als eine *graduelle Differenz,* nicht als eine substanzielle Differenz behandelt werden. Technisierung kann mehr oder weniger vorangeschritten sein. Mit Technisierung bezeichne ich die Form der Beziehung zwischen Elementen, die ein höheres Maß an Zuverlässigkeit beinhaltet, in welcher die Elemente fester verkoppelt sind, die weniger von Kontexten abhängig ist und die eine größere Wirksamkeit der Kontrolle zulässt. Zu den Techniken, technisierte Beziehungen herzustellen, zählen die Vereinfachung und Spezifikation von komplexen kausalen Beziehungen durch das Trennen, Reinigen und Schematisieren von Elementen und ihren Kombinationen, die Fixierung und Festigung der Verbindungen durch das Wiederholen in der Zeit und das Einschreiben in mediale Träger und die Schließung des Systems durch Einkapselung der kontrollierten Beziehungen und Abkapselung von störenden Umwelteinflüssen.

Lässt sich noch mehr zu den Beziehungen, die Technik konstituieren, sagen? Ich schlage vor, sich dabei von einigen Ideen des modernen Technikphilosophen Don Ihde leiten zu lassen. Er hat Martin Heidegger als amerikanischer Phänomenologe mit den Augen eines Pragmatisten gelesen (vgl. Ihde 1979; 1983). In seinem Buch über das Verhältnis von Technik und Lebenswelt (1990) konzentriert er sich auf die Mensch-Technik-Beziehungen und die kulturelle Eingebettetheit der Technik. Indem er einer relationistischen Ontologie folgt, macht er einen Unterschied zwischen den unmittelbar körperlich-sinnlichen Erfahrungen der Anderen und der Umwelt und den technisch vermittelten Erfahrungen (Ihde 1990: 15 ff.). Er schlägt vor – wie ich es oben schon getan habe –, nach verschiedenen Graden der Vermittlung in der mit Technik verwobenen Welt zu forschen.

Wie Husserl, Heidegger und Dewey verwirft er die Cartesianische Position, Technik als Instrument der Umformung aufzufassen, weil der Anteil des Subjekts dabei überschätzt wird. Mit dieser rationalistischen Auffassung wird unterstellt, dass ein Selbst oder ein Subjekt ein Objekt einfach als Instrument nutzen könnte, etwas in der Außenwelt in seinem Sinne zu bewirken. Aber ist es vernünftig, voraussetzungslos von einem Subjekt zu sprechen, wenn die technischen Instrumente den Status der Subjektivität verändern? Wer ist das Subjekt in einer Atomkraftanlage? Die klar geschnittenen Grenzen zwischen Subjekt und Objekt verwischen sich. Technik ist eine Symbiose aus Artefakt und Nutzer im Rahmen einer menschlichen Handlung (Ihde 1990: 73). Die materielle Beziehung zwischen Menschen und der Welt sollte als eine *symbiotische* statt einer geteilten, als eine *vermittelte* statt einer instrumentellen Beziehung begriffen werden.

Umgekehrt entsteht eine Position, welche die Objekte überbewertet, wenn die Mittel-Zweck-Beziehung in ihrer Verkehrung kritisiert wird. Technokratische wie auch sozialkritische Positionen von den Linken wie auch von den Rechten neigen dazu, die Stärke des technologischen Imperativs überzubetonen. Sie preisen entweder die neue Sachlichkeit oder prangern die Verkehrung der Mittel in Zwecke an. Sie fordern die Perfektion der Technik oder fürchten die Entfremdung oder gar Vernichtung des Menschen durch Technik. Aber ist es realistisch zu denken, dass die Techniken gänzlich außer Kontrolle[20] geraten sind? Dieselbe Subjekt-Objekt-Trennung wie oben führt nun zu diesen objektivistischen und deterministischen Sichten.

Ich schlage daher vor, die „Andersheit" der Technik einerseits ernster zu nehmen, als es die instrumentalistische Position tut, sie aber andererseits in *Vermittlungsbeziehungen* zu übersetzen, die im Gegensatz zur objektivistischen Position unterschiedliche Grade des „Mithandelns" der Objekte kennen.[21] Wenn man dieser Vermittlungssicht folgt, kann man beobachten, wie Handlungen im Sinne von Aktivitäten zwischen Menschen und Objekten verteilt sind. Dann kann man auch technische Situationen der Mensch-Maschine-Interaktion, Hochrisikosysteme und komplexere Technostrukturen[22] danach unterscheiden, wie im Handeln menschliche und nicht-menschliche Elemente gemischt werden (vgl. Latour 1988), wie Interaktionen unter Menschen und Interaktivitäten mit Dingen, Texten und Maschinen verbunden und verteilt sind.[23] Der Status des Agenten wird also nicht für die Menschen reserviert. Sie bleiben allerdings bislang die einzigen Agenten, die in der Beziehung Distanz aufbringen, diskursiv damit umgehen und darüber reflektieren und auf höherem Niveau[24]aus den Erfahrungen lernen können. Sie können sich aber auch nicht vollständig von den Beziehungen lösen und ganz von außen gleichsam aus der Satellitenperspektive darauf schauen, sondern sie müssen

---

20 Eine Übersicht und Kritik zum Thema einer entfesselten Technik bietet Winner 1977.

21 In der Wissenschafts- und Technikforschung wird dem durch die symmetrische Rolle von nichtmenschlichen Aktanten in Aktor-Netzwerken (Callon 1986; Latour 1996; vgl. dazu auch Joerges 1995), durch die Analyse „epistemischer Objekte" (Knorr Cetina 1998) und durch das Konzept der „Grenzobjekte" (vgl. zu den „boundary objects" Star/Griesemer 1989; Wagner 1998 und Strübing 1998), Rechnung getragen.

22 Für die High Tech-Arbeitssituationen vgl. die Beiträge in Button 1993, speziell Suchman 1993, und Mill 1998, für die hochriskanten Systeme vgl. Perrow 1987 und zum Konzept der „Technostrukturen" Böhme 1992 und Rammert 1997: 173 ff.

23 Vgl. zur Interaktivität mit Computern Geser 1989, Faßler 1996 und Rammert 1998e.

24 Dabei beziehe ich mich auf das dreistufige Schema des Lernens bei Computern, Ratten und Menschen von Gregory Bateson 1985: 366 ff.

es – wie der Pragmatismus betont – inmitten des Getümmels der vielfältigen Beziehungen aus der Steuermannsperspektive tun. Nachdem die Klippen, Technik als Instrument in den Händen des Subjekts zu sehen oder sie umgekehrt als determinierende Objekte aufzufassen, umschifft sind, tauchen zwei weitere Gefahren auf. Im Gewässer der *hermeneutischen Beziehungen* der Technik gilt es, zwischen dem Felsen der funktionalistischen Deutung und den Untiefen intentionalistischer Annahmen hindurch zu navigieren. Die funktionalistische Position sieht keine Schwierigkeiten, den Sinn einer Technik zu erfassen. Man könnte vereinfacht zusammenfassen: Die Funktion schafft die technische Form, oder in Worten der Bauhaus-Philosophie: Form folgt der Funktion. Aber dagegen ließe sich einwenden, dass Funktionen selbst unterschiedlichen Interpretationen unterliegen und dass sie der möglichen Vielfalt funktionaler Formlösungen nicht gerecht werden. Ein Vertreter der intentionalistischen Position würde nach den besonderen Zwecken eines technischen Artefakts forschen, wofür es entworfen und entwickelt worden ist. Aber es ist äußerst schwierig, wenn nicht schier unmöglich, die besondere Bedeutung eines technischen Objekts herauszufinden. Sollen wir nach der Vision des Erfinders forschen? Sollten wir uns eher nach den Konstruktionsmodellen der Ingenieure und Vermarktungsplänen der Hersteller richten? Oder wäre es nicht sinnvoller, die Nutzer der Technik zu beobachten und zu befragen?[25] Daniel Dennett (1989) hat in seiner Abhandlung über die Interpretation von Texten, Menschen und anderen Artefakten jegliche Hoffnung zerschlagen, dass eine definitive und endgültige Interpretation einer Technik gefunden werden könnte. Wie man am besten die jeweilige Funktion und Bedeutung einer Technik feststellen kann, darin folge ich weiter unten seiner pragmatistischen Perspektive.

Schon John Dewey hat eine Theorie der Praxis entwickelt, welche die alten Vorstellungen von Funktion und Intention vermeidet und auch die Subjekt-Objekt-Trennung verwirft.[26] Technik wird von ihm als aktive produktive Fähigkeit („active productive skill") bestimmt (Hickman 1990: 18). Dieser weite Technikbegriff umfasst alle Mittel, welche in einem konkreten Erfahrungsprozess dazu benutzt werden, Veränderungen zu kontrollieren, die zwischen Anfang und Ende eines Prozesses einwirken. Technik hat bei ihm keine Existenz und keine Funk-

---

25 Die Grenzen von Leitbildern und Metaphern (vgl. Dierkes/Hoffmann/Marz 1992) und die Bedeutung von Praktiken der Konstruktion und der Nutzung für die Technikentwicklung werden in Rammert/Schlese/Wagner/Wehner/Weingarten 1998 am Fall „wissensbasierter Systeme" detailliert vorgeführt.

26 Vgl. besonders Dewey 1916 und <1925> 1995. Meine Interpretationen folgen weitgehend dem hervorragenden Buch über „John Dewey's Technology" von Larry Hickman (1990) und den Aufsätzen von Webster Hood 1982 und 1992.

tion außerhalb ihrer praktischen Nutzung. Die *Beziehungen der Nutzung* machen erst aus dem Objekt, mit dem man umgeht, ein Werkzeug und aus der manipulierenden Geste eine technische Praxis.[27] Ein technisches Objekt unterscheidet sich von einem nicht-technischen Objekt dadurch, dass die Technik eine objektivierte Relation zwischen Ursachen und Wirkungen als selbstbestimmendes Merkmal enthält. Technik ist im Kern diese erprobte und auf Dauer gestellte Relation, welche man „Interobjektivität"[28] nennen könnte. Gegenüber der Intersubjektivität[29], die durch die Beziehung doppelter Kontingenz gekennzeichnet ist, käme bei der Interobjektivität die Beziehung *kausal vereinfachter Sequenz* zum Ausdruck.[30] Die Beziehung der Interobjektivität wird erst in der technischen Praxis und in den Nutzungsbeziehungen als wirksames Schema hervorgebracht; sie basiert nicht allein auf den Eigenschaften der verknüpften Dinge oder auf den Intentionen der handelnden Menschen. Weder Aufwind und Flügelfläche noch Wunsch und Wille, sie zu Instrumenten des Fliegens zu machen, schaffen die Technik des Flugzeugs. Sie entsteht erst im Wechselspiel der aktiven praktischen Erfahrung, des Bastelns, Probierens, Lesens und Lernens, mit den jeweils dabei hergestellten Beziehungen zwischen den Objekten, den Aufwinden, den Flügelformen, den Aufzeichnungen und den Organen des trainierten Fliegers.

Technik als Finden, Verfertigen und Verfestigen einer situativ wirksamen Sequenz von Objekten oder Ereignissen beschränkt sich nicht nur auf die Verknüpfung materieller Objekte. Auch aus Zeichen lassen sich durch bestimmte Sequenzierungen zwingende Kalküle machen. Ebenso lassen sich Körper und ihre Organe durch Reihung routinisierter Bewegungen und Wahrnehmungen zu Arbeits- und Bewegungsmaschinen verwandeln. Entscheidend ist nicht die Materialität der Form, sondern die Form selbst als situativ gefundene, erprobte und auf Dauer gestellte und immer wieder aktivierbare Sequenz von Abläufen, die erwartbare Wirkungen zeigen.

Andrew Pickering (1995) hat diesen Prozess als das „Mangeln durch Praxis" beschrieben. Er möchte mit dieser Metapher darauf hinweisen, dass sich nicht nur

---

27 Eine feine phänomenologische Beschreibung der technischen Geste bietet Flusser 1991.

28 Nach Fertigstellung des Manuskripts habe ich entdeckt, dass Bruno Latour den Begriff der „interobjectivité" auch schon geprägt hat, allerdings in einem etwas weitergehenden Sinn, um die „Intersubjektivität" der Soziologie ganz abzulösen (vgl. Latour 1994b).

29 Zur Zwischenwelt der Intersubjektivität vgl. Crossley 1996.

30 Die Ähnlichkeit zum systemtheoretischen Technisierungsbegriff kommt wegen einer verwandten Genealogie nicht zufällig zustande, vgl. Luhmann 1975: 70 ff., 1991; Halfmann 1996 und Japp 1998

die jeweiligen Objekte und ihre Relationen durch die erprobende Praxis ändern. Auch die Intentionen lösen sich dabei in eine Abfolge von situativ veränderten Absichten auf, wenn sie in der Praxis auf Widerständigkeiten der Objekte und ihrer Konstellationen stoßen. Diese pragmatische Auffassung unterscheidet sich markant von der materialistischen Position, die unterstellt, dass objektive physikalische Eigenschaften oder gar Naturgesetze die technischen Projekte und den Raum technologischer Möglichkeiten eingrenzen. Hier wird jedoch behauptet, dass die Erfahrung der Eingrenzung von den besonderen Beziehungen zwischen den Objekten und von der jeweiligen Intention, mit denen man sich ihnen nähert, abhängt. Experimente gelingen oder misslingen und Techniken funktionieren oder versagen nicht aus dem Grunde, dass einige objektive materielle Bedingungen nicht erfüllt sind oder verletzt werden. Funktionierende Techniken müssen erst aktiv dadurch hervorgebracht werden, dass die Wirkung verschiedener Konstellationen zwischen Objekten erforscht und dabei ständig die technischen Intentionen neu angepasst werden. Das Wissen um die richtige Formel, um die effektive funktionale Organisation und um die angemessenen physikalischen Eigenschaften reicht nicht aus, eine Technik zu konstruieren. Die aktive praktische Erfahrung muss hinzukommen. Wie schon Harry M. Collins (1992) in seiner Studie über den Nachbau eines Lasergeräts nachweisen konnte, bedarf es der verkörperten praktischen Erfahrungen und ihrer jeweiligen Aktivierung durch ein Mitglied der Gruppe der Erstentwickler, um solche Geräte auch an anderen Orten als funktionierende Technik herstellen zu können.

Konstruktionspläne, Gemenge und Gefüge von Materialien reichen nicht aus, eine Technik zum Laufen zu bringen. Man benötigt die Erfahrung, wie die Beziehungen zwischen den Objekten und den Entwürfen miteinander abgestimmt werden. Man benötigt die Erfahrung, was situativ möglich ist, was auf welche Weise mit welchem Effekt aktualisiert werden kann. Wirksame Beziehungen der Interobjektivität entstehen aus spielerischen oder experimentellen Interaktionen, in denen wie bei einem Tanz die Führung von einem zum anderen wechselt und sich zwischen ihnen feste Formen herausbilden.[31] Erst in einem weiteren Schritt werden die spielerisch gefundenen wirksamen Formen in Formeln fixiert und mit dem vereinfachenden Schema von Ursache und Wirkung interpretiert.

Neue Techniken entstehen als gesellschaftliche Größe aber nicht nur im Prozess der praktischen Herstellung und Nutzung von Objektkonstellationen und in hermeneutischen Beziehungen. Sie werden auch in besonderen *evaluativen Beziehungen* praktisch konstituiert. Techniken stehen immer schon in Beziehung zu anderen Techniken, zum Beispiel in Beziehungen der Konkurrenz zu neuen und

---

31   Andrew Pickering spricht von einem „dance of agency" (1995: 21).

in Beziehungen der Kompatibilität zu etablierten Techniken. Sie sind nicht die einzigartigen Verkörperungen eines unendlichen Reiches technischer Ideen, wie Erfindungstheorien gerne behaupten (vgl. u.a. Dessauer 1956). Sie sind aber auch nicht durch eine Funktionslogik miteinander verbunden, wonach sie sukzessive eine Funktion des menschlichen Handlungskreises nach der anderen objektivieren, angefangen von der energetischen Funktion der Muskeln bis hin zur Steuerungsfunktion des Nervensystems, wie es anthropologische Techniktheorien gerne unterstellen (vgl. Kapp <1877> 1978; Gehlen 1957). Techniken sind ebenso wenig nach dem Kriterium einer höheren technischen oder ökonomischen Effizienz in eine eindeutige Rangordnung der technischen Perfektion zu bringen, wie es bei Wirtschafts- und Sozialtheorien häufig geschieht.[32]

Technische Innovationen lassen sich nicht einfach mit rationalen ökonomischen Wahlen oder technologisch überlegenen Problemlösungen erklären. Es handelt sich dabei, wie Joseph Schumpeter schon deutlich gesehen hatte, um „schöpferische Zerstörungen" (Schumpeter 1946: 139). Substanzielle Kriterien für die Überlegenheit einer Technik über eine andere lassen sich zeitübergreifend und allgemeingültig letztendlich nicht angeben. Vielfalt und Vermischung, Heterogenität und Historizität der Kriterien geben dafür keine stabile Basis ab. Auch unter diesem evaluativen Aspekt schlage ich vor, auf ein weiteres relationales Konzept der technischen Innovation zurückzugreifen, mit dem sich der Unterschied zwischen den gesellschaftlich anerkannten, hoch geschätzten Techniken auf der einen Seite und den profanen, wenig wahrgenommenen Techniken auf der anderen Seite fassen lässt. Es ist das Konzept des „technologischen Archivs" (Groys 1997).

Wie hat man sich diese Relationierung der technischen Beziehungen vorzustellen? Boris Groys hat das Konzept des „Archivs" von Michel Foucault und Jacques Derrida auf den Mechanismus der Innovation in der Kunst und anschließend in der Technik übertragen.[33] Im Kern besteht für die Kunstwerke wie für die technischen Werke kein durchgängig rationales und zwingendes Verfahren, die ästhetische oder technologische Überlegenheit eines neuen Werks substanziell zu begründen. Das Paradox des Neuen besteht ja gerade darin, die Maßstäbe des Etablierten zu

---

32   Die klassische Politische Ökonomie, die marxistische und die neoklassische Ökonomie gehen gemeinsam davon aus, dass technischer Wandel durch objektive Kriterien der Effizienz geregelt wird (zur Kritik vgl. Elster 1983). Die historischen und soziologischen Auffassungen eines technischen Fortschritts wurden gründlich durch die empirischen Studien der Wissenschafts- und Technikforschung dekonstruiert (vgl. u.a. Bijker/ Hughes/Pinch 1987; Dierkes/Hoffmann 1992 und Cronberg/Sörensen 1995).

33   Das Konzept des „Archivs" wurde in Foucault 1973 entwickelt und bei Derrida 1995 angewandt. Die Übertragung auf die Innovation in der Kunst ist bei Groys 1992 nachzulesen.

brechen, nach denen es geringwertig ist, und die eigenen Züge zu neuen Maßstäben zu erheben.[34] In der Kunst sind es die Mechanismen der Sammlung und des Museums, die aus einem profanen Werk ein gesellschaftlich anerkanntes Kunstwerk machen, selbst wenn es sich als Anti-Kunst inszeniert. Die afrikanische Kunst der Maskenschnitzerei und die dadurch inspirierte Praxis kubistischer Malerei, wie sie von Pablo Picasso und Georges Bracques erfunden worden sind, wurden anfangs als „primitiv" bewertet und nicht als Kunst akzeptiert. Aber nach einer Zeit des Gärens und des Übergangs wurden diese Werke von Kunstsammlern, Galerien und schließlich von Museen erworben und avancierten zu den hochgeschätzten Meisterwerken des Kubismus und moderner Kunst. Es gibt dafür keinen substanziellen Grund: Sie waren nicht „schöner" und auch nicht „realistischer". Es bleibt zur Rekonstruktion des Wandels nur der Mechanismus des „Archivs". Er scheidet die primitiven und profanen Praktiken von denen, die als sozial akzeptierte und hochgeschätzte Kunst gelten. Das Archiv konstituiert eine rein formale Grenzbeziehung zwischen einer profanen und alltäglichen Welt und einem Reich des Auserwählten. Nachdem uns durch die Denker der Postmoderne endgültig die Illusion eines substantiellen Fortschritts genommen worden ist, garantiert dieser Mechanismus selbst in diesen Zeiten der Ungewissheit und der Vielfalt der Rationalitäten die Kontinuität der Innovation: Auch der Angriff auf das Museum und die radikale Aufhebung der Grenzen zwischen Kunst und Leben oder Kunst und Gesellschaft bei Joseph Beuys werden dieser Logik der Sammlung unterworfen.

Dieser relationale Ansatz kann auch auf die technische Innovation übertragen werden. Nach Deweys pragmatischer Technikauffassung kann man eine große Vielfalt von profanen technischen Praktiken beobachten, die örtlich begrenzt und zeitlich flüchtig in Erscheinung treten. Diese Praktiken zählen erst dann zur gesellschaftlich relevanten und bekannten Technik, wenn sie auf Erfinderbörsen und Industriemessen ausgestellt, wenn sie durch Veröffentlichung und Lehre in den Ingenieurwissenschaften anerkannt, wenn sie durch Patentierung gleichsam geadelt und wenn sie durch massenhafte Produktion verbreitet worden sind. Zum „technischen Archiv" zähle ich alle diejenigen technischen Praktiken und ihre Werke, die durch Veröffentlichung, Sammlung, Kodifizierung und andere Praktiken der Institutionalisierung in den „Stand der Technik" aufgenommen worden sind und so im Gedächtnis der Gesellschaft bewahrt werden. Dadurch werden legitime Techniken von illegitimen geschieden, sichere Techniken von unsicheren, effiziente Techniken von ineffizienten. Technik im gesellschaftlichen Sinne wird durch diese evaluative Beziehung mitkonstituiert.

---

34 Dieses Paradox der Regelgebundenheit und der Regeldurchbrechung ist das Thema von Richard Wagners Oper „Die Meistersinger von Nürnberg".

Ich fasse noch einmal die Schritte meiner Überlegungen zu einem sozialtheoretischen Technikbegriff zusammen. Sie zielen auf einen Sichtwechsel von einer substanziellen zu einer relationalen Perspektive auf die Technik. In einem ersten Schritt plädierte ich – unter Berufung auf Ernst Cassirer – für eine Verlagerung der Aufmerksamkeit von der materiellen Ansammlung technischer Artefakte zum Prozess der Technisierung.

In einem zweiten Schritt habe ich mit Hans Blumenberg die kritische Sicht von Edmund Husserl auf die entbettete Technisierung korrigiert und mich für ein Konzept ambivalenter Technik ausgesprochen. Technik möchte ich entgegen der üblichen dichotomen Gegenüberstellung mit Natur, Kultur oder Gesellschaft quer dazu gradualistisch auffassen, nämlich als Unterschiede zwischen mehr oder weniger technisierten Beziehungen.

In einem dritten Schritt habe ich – angeregt durch Don Ihdes pragmatistische Interpretation von Martin Heideggers Techniktheorie – die subjektivistische Sicht der Instrumentalität und die objektivistische Sicht der Mittel-Zweck-Verkehrung verworfen. Die Subjekt-Objekt-Trennung wurde durch eine symbiotische Sicht auf den Umgang mit Objekten, wie sie der Pragmatismus kennt, und durch eine vermittelnde Sicht, wie sie Auffassungen von der Materialität der Medien ins Spiel bringen, ersetzt.

In einem vierten Schritt wurde die pragmatistische Techniktheorie von John Dewey auch dazu benutzt, funktionalistische und intentionalistische Interpretationen der Technik zurückzuweisen. In den Beziehungen der praktischen Nutzung wird der Sinn einer Technik hergestellt, weder Optionen noch Visionen können das leisten. Die Form der Technik entsteht aus der temporalisierten Erfahrung, in der sich Wirkungen und Entwürfe, Widerständigkeiten von Objektkonstellationen und Wollen von Subjektkonfigurationen wechselseitig in die „Mangel" nehmen.

Schließlich wurden alle Versuche, Techniken untereinander nach substanziellen Kriterien zu bewerten, als undurchführbar dargestellt. Es wurde das Konzept des „Archivs", wie es von Michel Foucault entwickelt und von Boris Groys als formaler Mechanismus beschrieben wurde, übernommen, um zu zeigen, wie eine technische Praxis gegenüber einer anderen institutionalisiert wird. Erst die Aufnahme einer profanen technischen Praxis in die sichtbare Sammlung des „Standes der Technik" macht aus ihr eine anerkannte und relevante Technik der Gesellschaft.

Es wurden also drei Beziehungen identifiziert, in denen eine Technik praktisch konstituiert wird: die bewirkenden, die bezeichnenden und die bewertenden Beziehungen. Die kausale Beziehung besteht aus den Agenten und den Objekten und betrifft die Frage, wie diese in der „Mangel" der Praxis gekoppelt werden. Die hermeneutische Beziehung entsteht in der Nutzung und legt fest, wie im Umgang mit der Technik – nicht im ursprünglichen Projekt, sondern in der jeweiligen Performanz – dieser Bedeutung verliehen wird. Die evaluative Beziehung setzt die technischen Praktiken und Werke untereinander in Beziehung und regelt, wie sie in das gesellschaftliche Ensemble der Techniken aufgenommen werden und als soziale Tatsachen Einfluss gewinnen und wirken. Zusammen konstituieren diese Beziehungen die Form der Technik, die als erprobte Sequenz von Ereignissen und Konstellation von Elementen zu erwarteten Wirkungen führt.

Bisher hatten wir uns nicht gefragt, aus welchen Elementen die Beziehungen bestehen. In der Regel stellt man sich darunter physikalische Objekte vor, aus denen die „harte" Technik konstruiert wird. Ich habe diese Frage absichtlich offen gelassen, um nicht vorzeitig den prozessualen und weiten Technikbegriff einzuengen. Nun, nachdem die konstituierenden Beziehungen vorgestellt sind, kann ich mich im nächsten Abschnitt der Frage zuwenden, aus welchem „Stoff" die Technik gemacht ist und was für einen Unterschied verschiedene Stoffe machen.

3.4   Die mediale Differenz: oder worin sich die technische Form einprägt

Wenn Technik als eine besondere Form der Praxis bestimmt wird, ein Schema, das sich aus der Erfahrung herausgebildet hat, dann macht offensichtlich auch die Beschaffenheit der Stoffe, worin sie geformt ist, Unterschiede. Schon bei einer substanzialistischen Sicht auf die Technik spielten stoffliche Differenzen eine bedeutende Rolle. Es wurden nicht nur die Zeitalter mit Vorliebe nach den Stoffen unterschieden, aus denen die Technik bestand, wie Steinzeit, Eisenzeit und Bronzezeit.[35] Auch Bewertung und Kritik knüpften häufig an der Unterscheidung von toter Materie, mit der mechanisch umgegangen wird, und lebendigem Organismus an, der eine andere Technik erfordert.

Hier geht es um eine mediale Differenz. Ich beziehe mich dabei auf die Beschaffenheit verschiedener Stoffe, inwiefern sie sich als Medium für technische Formen eignen. Von der allgemeinen Medientheorie[36] kann man lernen, dass der Stoff, aus dem Medien bestehen, über zwei besondere Eigenschaften verfügen muss. Er muss durchlässig und fein granuliert sein, damit sich durch oder in ihm Formen leicht ausdrücken oder eindrücken lassen. Er muss hart und beständig sein, sodass Formen jederzeit und allerorts klar unterschieden und dauerhaft wiederholt werden können. Ich spreche mit der medialen Differenz also die Fähigkeit

---

35   Vgl. z.B. Mumford <1934> 1969 und Popitz 1989.
36   Ich beziehe mich dabei auf Heider 1926 und McLuhan 1968.

von Stoffen an, als Medium zu dienen. Ich meine nicht die trivialen materiellen Unterschiede zwischen ihnen. Ein *Medium* kann also ganz allgemein als ein Stoff charakterisiert werden, der seine materiellen Eigenschaften problemlos für eine Prägung von außen hergibt, der auf der einen Seite seinen Widerstand dagegen verringert und der auf der anderen Seite den Formen ihren manipulierbaren und sichtbaren Ausdruck ermöglicht, ohne ihn durch seine eigenen Züge zu trüben. Der feinkörnige Sand macht es zum Beispiel leicht, Burgen zu bauen oder Zeichen einzuritzen; aber diese Artefakte, Gebäude wie Geschriebenes, zeigen nicht genügend Härte und Beständigkeit. Daher ist Sand im Vergleich zu Ziegeln oder Zement ein schlechtes Medium, um Gebäude zu konstruieren. Er ist im Vergleich zu Pergament, Papier oder Magnetspeichern ein zu wenig deutliches und ein zu leicht vergängliches Medium, um Zeichen darzustellen.

Die Kategorie des Mediums wird hier in einem weiten Sinne benutzt. Sie wird nicht, wie es ansonsten gang und gäbe ist, auf technische Medien der Kommunikation eingeschränkt. Wenn ein Stoff so fein gekörnt und seine Elemente so lose gekoppelt sind, dass er in den Hintergrund der Wahrnehmung verschwindet, und wenn der Stoff es möglich macht, fest verkoppelte Beziehungen zwischen den Elementen, wie Ziegeln oder Zeichen, herzustellen, dann sprechen wir von einem Medium. Ein Medium zu sein ist jedoch keine substanzielle Eigenschaft, sondern es hängt vom Verwendungszusammenhang ab, ob ein Stoff eine mediale Funktion übernimmt. Nach diesen Vorklärungen kann präziser nach den Unterschieden gefragt werden, die verschiedene Medien im Kontext von Technisierung machen. Ich werde mich auf drei Arten von Stoffen[37] beziehen und nach ihrer Medienfunktion fragen:

- erstens, die *menschlichen Körper,* einschließlich der Handlungen und Wahrnehmungen, die üblicherweise als Stoff angesehen werden, aus dem die interaktive oder soziale Welt konstituiert wird,
- zweitens, die *materiellen Dinge,* einschließlich der physikalischen und biologischen Elemente und Prozesse, welche die objektive oder natürliche Welt konstituieren, und
- drittens, die *symbolischen Zeichen,* einschließlich der Spuren, Ziffern, Bilder und Buchstaben, der Stoff, aus dem die intersubjektive oder kulturelle Welt geschaffen wird.

---

37 Man könnte eine gewisse Ähnlichkeit mit der Drei-Welten-Theorie in Karl Poppers evolutionärer Erkenntnistheorie darin entdecken (1972).

Die hier vertretene Ansicht weicht von der Hauptströmung sozialtheoretischen Denkens über Technik in zwei Hinsichten ab. Sie bezieht die Techniken des Handelns und die Techniken der Wahrnehmung mit in die Analyse ein. Ich kann mich dabei nicht nur auf den weiten Technikbegriff des Pragmatismus und der Phänomenologie stützen, sondern auch auf viele anthropologische Forschungen, in denen Technik an Körper und Handeln zurückgebunden wird (vgl. u.a. Mauss <1936>1975). Außerdem schließt meine Sicht die Zeichentechniken von der ersten Höhlenzeichnung bis zur letzten Version virtueller Realität im Cyberspace ein. Auch dabei kann ich mich auf Zeugen berufen, die von der Frühzeit bis heute auf die Koevolution von Hand und Wort (Leroi-Gourhan 1980) und die auf die Gleichrangigkeit von mechanischen und medialen Revolutionen hingewiesen haben (Innis 1972; McLuhan 1968; Luhmann 1989).

Menschliche Körper können dann als Medium genutzt werden, eine technische Form einzuschreiben, wenn sie dazu gebracht werden können, sich in einer fest fixierten und repetitiven Weise nach einem effektiven Schema zu verhalten. Bewegungen können beispielsweise schematisiert und gedrillt werden. Wahrnehmungen können kodifiziert und ritualisiert werden. Je feiner die Verhaltenseinheiten gekörnt und je fester sie gekoppelt sind, desto stärker werden sie technisiert. Militärischer Drill, tayloristische Arbeitsmethodik oder Routinen des Maschinenbedienens können zu diesem Typ von Handlungstechniken gezählt werden. Sie gründen auf Wiederholung und Training des Körpers und der Sinne, solange bis das Bewusstsein weitgehend ausgelöscht ist. Aber die handelnden Körper verlieren sofort ihre Medienfunktion, wenn das Bewusstsein wieder auftaucht, weil Störungen passieren oder Wahrnehmungen irritiert werden. Aus dieser Sicht kann die Unzuverlässigkeit derjenigen Techniken besser verstanden werden, die aus menschlichen Körpern gemacht sind. Diese Techniken bleiben immer unvollkommene Techniken, weil menschliche Handlungen niemals mit derselben Verlässlichkeit wie mechanische Vorrichtungen fixiert und gekoppelt werden können. Sie zeichnen sich aber gleichzeitig durch den Vorteil aus, hoch flexibel zu sein, wenn ein Wandel der Umwelt oder eine veränderte kritische Situation es erfordern. Diesen Typ von Technisierung im Medium menschlichen Handelns kann man als „Habitualisierung" bezeichnen.[38]

---

38   Der Begriff der „Habitualisierung" taucht in der soziologischen Tradition immer dann auf, wenn ein Handeln gekennzeichnet werden soll, das sich strukturell verfestigt hat, von aktuellen Sinnbezügen entlastet ist und quasi automatisch abläuft. Vgl. u.a. Gehlen 1957; Berger/Luckmann 1969: 57; Popitz u.a. 1957: 117 ff. und auch Bourdieu 1979: 186 f.

Physikalische Dinge und Prozesse sind der erfolgreichste Stoff, um als Medium zu dienen und technische Formen dauerhaft und übertragbar zu machen. Fein zergliederte Arbeitsroutinen und klar zerteilte Kommunikationsfunktionen können durch mechanische Operationen nachgeahmt und auf sie übertragen werden. Neue Effekte der Beziehungen zwischen Objekten können entdeckt und isoliert werden. Diese technischen Fakten und sachlichen Artefakte bilden das große Arsenal des technischen Archivs. Sie können fest gekoppelt und zu komplexen technischen Systemen zusammengefügt werden, zum Beispiel setzt sich ein Fertigungssystem für Fahrzeuge aus Antriebs-, Bearbeitungs-, Transport- und Steuerungsmaschinen zusammen oder ein Netzwerk der Energieversorgung aus Turbinen, Dynamos, Transformatoren und Leitungen. Diese materiellen Techniken reichen vom einfachen Werkzeug über zusammengesetzte Maschinen und über geschlossene technische Systeme bis hin zu offenen technischen Netzwerken.[39] Dieser „hardware"-Typ von Technik, häufig auch „Realtechnik" genannt, herrscht in der Diskussion vor, weil er so offensichtlich als Ressource und Einschränkung von Handeln überall anwesend ist. Physikalische Materialität gewährt einen Gewinn an Beständigkeit und berechenbarer Ersetzbarkeit – man denke nur an Tausende von kompatiblen und austauschbaren Teilen, aus denen ein Auto besteht –, bedeutet aber auch einen Verlust an Flexibilität und Reversibilität – man denke hier an die Kosten, die schon der Wechsel einer Produktionslinie ausmacht, und noch mehr an die schier unüberwindbaren Schwierigkeiten, welche die Abkehr von der vorgezeichneten Entwicklungsbahn des Automobils mit Verbrennungsmotor bedeuten würde. Diesen Typ der Technisierung im Medium physikalischer Operationen und Prozesse kann man – wie weitgehend üblich – als „Mechanisierung" bezeichnen.

Zeichen sind ein Stoff ganz besonderer Art. Sie bilden einen dritten Bereich zwischen den beiden anderen Welten.[40] Materialität und menschliche Praxis sind zwar erforderlich, um sie in Erscheinung treten zu lassen. Aber Zeichensysteme, wie das Alphabet oder die Arithmetik, können vollständig von den Verhaltenskontexten und den physikalischen Bezügen, in denen sie entstanden sind, losgelöst werden (vgl. Krämer 1988). Sie benötigen selber wiederum einen medialen Träger, auf dem sie deutlich dargestellt und in dem sie dauerhaft gespeichert werden können. Und sie sind auf menschliches Deutungshandeln, das sich in Konventionen

---

39 Vgl. zur Typologie der Techniken nach dem Kriterium ihrer Komplexität Tushman/ Rosenkopf 1992.

40 Ein dreiteiliges Konzept der Bedeutung, das zwischen Zeichen, Interpretanten und Objekten unterscheidet, hat Charles S. Peirce entwickelt. Eine Anwendung dieses pragmatistischen Konzepts auf die Konstitution des „Selbst" hat Norbert Wiley (1994) und auf die „Technik" hat Ulrich Mill (1998) versucht.

der Verwendung zeigt, angewiesen. Zeichensysteme können präzise manipuliert
werden, indem man eindeutigen Verfahrensregeln folgt. Rechentechniken, chemi-
sche Formeln und Computerprogramme gehören zu diesem „software"-Typ von
Technik, den man auch als „Symboltechnik" bezeichnen kann. Der formale Charakter von Algorithmen – das sind eindeutige und abgeschlossene Problemlösungsverfahren – erlaubt uns, Zeichen- und Regelsysteme in „triviale Maschinen" (von
Foerster 1993) zu überführen. In Kombination mit einem Computer ermöglichen
sie uns, alle möglichen Techniken und Maschinen auf der symbolischen Ebene zu
simulieren.[41] Zeichen als Medium der Technisierung zu benutzen bedeutet, höchste Präzision bei der Kopplung der Elemente zu erzielen und weder Verschleiß noch
Verzug im Vergleich zu physikalischen Maschinen hinnehmen zu müssen. Aber es
erfordert auch enorme Anstrengungen, die Eingaben zu dekontextualisieren und in
das Zeichensystem zu übersetzen sowie die Ausgaben wieder zu rekontextualisie-
ren und mit der Umwelt kompatibel zu machen. Diesen Typ von Technisierung im
Medium der Zeichen kann man als „Algorithmisierung" bezeichnen.[42]

Was aus analytischen Gründen getrennt behandelt wurde, tritt in der erfahrenen
Wirklichkeit gemeinsam und vermischt auf. Wie Objekt, Interprétant und Zeichen
aufeinander verwiesen sind und für sich allein keinen Sinn ergeben, so sind physikalische Objekte, menschliche Agenten und symbolische Zeichen in besonderer
Form miteinander verwoben, wenn wir von Technik sprechen. Technik entsteht
nur, wenn bestimmte Bedingungen erfüllt sind. Ich erinnere an die drei Beziehungen, die durch Praxis konstituiert werden. Zunächst muss eine Beziehung der Nutzung zwischen einer körperlichen Erfahrung und einer Umwelt, die durch etwas
vermittelt wird, gefunden oder geschaffen werden. Dann muss eine kausale Beziehung der Interobjektivität zwischen zwei Elementen eingerichtet werden, die einen
erwartbaren und fest gekoppelten Output von einem Input sicherstellt. Schließlich
bedarf es noch eines Gedächtnisses oder Archivs, das evaluierte Beziehungen in
einer Weise markiert und fixiert, dass sie kontextfrei wiederholt werden können.

Menschliche Körper, physikalische Dinge und symbolische Zeichen sind alle
zusammen erforderlich, Technik zu konstituieren.[43] Eine Maschine ohne jeman-

---

41 Diese Idee hat schon Alan Turing (1937; 1950) bei der Darlegung der Prinzipien für
    eine „universale" und eine „intelligente" Maschine entwickelt. Im Hinblick auf die
    Analogie maschinen-ähnlichen Verhaltens bei Menschen und Computeroperationen
    vgl. Collins 1990 und Heintz 1995.

42 Früh haben Bammé u.a. (1983: 115) auf die Zentralität des Algorithmus für einen
    transklassischen Maschinenbegriff hingewiesen. Aktuell hat Bettina Heintz (1993:
    234 ff.) die Bedeutung der Algorithmisierung für die Techniksoziologie herausgestellt.

43 Dieses multiple und heterogene Verständnis von Technik teilen auf unterschiedliche
    Weise so verschiedene Forscher wie der Wissenschaftssoziologe John Law 1987, der

den, der sie steuert oder in Gang setzt, ist im gesellschaftlichen Sinn keine Technik, sondern nur ein Ausstellungsstück in einem Museum oder ein Haufen Schrott auf dem Müll. Eine Technik, Nüsse mit Steinen zu knacken – wie Menschenaffen es gelegentlich tun –, oder eine Technik, Pflanzen gegen Schmerzen zu kauen – wie es Menschen in der Frühzeit manchmal probierten, gelten solange nicht als Technik, wie die Schemata der Praxis nicht dauerhaft in einem Instrument verfestigt, in einer wirksamen Handlungsroutine festgehalten und in einer signifikanten Formel fixiert und tradiert wurden. Ohne Markierung und ohne Materialisierung ginge die Praxis verloren und bliebe ein zufälliger Vorfall im Leben der tierischen wie der primitiven menschlichen Gesellschaft (vgl. Strum/Latour 1987). Technik benötigt als vierte Bedingung die Objektivierung der Form in einem der drei medialen Träger, um in das Archiv als ausgezeichneter Teil des gesellschaftlichen Gedächtnisses eingehen zu können.

3.5 Vom Nutzen einer pragmatistischen und medialen Techniktheorie

Welche Vorteile sprechen dafür, Technik unter der Perspektive praktisch konstruierter Beziehungen und medialer Differenzen zu betrachten? Ganz allgemein kann man festhalten, dass damit feiner zwischen Typen und Formen einzelner Techniken unterschieden werden kann, dass der analytische Werkzeugkasten bereichert wird und dass besonders die Unterschiede, die aus den Medien, in denen die technische Form eingeschrieben wird, neu gesehen werden.

Zunächst wurde Technik als Form, die einen Unterschied macht, entwickelt. Die technische Form schematisiert, koppelt und fixiert Objekte, Symbole und Agenten in einer Art und Weise, dass eine nützliche Wirkung wiederholt erwartet und bewusst kontrolliert werden kann. Mit dieser Unterscheidung wird die essenzialistische[44] Entgegensetzung von künstlich und natürlich, von zivilisiert und kulturell und von technisch und sozial unterlaufen. Die technische Form wird quer zu dieser Linie der Unterscheidung bestimmt. Es wird die technisierte Form von der nicht-technisierten Form unterschieden. Es wird eine Unterscheidung zwischen stark gekoppelten Formen von lose gekoppelten Formen aufgemacht. Es wird der Unterschied zwischen einer vermittelten Handlung oder Erfahrung und einer un-

---

Ingenieursoziologe Michel Callon 1993, der Technikhistoriker Thomas P. Hughes 1987 und der Organisationssoziologe Charles Perrow 1987.

44 Zur Kritik an essenzialistischen Auffassungen von Technik vgl. auch Grint/Woolgar 1997: 32 ff.

vermittelten betont. Leicht lässt sich daran ein graduelles Konzept von Technisierung anschließen, das sich besser als andere für empirische Untersuchungen eignet. Es erlaubt nämlich in besonderer Weise, die Prozesse, wie etwas zur Technik wird, und auch die Prozesse, wie etwas den Charakter einer Technik verliert, näher zu untersuchen. Technik müsste man nicht als gegebene „black box" voraussetzen. Man kann dieses Konzept auch dazu nutzen, verschiedene Grade der Technisierung und deren soziale Implikationen, z.B. im Hinblick auf Flexibilität oder Irreversibilität[45], zu identifizieren.

Dann wurden drei Beziehungen, die Technik konstituieren, herausgestellt: die praktischen Beziehungen der Nutzung, die kausalen Beziehungen zwischen Objekten und die evaluativen Beziehungen des Archivs. Die *Nutzungsbeziehungen* bestimmen die praktische Bedeutung einer Technik, weitgehend unabhängig von den Visionen der Erfinder und den Entwürfen der Produzenten. Dieses praxistheoretische Konzept hilft uns, falsche und vorschnelle Verallgemeinerungen aus der Perspektive westlicher und moderner Technik zu verhindern. Wir erfahren immer nur „Technik-in-Benutzung" oder „situierte Techniken". Die *kausalen Beziehungen* oder die fixierten Beziehungen zwischen Eingaben und erwarteten Ausgaben berühren die Zusammenhänge zwischen Objekten, wie sie durch Praxis erfahren werden und die ich Interobjektivität genannt habe. Diese Beziehung setzt einer idealistischen und sogar einer radikal konstruktivistischen Position Grenzen, indem sie darauf hin- weist, dass nicht alles möglich ist und dass Technik nicht vollkommen sozial zugeschnitten werden kann. Sie verbessert aber auch die Vorstellung von materiellen Ursachen oder Sach- zwängen, indem Materialität als zeitlich emergente Widerstände gegen bestimmte Praktiken menschlicher Intervention aufgefasst wird. Die *wertenden Beziehungen* des technischen Archivs geben den sozialen Mechanismus an, wie der jeweilige „Stand der Technik" auf den verschiedenen Feldern der technischen Entwicklung etabliert wird. Sie erlauben, technische Innovation ohne Rückgriff auf substantielle Qualität oder irgendwelche „neutralen" Kriterien der Effizienz zu erklären. Dieses relationale und praxistheoretische Konzept der Technik gibt uns die Möglichkeit, die Kontingenz technischer Entwicklung und die Ambivalenz technischer Systeme begrifflich einzufangen, ohne sie durch rigorose Analytik zu beseitigen. Dadurch bleibt diese Technikauffassung sensibel für unterschiedliche kulturelle Praktiken und lokale Situationen.

Über die Form, wie Technik schematisiert wird, und über die Beziehungen hinaus, die Technik bestimmen, wurde eine *Differenz der Medien* identifiziert. Es macht einen Unterschied, ob menschliche Körper, physikalische Dinge oder

---

45   Dazu eignen sich besonders die Operationalisierungen bei Perrow 1987: 95-140 und Callon 1993.

symbolische Zeichen das Medium bilden, aus dem die Form gestaltet oder in die sie eingeschrieben wird. Die *Medium-Form-Beziehung* scheint im Vergleich zum traditionellen Zweck-Mittel-Konzept mehr Möglichkeiten zu eröffnen, die neuen „Hochtechnologien" oder „Technosciences", wie die Informationstechniken und die Biotechniken, zu analysieren. Mit ihrer Hilfe lässt sich das klassische Maschinenkonzept der Transformation und das kybernetische Systemkonzept der Kommunikation kombinieren, wie es zum Verständnis des Computers als Maschine und Medium zugleich[46] erforderlich ist. Es könnte von großem Nutzen sein, wenn wir die „Technostrukturen" der kommenden Wissens- und Netzwerkgesellschaft[47] zu untersuchen beginnen und danach fragen, wie technische und menschliche Agentenschaft miteinander verwoben und wie sie in einem zunehmend technisch vermittelten Sozialleben verteilt sind.

---

46   Vgl. dazu Esposito 1993.
47   Zur Wissensgesellschaft vgl. Knorr Cetina 1998 und zur Netzwerkgesellschaft vgl. Castells 1996.

Weder festes Faktum noch kontingentes Konstrukt: Natur als Produkt experimenteller Interaktivität[1]

4

Zusammenfassung

Gegenwärtig werden Naturauffassungen wieder kontrovers diskutiert. Auf der einen Seite wird Natur als Menge von Tatsachen und fest gegebenen Beziehungen angesehen. Diese moderne Naturauffassung impliziert eine Asymmetrie zwischen den objektiven Fakten der Naturwissenschaften und den subjektiven Fiktionen anderer Sichtweisen. Auf der anderen Seite wird von den neueren sozialen Bewegungen und von der neuen Wissenschafts- und Technikforschung Natur zunehmend als kulturelles Konstrukt hingestellt. Vor allem die konstruktivistische Laborforschung hat aufgezeigt, wie wissenschaftliche Tatsachen und Gegenstände – wie andere Dinge des täglichen Lebens auch – sozial konstruiert werden. Beide Auffassungen, der wissenschaftliche Realismus und der kulturelle Konstruktivismus, sind in einem argumentativen Teufelskreis gefangen. Es wird anhand der Zirkularitäten von Natur und Kultur, von Subjekt und Objekt und von Alltags- und Wissenschaftsobjekten vorgeführt, wie die angesprochenen Probleme mit Hilfe eines relationalen Pragmatismus überwunden werden können. Dazu wird das Konzept der „experimentellen Interaktivität" eingeführt. Mit ihm wird die besondere Weise gekennzeichnet, wie Beziehungen zwischen Subjekten und Objekten, zwischen menschlicher und nichtmenschlicher Natur, hergestellt werden. Die Vorteile dieser pragmatistischen Naturauffassung werden anschließend am Beispiel einer ethnografischen Studie illustriert, die von unterschiedlichen Erfahrungs- und Wissenskulturen westlicher Wasserbauingenieure und Flussinselbewohner in Bangladesch handelt. Beide Gruppen sehen sich mit einer unberechenbaren Natur konfrontiert, wie sie die ständigen Umbettungen und Überflutungen des Brahmaputra darstellen.

---

1 Für die Einsicht in ihre Forschungsergebnisse und für ihre kritischen Kommentare habe ich Hanna Schmuck-Widmann besonders zu danken.

4.1   Natur im Widerstreit: Naturauffassungen in Geschichte und Gesellschaft

Natur scheint das Natürlichste von der Welt zu sein, und doch steht die Natur der Natur im ständigen Widerstreit. Schon in der antiken Philosophie repräsentiert die Natur für die einen das Feststehende, für die anderen das Fließende. Die einen sehen in ihr eine feste Ordnung der Dinge, die anderen eine Unordnung, aus der sich viele Formen selbst organisieren.[2] In der gegenwärtigen Debatte um den Status der Naturwissenschaften pochen die einen auf die Existenz unumstößlicher Naturgesetze, die anderen dekonstruieren sie als soziale Konstrukte.[3] Die einen nehmen sie als neutrale Tatsache, nämlich als alles das, was der Fall ist, die anderen sehen in ihr eine moralische Tatsache, nämlich das Gebot, sie als Schöpfung zu erhalten oder ihren Prinzipien zu folgen.[4] Die einen vermessen sie als wissenschaftliches Feld in den Dimensionen von Zeit, Raum und Bewegung, die anderen nähern sich ihr als ästhetischer Sphäre mit allen fünf Sinnen. Diese Aufzählung von Differenzen zeigt uns zunächst, dass es viele verschiedene Auffassungen von Natur in der Geschichte des Denkens gegeben hat und dass sie auch in der Gegenwart der Gesellschaft nebeneinander bestehen. Sie erlaubt meiner Ansicht nach jedoch nicht, aus dem Tatbestand der Vielfalt den radikal relativistischen Schluss zu ziehen, dass alle Auffassungen für eine Gesellschaft von gleicher Bedeutung sind. Ebenso wenig kann den Naturwissenschaften ein „natürliches" Wahrheitsprivileg zuerkannt werden. Im *zweiten* Teil (4.2) werden exemplarisch die naturwissenschaftliche und die kulturalistische[5] Position aus der Perspektive des Pragmatismus behandelt, um Unterschiede der Genese und der Folgen ihrer jeweiligen Naturauffassungen aufzuzeigen.

---

2   Zu weiteren Unterscheidungen in der Philosophiegeschichte vgl. G. Böhme 1992, S. 11 ff.

3   Diese Debatte wird gegenwärtig in den so genannten „Science Wars" zwischen Naturwissenschaftlern (u.a. Alan Sokal, Steven Weinberg) und konstruktivistischen Positionen in der Wissenschaftsforschung (u.a. David Bloor, Harry M. Collins) ausgefochten (vgl. I. Hacking 1998).

4   Damit ist der naturethische Diskurs der ökologischen Bewegungen und ihrer Repräsentanten angesprochen.

5   Unter Kulturalismus fasse ich stark vereinfachend alle konstruktivistischen Positionen zusammen, die in der ökologischen, feministischen, wissenssoziologischen und postmodernen Debatte wissenschaftliche Fakten und Ordnungen (Naturgesetze, Risiko, Geschlecht, physikalische Theorien) als kulturell kodierte und sozial konstruierte Artefakte ansehen.

Natur kann auf verschiedene Weise erfahren werden. Es wird z.b. zwischen einer religiösen, ökonomischen, wissenschaftlichen oder ästhetischen Haltung zur Natur unterschieden. In traditional bezeichneten Gesellschaften treten diese Erfahrungsmodi der Natur meist vermischt auf. In sich als modern selbstbeschreibenden Gesellschaften werden sie deutlicher geschieden und in funktional differenzierten Handlungssystemen getrennt institutionalisiert, wobei der Naturwissenschaft für den Umgang mit Natur über lange Zeit die Leitfunktion zuerkannt worden ist.[6] Aber die moderne Naturwissenschaft bleibt an sinnliche Naturerfahrung gebunden, auch wenn sie über außerkörperliche Organe der Wahrnehmung und Instrumente der Intervention konstruiert und kontrolliert wird.[7] Ihre Naturerfahrung ist eine als Experiment inszenierte Situation, die sowohl im Labor, sowohl im realen Feld als auch im Simulationsprogramm erzeugt werden kann. Sie bleibt eine lokal situierte, zeitlich abgegrenzte und technisch hergestellte Erfahrung der Natur, deren globalere und langfristigere Bedeutung als wissenschaftliches Faktum noch hergestellt werden muss.[8] Der Pragmatismus stellt in Frage, dass dies von einem methodisch zweifelnden, denkenden Ego wie bei Descartes oder von einem transzendentalen Subjekt wie bei Kant geleistet wird. Er bezweifelt ebenso, dass die empirischen Zwänge der Objekte diese Leistung vollbringen. Vielmehr wendet er mit Charles S. Peirce und John Dewey den experimentellen Erfahrungsmodus[9] auch auf die erkenntnistheoretische Problemstellung an: Subjekt und Objekt sowie menschliche und nicht-menschliche Natur konstituieren sich wechselseitig im Erfahrungsprozess. Sie können nicht vorausgesetzt werden, sondern entstehen erst als Produkte der Wechselwirkung. Andrew Pickering hat diesen Prozess als „Mangeln durch Praxis" bezeichnet, wobei sich Intentionalität menschlichen Wirkens und Widerständigkeit nicht-menschlichen Wirkens wechselseitig beeinflussen.[10] Diesen Prozess zeitlich wechselnden Wirkens werde ich im *dritten* Teil (4.3.) als „experimentelle Interaktivität" zwischen menschlicher und nichtmenschlicher Natur bestimmen.

Es gehört zum Grundprinzip des Pragmatismus, dass neue Konzeptionen auch zu neuen Perzeptionen führen müssen, d.h. dass auch die pragmatistische Naturauffassung auf dem empirischen Feld der Beobachtung von unterschiedlichen

---

6   Zum Wandel der Diskurse vgl. Bechmann 1998 und Eder 1998; zum Überblick vgl. Grundmann 1997 und die Beiträge in Brand 1998.

7   Vgl. Ihde 1990, S. 72 ff.

8   Zur Laborsituation vgl. speziell Latour 1983 und im Überblick Knorr Cetina 1995.

9   Peirce 1905, S. 161 und Dewey <1925> 1995, S. 34.

10   Pickering 1995, S. 21.

Beobachtungen von Natur[11] zu konstruktiven Ergebnissen führt. Bisher wurden die Naturauffassungen von traditionalen und modernen Gesellschaften als streng unterschiedlich behandelt. Werner Sombart und Max Weber unterschieden z.b. mit Blick auf den Übergang vom Mittelalter zur Neuzeit kategorial zwischen „empirisch" und „wissenschaftlich-rational", Claude Levi-Strauss mit Blick auf so genannte „primitive" Völker zwischen „wildem Denken" und wissenschaftlich diszipliniertem Denken, die moderne Soziologie zwischen Alltagserfahrung und wissenschaftlicher Rationalität. Umgekehrt bestehen Tendenzen bei kulturalistischen, feministischen und konstruktivistischen Positionen, aus der Kritik der westlichen, modernistischen und männlichen Konstruiertheit der Wissenschaften auf die Gleichwertigkeit unterdrückten indianischen, weiblichen und magischen Wissens zu schließen oder zumindest diesen Bewegungen intellektuellen Vorschub zu gewähren.[12] Im *vierten* Teil (4.4) wird eine ethnografische Studie, die Hanna Schmuck-Widmann über den Umgang mit der Flut in westlichen Wissenschaftskulturen und einheimischen Alltagskulturen in Bangladesch durchgeführt hat[13], daraufhin untersucht, inwieweit sich beide Auffassungen, die moderne wissenschaftliche und die vormoderne alltagsweltliche, in eine nützliche Beziehung zueinander bringen lassen, die Lernprozesse ermöglicht.

4.2 Grund und Grenzen naturwissenschaftlicher und kulturalistischer Naturauffassungen

Naturwissenschaft im modernen Sinn entstand, als die Naturphilosophie experimentell wurde.[14] Über die richtige Naturauffassung sollte nicht mehr die Autorität der antiken Philosophen, der christlichen Bibel und ihrer kirchlichen Interpreten entscheiden, sondern es wurde ein neues Verfahren institutionalisiert, um in Zeiten religiösen Streits und weltlicher Unsicherheit Gewissheit zu erlangen: Neues Wissen hatte seine Wirkung in einem Experiment vor einer ausgewählten Gruppe von

---

11 Zu unterschiedlichen Beobachtungen aus systemtheoretischer Sicht vgl. Bechmann/ Japp 1997.

12 Ein Beispiel für diesen von Jost Halfmann (1998) so genannten „zirkularitätsunterbrechenden Konstruktivismus" sind die Arbeiten Donna Haraways (1995).

13 Vgl. Schmuck-Widmann 1996, 1997 und 1998 sowie unveröffentlichte Teile ihrer Dissertation über den Vergleich der Wissenskulturen westlicher Ingenieure und einheimischer Char-Bewohner, die sie im Rahmen des Graduiertenkollegs „Gesellschaften im Vergleich: aus historischer, soziologischer und ethnologischer Perspektive" an der FU Berlin schrieb.

14 Vgl. exemplarisch Böhme/van den Daele/Krohn 1977.

Gentlemen zu demonstrieren.[15] Was sich in einem solchen Experiment bewährt, gilt als festes Faktum und als naturwissenschaftliche Tatsache.

Diese Auffassung von der Natur hatte fraglos großen Erfolg. Der Grund dafür lässt sich aber nicht im radikalen methodischen Zweifel des rationalen Erkenntnissubjekts im Sinn von Descartes und seinem kritisch-konstitutiven Vermögen im Sinn von Kant finden. Er liegt auch nicht in der subjektfreien Beziehung der Objekte, welche im Experiment allein die Natur sprechen lassen. Jenseits von Subjektivismus und Objektivismus gründet der Erfolg moderner Naturwissenschaft in der Kombination und wechselseitigen Orientierung von theoretischer Intelligenz und praktischer Intelligenz. Er begann in der Renaissance mit der Kreuzung der akademischen Gelehrtenkultur mit der technischen Kultur der Handwerker und Künstler-Ingenieure.[16] Gegenüber der theoretischen Haltung der antiken Wissenschaft, das zu beobachten, was erfahren worden ist, wodurch sie sich einschränkte, geht es in der modernen Wissenschaft darum, das herzustellen und zu beobachten, was erfahren werden kann, wodurch sie auf potenzielle Erfahrungen ausgreift.[17] Vom Substanz- und Essenzbegriff der Natur wird auf den Prozess- und Relationsbegriff umgeschaltet. Statt die Kommentare über ein Naturphänomen zu vermehren, expandiert jetzt die Zahl der experimental erzeugten Naturphänomene.

Wenn über die naturwissenschaftliche Auffassung von Natur gesprochen wird, hat man meistens ein verzerrtes und unzulässig verallgemeinertes Bild vor Augen, wie es die Wissenschaftstheorie, speziell der logische Empirismus, und der starke Wunsch in der Gesellschaft nach einer objektiven Wahrheitsinstanz erzeugt haben. Beide Tendenzen haben dafür gesorgt, dass Wissenschaftler immer wieder der Tendenz nachgegeben haben, das hypothetische Wissen als wahre Repräsentation der Welt und vor allem als einzige wahre Repräsentation auszugeben. Aus dem Alltag wissenschaftlicher Praxis und aus der Geschichte der Wissenschaften wissen wir jedoch, dass es sich bei dieser Sicht um eine Vorstellung des 19. Jahrhunderts handelt, die zudem nicht einmal für alle naturwissenschaftlichen Disziplinen gilt. Die selbst ernannten philosophischen Verteidiger einer Einheitswissenschaft haben es angesichts der wachsenden Wahrnehmung der Unterschiede zwischen den Wissenschaften, der „disunity of science", wie das jüngst erschienene Buch von Peter Galison und David Stump heißt[18], immer schwerer, die Einheitsidee aufrechtzuerhalten. Die Rückzugsgefechte laufen darauf hinaus, auf die technischen

---

15 Vgl. allgemein Dewey <1929>1998 und speziell die minutiöse wissenschaftshistorische Studie von Shapin/Schaffer 1985.

16 Vgl. Zilsel 1976 und Krohn/Rammert 1985.

17 Dewey <1941>1946, S. 309 f.

18 Vgl. Galison/Stump (Hrsg.) 1996 und Knorr Cetina 1999.

Erfolge hinzuweisen, statt sich auf die sozialen Wurzeln der Erzeugung von Gewissheit zurückzubesinnen, die man so erfolgreich verdrängt hatte. Umso leichter haben es dann die kulturalistischen und konstruktivistischen Angriffe auf die naturwissenschaftliche Auffassung. Sie heben zunächst auf die soziale Konstruiert- heit der Objekte, der Verfahren und der Deutungen ab. Die Laborgegenstände sind künstlich zugerichtete Objekte, wie Labormäuse, oder durch Apparaturen gefilterte und miterzeugte Phänomene, wie mit Computerprogrammen durchmusterte Bahnen in Bläschenkammern, aber nicht unvermittelte Naturphänomene.[19] Die Herstellungs- und Aufzeichnungsverfahren implizieren selbst schon wieder eine Theorie über ihre Wirkung auf die Phänomene. Und die theoretischen Deutungen werden allein von Konventionen, Schulen und paradigmatischen Orientierungen auf ein diskutables Maß reduziert. Die Sozialkonstruktivisten folgern aus der prinzipiellen Offenheit der Interpretation auf eine rhetorische und soziale Schließung wissenschaftlicher Kontroversen.[20] Wenn sie als radikale Konstruktivisten einhellig mit gleichgesinnten Kulturalisten und Anthropologen keine Unterschiede zwischen den Praktiken und Orientierungen von Stammeskulturen und so genannten modernen Wissenschaftskulturen sehen, kann leicht der Eindruck eines absoluten Relativismus entstehen. Vertreter dieser Auffassung sehen die Natur als ein kontingentes Konstrukt an.

Der kritische Impuls des Konstruktivismus liegt in der Haltung, zunächst alles Gegebene und Geltende auf seine Genese und soziale Funktion hin zu befragen. Er geht davon aus, dass sich auch andere Ergebnisse vorstellen ließen. Er behandelt aus Gründen der methodologischen Symmetrie alle möglichen Problemlösungen, die als wissenschaftlich gesicherte Wahrheit geltenden und die ausgeschiedenen Varianten, als gleichwertig. Die Durchsetzung einer Variante soll nämlich nicht mit dem Kriterium der Wahrheit oder besserer Repräsentation der Wirklichkeit erklärt werden können, sondern nur mit dem Mechanismus der „sozialen Schließung". Aus dieser Vorgehensweise lässt sich aber nicht ableiten, dass der Nachweis seiner sozialen Konstruiertheit das naturwissenschaftliche Ergebnis grundsätzlich in Frage stellt.[21] Ebenso wenig lässt sich daraus schließen, dass es immer gleichwertige andere Ergebnisse gibt und dass die Auswahl durch Interessen gefiltert ist, die das Ergebnis allein deswegen schon desavouieren. Denn Naturtatsachen sind nicht in derselben Weise kontingent wie gesellschaftliche Tatsachen. Was als natürlich gilt, was als Schönheit der Natur betrachtet wird oder wer über die Natur

---

19   Vgl. Pinch 1986; Knorr Cetina 1988; Amann 1994; Pickering 1995.

20   Vgl. Collins 1981.

21   Zu den feinen Unterschieden zwischen verschiedenen Konstruktivismen vgl. Hacking 1998.

verfügen darf, das alles sind sozial konstruierte Tatsachen. Sie werden je nach gesellschaftlicher Verfassung und je nach kulturellem Modell unterschiedlich konstruiert und sind daher kontingent. Aber dass Schnee bei bestimmten Temperaturen schmilzt, Gase sich ausdehnen und Energie sich verliert, sind erfahrbare Naturtatsachen, die zwar auf unterschiedliche Weise untersucht werden können, aber – außer bei radikalen Skeptikern – als nicht-kontingente Beziehungen zwischen Ereignissen oder Objekten aufzufassen sind.[22]

Wenn die Natur aber weder festes Faktum noch kontingentes Konstrukt, weder nur naturwissenschaftliches Gesetz noch nur soziokulturelle Deutung ist, wie kann sie jenseits von Naturalismus und Kulturalismus angemessen begriffen werden?

4.3   Natur in experimenteller Interaktivität

4.3.1   Die Zirkularität von Natur und Kultur und ihre pragmatistische Auflösung

Die naturwissenschaftliche und die kulturalistische Naturauffassung sind Ergebnis zweier Beobachterstandpunkte. Aus Standpunkten ergeben sich unterschiedliche Beobachtungsperspektiven und Systeme, wie verschiedene Probleme und Hypothesen zusammenhängen (Dewey <1940> 1946, S. 193). Wenn wir den Zusammenhang von kultureller Erfahrung und Natur betrachten, entdecken wir eine Zirkularität: Auf der einen Seite hängt die Analyse der Natur von den Schlussfolgerungen der Naturwissenschaften ab; auf der anderen Seite enthält die kulturelle Erfahrung selbst viele Materialien und Verfahren, die zu den Naturwissenschaften hinführten. Was unter dem logischen Aspekt ein verhängnisvoller Zirkel zu sein scheint, erweist sich aus existenzieller und historischer Sicht als vorteilhafter Zirkel: Denn die Wechselwirkung zwischen beiden Polen ermöglichte Fortschritte in der Erfahrung.

Die Existenz der Erfahrung ist ein Faktum und auch die Tatsache, dass die Organe der Erfahrung, Körper, Nervensystem, Hände, Augen, Muskeln und Sinne Mittel sind, durch die wir Zugang zur nicht-menschlichen Natur haben (ebd. S. 196). Erfahrung wird also nicht passiv, wie in objektivistischen, sensualistischen oder empiristischen Positionen, bestimmt, sondern als eine Aktivität aufgefasst.

---

22   Man kann auch mit John Searle (1997, S. 19) zwischen „beobachterrelativen" und „immanenten" Eigenschaften der Welt unterscheiden, wobei alle sozialen Tatsachen zu den Ersteren zu zählen sind, welche relativ auf die Intentionalität von Beobachtern und Benutzern existieren.

Sie wird auch nicht kognitiv, wie in subjektivistischen oder idealistischen Positionen, bestimmt, sondern als eine Operation aufgefasst. Sie wird ebenfalls nicht als einseitige oder transzendentale Leistung bestimmt, sondern als eine wechselseitige wirkliche Interaktivität aufgefasst. Natur konstituiert sich weder nur im Kopf des kritischen Erkenntnissubjekts noch nur durch die sinnliche Empirie von Objektbeziehungen, sondern Natur entsteht in der experimentellen Interaktivität zwischen menschlicher und nicht-menschlicher Natur.

Manche Ungereimtheiten oder folgenlose Spitzfindigkeiten der traditionellen Erkenntnistheorie können mit dieser pragmatistischen Position überwunden werden. Zunächst muss nicht ein ahistorisches und asoziales Erkenntnissubjekt vorausgesetzt werden, sondern es selbst kann als historisches Resultat, das sich aus der Auseinandersetzung entwickelt, bestimmt werden. Es können Begehrlichkeiten, Interessen und Phantasien als wichtige Aspekte menschlicher Erfahrung zugelassen werden, ohne gleich die Objektivität der Ergebnisse in Frage zu stellen. Die theoretische Haltung des Forschers bedeutet, dass er nur dem Gegenstand folgt, schließt aber nicht aus, dass der Gegenstand praktische Bedingungen und Eigenschaften enthält. Es kann außerdem von einem sachlichen und zeitlichen Kontinuum der Naturerfahrung ausgegangen werden, ohne die Differenzen zwischen alltäglicher und wissenschaftlicher Erfahrung einzuebnen und ohne den Wechsel von Paradigmen zu vernachlässigen.

Zusammenfassend könnte man mit John Dewey im Hinblick auf die unterschiedlichen Formen der Naturerfahrung betonen: „there is continual interaction with the things of other forms of experience" (1946, S. 207). Als Kriterien für den in der experimentellen Interaktivität stattfindenden Lernprozess gelten beide Aspekte, sowohl inwieweit anderen Dingen eine angereicherte Bedeutung verliehen wird als auch inwiefern unsere Kontrolle über die Dinge vermehrt wird.

4.3.2 Die Zirkularität von Subjekt und Objekt: Methodologischer Interaktionismus

Die Erfahrung von sich selbst als Subjekt setzt die Erfahrung von Ereignissen als Objekte voraus, und umgekehrt setzt die Erfahrung von Ereignissen als Objekte die Selbsterfahrung als Subjekt voraus. Wie lässt sich dieser erkenntnistheoretische Zirkel auflösen?

Die Natur wird nicht als Substanz, sondern als Set von Ereignissen erfahren, die sich wandeln, die durch Geschichten charakterisiert sind, welche sich auch dauernd verändern. Die einzige Art, diesen unsicheren und prekären Charakter der Natur sicherer zu machen, beruht auf der „Fähigkeit, die Veränderungen zu beherrschen, die sich zwischen den Anfang und das Ende eines Prozesses einschieben" (Dewey 1995, S. 10). Dazu werden im wirklichen Erfahrungsprozess Werkzeuge und Mechanismen als Mittler eingesetzt. Die Sprache als Werkzeug der Werkzeuge fungiert im theoretischen Erfahrungsprozess als Instrument sozialer Kooperation und wechselseitiger Teilnahme. Sprache ist nach Deweys Auffassung weder ein Drittes zwischen Subjekt und Objekt noch ein Medium, in welchem wir Bilder der Realität formen, sondern ein Teil menschlichen Verhaltens: Sätze werden geäußert, um mit der Umwelt zurechtzukommen (Rorty 1982: XVIII).

Solange die Interventionsfähigkeit der Menschen in die Naturereignisse gering entwickelt war, wurde den Naturkräften – in den Geschichten häufig als Naturgötter verlebendigt – Subjektivität zugerechnet. In der Haltung des Animismus werden Menschen wie Dinge als beseelt aufgefasst. Es wird nicht zwischen dem Verhalten gegenüber Personen und dem Verhalten gegenüber Dingen unterschieden.[23] In analoger Weise unterscheiden Kleinkinder, die noch geringe praktische Erfahrungen mit der Umwelt haben, anfangs nicht zwischen Personen und Objekten. Religiöse Erfahrung, Meditation und Poesie sind gegenwärtig Haltungen, in denen man bewusst die Grenzen zwischen Subjekt und Objekt wieder zurücknimmt.

Die Naturerfahrung in der modernen Wissenschaft entsteht, wenn nicht mehr nur das Wesen der erfahrenen Dinge oder Objekte begriffen wird, sondern wenn in Naturprozesse eingegriffen wird, um neue Varianten der Erfahrung zu erzeugen. Die Subjekte rücken dabei in das Zentrum der Erfahrung und dezentrieren sich gleichzeitig: Einerseits gehen in die Eingriffe und in die instrumentalen Mittler ihre Intentionalitäten ein, andrerseits werden einige Objekte de-personalisiert und de-sozialisiert, um sie zu Gegenständen der Naturwissenschaften zu machen.

Die Naturerfahrung kann weder nach dem Modell instrumentellen Handelns gegenüber Objekten noch nach dem Modell symbolischen Handelns unter Subjekten zufriedenstellend beschrieben werden. Das Konzept des instrumentellen Handelns[24] setzt einerseits schon die Kenntnis objektiver Gesetzmäßigkeiten voraus, vermag also nicht das Kreative und Innovative experimenteller Naturerfahrung

---

23 Vgl. R. Benedict in Encyclopedia of Social Sciences, vol. I, S. 66. John Dewey hat den „Animismus" schon 1902 als einen notwendigen, nicht primitiven Ausdruck einer unvermittelten Beziehung zwischen Wunsch, offenem Handeln und dadurch erreichter Befriedigung angesehen. „Only when things are treated simply as *means,* are marked off and held off against remote ends, do they become 'objects'," (Dewey 1902, S. 44). Genau dieses Verhältnis der „Unvermitteltheit" im Umgang mit Dingen und Wünschen beschreibt Karin Knorr Cetina (1998, S. 103 ff.) mit Blick auf das Verhalten der Nobelpreisträgerin Barbara McClintock gegenüber ihren Forschungsobjekten.

24 Vgl. z.B. Habermas 1981, S. 385.

zu erfassen.[25] Andererseits trennt es die Objekte und instrumentellen Mittel zu scharf von den kollektiven Erfahrungen und Intentionalitäten, die in ihnen verkörpert sind. Das Konzept des symbolischen Handelns greift einerseits zu kurz, wenn es sich mit dem erkenntnistheoretischen Subjekt beschäftigt und nur die Beobachtung der Beobachtungen thematisiert. Denn „primär beobachten wir Dinge, nicht Beobachtungen" (Dewey 1995, S. 29). Andererseits greift es zu weit, wenn es alles Gewusste auf theoretische Erfahrung zurückführt. In der praktischen Erfahrung mischen sich in andauernder Interaktion Objekte mit anderen Formen von Erfahrung.

Zusammenfassend kann man festhalten, dass in experimentellen Situationen Interaktivitäten mit Objekten so mit Interaktionen unter Subjekten gekoppelt sind, dass Ereignisse in Objekte – das sind Dinge mit einem Sinn, die also etwas „sagen wollen" (Dewey <1940> 1946, S. 186) – übersetzt werden und dass Sinn primär als eine Eigenschaft des Verhaltens bestimmt wird. Für dieses Modell der Naturerfahrung schlage ich die Bezeichnung „experimentelle Interaktivität" vor.[26]

Die Zirkularität zwischen Subjekt und Objekt besteht also in der wechselseitigen Bedingtheit ihrer Existenz und ihres Zustands. Sie wird durch den zeitlichen Wechsel der Aktivitäten von Subjekt und Objekt prozessiert und in einen Lernprozess verwandelt. Andrew Pickering hat diesen Wechsel als „Mangeln durch Praxis" beschrieben.[27] Sowohl die Intentionalitätsstrukturen des Subjekts als auch die Widerstandsstrukturen des Objekts verändern sich ständig in Anpassung an die zeitlich wechselnden Aktivitäten. Was zum Beispiel ein Elementarteilchen ist, zeigt sich im Verhalten von Bläschenspuren in Kondensationskammern; wie sich bestimmte Gase in Detektorkammern verhalten, bestimmt auch die Bedeutung von Elementarteilchen. Elementarteilchen sind demnach keine Substanz, sondern eine durch Aufzeichnungen stabilisierte Ordnung von Ereignisrelationen.[28] Als Natur sind sie, obgleich durch Geschichten konstruiert, nicht beliebige Konstrukte, und sind sie, obwohl durch kontrolliertes Verhalten zwischen Objekten fixiert, auch nicht konstante Natursubstanz. Sie bleiben als Naturerfahrung eine in einer

---

25   Vgl. zu dieser Kritik auch Joas 1991, S. 218 ff.

26   Zu diesem Begriff vgl. Rammert 1998a und 1999a.

27   Vgl. zuerst mit diesem pragmatistischen Konzept Pickering 1993, vorher ohne, Pickering 1984.

28   Dies entspricht der pragmatistischen Maxime: „Consider what effects that might *conceivably* have practical bearings you *conceive* the objects of your *conception* to have. Then, your *conception* of those effects is the whole of your *conception* of the object." (Peirce 1905b, S. 481).

experimentellen Situation hergestellte und an kollektive Intentionalitätsstrukturen anschließbare Beziehung der „Interobjektivitat".[29]

4.3.3 Die Zirkularität zwischen Alltagsobjekten und Wissenschaftsobjekten

In diesem Abschnitt geht es um die Unterschiede zwischen traditionalen und modernen Objektauffassungen und um die wechselseitige Fundierung, welche sie in einen konstitutiven Zusammenhang bringt, aber gleichzeitig auch Differenzen deutlich macht. Moderne Wissenschaftsobjekte werden aus den lebensweltlichen Kontexten herausgelöst und bleiben doch auf den Facettenreichtum des traditionellen Umgangs mit Alltagsobjekten angewiesen, um ihre besondere epistemische Funktion zu erfüllen.

Die moderne Naturauffassung ist nicht so absolut losgelöst von oder in gänzlichem Gegensatz zur alltäglichen Auffassung, wie es wissenschaftstheoretische Darstellungen suggerieren. Die kopernikanische Wende in der Sicht der Beziehung zwischen Erde und Sonne verträgt sich mit den Alltagserfahrungen traditioneller Nomaden oder Seefahrer. Sie widerlegt auch nicht die Möglichkeit, sich bei der Festlegung der Himmelsrichtung und der Bestimmung der Zeit zu Orientierungszwecken auf die Erfahrung der aufgehenden und untergehenden Sonne zu verlassen.[30] Was die moderne wissenschaftliche Objekterfahrung zusätzlich leistet, das ist zum einen die Relativierung dieser alltäglichen Objekterfahrung: Sie ist nur eine mögliche Sicht unter vielen anderen von einem begrenzten Beobachterstandpunkt aus. Zum anderen erhöht sie die Präzisierung von Orientierungsleistungen: Die interobjektiven Relationen und die potenziellen Standpunkte werden vermehrt, und mit zusätzlichen Maßbeziehungen werden Meta-Relationen geschaffen. Kompass, Uhren, nautische Instrumente und Funkpeilung erlauben eine sicherere Bestimmung der Schiffsposition. Letztlich beruht die wissenschaftliche Naturerfahrung also nicht auf einer Emanzipation oder gar Pervertierung von Alltagserfahrungen; sondern sie bleibt immer durch Rückkopplung mit All-

---

29   Zum Begriff der Interobjektivität vgl. Rammert 1998d, S. 307 und in anderer Fassung Latour 1996.

30   Vgl. die sozialkognitiven Untersuchungen zum Navigieren melanesischer Boote und moderner Kriegsschiffe von Hutchins (1996).

tagserfahrungen verbunden, die sie durch Vervielfältigung der Instrumente, Objekte und Standpunkte anreichert.[31]

Die Zunahme der experimentell hergestellten Relationen von Interobjektivität setzt neben der wissenschaftlichen Berechnung immer auch die unmittelbare Beobachtung voraus. Die organischen Bedingungen der direkten Beobachtung sind ebenso „objektiv" wie die in den Wissenschaften beschriebenen Bedingungen. Der Organismus ist ein Objekt unter anderen. Gleichzeitig hat dieser Organismus eine spezifische Funktion, die ihn von der nichtmenschlichen Natur unterscheidet. Diese Eigenschaft kann man als „subjektiv" kennzeichnen. Das ist nicht metaphysisch oder psychologisch misszuverstehen, sondern weist nur auf die Tatsache hin, dass es ein einzigartiger Organismus ist, der über eine besondere „agency" verfügt, der einem Akkulturationsprozess unterworfen ist und der sich seiner selbst als soziales Subjekt und Agent bewusst ist (Dewey <1941> 1946, S. 320). Da diese sozialen und kulturellen Aspekte ebenso wie die physikalisch-gegenständlichen Aspekte Bedingungen der Erfahrung von situierter Interobjektivität sind, läuft die naturwissenschaftliche Erfahrung Gefahr, nichts Neues mehr zu erfahren und nur das schon Bekannte mechanisch zu permutieren, wenn sie auf die Interaktivität mit alltäglichen Erfahrungen verzichtete.

Verallgemeinert man diese Sicht, dann gelangt man zu der Kritik, dass die Vertreter der Moderne zu stark ihre Grundlagen in den Traditionen verleugnen. Die Moderne benutzt zwar die Traditionen als Ressource für ihre Entwicklung. Da sie aber diese Beziehung sich nicht eingesteht, droht sie nicht nur die Traditionen aufzuzehren, sondern sich gleichzeitig damit durch den Entzug von Ressourcen selbst zu begrenzen. Blindheit für die Probleme des Nicht-Wissens und das Risiko der Selbstbegrenzung sind die Folgen.[32]

Kritiker der modernen naturwissenschaftlichen Sicht bemühen sich im Gegenzug, deren Besonderheit zu dekonstruieren und sie auf die gleiche Stufe mit anderen Wissenskulturen und mit vormodernen Erfahrungswelten zu stellen.[33] So wichtig und notwendig es auch ist, die Alleinansprüche der Wissenschaften auf Wahrheit zurückzuweisen und ihre Losgelöstheit von den gesellschaftlichen Bedingungen ihrer Herstellung zu entzaubern, so läuft der legitime epistemologische Relativismus leicht Gefahr, sich zu einem radikalen Relativismus zu steigern, der nicht mehr die in der Praxis gezogenen Relationierungen und deren unterschied-

---

31   Vgl. auch Don Ihde 1990, Larry Hickman 1988 und zum Verfahren, viele Repräsentanten aneinander anzuschließen Latour 1996.

32   Zu dieser Kritik an der Moderne vgl. Giddens 1993 und zum Risiko des Nicht-Wissens Beck 1998, S. 269 f.

33   Vgl. für viele andere Bloor 1976, Knorr Cetina 1984 und Latour 1995.

liche Konsequenzen erfasst. Gleichgültigkeit gegenüber den Handlungsfolgen von Wissen und das Risiko der Entgrenzung sind hier die Folgen. Die pragmatistische Perspektive versucht den beiden Extremen und ihren Risiken dadurch zu entgehen, dass sie die Differenz und die Einheit von wissenschaftlichen Objekten und Alltagsobjekten in ihrer Wechselwirkung zum Gegenstand der Beobachtung macht. Die Alltagserfahrung der Natur und die Naturerfahrung moderner Wissenschaft trennen nicht solche Abgründe, wie es von Theoretikern der Moderne gerne gesehen wird. Umgekehrt kann die Differenz zwischen traditionalen Stammeskulturen und modernen Wissenschaftskulturen nicht so radikal eingeebnet werden, wie es Vertreter der Postmoderne mit Vorliebe tun. Aus pragmatistischer Sicht ist auch die Beziehung zwischen Alltagsobjekten und wissenschaftlichen Gegenständen nach dem Modell experimenteller Interaktivität zu sehen und zu untersuchen. Mit den Worten Deweys lässt sich der Bezug so formulieren: „the problem is to discover *in terms of an experienced state of affairs* the connection that exists between physical subject-matter and the common-sense objects of everyday experience" (Dewey <1941>1946, S. 315). Erst wenn die Wissenschaftsobjekte mit den Alltagsobjekten in ausreichendem Maß zurückgekoppelt sind und erst wenn die Alltagsobjekte zusätzlich mit wissenschaftlicher Bedeutung aufgeladen sind, stellen sich experimentelle Prozesse des Lernens und kollektiven Problemlösens ein.

4.4 Experimentelle Interaktivität mit einem „verrückten" Fluss: Das Nebeneinander traditionaler und moderner Naturerfahrung

Was bisher eher allgemein an Auffassungen entwickelt worden ist, soll im letzten Teil anhand der ethnografischen Beschreibungen von zwei Erfahrungswelten und Wissenskulturen, die mir Hanna Schmuck-Widmann überlassen hat, veranschaulicht und erprobt werden. Diese Aufzeichnungen schildern detailreich am Fall des Brahmaputra – in Bangladesch Jamuna genannt[34] – die unterschiedlichen Auffassungen und Praktiken im Umgang mit dem Fluss und seinen Überflutungen. Sie berichten dabei zum einen von den modernen westlichen Wasserbauingenieuren,

---

34 Der Jamuna wird in der Monsunzeit bis zu 20 km breit, verändert ständig sein Flussbett, vor allem durch Ufererosion, die bis zu 1 km im Jahr erfassen kann. Er ist unter den größten Flüssen der Erde ein sehr junger Fluss, da er erst vor 200 Jahren dieses neue Flussbett 50 km weiter westlich von seinem alten geschaffen hat. Zu den Quellen siehe Fußnote 12.

die den Fluss zu ihrem Wissenschaftsobjekt gemacht haben, und zum anderen von den traditionellen einheimischen Flussbewohnern, deren Lebenswelt er als wichtigstes Alltagsobjekt bestimmt.

4.4.1 Welche Erfahrung hat eine so genannte traditionale Gesellschaft mit den Überschwemmungen des Jamuna gemacht?

Generell gelten die Bengalen als traditionale Gesellschaft. Angesichts der wirtschaftlichen und kommunikativen Verflechtungen muss man jedoch zunehmend zwischen traditionellen, modernisierten und gemischten Bereichen einer Gesellschaft unterscheiden. Die ausgewählte Gruppe der Char-Bewohner, diejenigen also, die auf den Flussinseln wohnen und mit den Überflutungen leben, kann als traditionell in ihren Lebensformen eingestuft werden. Sie leben in traditionellen Dorfstrukturen mit dem vererbten Amt des Dorfvorstehers, ohne städtische Versorgungs- und Verkehrsinfrastruktur und ohne Maschinen für die Landarbeit. Allerdings kommen sie mit modernen Lebensformen in Berührung, wenn sie die entfernteren Städte besuchen, Radio hören und wenn sie den westlichen Ingenieuren begegnen, was nur selten vorkommt. Mit den westlichen Deichbauwerken haben sie allerdings seit über 30 Jahren Erfahrung, sodass sie zu einem Bestandteil ihrer Alltagswelt geworden sind.

Wie werden der Fluss und seine regelmäßigen Überschwemmungen von den Einheimischen erfahren? Die Literatur drängt einen, nach animistischen oder metaphysischen Haltungen zu suchen. Die Hinweise, die dazu in Hanna Schmuck-Widmanns Aufzeichnungen zu finden sind, beziehen sich auf die Aktivität des Flusses bei den großen Überschwemmungen. Neben anderen Begründungen (Eindeichungen; Schneeschmelze) werden „der Wille Allahs, des Allmächtigen" oder „der Charakter des Flusses" genannt. Was anderenorts sogleich als metaphysisch oder animistisch gebrandmarkt wird, lässt sich bei pragmatistischer Betrachtung der Erfahrung als angemessene Reaktion bezeichnen. Angesichts der geringen Beherrschung der mit dem Fluss verbundenen Naturereignisse ist es rational, dem Fluss mehr „agency" oder Subjektivität als den zu seinen Objekten gemachten Menschen zuzurechnen. Dass der Fluss „verrückt" ist und das Land „frisst", hebt nur sprachlich seine Aktivität hervor, ohne ihm einen eigenständigen Willen zu unterstellen. Übrigens lassen sich bei den modernen westlichen Ingenieuren fast die gleichen Redewendungen („Der Fluss, der sich entscheidet", „der sich idiotisch verhält") finden, wenn der Fluss sich in ihren Augen unberechenbar verhält.

Wie wird der Flut, der Erosion und der Veränderung der Region durch den Fluss begegnet? Ihn zu zähmen und zu unterwerfen kommt angesichts seiner Mächtigkeit und der geringen eigenen Mittel nicht in Betracht. Aber auch die Möglichkeit, von den Inseln und Ufern weg in eine vor Überflutung sichere Gegend zu ziehen, wird nicht gewählt. Man hat gelernt, mit ihm zu leben. Er ist nicht nur die auf jeden Fall zu vermeidende Gefahrenquelle, sondern gleichzeitig auch die Quelle der Fruchtbarkeit. Man hat gelernt, mit der von ihm ausgehenden Unsicherheit zu leben. Statt sich ihm entgegenzustellen, hat man sich angepasst und auf die weiche Strategie der Mobilität umgestellt. Man hat Überlebensstrategien bei Überflutungen entwickelt: Man zieht bei vollständiger Erosion einer Insel auf eine benachbarte Insel um und kehrt nach Jahren oder Jahrzehnten zurück, wenn die Insel wieder aus dem Wasser auftaucht.

Wie wird die Erfahrung mit dem Alltagsobjekt Fluss gemacht und bewahrt? Man misst und beobachtet ständig mit den Augen das Verhalten des Flusses, z.B. die Höhe des Flutpegels, und verbindet sie mit exakten Zeitangaben. Man bedient sich auch einiger Objekte als Maßstab, z.B. des eigenen Körpers oder eines Bambusstocks. Man beobachtet bestimmte Verhaltensweisen des Flusses und Reaktionen der Uferböschungen und stellt Zusammenhänge her. Man hat ständig ein genaues Bild vom aktuellen Zustand des Flusses, wie man aus Zeichnungen seines Verlaufs im Sand ersehen kann. Diese Zeichnungen fertigen die Char-Bewohner selbst an bei Diskussionen, und überraschenderweise sehen diese Skizzen fast genauso aus, wie diejenigen der Ingenieure. In Gesprächen zwischen den verschiedenen Personen, z.B. Fischern oder Bauern, entsteht ein kollektiv verfertigtes Abbild des Flusses.

Auch die Maßnahmen zum Schutz vor der Flut und ihren Folgen sind eher defensiv und angepasst. Von der Flucht als Strategie im Kampf mit dem Fluss war schon die Rede. Die Erhöhung der Schwellen um ihre Häuser nach den Erfahrungen der letzten höchsten Flut ist selbstverständlich. Die Bepflanzung der Ackergrenzen mit tief wurzelnden Gewächsen, damit man später die Grenzen leichter wiederfinden kann, zeugt von List. Aber auch das Aktualisieren der Eigentumsverhältnisse nach Überflutungen anhand von Katasterkarten aus den fünfziger Jahren zeigt die Beharrlichkeit der Einwohner, mit dem Fluss zu leben und auch noch nach 10 Jahren auf eine wieder aufgetauchte Insel zurückzukehren.

Wie wird in einer oralen Kultur die Erfahrung bewahrt und weiterentwickelt? Das Gedächtnis des Einzelnen stellt die wichtigste Ressource dar. Dort werden die Erlebnisse mit dem Fluss mit anderen verknüpft und zu Erfahrungen verdichtet. Man muss sich daher nicht wundern, wenn vor allem die Dorfvorsteher eine intime Kenntnis von der Geschichte des Flusses und seiner Veränderungen haben. Insgesamt bilden die mündlichen Überlieferungen der Vorfahren die wichtigste Quelle der Erfahrung. Hinzu kommen eigene Erfahrungen aus der Kindheit.

Diese Quellen der Erfahrung scheinen dürftig und unbedeutend im Vergleich zu den Aufzeichnungen und Messungen der Wissenschaftler. Aber wie wir noch sehen werden, bilden sie bei einem so jungen und sich stark verändernden Fluss und beim Fehlen wissenschaftlicher Aufzeichnungen aus früheren Jahren ein wichtiges Erfahrungswissen dar.

4.4.2 Wie sieht die Erfahrungskultur westlicher Wasserbauwissenschaftler vor Ort, im Labor und vor dem Computermodell aus?

Generell gelten Wissenschaftler und Ingenieure als Avantgarde der Modernisierung und des Fortschritts. Die Wissenschaftler fordern die Natur in ihren Labors heraus und beherrschen sie dort mit ihren Instrumenten und Methoden, damit sie anschließend im Großen gezähmt und der Kontrolle unterworfen werden kann. Schaut man jedoch genauer auf die Praktiken der Wissenschaftler und Ingenieure und folgt ihnen in die Labors[35], entdeckt man viele Ähnlichkeiten mit den vormodernen Methoden der Naturerfahrung.

Das Wissen der Ingenieure über den Fluss speist sich auch aus verschiedenen Quellen der Erfahrung. Es gibt zwar wissenschaftliche Theorien der Hydrodynamik und Modelle des Flussverhaltens und der Erosion; aber sie scheinen im Fall des ungewöhnlich jungen und wilden Jamuna-Stroms nicht anwendbar zu sein und im Sinne einer sicheren Prognose zu funktionieren. Letztendlich scheint man auf die Beobachtung vieler Größen und auf das Erproben verschiedener Zusammenhänge zwischen ihnen in Labor- oder in Computer-Modellen angewiesen zu sein. Über objektives Wissen zu verfügen, geschweige denn ein theoretisch fundiertes Modell über das Verhalten des Flusses zu haben, wie es die Lehrbücher suggerieren, wird von den Wasserbauwissenschaftlern nicht behauptet. Vielmehr verfolgen sie aufgrund ihrer unterschiedlichen Hintergrunderfahrungen verschiedene Strategien, mit dem Verhalten des Flusses Erfahrungen zu sammeln.

Eine erste Strategie der Erfahrung besteht darin, alle möglichen Daten über das Verhalten des Flusses zu sammeln. Dazu werden Messgeräte an bezeichnete Orte verteilt, zu bestimmten Zeiten abgelesen und einheimisches Personal für den korrekten Umgang damit geschult. Was bei den Inselbewohnern mit dem präzisen Beobachten und im kollektiven Erzählen geschah, wird bei den Wasserbauingenieuren mit vielen Instrumenten und mehr Aufzeichnungsmöglichkeiten auf einer

---

35 Vgl. zu dieser methodischen Regel Latour 1987.

größeren Ebene wiederholt, aber in derselben Hoffnung, nämlich auf Gleichför-
migkeiten und Muster in den Beziehungen zwischen den Ereignissen zu stoßen.
Eine zweite Strategie ist das Feldexperiment. Man nimmt bestimmte Eingriffe
in das Verhalten des Flusses an ausgewählten Stellen vor, um sein Verhalten zu
kontrollieren. Man baut z.b. Buhnen an bestimmten Plätzen und beobachtet ihre
Wirkung und ihre Beständigkeit. Selbst die Zerstörung der Bauwerke erweist sich
dann als Quelle erweiterter Erfahrung.[36]

Eine dritte Strategie ist der Nachbau eines Flussabschnitts in einem Großlabor,
um dort bestimmte Verhaltensweisen im kleineren Maßstab beobachten zu können
und auch das Verhalten bei Eingriffen besser vorhersagen und kontrollieren zu
können. Diese Laborexperimente ermöglichen die Beobachtung relativ komplexer
Zusammenhänge in geraffter Zeit. Aber Lehm, Sand, Wasser und Flussgestalt sind
nur entfernte Repräsentanten des Jamuna-Flusses.

Eine vierte Strategie besteht nun darin, all die Daten aus dem Feld, den Feldex-
perimenten und den Laborexperimenten unter verschiedenen Modellen am Computer zu verknüpfen und zu simulieren. Selbst diese Modellierung und Simulation
am Computer ist weniger eine abstrakte theoretische Tätigkeit, sondern zeigt sich
als eine andere Form, wie man im Umgang mit Datenmengen Erfahrungen sammeln kann.

Es zeigt sich, dass das Wissen der Wasserbauingenieure sich wesentlich aus
verschiedenen Arten der Erfahrung mit unterschiedlichen Erfahrungsobjekten zusammensetzt. Es wäre eine unangemessene Vorstellung, ihm die Aura eines theoretisch gesicherten und eines objektiven wissenschaftlichen Wissens zu verleihen.
Was es allerdings von den alltäglichen und vormodernen Formen der Erfahrung
unterscheidet, ist

1. die vergleichsweise enorm vermehrte Benutzung materieller Mittler zur Erhebung und zur Kombination der Erfahrungen,
2. die Präzisierung und Standardisierung der Zeichensysteme, die dazu verwendet
   werden und
3. die Institutionalisierung eines getrennten und ebenfalls arbeitsteilig handelnden Forschungssystems.

---

36   Dass sich Unfälle und Zufälle bei der modernen Technik und Wissenschaft zuneh-
     mend als unbeabsichtigte, aber wertvolle Quellen der Erfahrung erweisen, zeigen
     Krohn/Weyer 1989 und Krohn 1997 auf

Die „Logik der Untersuchung", wie man mit John Dewey formulieren könnte[37], bleibt dieselbe, nämlich das kollektive Sammeln von Erfahrungen mit dem Ziel, den Ablauf der Ereignisse zwischen einem Anfang und einem Ende kontrollieren zu können. Dem entspricht auch der „Kreislauf der Wissensentwicklung", wie ihn die Ingenieure beschrieben haben, wenn sie die Art der Wissensentwicklung erklärten: Er bewegt sich (1) von der Entwicklung von Annahmen aus bisherigem Wissen (2) zur Entwicklung von „tools" der Beobachtung und Modellierung und (3) zu ihrer Validitätsprüfung in Feld- und Computerversuchen, woraus dann wieder neue Annahmen in das Wissen eingehen. In diesem erfahrungsorientierten Modell haben Theorien den gleichen Status als „tools" wie andere Elemente.[38] Die Überlegenheit moderner Wissenschaft gründet dann im längeren Gedächtnis für Erfahrungen und in der größeren Kapazität, verschiedene Erfahrungen kreativ und gezielt zu erzeugen und miteinander zu kombinieren. Trotzdem hat sich im Fall der Kontrolle des Jamuna-Flusses und seiner Fluten diese Überlegenheit bisher nicht gezeigt. Die westlichen Ingenieure halten trotz der bisher investierten riesigen Summen in dieses Projekt den Fluss für ebenso „verrückt" und unberechenbar wie die einheimischen Inselbewohner.

4.5   Naturerfahrungen in experimenteller Interaktivität: Sind Lernprozesse zwischen den Wissenskulturen möglich?

Lässt sich das Konzept der experimentellen Interaktivität, das den Naturerfahrungen beider Wissenskulturen zugrunde liegt, auch auf ihr Verhältnis zueinander anwenden? Vom Standpunkt moderner Naturwissenschaft erübrigt sich eine Bezugnahme auf das traditionale Wissen der Einwohner, da es den modernen Methoden und Mitteln der Laborwissenschaften weit unterlegen ist und keine Anknüpfungspunkte bietet. Vom Standpunkt radikaler Konstruktivisten und Kulturalisten wird es zwar als grundsätzlich gleichwertige Naturkonstruktion anerkannt; aber es wird die Möglichkeit einer Verständigung zwischen ihnen ausgeschlossen. Aus pragmatistischer Sicht – so war bisher dargelegt worden – gibt es auf der gemeinsam geteilten Grundlage der Interaktivität zwischen menschlicher und nichtmenschlicher Natur und trotz der Differenz der symbolischen Interaktion in verschiedenen Kulturen eine Möglichkeit des Lernens: Das Prinzip der experimentellen Inter-

---

37   Vgl. besonders Dewey 1938, S. 101 ff.

38   Zu dieser Auffassung von Begriffen, Theorien und Sprache als „tools" vgl. Dewey 1916, S. 36 ff. und Hickman 1990, S. 40 und 46 ff.

aktivität ist dann auch auf die Beziehung zwischen den beiden Erfahrungswelten anzuwenden.

Gemeinsam ist den westlichen Wasserbauern und den einheimischen Inselbewohnern die menschliche Weise, aus der Interaktivität mit Naturereignissen Erfahrungen zu ziehen und Naturobjekte zu konstituieren. Die Unterschiede zwischen den beiden Erfahrungswelten erwachsen nicht aus dem Gegensatz von Tradition und Moderne, subjektiver und objektiver Erfahrung oder Alltag und Wissenschaft: Sie gründen vielmehr in den unterschiedlichen Lebenswelten[39], deren Traditionen und den daraus erwachsenden Haltungen gegenüber dem Fluss. Erst nachträglich werden sie mit den oben genannten Gegensätzen klassifiziert und kulturell gewertet.

Die Ingenieure sind in ihrer Lebenswelt vielfach geprägt durch die Devise der ungebrochenen Moderne, die nicht-menschliche Natur den menschlichen Zwecken zu unterwerfen. Viele, vor allem die Holländer unter ihnen, sind auch biografisch von Erfahrungen mit Fluten und den Möglichkeiten ihrer Eindämmung zum Wohle der Menschen geprägt. In der wissenschaftlichen Sozialisation und der bisherigen beruflichen Erfahrung herrschten „harte" Strategien vor, mit Fluten und Flüssen umzugehen. Erst in den letzten beiden Jahrzehnten traten die unbeabsichtigten Nebenfolgen von Riesenstaudämmen und Großeindeichungen für die Landschaft und für die Bevölkerung ins Bewusstsein und kratzten das Image wohltätiger westlicher Technologie an. Wenn die unbeabsichtigten Nebenfolgen von Technik und Wissenschaft gegenüber den beabsichtigten in den Vordergrund rücken, kann man von reflexiver Modernisierung sprechen.[40] Zur Lösung der Konsequenzen dieser radikalisierten Modernisierung ist dann eine erhöhte Reflexion über die unhinterfragten Traditionen der Moderne selbst[41] und über die Beziehungen zu anderen Erfahrungswelten gefragt. Wie könnte diese reflexive Haltung bei den Wasserbauingenieuren aussehen?

Auffällig am Verhalten der Ingenieure ist die Tatsache, dass sie zwar ungleich mehr Erfahrungen mit Flüssen aller Länder haben oder kennen – sie ziehen ständig Vergleiche mit anderen Flussprojekten, lesen Beschreibungen anderer Wissenschaftler und sammeln Satellitenkarten des Flusses –, aber sie beschränken sich auffällig auf Erfahrungsweisen ihrer modernen und wissenschaftlichen Lebenswelt. Sie scheinen kaum Erfahrungen des Lebens am und auf dem Fluss zu haben. Die Erfahrungen der Einheimischen mit dem Fluss und vor allem auch

---

39 Zum Lebenswelt-Begriff vgl. Schütz/Luckmann 1979, S. 25 ff.

40 Vgl. Beck/Giddens/Lash 1996.

41 Zu den Traditionen in der modernen Gesellschaft vgl. Giddens 1993 und in der modernen Wissenschafts- und Technikentwicklung Rammert 1997.

ihre unterschiedliche Haltung zu ihm scheinen sie nicht in Erfahrung bringen zu wollen. Diese Ignoranz gegenüber dem erfahrbaren Objekt – außer wenn es wieder Bauwerke zerstört – und die Arroganz gegenüber den Erfahrungen der Einwohner könnte ein Grund sein, warum ein Lernen im Umgang mit dem Fluss nicht zustande kommt.

Was könnte schon dabei herauskommen, wenn es zu einem stärkeren Austausch zwischen den beiden Erfahrungswelten käme? Steckt dahinter nicht doch wieder die romantische Idee von der Gleichwertigkeit kultureller und wissenschaftlicher Naturerfahrung? Wenn wir ganz nüchtern nach den möglichen Folgen einer solchen verstärkten Interaktivität zwischen beiden Erfahrungswelten forschen, ließen sich nach der ersten Lektüre der Beschreibungen immerhin folgende Lernprozesse vorstellen:

1. Der Pool an Daten über das historische, das aktuelle und das situationsspezifische Verhalten des Jamuna könnte erheblich erweitert und durch Querbezüge objektiviert werden.
2. Die Vielfalt von Techniken zur Beeinflussung des Flussverhaltens könnte durch örtlich angepasste Techniken erweitert und die Zahl der Beobachtungen vermehrt werden.
3. Auf einer Metaebene könnte gelernt werden, das harte Ziel einer Kontrolle zugunsten weicherer Strategien des Ausweichens und der „flexible response" aufzugeben. Dann könnten vielleicht auch lokal vorhandene Materialien (Schilf, Bambus) sinnvoll genutzt werden.

Wenn also traditionelle Ressourcen und Kompetenzen in die flussbautechnische Modernisierungsstrategie eingingen und wenn auch die lebensweltlich bedingte unterschiedliche Haltung zum Fluss und seinen Fluten im Hinblick auf eine schrittweise Zielrevision reflektiert würde, dann könnte aus der zusätzlichen Interaktivität zwischen den beiden Erfahrungswelten ein Lernprozess entstehen, der das verwirklicht, was eine reflexive Wissenschafts- und Technikentwicklung genannt werden kann. Ihr Grundprinzip ist die experimentelle Interaktivität ohne Unterschied zwischen menschlicher und nicht-menschlicher Natur und ohne Unterschied zwischen verschiedenen Naturauffassungen.

Teil II
Handeln

Technik als verteilte Aktion

5

Wie technisches Wirken als Agentur in hybriden Aktionszusammenhängen gedeutet werden kann[1]

Zusammenfassung

Neben der theoretischen Deutung der Technik als sachliches Artefakt oder als kulturelles Schema wird der pragmatische Aspekt hervorgehoben: Moderne Technologie gewinnt durch ihre Performanz als Agentur („agency") und durch die interaktive Verkopplung in einer hybriden Konstellation verteilter Aktivitäten („distributed action") aus Menschen, Maschinen und Zeichen eine neue Qualität. Anhand von kooperierenden Robotern, Multiagenten-Systemen und vernetzten heterogenen Systemen des Fliegens wird demonstriert, wie Technik in „Aktion" gegenüber der Umwelt, in „Interaktion" mit anderen technischen Elementen und in „Interaktivität" mit personalen und sozialen Systemen beobachtet und gedeutet werden kann. Gegenüber Günter Ropohls Modell „soziotechnischer Systeme" und Bruno Latours politischer Philosophie der „Aktor-Netzwerke" wird ein pragmatisch-analytisches Konzept verteilter Aktion und Interaktivitäten in soziotechnischen Konstellationen entworfen. Es geht davon aus, dass Handlung und Technik jeweils nur in Zusammenhängen emergieren, Technisierung ein projektiertes Schema ist, das in unterschiedlichen Trägermedien (Sachen, Menschen, Zeichen) geformt und gefestigt werden kann, und dass avancierte moderne Technologien zunehmend durch die Verteiltheit der Aktion auf viele und heterogene Instanzen sowie durch gerahmte interaktive Formen statt sequentiell oder hierarchisch integrierte Abläufe gekennzeichnet sind.

---

1   Vortrag auf der wissenschaftlichen Tagung „Technik – System – Verantwortung" an der Brandenburgischen Technischen Universität Cottbus am 11. Juli 2002.

5.1   Neue Techniken und neue Deutungsangebote: Über Wandel und Wechselwirkung von Technik und Theorie

Wenn neue Techniken auftauchen, besteht grundsätzlich keine Notwendigkeit, über neue Theorien zu ihrer Deutung nachzudenken. Es sei denn, dass sie Eigenschaften aufweisen, die sich mit den bisherigen Deutungen nur unzureichend begrifflich fassen ließen. Ich werde zu zeigen versuchen, dass die zunehmende Aktionsfähigkeit („agency") technischer Artefakte und die veränderte Verteiltheit der Aktivitäten („distributedness") auf sachliche, menschliche und symbolische Elemente in hybriden Aktionszusammenhängen sich als solche qualitative Wandlungen interpretieren lassen. Wenn neue theoretische Deutungen der modernen Technologien angeboten werden, wird damit noch nichts darüber ausgesagt, ob die Techniken selbst oder nur die Sichtweise auf sie sich gewandelt haben. Es sei denn, dass die Deutungen Aspekte der Technologie hervorheben, die erst mit ihrer aktuellen Erscheinungsform schärfer sichtbar geworden sind. Ich werde vor allem das Konzept des „soziotechnischen Handlungssystems", die Theorien „künstlicher Intelligenz" und „Intentionalität" und die polemische Philosophie hybrider „Akteur-Netzwerke" daraufhin untersuchen, inwieweit sie den beobachteten Neuheiten begrifflich gerecht werden. Wie sich am Ende meiner Ausführungen zeigt, besteht eine lockere Wechselwirkung zwischen dem Wandel von Technostrukturen und Theoriesemantiken. Sie rechtfertigt den Versuch, diese Veränderungen moderner Technologie in einem pragmatisch-analytischen Konzept verteilter Agenturen und hybrider Aktionszusammenhänge begrifflich schärfer zu fassen.

Was den Wandel der modernen Technologie und die Suche nach neuen Merkmalen anbelangt, greife ich nur zwei aktuelle Beispiele heraus: den Wandel vom „integrierten technischen System" des autonomen Kampfflugzeugs zum „heterogen vernetzten System" der Flug- und Waffentechnologie und den Wechsel von der klassischen Robotik und Künstliche Intelligenz-Technologie zur Technologie der „Multiagenten-Systeme" und der Verteilten Künstlichen Intelligenz.

In der NZZ vom 23. April 2002 werden die „Trends in den Augen der europäischen Flugzeugbauer" unter der Überschrift „Vom Kampfflugzeug zum vernetzten System" beschrieben. Ließ sich das bisherige „autonome Kampfflugzeug" als technisches System beschreiben, das selbst wiederum aus technischen Teilsystemen des Antriebs, der Navigation usw., zusammengesetzt ist, so sind mit den „vernetzten Satelliten-, luft- und bodengestützten Gesamtsystemen" neue Eigenschaften der Technologie in Erscheinung getreten. Was ein Flugzeug kann oder können muss, hängt heute mehr von der Avionik als vom Flugzeugbau ab. Das gilt auch für die anderen Elemente: Als programmierte Maschinen gewinnen sie zunehmend an „agency" im Vergleich zu den menschlichen Akteuren. Die Anteile unbemannter Flugzeuge und technischer Abläufe ohne menschliche Intervention verschieben sich. Es handelt sich dabei aber nicht um eine simple „Substitution" menschlicher durch sachliche Handlungssysteme, auch nicht um eine „Verdinglichung", wobei der Mensch zum Anhängsel des Maschinensystems wird, sondern um eine neuartige soziotechnische Konstellation mit veränderten Interaktivitäten zwischen Mensch und Technik.

Was in diesem Artikel als Problem der „Interoperabilität" zwischen den Systemen angesprochen wird, geht meines Erachtens auf zwei qualitative Veränderungen zurück. Erstens, die vernetzten Gesamtsysteme sind nicht mehr homogen integrierte Gesamtsysteme, in denen Aufgaben und Teilsysteme funktional aufgeteilt sind. Vielmehr handelt es sich bei ihnen um einen Netzverbund aus heterogenen Systemen, die besonderer Übersetzungs- und Koordinationsleistungen bedürfen, um zu funktionieren. Man könnte von einer „heterogenen Verteiltheit" statt einer funktionalen Aufgeteiltheit sprechen. Zweitens, die Gesamtsysteme lassen sich nicht mehr effizient und sicher als rein technische Systeme konstruieren, die erst anschließend an den Schnittstellen mit den Menschen und sozialen Systemen abgestimmt werden, sondern sie erfordern von vornherein die Verteilung von Aktivitäten auf menschliche, sachliche und informatische Einheiten. Man könnte das eine „hybride Verteiltheit" in soziotechnischen Systemen nennen. Was als Mensch-Maschine-Symbiose für die Cockpitgestaltung schon längst Normalität ist, wird gegenwärtig zu einem Erfordernis für die vernetzten Gesamtsysteme.

Im Bereich der Robotik und Künstliche Intelligenz-Technologie zeichnet sich ebenfalls ein neuer Trend ab. Ich denke da nicht an die spektakulären Bücher und Prognosen von Hans Moravec (1990) und Ray Kurzweil (1999), dass die künstliche Intelligenz bald die menschliche Intelligenz überwinden und der Roboter im Jahr 2025 den Menschen von seiner dominanten Position in der Evolution ablösen werde. Vielmehr möchte ich auf zwei Tatsachen und Trends der Technologieentwicklung aufmerksam machen: Erstens, Roboter und Softwareprogramme werden agil und mobil, indem sie zunehmend zu Planung und situativem Verhalten befähigt werden (vgl. Christaller u.a. 2001). Zweitens, Systeme fußballspielender Roboter und kooperierender Softwareagenten werden nach dem Muster sozialer Koordination, wie Gemeinschaften, Hierarchien und Märkten, konstruiert. Diese künstlichen Agentengesellschaften zeichnen sich durch eine Verteiltheit der Aktivitäten und einen hohen Selbstorganisationsgrad bei der Problemlösung aus, Eigenschaften, die sie von konventionellen technischen Systemkonzeptionen unterscheidet. Im neuen Forschungsfeld der Sozionik wird nicht nur die Übertragung soziologischer Konzepte auf die Probleme der Agenten- und der Gesellschaftsarchitektur von Multiagentensystemen systematisch betrieben. Auch Fragen der Modellierung offener hybrider Systeme aus menschlichen Akteuren und technischen Agenten werden behandelt (vgl. Malsch 1998). Inwieweit lassen sich diese neuartigen Phänomene angemessen begrifflich erfassen? Die Deutungsangebote moderner Technologie sind unübersichtlich und unterschiedlich im Ansatz. Sie reichen von Aktualisierungen alter Klassiker, wie Karl Marx, John Dewey oder Martin Heidegger[2], bis hin zu jüngeren Versuchen der Zuspitzung oder Systematisierung. Es lässt sich ein Spektrum von eher engeren ingenieurtheoretischen über analytisch breiter angelegte technik- und sozialtheoretische bis hin zu umfassenden kulturtheoretischen Deutungen aufspannen[3]. Nach der methodisch-stilistischen Anlage sind sowohl systematische Grundlegungen einer Allgemeinen Technologie, wie die von Günter Ropohl (1979), als auch polemisch zugespitzte Essays, wie die von Bruno Latour (1998), vorzufinden. Die Zeit der großen Gesamtdeutungen scheint eher vorbei zu sein (vgl. auch Hubig 2004 und Rohbeck 2004). Ich möchte mich hier auf eine Teildeutung aus einer begrenzten Perspektive beschränken. Die Einschränkung betrifft, erstens, nur die avancierten Technologien, die ich oben erwähnt habe. Ich beziehe mich weder auf alle hochmodernen Technologien noch gar auf die Techniken insgesamt. Sie behandelt, zweitens, nur die beiden ausgewählten Aspekte, die Agentenschaft von Techniken und die Verteiltheit menschlicher und nichtmenschlicher Aktivitäten in hybriden Systemen. Und sie erfolgt, drittens, aus einer pragmatischen technik- und sozialtheoretischen Perspektive.

5.2   Technik als Agentur: Weder nur sachliches Artefakt noch nur symbolisches Schema

Deutungen der Technik lassen sich unter verschiedenen Gesichtspunkten anstellen. Sieht man in der Technik wesentlich die sachliche Seite, dann drängt sich ihre Deutung als materielle Verkörperung, als Installation oder als Fixierung von Kausalrelationen in einem zweckdienlichen Medium auf. Sicherlich sind feste Verkörperungen technischer Abläufe in materiellen Trägermedien wie metallischen Maschinen oder Speichermedien aus Silizium notwendig, machen aber nicht das Wesen moderner Technologien aus. Betont man eher die symbolische Seite, erscheint Technik als Kulturphänomen, als vereinfachendes Kausalschema oder als Konditionalprogramm. Angesichts der Manipulationsmöglichkeiten des geneti-

---

2   Vgl. u.a. Feenberg 1991, Hickman 1990 und Ihde 1979.

3   Vgl. u.a. die Überblicke von Mitcham 1994, Winner 1977, Weingart 1989, Rammert 1998d, Hubig/Huning/ Ropohl 2000 und Lenk 2001

schen Kodes in den Biotechnologien und der Konstruierbarkeit komplexer Programme in den Künstliche Intelligenz-Technologien gewinnt gegenwärtig diese Deutung der Technik als Schema oder Algorithmus die Oberhand. Aber da wir vom Unterschied zwischen Entwurf und Ausführung, von Funktion und Performanz wissen, spielt die aktivierte („enacted") Form im getesteten physikalischen und sozialen Kontext eine entscheidende Rolle[4]. Daher möchte ich in meinem Beitrag hier eine dritte Sichtweise herausstellen: Technik hat auch eine pragmatische Seite. Sie ist eine Agentur, d.h. sie ist selbst in Aktion, und sie bildet einen Teil in einem Aktionsprogramm verteilter Aktivitäten, das erstrebte Wirkungen erzielt und gleichzeitig nicht-intendierte Wirkungen, so genannte Nebenfolgen erzeugt, die durch Abkapselung ferngehalten oder durch Kompensation korrigiert werden.

5.2.1 Technik in Aktion: Operation und Agentenschaft

Wenn die Aktivität als ein besonderes Merkmal der modernen Technologie herausgestellt werden soll, kann es sich nicht nur um das Bewegen und Operieren handeln. In diesem Sinne sind schon klassische Maschinen mit ihren Kolben, Gestängen und Rädern in Bewegung, bohren, fräsen und sägen Werkzeugmaschinen und verändern Fahrzeuge und Flugzeuge ihren Ort im Raum. Selbst die erste Generation der Industrieroboter funktionierte noch nach einem fixierten Programm. Wir können zwar die Operationen der Maschinen, die menschliches Handeln nachahmen und ersetzen, als Aktion des verändernden Bewirkens bezeichnen, gewinnen damit aber keine Differenz zu Begriffen des technischen Operierens und Funktionierens.

Der Sachverhalt verändert sich, wenn technische Artefakte eine Auswahl aus verschiedenen Aktionsmöglichkeiten treffen können. Neuere Generationen von Servicerobotern sind in der Lage, den Weg, wie sie das Ziel erreichen, selbständig zu planen (vgl. Grunwald 2002). Auch wenn Hindernisse auf dem Pfad dorthin auftauchen, können sie unter Berücksichtigung der situativen Begebenheiten ihr Verhalten ändern. Damit erfüllen sie Anforderungen auf einer zweiten Ebene des Handelns, die wir mit „Auch-anders-Handeln-Können" bezeichnet haben (Rammert/Schulz-Schaeffer 2002 und Kap. 6 in diesem Band).

Dieser Sprung auf eine höhere Ebene der Kontingenz der Aktivitäten wird noch deutlicher, wenn wir uns dem Beispiel aus der Künstliche Intelligenz-Technologie zuwenden. Sind Programme in der Regel nach dem Modell der Master-Slave-Ar-

---

4   Einen Überblick über die sozialtheoretische Diskussion geben Halfmann/Bechmann/
     Rammert 1995; Rammert 1998d und Schulz-Schaeffer 2000.

chitektur (siehe Kap. 11) gebaut, beginnt mit der agentenorientierten Programmiermethode die Loslösung von fest verdrahteten oder eindeutig vorgeschriebenen Abläufen. Die so genannten Software-Agenten in agentenbasierten Systemen sind Programme, die ihre Aufgaben in relativer Autonomie („autonomy"), ausgestattet mit dem Vermögen zur Reaktivität („reactivity"), orientiert an Tätigkeiten („pro-activeness") und unter Bezug auf andere Agenten („sociability") (Wooldrige/Jennings 1995: 116; Rammert 1998a: 91) ausführen. Zwar bleiben Programme weiterhin Algorithmen, aber durch ihre Schachtelung und offenere Verknüpfung entstehen Aktionsräume mit höheren Freiheitsgraden.

Es gibt sogar Software-Agenten, die auf der höchsten und dritten Ebene des Handelns in Aktion sind, auf der wir intentionale Erklärungen für das Handeln verwenden. Diese so genannten BDI-Agenten („belief, desire, intention") operieren auf der Grundlage von Informationen und Instruktionen, die je nach Umständen die Funktion von Überzeugungen, Zielen oder Verpflichtungen haben. Ihr Verhalten wird durch diese intentionale Semantik gesteuert, was so viel heißt, dass Ziele beibehalten und aufgegeben werden können, dass Verpflichtungen so lange eingehalten werden, bis sie erfüllt sind oder aufgelöst werden. Das dabei beobachtbare Verhalten von solchen Software-Agenten lässt sich nicht nur am angemessensten mit einem intentionalen Vokabular im Sinne von Dennetts „intentional stance" (1987) interpretieren, sondern es ist wirklich durch Algorithmen bestimmt, in die das intentionale Vokabular eingeschrieben ist[5].

5.2.2 Technik in Interaktion: Kooperation und Assoziation

Wenn Techniken den Charakter von Agenten annehmen, dann verändert sich auch das Verhalten und die Beziehung der einzelnen technischen Agenten untereinander. Es besteht nicht mehr die offensichtliche und simple Kausalbeziehung zwischen Klingelzug und Läuten, zwischen Federspannung und Uhrwerk oder zwischen Gaspedal und Beschleunigung, hinter der eine enge Verzahnung oder feste Verdrahtung der Wirkungsglieder steckt. In allen diesen Fällen konventioneller Techniken wäre es unsinnig, von Interaktion oder Kooperation zwischen den technischen Elementen zu sprechen (vgl. Geser 1989; Burkhard/Rammert 2000). Es reicht das mechanische Vokabular des Operierens und Zusammenwirkens vollkommen aus. Erst wenn die Elemente sich zueinander verhalten können, sich an-

---

5   Die Beschreibung und Begründung für einen gradualisierten Handlungsbegriff ist ausführlicher in Rammert/Schulz-Schaeffer 2002 nachzulesen.

ders verhalten können und ihr Verhalten sogar auf dem Hintergrund früherer Erfahrungen und angesichts situativer Gegebenheiten verändern können, dann macht es Sinn, von Interaktion und Kooperation zu sprechen. Serviceroboter, welche die Rolle bei einem koordinierten Einsatz im Kanalsystem oder im Katastrophenfall tauschen können, und fußballspielende Roboter, welche statt allein bis vors Tor zu stürmen die Kunst des Doppelpasses beherrschen, basieren zwar weiterhin auf Algorithmen, aber ihre Verhaltensabläufe lassen sich nicht als determinierte Operationen, sondern angemessener als situierte Kooperationen oder „künstliche Interaktionen" (Braun-Thürmann 2002) beschreiben.

Die neue Qualität der Beziehung lässt sich besonders deutlich demonstrieren, wenn die Systeme, in denen Software-Agenten miteinander interagieren, hoch skaliert werden. Multiagentensysteme mit hundert, tausend und mehr technischen Agenten können überhaupt nicht mehr mit dem klassischen Maschinenmodell gebaut und gedeutet werden. Wenn Aufgaben von Interface-Agenten aufgenommen, an Koordinations-Agenten weitergegeben, von Broker-Agenten angeboten, von Gruppen von Dienstleistungs-Agenten bearbeitet werden usw., und wenn Agenten mal die eine, mal die andere Rolle übernehmen, mal mit anderen Agenten vertrauensvoll kooperieren und mal nach gespeicherten schlechten Erfahrungen mit bestimmten Agenten nicht mehr kooperieren, dann ähneln diese technischen Abläufe nicht mehr determinierten Wirkungsketten von Maschinen und Fabriken, sondern interaktiven Aushandlungsprozessen und institutionalisierten Koordinationsformen in Organisationen, Gemeinschaften und der Gesellschaft. Daher ist es auch nicht verwunderlich, dass soziologische Metaphern und Konzepte sowohl die Konstruktion dieser Agenten und ihrer Interaktionsfähigkeiten als auch die Konstruktion der Gesellschaftsarchitektur bestimmen (vgl. Schulz-Schaeffer 2002). In der Verteilten Künstlichen Intelligenz-Forschung, der Multiagentensystem-Technologie und der Sozionik werden die Gehirnmodelle durch Gesellschaftsmodelle abgelöst, Konzepte der individuellen Problemverarbeitung durch Konzepte kollektiver Koordinationsprozesse ersetzt.

Zusammenfassend könnte man sagen: Ging es bei der klassischen Künstliche Intelligenz-Forschung immer noch um eine funktionale Aufteilung von Aufgaben und einen mechanistischen oder hierarchischen Integrationsmodus zu ihrer sequentiellen Abarbeitung, herrscht in der neuen Verteilten Künstliche Intelligenz-Technologie (vgl. O'Hare/Jennings 1996) eine parallele Verteiltheit von Problemen, deren Lösung durch verschiedene assoziative Koordinationsformen nebeneinander bearbeitet werden. Bringen vorher die fest fixierten Wechselwirkungen der Elemente die erwünschten Ergebnisse hervor, sind sie jetzt das Resultat kontingenter Abläufe und Interaktionen. Die Flexibilität und Robustheit solcher verteilter Systeme macht sie gegenüber den starren und empfindlichen hierarchischen oder

funktionalen Systemen unter Bedingungen höherer Skalierung der Elemente und
beschleunigten Wandels der Umwelt überlegen.

5.2.3   Technik in Interaktivität: Kommunikation, Kontingenz und Reflexivität

Wenn Techniken zu relativ autonomen Aktionen und zu Interaktionen befähigt
werden, dann verändert sich auch das Verhältnis zwischen Mensch und Technik.
So lange wie sie passive Werkzeuge sind, werden sie von den Menschen instrumentell benutzt. Sie können zwar gegenüber den Nutzern und Nutzungsweisen
Resistenzen aufweisen. Diese werden aber ergonomisch wechselseitig gepasst. Es
bleibt eine instrumentelle Beziehung zwischen Mensch und Objekt.

Maschinen und Automaten weisen zwar besondere Teilsysteme auf, an denen
sie bedient, geführt oder geregelt werden. Je größer der Eigenlauf des technischen
Systems und je größer die Komplexität der integrierten funktionalen Teilsysteme,
desto weniger können wir von einer einfachen instrumentellen Beziehung ausgehen. Bei programmierbaren Maschinen sprechen wir von Schnittstellen, an denen
mit unterschiedlichem Aufwand Instruktionen an das technische System gerichtet
werden. Solche Anlagen schaltet man nicht einfach ab, sondern fährt sie durch
Eingabe einer Instruktion herunter. Man könnte von einer instruktivkommunika-
tiven Beziehung sprechen.

Erst wenn die Eingaben nicht direkte Instruktionen sind, sondern vom System
im Dialog mit dem Eingebenden dazu präzisiert werden, und wenn die Art und
Weise der Ausführung von dem System selbst disponiert wird, dann verschieben
sich die Aktivitäten sowohl der Disposition als auch der Deutung vom Nutzer zum
System, wobei natürlich hinter dem System auch die Systementwickler mit zu bedenken sind. Der Nutzer erfährt das System allerdings, wie die Begriffe des „interface" und des „Dialogs" illustrieren, als Gegenüber, mit dem er kommuniziert.
Wenn es sich nur um Fragen und standardisierte Antworten handelte, dann brauch-
ten wir nicht von einer kommunikativen Beziehung ausgehen, sondern es bei einer
instrumentellen belassen, die sich bloß symbolischer Zeichensysteme bedient[6].
Erst wenn sich die andere Seite abweichend von Erwartungen, eben kontingent im
Hinblick auf Erwartungen verhalten kann, dann entsteht ein interaktiv-kommu-
nikatives Verhältnis (vgl. Maes 1994; Esposito 1994). Software-Agenten können
natürlich im Rahmen ihrer programmierten Eigenschaften aus den Verhaltenswei-

---

6   Das von Weizenbaum (1977) mitentwickelte und beschriebene ELIZA-Programm be-
    wegte sich noch auf dieser einfachen Stufe.

sen der Nutzer Schlüsse ziehen, sich ein Nutzermodell mit seinen Eigenheiten und Erwartungen machen und dementsprechend das eigene Verhalten – in gewisser Weise „reflexiv" auf diese Erfahrungen hin – verändern. Um diese Beziehungen zwischen Menschen und Objekten von denjenigen zwischen Menschen abzugrenzen, habe ich vorgeschlagen, dieses Verhältnis als „Interaktivität" im Unterschied zur zwischenmenschlichen sozialen Interaktion zu bezeichnen (Rammert 1998a). Zusammenfassend kann man festhalten:

• Je mehr die neue Technologie Eigenschaften der Eigenaktivität zeigt, desto angemessener lässt sie sich als Agent und nicht mehr als passives Instrument, als aktiver Vermittler und nicht nur als passives Mittel beschreiben.
• Je mehr technische Systeme aus solchen Agenten zusammengesetzt sind, desto angemessener wird ihre Beschreibung als Agentur, deren Wirken durch verteilte Prozesse und interaktive Koordination zustande kommt, desto unangemessener eine Beschreibung, welche von sequentiellen Wirkungsketten und mechanischer Integration ausgeht.
• Je mehr technische Systeme diesen Charakter als Agentur annehmen und mit verteilten Prozessen arbeiten, desto stärker erfordern sie auch ein verändertes Verständnis der Beziehung zu den menschlichen Akteuren, die sie konstruieren und anwenden. Der Entwurf und die Nutzung vernetzter technischer Systeme bringt die Menschen in ein stärker spielerisches und erprobendes Verhältnis der Interaktivität zur Technik, das selbst als Teil der Systemperformanz mitreflektiert und mitgestaltet werden muss.

Damit sind wir bei dem zweiten Ziel meiner Argumentation angelangt, dass moderne Technologie zunehmend in auf Menschen, Maschinen und Programmen verteilten Aktionszusammenhängen stattfindet und als hybride Systeme beobachtet und gestaltet werden kann.

5.3 Technik in hybriden Aktionszusammenhängen: Von funktionaler Aufteilung zu heterogener Verteiltheit

Technikdeutungen unterscheiden sich u.a. auch darin, wie sie das Verhältnis von Mensch und Technik auffassen. Geistes- und sozialwissenschaftliche Ansätze neigen in der Regel dazu, das Handeln, Sprechen und Entscheiden allein den Menschen zuzuschlagen und der Technik nur die Rolle des Mittels oder Instruments zuzuweisen (vgl. dazu auch Pickering 1995). Die menschlichen Akteure bewegen sich in der Sphäre der Intersubjektivität, aus der die technischen Objekte in die Umwelt vertrieben sind. Natur- und ingenieurwissenschaftliche Vorgehensweisen konzentrieren sich darauf, Wirkrelationen zwischen Objekten herzustellen und solche Beziehungen wissenschaftlich zu erklären und technisch zum Funktionieren zu bringen. Sie wirken in der Sphäre der Interobjektivität, in der von menschlichen Subjekten abstrahiert wird. Diese dualistische Aufteilung in eine intersubjektive Welt sozialen Handelns und eine interobjektive Welt technischen Funktionierens erweist sich – so meine zweite These – angesichts immer komplexer werdender Systeme und einer zunehmenden Intensität von Interaktivitäten zwischen Menschen und Objekten als zu eng, um die Besonderheiten hybrider und heterogen vernetzter Gesamtsysteme angemessen zu erfassen und optimal zu gestalten.

5.3.1 Technik in Aktions- und Funktionszusammenhängen: Von der Einheit zur Verteiltheit auf viele Instanzen

Die philosophische Literatur ist reich an Beispielen, in denen das Verhältnis von Mensch und Technik in einem isolierten Beispiel untersucht wird: Der Mensch mit dem Hammer, der Blinde mit dem Blindenstock, der vor Eifersucht Rasende mit einem Revolver oder das Messer, das man zum Brotschneiden oder Töten benutzen kann. Diese Denkweise, von einem „Ego" als allein und autonom Handelnden auszugehen, von einem einzelnen „Ego" gegenüber einem einzelnen „Alter" die Analyse zu entwickeln, ein menschliches Subjekt einem sachlichen Objekt gegenüberzustellen, ist schon vielfach kritisiert worden. Ich möchte hier vielmehr fragen, welche Tatsachen müssen vorliegen und welche Bedingungen erfüllt sein, dass wir entweder Handeln oder technische Verläufe beobachten und einer solchen Instanz mal Subjektivität oder nur Objektivität zurechnen. Dazu dürfen wir nicht schon im Voraus den Menschen und nur diesen und immer Subjektcharakter zubilligen (Füller 1994; vgl. Kap. 4), sondern in einer Art symmetrischen Beobachtungs- und Beschreibungssprache (vgl. Latour 1995: 127 ff.) die Frage empirisch offenhalten.

Beginnen wir bei dem Beispiel des Flugzeugs in einem vernetzten Gesamtsystem[7] mit der Frage: *Wer handelt und was funktioniert?*

Gemäß der dualistischen Sichtweise von Geistes- und Ingenieurwissenschaftlern lautet die einfache Antwort: Der menschliche Pilot fliegt, im Sinne von Handhaben der Hebel und Bedienen der Schalter und Steuerung des Flugzeugs. Das Flugzeug funktioniert im Sinne von Düsenantrieb, Auftrieb an den Flügeln und

---

7   Ausführlicher zu diesem Beispiel verteilter Intelligenz und verteilter Aktion siehe Kap. 7.

promptes Reagieren auf Steuerungsbefehle usw. Diese Beschreibung mag zwar für eine kurze Zeit während der Pionierphase des Fliegens gegolten haben, aber für die moderne Fliegerei und für das anvisierte vernetzte System des Fliegens ist es falsch und fehlleitend.

Zunächst einmal ist festzuhalten, dass das Fliegen in einem größeren personalen und sozialen Aktionszusammenhang stattfindet: Ko-Piloten, die Koordinaten in den Navigationscomputer eingeben, handeln ebenso mit wie auch die Fluggesellschaft, welche die Route festgelegt hat oder die örtlichen Landelotsen, welche Instruktionen zur Korrektur der Flughöhe durchgeben. Handeln kann also im Team, in Arbeitsteilung oder als Teilhandeln eines korporativen Akteurs stattfinden.

Wenn wir Handeln nicht auf einen isolierten Zeitpunkt festlegen, sondern alle zeitlich vorausgehenden einschränkenden und ermöglichenden Handlungen miteinbeziehen, ändert sich das Bild des Handelns noch ein weiteres Mal: Dann sind die Handlungen, mit denen Luftstraßen, Flugrouten und Navigationsprogramme festgelegt wurden, und Handlungen der Ausbildung, des Trainings und der Wartung ebenfalls Teile eines umfangreicheren Aktionszusammenhangs. Wie oben schon für die Technik auf die Verteiltheit der Aktivitäten auf viele Instanzen hingewiesen wurde, gilt dies für die menschlichen Handlungen umso mehr: Sie sind von Anfang an Handlungen in einem Strom von Handlungen (vgl. auch Fuller 1994), die erst im Laufe der Geschichte und in bestimmten sozialen Situationen als besondere Handlungen herausgefiltert, bezeichnet, institutionalisiert und bestimmten Instanzen zugerechnet werden (Rammert/Schulz-Schaeffer 2002).

5.3.2 Technik in hybriden soziotechnischen Konstellationen: Von der homogenen zur heterogenen Verteiltheit

Die Aufteilung des Fliegens auf viele menschliche Aktionen reicht nicht aus: Wer oder was trägt noch zur Flugaktion bei? Auch technische Artefakte wirken aktiv auf das Fliegen ein. Über große Strecken fliegt der Auto-Pilot, also ein Softwareprogramm, die Maschine. Automatische Lande-, Abstands- und Navigationssysteme sind an der Bestimmung der Flughöhe, der Flugrichtung und der einzelnen Flugmanöver beteiligt. Das Fliegen des Flugzeugs wird weder vom Menschen allein oder im Kollektiv noch vom Flugzeug allein oder den vielen Instanzen des technischen Gesamtsystems bewerkstelligt. Das Fliegen als Technik findet in einer aus Maschinen, Menschen und Programmen vermischten Konstellation statt, wobei den menschlichen und nichtmenschlichen Instanzen des Handelns unterschiedliche und situativ wechselnde Grade von Handlungsträgerschaft („agency") auf der einen Seite und unterschiedliche Grade von Technisierung („technological fix") zukommen. Diese nicht-dualistische Sichtweise oder auch Hybridperspektive auf sozio-technische Konstellationen hat einige Vorläufer. Auch wenn man technische und soziale Systeme strikt trennt, tauchen Probleme der Koppelung auf. Während die soziologische Systemtheorie sich auf das abstrakte Theorem struktureller Koppelung beschränkt, mit dem wenig Spezifisches ausgesagt wird (vgl. weiterführend Halfmann 2004), haben Ergonomen, Arbeitswissenschaftler und Ingenieure die konkreten Koppelungen als Schnittstellenproblem unter den Themen Mensch-Maschine-System oder Human-Computer-Interaktion behandelt. Diese Theore-tisierungen blieben allerdings auf höchst spezielle Bereiche der ergonomischen Anpassung von Maschinen oder der Verbesserung von Cockpitsituationen unter Wahrnehmungs- und Kommunikationsaspekten begrenzt.

Eine erste Verallgemeinerung fand unter dem Label „soziotechnischer Ansatz" des Ta- vistock-Instituts statt, das über die punktuellen Anpassungen hinaus auf die systematische und wechselseitige Anpassung des technischen und des sozialen Arbeitssystems zielte (Trist 1981). Theoretisch wirklich grundlegend wurde 1979 von Günter Ropohl ein formales Modellkonzept für „soziotechnische Systeme" ent-wickelt, in dem „personale bzw. soziale Systeme einerseits und Sachsysteme ande-rerseits … eine integrierte Handlungseinheit eingehen" (Ropohl 1979: 181 f.). Die-ses Konzept wurde zwar höchst systematisch auf der Grundlage eines allgemeinen Handlungsbegriffes (von Kempski 1954) und einer allgemeinen kybernetischen Sys-temtheorie ausgearbeitet, scheint mir aber vor allem aus zwei Gründen für die an-gemessene Analyse der vernetzten und verteilten Gesamtsysteme gegenwärtig nicht mehr so geeignet zu sein: Erstens, basiert es auf einem Konzept der Aggregation der Teilsysteme anstatt eines der Interaktion. Zweitens, fokussiert es die Substitutions-beziehung zwischen menschlichen Handlungssystemen und Sachsystemen im Sinne einer funktionalen Aufteilung anstelle von Delegationsbeziehungen und anderen z.T. selbst organisierten Koordinationsformen zwischen verteilten Agenturen.

Aktuell bestimmt die Rede von den Hybriden und Cyborgs den postmodernen Diskurs. Der provokanteste, aber auch ernsteste Versuch, sich mit einer „symme-trischen Anthropologie" dem Phänomen hybrider Konstellationen anzunähern, findet sich in den Schriften „Wir sind nie modern gewesen" und „Das Parlament der Dinge" von Bruno Latour (1995; 2001). Streicht man alle Rhetorik und Pole-mik, dann bleibt immerhin das deskriptive Konzept konkurrierender Netzwerke aus menschlichen und nichtmenschlichen Aktanten, die so genannte Aktor-Netz-werk-Theorie. Dieses Konzept ist zwar äußerst originell und für die empirische und rekonstruktive Technikforschung produktiv, aber auch hier sind vor allem zwei Schwächen zu kritisieren, die es zu überwinden gilt: Erstens, da Aktanten semiotisch definiert sind als alle Einheiten, die in einem Satz korrekt als Subjekt gebraucht werden können, werden die Unterschiede der Agenten, die sich in ihren empirischen Aktivitäten zeigen, gänzlich ausgeblendet (vgl. auch Schulz-Schaeffer 1998). Zweitens, interessiert sich der Ansatz nur für die Struktur von Beziehungen und Einbindungen („enrolments"), aber nicht für die Interaktionen und Interaktivitäten, mit denen sie produziert und verändert werden.

5.3.3 Technik und die Form der Verteilung: Von hierarchischer Aufteilung zu fragmentaler Verteiltheit

Um sich das Besondere der Verteiltheit bei den hier thematisierten „verteilten Aktionen" zu vergegenwärtigen, zähle ich die bisher behandelten Formen der Verteilung noch einmal auf.

Zunächst ging es grundsätzlich um die Teilung der Aktivitäten auf viele Instanzen: Es ist schon eine starke Vereinfachung und Reduktion, wenn wir von *einem* Akteur und *einer* Aktion sprechen. Bei höher auflösender Analyse entdecken wir die Vielheit von Akteurinstanzen und Aktionseinheiten. Dann wurde die Verteilung der Aktivitäten auf Menschen und Sachen, auf Maschinen und Programme, angesprochen. Man kann sagen, dass Schemata der Technisierung von verschiedenen Trägermedien ausgeführt werden. Trainierte Handlungen und Routinen, die von Menschen vollzogen werden, mechanisierte Abläufe in physikalischen Geräten und algorithmisierte Regelkomplexe in Form von Zeichensystemen zählen dazu (Rammert 1998d: 314). Damit war die Heterogenität in verteilten Systemen angesprochen. Abschließend steht jetzt die Form der Teilung zur Diskussion, in welcher Weise die Verteilung organisiert ist.

Die für die Gestaltung technischer Systeme, inklusive soziotechnischer Systeme, übliche Methode – von der klassischen Kinematik bis zur modernen Informatik – besteht stark vereinfacht darin, alle Elemente und Aktivitäten, auf die Aufgaben der Problemlösung oder Leistungserbringung verteilt sind, in eine zwingende Form zu bringen, die sachlich zuverlässig und sicher, zeitlich dauerhaft und planbar und sozial verfügbar und fest erwartbar ist. Wenn Teilaufgaben auf viele und gar verschiedenen Elemente aufgeteilt werden, dann mussten sie durch lineare Verkettungen oder hierarchische Ablaufschemata integriert werden. Wie für die Kommandoketten auf einem Schiff müssen die Befehlsketten und Hierarchieebenen bis zur zentralen Autorität des Kapitäns eindeutig geregelt sein, um perfekt zu funktionieren.

Dieses Modell hierarchischer Aufteilung und Integration wird durch neuere Beobachtungen und Forschungen für bestimmte technische Konfigurationen und

soziotechnische Konstellationen hinsichtlich seiner Allgemeingültigkeit in Frage
gestellt.

In den Computerwissenschaften wurde mit dem Konzept des „Distributed
Computing" (Rumelhart/McClelland), das nachfolgend im Zweig der „Distributed
Artificial Intelligence" fortgesetzt wurde, von den gängigen Auffassungen linearer
oder hierarchischer Problembearbeitung abgewichen. Es fing zwar nur mit dem
schlichten Problem der zeitlichen Verteilung von Rechnerkapazitäten an, wuchs
sich aber zu einem ganzen Schwärm von softwaretechnischen Lösungen von der
fuzzy logic bis hin zur Sozionik aus, bei denen Prozesse parallel durchführt und
über ganz unterschiedliche Weise integriert werden.

In den Kognitionswissenschaften entwickelte Ed Hutchins das Konzept der
„Distributed Cognition" (Hutchins 1996). Anhand von Studien über die Naviga-
tionstechnik der Polynesier und auf einem amerikanischen Kriegsschiff mit aus-
gefallenem Navigationssystem (Hutchins 1998) konnte er aufzeigen, wie Orientie-
rungstechniken als auf mehrere Menschen und auf mehrere heterogene Instanzen,
Praktiken, Gegenstände und technische Geräte, verteilte Prozesse zustande kommen. Wichtig ist die Erkenntnis, dass sie keiner Planung, hierarchischen Integration und funktionalen Aufteilung bedürfen, sondern als naturwüchsiger Prozess
der Koppelung und experimentellen Verbesserung von Routinen und Reflexionen
entstehen und sich schrittweise zu einem funktionierenden Gesamtsystem zusam-
menfügen und festigen.

Da ich für die moderne Technologie hier ihre Eigenschaft als „Agentur" hervorgehoben habe, liegt es für mich nahe, in dieser Traditionslinie ein Konzept der
„distributed action", der verteilten Aktion, zu entwickeln. Es unterscheidet sich
von allen Konzepten funktionaler Aufteilung und hierarchischer Integration von
Aufgaben innerhalb technischer Systeme und auch zwischen menschlichen Handlungssystemen und Sachsystemen dadurch,

- dass es *parallele* Problembearbeitung statt sequentieller zulässt,
- dass die Abläufe in einem fixierten Rahmen *selbstorganisiert* verlaufen und
  nicht hierarchisch vorstrukturiert sind und
- dass auch die Verteilung auf Menschen, Maschinen und Programme *situativ*
  unterschiedlich geregelt wird.

Eine solche Verteiltheit könnte man in Absetzung zur funktionalen und hierarchischen Aufteilung als eine fragmentale und interaktive Verteiltheit bezeichnen.
Fragmental[8], weil die Prozesse parallel oder häufig getrennt nebeneinander, aber

---

8   Ausführlicher zum Konzept einer fragmentalen Differenzierung vgl. Rammert 2002b.

doch mit Bezug zum Gesamtsystem gestaltet sind, *interaktiv,* weil die Lösungen nicht schematisch determiniert, sondern unter Aushandlungsprozessen zwischen verschiedenen Einheiten entstehen. Dadurch haben diese soziotechnischen Konstellationen eine höhere Robustheit und Flexibilität. Die Systemsicherheit könnte sich sogar erhöhen, weil man sich der Grenzen der Perfektion und der hierarchischen Integration viel stärker bewusst ist. Die Vermehrung starrer Systeme führt nicht zur Erhöhung der Gesamtsicherheit, sondern vergrößert sogar – wie wir von hochtechnischen und komplexen Systemen wissen (Perrow 1987) – das Risiko unvorhergesehener Pannen und Unfälle und senkt die Aufmerksamkeit für Interaktivitäten zwischen Mensch, Maschine, Umwelt und Programm.

Die Folgen der Verteiltheit für Sicherheit und Risiko, für Ethik und Verantwortung, eröffnet ein neues Thema, das hier nicht mehr behandelt werden kann. Es sollte nur aufgezeigt werden,

- dass die zunehmende „Agency" von einigen modernen Technologien es sinnvoll erscheinen lässt, Technik auch als „Agentur" zu begreifen,
- dass diese „Agency" zu neuen Deutungen von technischem Wirken führt, die über das reine Funktionieren und sequentielle Operieren hinausweisen und
- dass es sinnvoll ist, die Verteiltheit auf viele Agenturen und auf verschiedenartige Agenturen als neue beobachtbare Eigenschaft herauszustellen und in einer Hybridperspektive auf heterogene Aktionszusammenhänge zu bündeln.

Technik und Handeln

Wenn soziales Handeln sich auf menschliches Verhalten und technische Abläufe verteilt[9]

6

Zusammenfassung

In diesem Beitrag werden das gradualistische Konzept des Handelns und die Theorie verteilten Handelns systematisch entwickelt und begründet. Die Gradualisierung des Handelns unterscheidet a) nach den Ebenen der Kausalität (verändernde Wirksamkeit), der Kontingenz (Auch-anders-handeln-Können) und der Intentionalität (intentionale Erklärung) und b) nach Graden der Intensität von Handlungsträgerschaft („agency"). Dadurch ermöglicht es, ohne normative Vorverständnisse das Verhalten von Menschen, Tieren und technischen Systemen in bestimmten Situationen auf das jeweilige Handlungsvermögen hin empirisch zu bestimmen und vergleichend zu untersuchen. Gegenüber dualistischen Konzepten von bewusstem menschlichen Handeln und bloß funktionierenden Maschinen und dem monistischen Konzept der Aktor-Netzwerk-Theorie öffnet die pragmatistische Theorie verteilten Handelns eine Perspektive, die Interaktionen und Interaktivitäten zwischen heterogenen Agenten in gemischten kollektiven Handlungskonstellationen auf verschiedene Grade von Autonomie und Kontrolle hin zu erforschen.

---

9   Zusammen mit Ingo-Schulz-Schaeffer

6.1   Die Frage nach der Technik und dem Handeln

Es besteht eine Kluft zwischen der restriktiven Aussage der klassischen soziologischen Handlungstheorien, wonach allein Menschen zum Handeln befähigt sind, und der weicheren Redeweise über die neuen Handlungsqualitäten bestimmter avancierter Techniken, wenn gesagt wird, dass intelligente Techniken, Software-Agenten und mobile Roboter zunehmend für uns tätig werden und uns zukünftig das Planen und Handeln abnehmen werden. Ist der Begriff des Handelns sinnvollerweise nur auf das intendierte Verhalten bewusstseinsfähiger Menschen zu beschränken? Oder soll er auch auf die Interaktion mit dem PC, auf die Kooperation unter Software-Agenten und auf die Koordination zwischen Fußball spielenden Robotern ausgeweitet werden?

Die Frage nach der Technik und dem Handeln hat eine lange Tradition. In ihr wurden die Sphären der Technik und des menschlichen Handelns überwiegend streng getrennt. Die Technik lag im Reich der Notwendigkeit; sie bestand aus sachlichen Objekten; für sie galten die Regeln des Sachzwangs; ihr Verhalten war durch Repetitivität und Zuverlässigkeit gekennzeichnet; Schematismen, Funktionalitäten und Automatismen machten sie aus. Das Handeln hingegen rangierte hoch oben im Reich der Freiheit; es war den menschlichen Subjekten vorbehalten; für sie wurden die rationale Wahl und das Recht der Aushandlung von Regeln angenommen; ihr Verhalten wurde mit Kreativität und Kontingenz verbunden; das Wesen menschlichen Handelns wurde in der Fähigkeit zur Reflexion, zur situativen Interaktion und in der Autonomie gesehen. Diese dualistische Auffassung von Mensch und Technik lässt sich in der knappen Aussage zusammenfassen: „Menschen handeln, Maschinen funktionieren nur".

Beide Seiten der Aussage wollen wir in Frage stellen. Die Menschen sind weniger die immer und überall autonom und allein Handelnden, als die wir uns gerne sähen. Die Biologie von Darwin bis Wilson hat aufgewiesen, wie stark menschliches Handeln durch Vererbung und Umweltmechanismen eingeschränkt ist. Die Psychologie von Freud bis Skinner hat den narzisstischen Stolz des Menschen auf seine Autonomie tief gekränkt, indem sie auf die großen Anteile unbewusster Handlungstriebe und reaktiver Verhaltensmechanismen aufmerksam gemacht hat. Die Soziologie von Marx über Mead bis Merton hat nachgewiesen, dass soziale Struktur und sozialer Sinn wesentlich als nicht-intendiertes Ergebnis gesellschaftlicher Interaktion entstehen und nicht als beabsichtigtes Resultat individuellen Handelns. Es wird nicht nur im Alltag davon gesprochen, dass Menschen „funktionieren". Auch in den empirischen Handlungswissenschaften gibt es genügend Belege für repetitives Verhalten, Mechanismen der Handlungskoordination und Funktionslogiken, welche die Rede von der Autonomie des Handelns in die

Schranken weisen. Die Frage nach dem Handeln stellt sich vor diesem Hintergrund neu: Was kann unter diesen Bedingungen Handeln heißen? Wer oder was alles kann als „Akteur" wirken und so bezeichnet werden?

Aber auch die Technik lässt sich immer weniger nur auf ihre passive Objektrolle und neutrale Instrumentalfunktion reduzieren. Schon Dewey (1995) sah im aktiven experimentierenden Handeln mit Gegenständen, aber auch mit Menschen oder Zeichen, insofern sich feste Intervention-Wirkungs-Relationen ergaben, den Kern des Technischen (Rammert 1998d). Heidegger (1962) hat auf die Schranken instrumenteller Technikverfügung aufmerksam gemacht. Bei Pickering (vgl. 1993; 1995) taucht die Eigenheit der Technik in ihren spezifischen, jeweils mit den an sie herangetragenen Intentionen wechselnden Widerständigkeiten auf. Latour (1988; 1996) verleiht den technischen Artefakten den Status von Aktanten, die in Assoziation von menschlichen und nicht-menschlichen Instanzen die technischen Effekte bewirken. Neben diesem skizzierten Gang der Theorie, der die zunehmend aktive Rolle der Technik zum Thema hat, weisen Tendenzen der neueren Technikentwicklung ebenfalls in diese Richtung. Sprachausgaben, agentenorientierte Programmierung und in Robotern verkörperte Intelligenz verleihen den technischen Artefakten ein weiteres Wirkungsspektrum, einen größeren Aktionsradius und eine feinere Aktions- und Interaktionsfähigkeit. Die Frage nach der Technik ist angesichts dieser aktiver werdenden und sich mit menschlichen Handlungseinheiten enger verbindenden Artefakte neu zu stellen. Kann Technik weiterhin als isolierbares, fixiertes und fraglos wirksames Mittel in einer Handlungskette aufgefasst werden oder brauchen wir die Vorstellung von einem Geflecht von Aktivitäten und Interaktivitäten zwischen Menschen, Dingen und Zeichen, in dessen Spektrum mehr oder weniger technisierte Abläufe installiert werden?

Die Fragen nach der Technik und nach dem Handeln werden hier nicht getrennt beantwortet, sondern es wird nach einem verbindenden Konzept gesucht. Wir betrachten Technik als Ergebnis eines Prozesses der Technisierung von Ereignisketten, wobei Formen fixiert werden, die erwünschte Effekte erwartbar und berechenbar machen (vgl. Blumenberg 1981; Rammert 1989; Schulz-Schaeffer 1999). Diese Auffassung erlaubt es, Technisierungsformen im menschlichen Handeln wie auch bei sachlichen Verkettungen und Zeichenformationen festzumachen. Vor diesem Hintergrund erscheint es sinnvoll und geboten, nicht mehr getrennt nach dem Handeln des Menschen oder dem Funktionieren der Maschine zu fragen, sondern nach dem gemeinsamen Geflecht „vermischter" Aktivitäten. Wir beziehen die Frage nach der Technik und dem Handeln damit auf sozio-technische Konstellationen verteilten Handelns. Verteilt heißt dabei in einem engeren Sinne, dass die Aktivitäten nicht mehr primär unter den Gesichtspunkten technischer Determiniertheit, zentraler Steuerung und funktionaler Aufgabenteilung betrachtet werden, sondern der Aspekt der Interaktion bzw. Interaktivität mehrerer aktiver Instanzen in den Mittelpunkt gerückt wird. Damit ist zugleich die Möglichkeit angesprochen, dass sich die Aktivitäten auf menschliche und nicht-menschliche Instanzen verteilen. Man könnte dann von einem „Mit-Handeln" technischer Artefakte sprechen (vgl. Joerges 1979; Rammert 1998d: 305) und von einem „Mit-Funktionieren" menschlicher Akteure.

Bevor wir im vierten Abschnitt des Beitrags unsere Position zur Frage nach der Handlungsträgerschaft von Technik entwickeln, werden wir den Weg dazu über mehrere Schritte vorbereiten. Zunächst werden wir die theoretische und praktische Relevanz der Frage genauer darlegen. Die Frage nach der Handlungsfähigkeit und Handlungsmacht von Technik ist nicht von rein akademischer Natur. Sie stellt sich ständig im alltäglichen Umgang insbesondere mit komplizierten und komplexen technischen Systemen und sie wird in großen gesellschaftlichen Debatten um neue Technologien immer wieder aufgeworfen. Im zweiten Abschnitt werden wir daher untersuchen, inwieweit die Merkmale neuer Techniken uns mit Recht zu einem Nachdenken über das Mit-Handeln der Technik veranlassen, inwiefern das Thema die Debatte um die Künstliche Intelligenz fortsetzt und wie es im Rahmen der soziologischen Diskussion um das Verhältnis von Technik und Gesellschaft zu verorten ist. Dann werden wir die wichtigsten Positionen zu dieser Frage vorstellen und sie nach einem klassifikatorischen Schema ordnen. Wir gewinnen dadurch im dritten Abschnitt einen nützlichen Überblick über die Theorielandschaft. Er wird uns nicht nur helfen, die Vielfalt der Positionen im Hinblick auf zentrale Merkmale vergleichbar zu präsentieren, sondern auch eine eigene theoretische Position zu entwickeln. Im vierten Abschnitt wird ein Konzept gradualisierten und verteilten Handelns in seinen Grundzügen vorgestellt.

6.2   Praktische Relevanz und Bezüge zu theoretischen Debatten

Die Frage nach dem Mit-Handeln der Technik ist weder ein akademisches Konstrukt noch die Ausgeburt technologischer Fantasten in den Feuilletons, die immer wieder die Ablösung des Menschen durch Roboter und andere Künstliche Intelligenzen voraussagen (vgl. Moravec 1990; Kurzweil 1999). Man macht es sich zu einfach, wenn man diese Debatten nur auf die Verwirrung von Begriffen oder auf den Geltungsdrang technologischer Pioniere zurückführt. Begriffe sind nur Werkzeuge, die sich immer wieder neu bewähren müssen, vor allem wenn sich die Wirklichkeit verändert. Daher wollen wir in mehreren Schritten prüfen, wie sich die Wirklichkeit der technischen Dinge verändert hat und mit welchen Konzepten versucht wird, diesen Wandel in den Debatten und Diskussionen zu begreifen.

6.2.1 Techniken in Aktion und in Assoziation – oder wenn Techniken anfangen zu agieren und zu kooperieren

Die Technik ist in Bewegung gekommen. Waren die technischen Artefakte schon fast immer bewegt – Räder, Kolben und Gestänge werden bei der stationären Dampfmaschine bewegt, als Fahr- und Flugzeuge bewegen sich die Maschinen im Raum, allerdings unter der Leitung eines menschlichen Lenkers –, blieb sie doch ohne Zutun menschlicher Initiative unbewegt. Leerlauf und berechneter Verlauf waren die beiden Zustände, eine Art Selbstlauf in dem Sinne, dass die Bewegung selbst aufgenommen wird und die Bewegungsrichtung selbst bestimmt wird, war nicht vorgesehen; ja, diese Eigenläufigkeit galt eher als Fehler und Versagen der Technik.

Gegenwärtig beobachten wir eine aktiv gewordene Technik. Bewegten sich die Arme der Industrie-Roboter erster Generation noch nach fest fixierten Programmen, lernte die nächste Generation schon bei wechselnden Situationen selbständig das richtige Bewegungsprogramm aus dem gespeicherten Repertoire auszusuchen. Gegenwärtig bewegen sich Service-Roboter frei in belebten Räumen und korrigieren situativ ihre Bewegungsrichtung, um Hindernissen auszuweichen und um die ihnen aufgetragene Aufgabe auf ihre Weise zu erfüllen. Dabei können sie neue Situationslösungen speichern und in gewisser Weise lernen (vgl. Grunwald 2002). Wenn ihre Batterie sich leeren, können sie selbständig die nächstliegende Ladestation aufsuchen.

Dieselbe Tendenz lässt sich bei der Entwicklung der Software-Technik nachzeichnen. Beruhten die ersten Programme noch auf dem Master-slave-Modell einer bürokratischen Maschinerie, gewährt die agentenorientierte Programmiermethode mehr Aktionsfreiheiten. Die Software-Einheiten agieren zunehmend selbständig. Wie es ihre Bezeichnung als Agenten schon ansagt, agieren sie beispielsweise wie Geschäftsagenten relativ eigenständig, aber im Auftrag eines Anderen. Wenn solche technischen Agenten einmal eine Aufgabe erhalten haben, werden sie von sich aus aktiv, begeben sich ins Internet, suchen passende Datenbanken auf, kopieren gesuchte Listen, buchen die günstigsten Reisen und begleichen Rechnungen – natürlich alle Aktionen im Rahmen des vorgegebenen Auftrags, aber nicht unter detaillierter Determination der Aktionsschritte.

Die Technik ist interaktiver geworden. Darunter ist zunächst einmal die veränderte Beziehung zwischen den Einheiten eines technischen Systems zu verstehen. Wenn eine hydraulische Bremseinheit ihre Wirkung erst unter Abstimmung mit einer Sensoreinheit und einer Rechen- und Regulationseinheit entfaltet oder wenn sich mobile Roboter beim Fußballmatch koordinieren, dann unterscheiden sich diese Interaktionen von der fest fixierten Wechselwirkung der Elemente in mechanischen Systemen. Sind bei der mechanischen Auffassung der Wechselwirkung – wie schon der Maschinenbautheoretiker Franz Reuleaux mit seiner Definition der Maschine als kinematisches System kombinierter und sachlich erzwungener Bewegungspaare richtig bemerkte – die Bewegungen wie die Wirkungen eindeutig bestimmt, so sind bei kybernetischen oder Wechselwirkungen zwar die Wirkungen ebenfalls fest vorgegeben, aber die einzelnen Bewegungsschritte dorthin sind nicht fixiert (vgl. Rammert 1995b: 81 ff.). Sie sind das mehr oder wenig kontingente Ergebnis der Interaktion verschiedener technischer Einheiten. Nur dann sollte man von Interaktion sprechen, wenn die Kontingenz möglicher Abläufe nicht auf einen einzigen reduziert ist, sondern sich je nach Situation oder Pfadabhängigkeit unterschiedliche erfolgreiche Abläufe ergeben können.

Beispiele für diesen eher assoziativen Koordinationstypus sind Systeme Verteilter Künstlicher Intelligenz, also insbesondere Multiagenten-Systeme. Hier wird die Problemlösung nicht durch einen einzigen und sequenziell abzuarbeitenden Problemlösungspfad erzielt, sondern durch die Konstruktion mehrerer technischer Agenten, die untereinander kooperationsfähig sind, und durch die Konstruktion von Vergesellschaftungsformen, die den Rahmen für die kooperative Problemlösung festlegen. Wenn technische Agenten als „interaktive", „kooperative" oder „soziale" Agenten bezeichnet werden, dann wird auf diese, der sozialen Interaktion nachgebildete Wechselwirkung hingewiesen, ohne zu unterstellen, dass sie mit Interaktion unter Menschen identisch ist. Auf jeden Fall aber unterscheidet sich diese interaktive Form der Wechselwirkung qualitativ von der mechanischen Form der determinierten Wirkungsverkettung: Sie verteilt die Aktionen auf viele Aktionseinheiten, denen – in einem gegebenen Rahmen – eine relative Aktionsfreiheit zugestanden wird (für einen Überblick über die Multiagentensystem-Forschung vgl. O'Hare/Jennings 1996).

Technik ist intelligenter oder reflexiver geworden. Diese Eigenschaft bezieht sich zwar auch auf die Interaktion, aber diesmal auf die Interaktion zwischen Mensch und Objekten. Zur besseren Unterscheidbarkeit sei sie „Interaktivität" genannt (vgl. Rammert 1998a). An den Schnittstellen zwischen Mensch und Maschine erfolgt die Umsetzung immer weniger einer direkten Abfolge von Anweisung und Ausführung. Diese Sequenz wird unterbrochen, Informationen werden mit aktuellen Daten verglichen, dem Nutzer wird eine Prognose seines Befehls und seiner Folgen geboten, die Sequenz wird mit Blick auf die veränderte Situation eigenmächtig verändert u.Ä.m. Bei einer intelligenten Bremse wird der Pedaldruck oder der eingegebene Bremsbefehl nicht mehr unmittelbar umgesetzt, sondern von Berechnungen des Bordcomputers, welcher Fahrgeschwindigkeit, Fahrzeuggewicht und die Reibungswiderstände aller vier Räder (z.B. bei Glatteis) in 100stel-Sekundenschnelle ermittelt und vergleicht, unterbrochen und in der Absicht, ein ungewolltes Schleudern zu vermeiden, zu einem neuen Befehl gefiltert. Die Fahrintelligenz entsteht aus der Interaktivität von Fahrer, Fahrzeug und Umgebung (vgl. Kap. 7).

Die Verfügungsmacht über den Handlungsablauf ist nicht mehr allein auf den menschlichen Lenker konzentriert, sondern sie ist auf Mikrochips, Programme und Fahrer verteilt. Unter diesen Bedingungen verteilter Handlungsträgerschaft operieren Techniken nicht mehr gänzlich blind nach perfektem Programm und Menschen nicht mehr gänzlich souverän nach eigener Willkür. Nicht nur die Menschen bauen die Perspektiven, unter denen die programmierten Maschinen sich verhalten, in ihre Handlungsplanung ein, handeln also reflektiert, sondern auch die Techniken verfügen über zunehmend personalisierte Interaktivitätsprogramme, um auf rollenspezifische und personenspezifische Verhaltensweisen des Nutzers flexibel eingehen zu können, agieren also in einer Weise reflexiv, die aktuelle Situationen und frühere Verhaltensweisen des Anderen in ihr eigenes Verhalten einfließen lässt.

In vielen Bereichen der neueren Technologieentwicklung zeichnet sich ein Trend ab, nicht mehr nur die Automatik des Produzierens, Prozessierens und Navigierens technischer Abläufe einseitig zu perfektionieren, sondern die Interaktivität zwischen menschlichen Aktionsteilen und technischen Operationssystemen in ihrer wechselseitigen Abstimmung als hybride sozio-technische Konstellation zu optimieren. Wissensbasierte und Expertensysteme werden beispielsweise nicht mehr als autonome Systeme geplant, sondern als intelligente und kooperative Informationsassistenten (vgl. Kuhlen 1999). Auto-Pilot-Systeme für Fahrzeuge werden nur noch zu Versuchszwecken für fahrerloses Fahren erprobt; ihre Zukunft liegt jedoch längst auf der angemessenen persönlichen Abstimmung auf die menschliche Fahrerin. Die Herausforderung liegt in der Optimierung der Verteilung von Aktionen auf Fahrerin, Fahrzeug, Elektronik, Programme und Navigationsdienste, was einen hohen Grad der wechselseitigen Wahrnehmung und Berücksichtigung erfordert.

Natürlich agieren Techniken nicht so, wie Menschen handeln; aber Menschen agieren häufig auch so, dass Maschinen ihr Handeln nachahmen können. Collins und Kusch (Collins/Kusch 1998) grenzen dieses mimeomorphe vom polymorphen Handeln ab. Trotzdem sollte uns eine derartige „fundamentalistische" Trennung nicht davon abhalten zu erkennen, dass sich viele neuere Technologien in eine Richtung bewegen, die sie zu aktiveren Einheiten im Vergleich zu einfachen Werkzeugen und Maschinen macht. Es ist daher genauer zu prüfen, ob man diesen Techniken in Aktion (Rammert 2003) mit Konzepten passiver Objekte und neutraler Instrumente begrifflich beikommen kann oder nicht doch neuere Konzepte des

Handelns braucht, die auf der Ebene des aktiven Bewirkens menschliches und nicht-menschliches Agieren einschließen. Natürlich interagieren Techniken nicht so, wie Menschen sich untereinander begegnen. Aber die Koordination der selbständiger werdenden technischen Einheiten kann sich immer weniger an einem mechanischen und determinierten Maschinenmodell orientieren, sondern nähert sich mit zunehmenden Freiheitsgraden möglichen Verhaltens den Mustern zwischenmenschlicher Verhaltensabstimmung an. Hier wird daher genauer zu überlegen sein, inwieweit ein Konzept gradualisierten Handelns der Wirklichkeit in sozio-technischen Zusammenhängen näher kommt als ein Mensch/Technik-Dualismus, der die zwischenmenschliche Interaktion von der Situation der reinen doppelten Kontingenz her konzipiert, die Abstimmung technischer Abläufe dagegen als algorithmisch determiniert begreift.

Natürlich können Techniken nicht in dem Sinne intelligent oder reflexiv sein, wie wir es den Menschen unterstellen. Wenn wir aber davon ausgehen müssen, dass Intelligenz nicht im Einzelnen, sondern in der Interaktion, also in Kollektiven oder gar Gesellschaften ihren Ort hat, ist es vernünftig zu fragen, ob nicht auch aus der Interaktivität mit Objekten oder Programmen eine Art von sozio-technischer Intelligenz erwächst. Mensch, Computer und Google-Suchmaschine in ihrem Zusammenspiel bilden eine Einheit intelligenten Handelns, die der Verbindung von Mensch und Lexikon vergleichbar ist oder auch einem Menschen, der nur auf sein im Gedächtnis gespeichertes Wissen angewiesen ist. Die Intelligenz ist keine individuelle, auf den einzelnen Menschen konzentrierte, sondern sie entsteht in der Interaktivität mit den in Programmen verkörperten intentionalen Strukturen und unter wechselseitiger Bezugnahme der menschlichen und nicht-menschlichen Elemente im sozio- technischen System als eine Art verteilter Intelligenz. Sie ist verteilt auf Gedächtnisaktivitäten des Menschen, die Suchroutinen von Computerprogrammen oder Stichwortverzeichnissen und auf Listen und Ordner von Speichern. Dieses Konzept einer in „verteilten Aktivitäten" steckenden Intelligenz ist nicht mehr blind für den interaktiven und kollektiven Charakter von Intelligenz und beharrt nicht mehr auf der Trennung von menschlich individueller und maschineller Intelligenz.

Damit haben wir einen Punkt erreicht, der uns den Übergang zu den großen gesellschaftlichen Debatten um die Autonomie des Menschen und die Macht des Computers, um den Charakter der Künstlichen Intelligenz und die Folgen für die menschliche Handlungsfreiheit erleichtert. Wir wollen, nachdem wir die praktische Relevanz unseres Themas plausibel gemacht haben, uns nun auf die theoretische Relevanz der Frage nach der Technik und dem Handeln konzentrieren.

6.2.2 Können Computer denken und Maschinen handeln? Oder wie wir uns der Frage pragmatisch zuwenden sollten

Wie wir schon bemerkt haben, spielen die Technologien der Künstlichen Intelligenz eine große Rolle, wenn es um die Herausforderungen der Geistes- und Sozialwissenschaften und ihrer theoretischen Konzepte geht. Unsere Frage, ob Maschinen handeln können, steht in engem Zusammenhang mit einer Fokusverschiebung auf dem Feld der Künstliche Intelligenz-Forschung. Die Forschungsfronten haben sich in den letzten Jahrzehnten von der symbolischen KI hin zu neuen Feldern der „embodied intelligence" von Insekten und Robotern gewandt und hin zu der „distributed artificial intelligence" von neuronalen Netzwerken und Multiagenten-Systemen.

Die klassische Debatte um die künstliche Intelligenz drehte sich um die Natur menschlichen Denkens. Die kognitiven Leistungen von Computerprogrammen standen im Mittelpunkt. Die Problemlösungsfähigkeiten des von Newell und Simon konzipierten „General Problem Solver" wurden mit den humanen Denkleistungen verglichen. Die Testarena war das Schachspiel, das als Musterbeispiel intelligenten strategischen Handelns galt. Die individuelle intelligente Leistung sollte nachgeahmt und auf Programme übertragen werden, um auf diese Weise maschinelle Intelligenz zu erzeugen. Die Streitfrage zwischen den KI- Entwicklern und ihren Kritikern spitzte sich auf die Frage zu: „Können Computer denken?" Es entspann sich ein fundamentalistischer Streit darüber, was Computer können und was sie nicht können, ob es eine Intelligenz außerhalb des Menschen auf rein physikalischer und symbolischer Ebene geben könne (vgl. Newell/Simon 1972; Dreyfus 1979; Searle 1986; D'Avis 1994). Er kann fundamentalistisch genannt werden, weil es um Glaubensfragen ging: um die Einzigartigkeit des menschlichen Geistes oder seine Reduzierbarkeit auf physikalische Grundprozesse. Schlau und vorausschauend war da schon Alan Turings (1950) eher pragmatisches Konzept, Intelligenz einem doppelten Test zu unterziehen, nämlich Intelligenz nicht nur anhand der maschinellen Aktivitäten, sondern auch anhand der menschlichen Zurechnung von intelligentem Verhalten beim Blindversuch festzustellen. Damit wird die Sackgasse des fundamentalistischen Begriffsstreits verlassen. Die grundsätzliche Frage, ob Computer denken können, wird in die beantwortbare Frage überführt, wie wir geistige Eigenschaften ihren Trägern faktisch zuschreiben und wie wir diese Träger als mögliche Träger geistiger Eigenschaften identifizieren (Genaueres dazu im Abschnitt 6.3). Die neuere Debatte um die Verteilte Künstliche Intelligenz und Robotik verschiebt die Thematik. Hier geht es um die Natur menschlichen Handelns. Die kooperativen und kommunikativen Fähigkeiten von Software-Agenten und mobilen Robotern stehen zur Diskussion. Gesellschaftliche Koordinations- und Verteilungsmechanismen werden durch Computer-Architekturen und Formalismen nachgeahmt, die Aufteilung, Delegation und parallele Aufgabenbearbeitung ermöglichen, Informationsbretter und Auktionssysteme einrichten und die Selbstselektion guter Lösungen und die lernende Selbstorganisation von Einheiten ermöglichen. Es sollen die Vorteile kollektiven und verteilten Handelns von Teams (vgl. Denzinger 1993), von Organisationen (vgl. Kirn 1996) oder von offenen Kommunikationsgemeinschaften wie den Mitgliedern einer wissenschaftlichen Disziplin (vgl. Kornfeld/Hewitt 1981) nachgeahmt werden, um die Flexibilität und Robustheit solcher sozialen Gebilde für die Konstruktion intelligenter Systeme zu nutzen (vgl. Schulz-Schaeffer 2002). Ein Testfeld für diese verteilte Art von künstlicher Intelligenz ist das Fußballspiel sowohl als Simulation mit Software-Agenten auf dem Bildschirm wie auch in der physischen Realisation mit Robotern. Als „Robo-Cup" ausgetragen, also als Fußballweltmeisterschaft zwischen Software-Agenten bzw. zwischen Robotern, erfreut sich dieses Testfeld nicht nur bei den Forschern selbst wachsender Beliebtheit, es weckt auch die Aufmerksamkeit der staunenden Öffentlichkeit (vgl. Braun-Thürmann 2002). Auch in diesem Fall der Kooperation unter technischen Agenten und der Kooperation zwischen diesen Agentenkollektiven und menschlichen Akteurgruppen spitzt sich die Debatte schnell auf die Grundsatzfrage zu: „Können Maschinen handeln?" In Analogie zur pragmatischen Auflösung der Frage nach der Natur des Denkens können wir die Frage nach der Natur des Handelns folgendermaßen umformen: Es geht wiederum nicht um die metaphysische Frage, ob Maschinen überhaupt handeln können, sondern wann und wie wir Handlungseigenschaften und Interaktionsfähigkeiten ihren Trägern zuschreiben und wie wir diese Träger als mögliche Träger von Handlungseigenschaften identifizieren.

Zu diesen Debatten um die Natur des Denkens und des Handelns, wie sie die Computer- und Robotertechnologie ausgelöst haben, lassen sich verschiedene Haltungen einnehmen. Bleibt man bei den konventionellen Konzepten und klassischen Unterscheidungen, die den Unterschied zwischen Mensch und Technik schon von vornherein eskamotieren, liegt man zwar begrifflich auf der sicheren Seite, läuft aber Gefahr, angesichts der begrifflichen Vorverständigung Veränderungen und Feinheiten in den Stufungen des Handelns und Varianten der Vermittlung von technischen und menschlichen Aktivitäten nicht erfassen zu können. Schlägt man sich zu schnell auf die postmoderne Seite und lässt die menschliche Spur ganz im Getriebe der Strategeme und im Gemenge der Cyborgs verschwinden, dann begibt man sich der Möglichkeit, triftige Differenzen zwischen Mensch und Technik empirisch überhaupt aufdecken zu können. Einen Ausweg aus dieser Problemstellung sehen wir in der Einführung eines gradualisierten Handlungsbegriffs, auf den wir im vierten Abschnitt zu sprechen kommen werden.

6.2.3 Die pragmatische Wende und der relationistische Weg in der soziologischen Debatte um die Technik, ihre Entstehung und ihre Folgen

Die Frage nach dem Handeln von Technik bedeutet für die soziologische Debatte eine deutliche Akzentverschiebung und ein markanter Richtungswechsel. Als Reaktion auf die Sachvergessenheit soziologischer Theorien bestimmte die Akzentuierung der materiellen Seite des Technischen für lange Zeit die techniksoziologische Diskussion. Die sachliche Seite der Artefakte, die Sachdominanz in Sozialstrukturen (vgl. Linde 1972) und die Technik als Körper (vgl. Joerges 1996) sind die exemplarischen Formulierungen dieser sachtheoretischen Zuspitzung. Demgegenüber wurde seitens kulturtheoretischer Ansätze in der Technik primär ein Träger von Bedeutungen gesehen (Hörning 1986; Mill 1998). Demnach fließen zum einen bereits bei der Festlegung der technischen Funktionen und Parameter intendiert und nicht-intendiert kulturelle Orientierungen ein. Zum anderen dient die technische Gestalt eines Artefakts auch im Kontext seiner Nutzung vielfach der Symbolisierung technischer wie sozialer Bedeutungen. Nicht der Sachaspekt, sondern der semantische Aspekt von Technik wird hier mithin hervorgehoben und mit den Konzepten der semantischen Rahmung, der Kultivierung von Techniken und der Thematisierung von Technik als Symbol oder Paradigma untersucht (vgl. Rammert 1998b).

Wenn jetzt die Handlungsträgerschaft technischer Artefakte in den Vordergrund gerückt wird, impliziert das eine pragmatische Wende. Erst die Praktiken vermögen den Sachen Sinn und den Bedeutungen einen Sachverhalt zu verleihen. Sie stellen jeweils Verbindungen zwischen ihnen her. Mit ihrem Wandel verändern sich auch die sachlichen Aspekte und die Bedeutungen. Sachen lassen sich jedoch nicht beliebig konstruieren. Sie setzen den projektierenden und prägenden Praktiken eine eigene Widerständigkeit entgegen. Diese Widerständigkeit der Sachen interveniert in Absichten und Konzepte dermaßen, dass sie – wie auch bei intervenierenden Aktionen menschlicher Akteure – diese beeinflussen und umlenken kann. Das Handeln erfolgt unter zeitlich wechselnder Trägerschaft, mit verteilter *agency* zwischen Menschen und Sachen und als kontinuierlicher Prozess der wechselseitigen Anpassung von menschlichen Wünschen und widerständiger Welt (Pickering 1993).

Mit der Debatte um das Handeln der Technik wird noch eine zweite Rich-
tungsveränderung eingeleitet (vgl. Abbildung 6.1). Die nachhaltigste Fragestellung
war und ist diejenige nach den gesellschaftlichen Folgen der Technik. Mit ihrer
Institutionalisierung als Technikfolgenabschätzung bestimmt sie die Breite des
Forschungsprogramms. Technik und Gesellschaft werden als getrennte Bereiche
betrachtet. Der Blick wendet sich nur in eine Richtung der Beziehung, wenn gefragt wird: Wie wirken sich Techniken auf die gesellschaftlichen Bereiche aus? In
genau die umgekehrte Blickrichtung zielt die Technikgeneseforschung. Sie fragt
nach den gesellschaftlichen Bedingungen für die Produktion und Konstruktion
neuer Techniken. Sie geht davon aus, dass die Gestalt technischer Artefakte und
die Richtung technischer Entwicklungen schon in den frühen Phasen der Technikentwicklung stark durch kulturelle, politische und ökonomische Orientierungs-
komplexe geprägt werden. Dementsprechend lautet ihre Kernfrage: Wie werden
Techniken gesellschaftlich gemacht? Wie wirken sich gesellschaftliche Faktoren
auf den Zuschnitt von Techniken aus?

Technikfolgen	Technik	⇨	Gesellschaft
Technikgenese	Gesellschaft	⇨	Technik
sozio-technische Konstellationen	Technik/Gesellschaft$_1$	⇨	Technik/Gesellschaft$_2$

Abbildung 6.1 Analyserichtungen bei der Betrachtung des Verhältnisses von Technik
und Gesellschaft (eigene Darstellung, © Rammert)

Mit der Frage nach der *agency* von Technik wird eine neue Richtung eingeschla-
gen, sozusagen quer zu der Achse von Technik und Gesellschaft. Es werden nicht
Technik und Gesellschaft gegenübergestellt, sondern verschiedene Technik-Ge-
sellschaft-Konstellationen in Beziehung zueinander gesetzt. Der Blick richtet sich
jeweils auf die Relationierung von Technik und Nicht-Technik. Die Fragestellung
könnte man so formulieren: Wie interagieren und ko-evolutionieren menschliche
und nicht-menschliche Elemente in diesen sozio- technischen Konstellationen?
Die Spannweite der neueren Positionen zur Frage nach der Technik und dem Handeln wird im nächsten Abschnitt vorgestellt und klassifikatorisch geordnet. Hier
ging es nur darum, dieses Thema in der Landschaft der Debatten zu verorten und
sein Potenzial für einen paradigmatischen Blickwechsel sichtbar zu machen.

6.3 Die theoretischen Positionen im klassifikatorischen Überblick

Die sozialwissenschaftliche Technikforschung kann inzwischen eine beträchtliche Anzahl von Konzepten vorweisen, die die Frage der Handlungsträgerschaft oder *agency* von Technik in der einen oder anderen Weise thematisieren und sich damit von der soziologischen Theorietradition lösen, Technik als etwas für sich genommen Außersoziales zu behandeln. Die Vielfalt der Ansätze zeigt sich schon an der Spannbreite der verwendeten Begriffe: Von technisch verfestigten Handlungsmustern ist die Rede, vom Mit-Handeln von Technik, von der Handlungsdelegation an Technik, der Handlungsfähigkeit von Technik oder von Technik als Akteur, Aktant, Agentin oder Akteurfiktion. Zu einem großen Teil lassen sich diese Unterschiede in der Behandlung der Frage nach den Akteursqualitäten von Technik auf einige wenige grundlegende Unterscheidungen zurückführen. Drei dieser Unterscheidungen scheinen uns dabei von besonderem Gewicht zu sein:

Dies ist zum einen die Frage, ob technische Handlungsträgerschaft primär als ein Phänomen der Zuschreibung betrachtet werden soll oder aber als Beschreibung empirisch vorfindlicher technischer Operationen. Die Alternative, die sich hier stellt, lautet: Ist die Rede von technischen Handlungsqualitäten ein Resultat von semantischen Diskursen bzw. von Zuschreibungsprozessen oder thematisiert sie beobachtbare Eigenschaften technischer Artefakte? Eine zweite Unterscheidung liegt in der Frage, ob die wissenschaftliche Beschäftigung mit technischer Handlungsträgerschaft auf einem deskriptiven oder auf einem normativen Konzept beruht. Ist die technische Handlungsträgerschaft etwas, das sich auf der Objektebene der wissenschaftlichen Beobachtung abspielt oder wird sie durch den Forschungsprozess selbst hergestellt? Wesentliche Unterschiede ergeben sich schließlich drittens auch hinsichtlich des jeweils betrachteten Typs von Technik. Die maßgebliche Alternative ist hier die, ob jegliche Technik als mögliches Handlungssubjekt thematisiert wird oder nur bestimmte avancierte Techniken (Software-Agenten, Roboter). Diese Unterscheidungen sind selbstverständlich analytische Unterscheidungen. Dass die Handlungsträgerschaft von Technik im empirischen Fall unter Umständen beispielsweise sowohl eigenschaftsbezogen wie auch zuschreibungsbezogen konstituiert wird und dann natürlich auch in beiden Dimensionen zugleich beobachtet werden muss, darauf verweist Braun-Thürmann 2002.

6.3.1 Technische *agency* als Zuschreibungsphänomen oder beobachtbare Eigenschaft? Deskriptive und normative Konzepte

Eine Kombination der ersten beiden Unterscheidungen ergibt die folgenden vier analytisch unterscheidbaren Positionen zur Frage der Handlungsträgerschaft von Technik:

	Handlungsträgerschaft von Technik als Resultat von Be- und Zuschreibungen	Handlungsträgerschaft als beobachtbare Eigenschaft der Technik
deskriptives Konzept	(1) technische Handlungsträgerschaft als Resultat beobachteter Zuschreibungsprozesse	(2) Akteursqualitäten als beobachtbare Eigenschaften vorfindlicher technischer Artefakte
normatives Konzept	(3) technische Handlungsträgerschaft als Resultat der Begriffsstrategien wissenschaftlicher Beobachter	(4) Akteursqualitäten als Resultat der Konstruktion handlungsfähiger Techniken

Abbildung 6.2 Kreuztabellierung nach den Dimensionen zuschreibungsbezogen/ eigenschaftsbezogen und deskriptiv/normativ (eigene Darstellung, © Rammert)

Demnach wird technische Handlungsträgerschaft entweder deskriptiv als Resultat von Zuschreibungsprozessen auf der Objektebene der Beobachtung thematisiert (Feld 1). Die Vertreter dieser Position agieren mithin als wissenschaftliche Beobachter, die in ihrem Beobachtungsfeld Prozesse der Zuschreibung von Handlungsqualitäten auf Technik konstatieren (deskriptiv-zuschreibungsbezogene Position). Oder Akteursqualitäten werden deskriptiv thematisiert als Eigenschaften technischer Artefakte (Feld 2). In diesem Fall gilt technische Handlungsträgerschaft ebenfalls als ein Phänomen auf der Objektebene der Beobachtung, mit dem Unterschied, dass sie dort als beobachtbare und nicht als von den Beobachteten zugeschriebene Eigenschaft von Artefakten verortet wird (deskriptiv-eigenschaftsbezogene Position). Oder die Rede vom Handeln technischer Artefakte ist ein Resultat der Begriffsstrategien der wissenschaftlichen Beobachter, indem diese Beobachtungskategorien verwenden, die es zulassen oder sogar erzwingen, technische Artefakte als Akteure zu begreifen (normativ-zuschreibungsbezogene Position, Feld 3). Oder die technischen Akteursqualitäten sind ein Resultat der Herstellung handlungsfähiger Techniken (technisch-konstruktive Position, Feld 4): Wissenschaftler und Ingenieure konstruieren technische Artefakte, die Verhaltenseigenschaften nach dem Vorbild menschlichen Handelns besitzen.

Die technisch-konstruktive Zugangsweise zu der Frage der Handlungsträgerschaft von Technik fällt insofern aus der Systematik heraus als es hier anders als bei den anderen drei Positionen zunächst nicht um die sozialwissenschaftliche Untersuchung von Technik geht, sondern um deren ingenieurwissenschaftliche Erzeugung. Aus zwei Gründen ist es dennoch sinnvoll, sie in dem klassifikatorischen Überblick mit zu berücksichtigen: Zum einen deshalb, weil wir es hier mit einer Form der Beschäftigung mit handlungsfähigen Techniken zu tun haben, die sich – wie insbesondere im Fall der Multiagentensystem-Forschung und der Sozionik – zunehmend im Schnittfeld sozial- und ingenieurwissenschaftlicher Forschung abspielt. Sozialwissenschaftliche Technikforschung ist hier also durchaus auch im Spiel, aber nicht in der Rolle der distanzierten Beobachterin, sondern – etwa im Sinne experimenteller Forschung – als Beteiligte an der Erzeugung der zu untersuchenden Phänomene. Zum anderen ist die Einbeziehung dieser konstruktiven Bemühungen um die Handlungsfähigkeit von Technik auch deshalb sinnvoll, weil es mögliche Rückwirkungen auf die beiden deskriptiven Zugangsweisen zur Frage der Handlungsträgerschaft von Technik zu berücksichtigen gilt. So kann man etwa fragen, inwiefern die technische Nachbildung menschlichen Handelns in KI, Robotik und Multiagentensystem-Forschung eine Vorbedingung der Beobachtung technischer Akteursqualitäten ist bzw. eine Vorbedingung für die Zuschreibung technischer Handlungsträgerschaft. Und wie wir in den vorangegangenen beiden Abschnitten argumentiert haben, sind es nicht zuletzt die sich hier ankündigenden technischen Entwicklungen, die für eine Neubestimmung der Frage nach der Technik und nach dem Handeln sprechen.

Rückwirkungen auf die beiden deskriptiven sind auch im Fall der normativ- zuschreibungsbezogenen Position zu erwarten. Auch hier stellt sich die Frage, in welchem Ausmaß die Einführung von Beobachtungskategorien, die es zulassen (oder erzwingen), technische Abläufe als das (Mit-)Handeln der betreffenden Artefakte zu thematisieren, eine Voraussetzung dafür ist, entsprechende Akteursqualitäten von Technik oder entsprechende Zuschreibungsprozesse tatsächlich beobachten zu können. Im Fall einer positiven Beantwortung dieser Frage liegt dann allerdings der Verdacht nahe, dass die ganze Debatte um die Handlungsträgerschaft von Technik nicht mehr ist als ein Theorieartefakt. Sofern es sich, wie etwa bei Haraway und zum Teil wohl auch in der Akteur-Netzwerk-Theorie, um die Festlegung auf Beobachtungskategorien handelt, die es erzwingen, technische Artefakte als Akteure zu thematisieren, ist dieser Verdacht durchaus berechtigt. Die Alternative kann jedoch nicht darin bestehen, sich auf die etablierte Theorietradition der Soziologie zurückzuziehen, die den Begriff des Handelns für das intentional-bewusstseinsfähige menschliche Subjekt reserviert. Denn bezüglich der Frage nach der Handlungsträgerschaft von Technik teilt dieser Handlungsbegriff mit jenen

Begriffsstrategien – nur mit umgekehrten Vorzeichen – das gleiche Defizit: dass die Antwort bereits begrifflich vorentschieden ist, bevor die Frage empirisch überhaupt gestellt wird. Damit ist zugleich auch ausgesagt, von welcher Art die Beobachtungskategorien sein müssen, mittels derer sich die Frage nach den eventuellen Akteursqualitäten von Technik Gewinn bringend untersuchen lässt: von der Art, dass es möglich wird, diese Frage empirisch zu stellen, ohne dass die Antwort bereits in den begrifflichen Vorannahmen angelegt ist.

6.3.2 Jegliche oder nur avancierte Techniken als Handlungsträger?
Zuschreibungs- und eigenschaftsbezogene Perspektiven

Die Überlegungen zu möglichen Rückwirkungen der normativ-konstruktiven auf die deskriptiv-rekonstruktiven Positionen implizieren bereits, dass es für die Thematisierung der Frage nach der Technik und nach dem Handeln einen Unterschied machen kann, ob sich die dortigen Aussagen grundsätzlich auf jegliche oder aber nur auf bestimmte avancierte Techniken beziehen. Die diesbezügliche Ausdifferenzierung der Positionen wollen wir durch eine Kreuztabellierung dieser dritten Unterscheidung mit der ersten Unterscheidung herausstellen (vgl. Abbildung 6.3). Wiederum können entlang der beiden ausgewählten Dimensionen insgesamt vier analytisch unterscheidbare Positionen zur Frage der Handlungsträgerschaft von Technik benannt werden:

	Handlungsträgerschaft von Technik als Resultat von Be- und Zuschreibungen	Handlungsträgerschaft als beobachtbare Eigenschaft der Technik
jede Technik als mögliches Handlungssubjekt	(1) jede Technik als möglicher Adressat für Handlungszuschreibungen	(2) Akteursqualitäten als mögliche Eigenschaften jeder Technik
avancierte Technik als möglichesH andlungssubjekt	(3) avancierte Techniken als sich besonders anbietende Adressaten für Handlungszuschreibungen	(4) avancierte Techniken als Träger von Verhaltensweisen, die bei Menschen als Handlungen gelten

Abbildung 6.3   Kreuztabellierung nach den Dimensionen zuschreibungsbezogen/ eigenschaftsbezogen und jede Technik/avancierte Technik (eigene Darstellung, © Rammert)

Demnach kann man sich zum einen auf den Standpunkt stellen, dass jede Technik als mögliche Adressatin für Handlungszuschreibungen in Frage kommt (Feld 1). Im Sinne dieser Position kann argumentiert werden, dass wir unsere Umwelt beständig nach Maßgabe der uns geläufigen Kategorien des menschlichen und sozialen Lebens deuten und von dieser anthropomorphen bzw. soziomorphen Weltdeutung auch keine Technik grundsätzlich verschont bleibt. Der attributionstheoretische Standpunkt kann aber auch auf bestimmte avancierte Techniken beschränkt bleiben (Feld 3). Eine solche Einschränkung findet sich insbesondere bei Ansätzen, die auf die Zuschreibung von als intentional wahrgenommenen Handlungen auf Technik fokussieren. Hier kann argumentiert werden, dass solche Techniken Verhaltenseigenschaften besitzen, die dem sichtbaren Ausdruck des als intentional wahrgenommenen Handelns menschlicher Akteure so weit ähneln, dass es zu diesen Zuschreibungsprozessen kommt. Oder man betrachtet Akteursqualitäten als beobachtbare Eigenschaften potenziell jeglichen technischen Artefakts (Feld 2). Dies ist etwa dann eine mögliche Anfangsannahme, wenn man Handeln als die realisierte Möglichkeit definiert, innerhalb sozialer Zusammenhänge Veränderungen zu bewirken. Oder man schränkt auch diese Position wieder auf bestimmte avancierte Techniken ein (Feld 4). Wiederum ist der Grund für die Einschränkung dann die Verwendung eines voraussetzungsreicheren Handlungsbegriffs, wonach bei der Betrachtung von Technik erst diejenigen Verhaltensweisen als Handlungen thematisiert werden dürfen, die beim intentional-bewusstseinsfähigen menschlichen Subjekt als Handlungen gelten.

Die unterschiedliche Beantwortung der Frage nach der Handlungsträgerschaft jeglicher oder nur bestimmter avancierter Technik lässt sich als ein Resultat von Einwirkungen der normativ konstruktiven auf die deskriptiv rekonstruktiven Formen der Beschäftigung mit dieser Frage erklären: Eine Betrachtungsweise etwa, die davon ausgeht, dass jegliche Technik Akteursqualitäten besitzen kann, ist sinnvoll vertretbar nur vor dem Hintergrund eines „schwachen" Handlungsbegriffs, der auf den Aspekt des Bewirkens von Veränderungen eingeschränkt ist und sowohl die Frage des Anders-handeln-Könnens wie auch die der Intentionalität des Handelns ausklammert. Umgekehrt ist ein derartig schwacher Handlungsbegriff offenkundig ungeeignet für die techniksoziologische Beschäftigung mit bestimmten avancierten Techniken. Eine Frage etwa wie die, ob wir es im Zeitalter interaktiver Roboter und kooperierender Software-Agenten mit einer neuen Qualität zunehmend handlungsfähigerer Techniken zu tun bekommen, lässt sich sinnvoll nur auf der Grundlage eines Handlungsbegriffs stellen, der zumindest den Aspekt des Anders-handeln-Könnens umfasst und darüber hinaus eventuell auch intentionale Aspekte. Womit man zu einer Form der Thematisierung technischer Akteursqualitäten gelangt, die ihrerseits ihre Beschränkung darin findet, dass sie nicht länger auf jede Technik anwendbar ist.

6.3.3 Technische „*agency*" als deskriptive Kategorie oder normatives Konzept?

Zuschreibungs- und eigenschaftsbezogene Perspektiven, Ausweitung auf jegliche Technik und Einschränkung auf avancierte Technologien
Nachdem wir zunächst je zwei Dimensionen unserer Analyse aufeinander bezogen haben, soll nun die alle drei Dimensionen umfassende Kreuztabelle aufgestellt werden (vgl. Abbildung 6.4). Die grundsätzlichen Positionen, die sich mit den Kombinationen der jeweiligen Merkmalsausprägungen dieser drei Dimensionen verbinden, sind in der Betrachtung der vorangegangenen beiden Kreuztabellen bereits angesprochen worden. Wir wollen deshalb jetzt eine Stufe konkreter werden und stellvertretend für jede der Positionen exemplarische Forschungsarbeiten benennen. Bei der Interpretation des Klassifikationsschemas ist zu beachten, dass die resultierenden vier deskriptiven und die vier normativen Positionen nicht auf einer Ebene liegen. Wie sich auch schon aus dem zuletzt Gesagten ergibt, ist es vielmehr so, dass die konstruktiven Zugangsweisen zum Thema den deskriptiven Ansätzen entweder als konzeptuelle Vorannahmen vorausgehen oder aber als technische Innovationen, die – wie etwa im Fall der Agenten-Technologie – die techniksoziologische Beobachtung mit einem veränderten Gegenstandsbereich konfrontiert.

Die sozialpsychologischen Experimente, die Byron Reeves und Clifford Nass in ihrem Buch „The Media Equation" (1996) präsentieren, bieten ein umfangreiches Anschauungsmaterial zu Gunsten des weit gefassten deskriptiv-attributionstheoretischen Standpunktes (Feld 1): Ein Symbol beispielsweise, das in einer gespielten Konkurrenzsituation einen Computer als dem eigenen Team zugehörig ausweist und einen anderen Computer als Mitglied eines konkurrierenden Teams, führt – bei tatsächlich identischem Verhalten beider Computer – dazu, dass die Aktivitäten des einen Computers als hilfreicher wahrgenommen werden als die des anderen (vgl. Reeves/Nass 1996: 153-160). Verwendet man als Ausgabemedium eine weibliche oder männliche Stimme, so werden die Aktivitäten der betreffenden Computer unweigerlich nach Maßgabe gängiger Geschlechterrollen-Stereotypen beurteilt: Einem Computer mit Frauenstimme wird beispielsweise höhere Sozialkompetenz, einem mit Männerstimme höhere technische Kompetenz zugeschrieben. Auch die elementaren Regeln zwischenmenschlicher Höflichkeit finden sich, so die Autoren, in der Interaktion mit dem Computer wieder: Werden die Probanden etwa aufgefordert, die Leistung eines bestimmten Computers zu bewerten, so sind sie mit ihrer Kritik deutlich zurückhaltender, wenn sie die Beurteilung dem betreffenden Computer selbst gegenüber abgeben sollen, als gegenüber einem anderen Computer.

		Handlungsträger-schaft von Technik als Resultat von Be- und Zuschreibungen	Handlungsträger-schaft als beobacht-bare Eigenschaft der Technik
deskriptives Konzept	jede Technik	(1) The Media Equation (Reeves/Nass)	(2) technisch verfestig-te Handlungsmuster (Linde); Aktanten (Callon/Latour)
	avancierte Technik	(3) Turing-Test; ELIZA (Weizenbaum); Julia (Foner)	(4) technische Imitation mimeomorphen Handelns (Collins/Kusch)
normatives Konzept	jede Technik	(5) generalisierte Symmetrie (Callon/Latour); Cyborg-Mythos (Haraway)	(6) (jede Technik, die verändernd wirk-sam wird)
	avancierte Technik	(7) Ascribing Mental Qualities to Ma-chines (McCarthy); Intentional Stance (Dennett)	(8) Robotik; Agen-ten-Technologie; Sozionik

Abbildung 6.4 Kreuztabellierung nach den Dimensionen zuschreibungsbezogen/ eigen-schaftsbezogen, deskriptiv/normativ und jede Technik/avancierte Tech-nik (eigene Darstellung, © Rammert)

Mit diesen und vielen anderen Beispielen untermauern Reeves und Nass ihre The-se, dass es nicht viel bedarf, um anthropomorphe Deutungen technischer Arte-fakte und soziomorphe Deutungen technischer Abläufe hervorzurufen. Damit ist allerdings nicht gesagt, dass Technik hier in einer bewusst reflektierten Weise als sozialer Akteur thematisiert wird. Das entsprechende Verhalten erfolgt, so die Autoren, vielmehr ganz automatisch als Aktivierung eingelebter Muster sozialen Verhaltens. Mit ihrer These, dass Menschen im Umgang mit Technik „don't need much of a cue to respond socially", stehen die Autoren in der Tradition der sozial-psychologischen Attributionsforschung, die schon früh auf die Neigung von Ver-suchspersonen gestoßen war, physikalische Abläufe mittels sozialer Kategorien zu beschreiben (vgl. Heider/Simmel 1944).

Die Auffassung, wonach potenziell jede Technik als mögliche Kandidatin von Handlungszuschreibungen in Frage kommt, stützt sich wesentlich auf das Phäno-men der beiläufigen und nicht weiter reflektierten Ausdehnung sozialer Deutungs-muster auf die Interaktion mit technischen Geräten. Für die engere attributions-theoretische Sicht, die nur bestimmte avancierte Techniken in den Blick nimmt (Feld 3), ist dagegen die bewusst reflektierte Handlungszuschreibung auf Technik das entscheidende Kriterium. Den klassischen Versuchsaufbau für die Untersuchung solcher Handlungszuschreibungen bietet der Turing-Test, das klassische Beispiel für eine Technik, der es in diesem anspruchsvolleren Sinne gelungen ist, Handlungszuschreibungen auf sich zu ziehen, ist Josef Weizenbaums Software-Programm ELIZA (vgl. Weizenbaum 1977: 14 ff). Wie oben bereits erwähnt, hatte Alan Turing vorgeschlagen, die Frage, ob Maschinen denken können, auf dem Weg der vergleichenden Verhaltensbeobachtung zu beantworten: Einer Versuchsperson wird die Aufgabe gestellt, parallel zwei Adressaten schriftlich zu beliebigen Themen zu befragen und aus den ebenfalls schriftlich zurückerhaltenen Antworten zu erschließen, bei welchem der Adressaten es sich um einen Menschen handelt und bei welchem um einen Computer (vgl. Turing 1950: 433 ff.). Je häufiger sich die Versuchsperson dabei irrt, desto besser besteht der Computer den Turing-Test. Mit diesem Versuchsaufbau wird die Frage nach maschineller Intelligenz durch Zuschreibung beantwortet: durch Zuschreibung von Intelligenz auf der Grundlage eines äußerlich sichtbaren Verhaltens, das demjenigen Verhalten hinreichend ähnlich ist, das man in vergleichbaren Situationen von menschlichen Akteuren erwarten würde (zur attributionstheoretischen Deutung des Turing-Tests vgl. auch Heintz 1993: 273).

Bei der Diskussion um das Computerprogramm ELIZA hatte sich der Gegenstand dieser Zuschreibungsprozesse unter der Hand bereits verschoben: Nun ging es nicht mehr primär um die Attribuierbarkeit von Intelligenz, sondern um die Frage der Zuschreibung sozialer Handlungsfähigkeit. Denn das entscheidende Ähnlichkeitskriterium ist schon bei ELIZA nicht mehr abstrakte Denkfähigkeit, sondern sozial kontextierte Interaktionskompetenz: das glaubwürdige Auftreten des Programms in der Rolle eines Gesprächstherapeuten (vgl. Weizenbaum 1977: 14 ff.; Bammé et al. 1986: 30 ff.; Heintz 1993: 276 ff.). Ganz ähnlich verhält es sich, um ein jüngeres Beispiel zu nennen, auch mit „Julia", einem Software-Agenten, der in der Rollenspiel-Welt so genannter Multi-User-Domains (MUDs) den Part einer jungen Teilnehmerin mit Vorliebe für Hockey einnehmen kann, und zwar so glaubhaft, dass das Programm zumindest von vielen der weniger gewieften Mitspieler für eine menschliche Gesprächspartnerin gehalten wird (vgl. Foner 1997). Die attributionstheoretische Position im engeren Sinne beruht also auf der Beobachtung, dass eine hinreichende Ähnlichkeit mit dem erwarteten Verhalten eines menschlichen Interaktionspartners dazu führen kann, dass bestimmte avancierte Techniken als soziale Interaktionspartner behandelt werden – und dies, wie Weizenbaum und Foner übereinstimmend berichten, unter Umständen selbst dann, wenn der Benutzer weiß, dass sein Gegenüber eine Maschine ist.

Beiden zuschreibungsbezogenen Positionen zufolge entsteht technische Handlungsträgerschaft interpretativ als Resultat der Übertragung geläufiger Deutungsmuster des sozialen Lebens auf technische Artefakte: im ersten Fall in Gestalt eines eher beiläufigen Anthropozentrismus bzw. Soziozentrismus, im anderen Fall durch Anwendung derjenigen Kriterien, die wir routinemäßig – und im Zweifelsfall gezielt – auch unseren Mitmenschen gegenüber verwenden, um ihnen ein Tun als Handeln zuzuschreiben oder eben nicht. In beiden Fällen ist die gesellschaftliche Realität der technischen Akteure die Realität einer sozialen Konstruktion im Sinne des Thomas-Theorems. D.h. gesellschaftlich wirksam wird die Handlungsträgerschaft von Technik in diesen Fällen allein dadurch, dass sich menschliche Akteure auf der Grundlage der von ihnen bewusst oder unbewusst vorgenommenen Handlungszuschreibungen im Umgang mit Technik anders verhalten als es sonst der Fall wäre. Die Ansätze, die Akteursqualitäten deskriptiv als Eigenschaften technischer Artefakte behandeln (Feld 2 und Feld 4), begründen das Verhältnis von empirischer Bedeutung und gesellschaftlicher Deutung genau andersherum: Technische Artefakte wirken empirisch beobachtbar als Akteure oder Mit-Handelnde und werden dadurch gesellschaftlich relevant.

Die grundlegende Beobachtung aller Ansätze, die *agency* als Eigenschaft von Technik thematisieren, ist die Beobachtung der Substitution menschlicher Aktivitäten durch technische Abläufe: Aktivitäten, die zuvor Teile menschlicher Handlungsvollzüge waren und damit ganz unproblematisch als Handeln galten, werden an technische Artefakte delegiert und nun von diesen Geräten getätigt. Wenn eine solche Aktivität auch nach ihrer Delegation an die Maschine gesellschaftlich genauso wirksam wird wie zuvor, kann dies als ein Argument dafür angeführt werden, dass sie dann auch weiterhin mit den gleichen Beobachtungskategorien untersucht werden muss, um zutreffend verstanden zu werden (vgl. Schulz-Schaeffer 2000: 49 f., 52 ff., 106 ff.). Dieses Argument ist in einer strukturtheoretischen Variante zunächst von Hans Linde vorgeführt worden, der sich dabei wesentlich auf Durkheim zurückbezieht. Linde argumentiert, dass sich die „analytische Unterscheidung von Sozialem und Technischem angesichts der Realität nicht mehr aufrechterhalten (lässt), wenn sich beides, soziale Normen und technische Artefakte in anthropologischer Hinsicht als funktional äquivalent, nämlich als gattungsspezifische Regelungen des Zusammen- und Überlebens erweisen ließen" (Linde 1982: 4).

Die handlungstheoretische Variante des Substitutionsargumentes ist im Rahmen der Akteur-Netzwerk-Theorie insbesondere von Bruno Latour vertreten worden. Die Rekonstruktion der Substitution menschlicher durch technische Aktivitäten ist für ihn geradezu der Schlüssel für das Verständnis der betreffenden Techniken (der „nonhumans" in der symmetrisierten Beobachtungssprache der Akteur-Netzwerk-Theorie): „every time you want to know what a nonhuman does, simply imagine what other humans or nonhumans would have to do were this charakter not present." (Latour 1988: 299) Die Beobachtung oder Rekonstruktion solcher Substitutionsverhältnisse führt zu der Feststellung, dass technische Artefakte durch ihr Verhalten in einer Weise auf Handlungszusammenhänge einwirken können, die der Einwirkung des substituierten menschlichen Akteurs vergleichbar ist. Damit begründet die Akteur-Netzwerk-Theorie ihre Forderung, auf die Tätigkeiten der „humans" und der „nonhumans" dann auch die gleichen begrifflichen Kategorien anzuwenden, also beide gleichermaßen als Akteure (bzw. im symmetrischen Vokabular der Akteur-Netzwerk-Theorie: als Aktanten) aufzufassen. Die Handlungsfähigkeit technischer Artefakte, die sich solcherart reklamieren lässt, beruht allerdings auf einem recht schwachen Handlungsbegriff: Handeln ist hier nicht mehr als das Bewirken von Veränderungen. Denn in nichts anderem besteht die aus dem Substitutionsargument gewonnene Ähnlichkeit zwischen menschlichen Aktivitäten und technischen Abläufen. Begnügt man sich mit diesem schwachen Handlungsbegriff, so können auch recht einfache technische Artefakte als Akteure thematisiert werden (Feld 2). Das entsprechende Vorgehen findet seine Berechtigung darin, dass menschliche Handlungen, um als Handlungen zu gelten, vielfach auch keinen anspruchsvolleren Kriterien genügen müssen – man denke etwa an Routinehandlungen oder an strikt regelgeleitete Handlungsvollzüge. Andererseits: Wird das Verursachen einer Wirkung an ein technisches Artefakt delegiert, so bedeutet dies eben noch lange nicht, dieses Artefakt zugleich auch dazu zu befähigen, planen zu können (vgl. Grunwald 2002), Alternativen abzuwägen, Absichten zu verfolgen, Ereignisse sinnhaft zu verstehen usw. – alles Dinge, die sich darüber hinausgehend mit dem Begriff der menschlichen Handlungsfähigkeit auch noch verbinden.

Wenn die Akteur-Netzwerk-Theorie mit ihrer Forderung, Akteure und Artefakte „symmetrisch" zu beobachten und sie gleichermaßen als „entities that *do* things" (Latour 1988: 303) zu behandeln, in der sozialwissenschaftlichen Technikforschung auf breite Resonanz gestoßen ist, dann wohl weniger wegen ihrer handlungstheoretischen Implikationen, sondern vielmehr deshalb, weil sie Anstöße dafür gegeben hat, den Beitrag der Technik bei der Entwicklung und Aufrechterhaltung sozialer Zusammenhänge entschiedener in den Blick zu nehmen. Dagegen verhält sich die Techniksoziologie bezüglich der Frage, ob es bestimmte avancierte Techniken mit Verhaltenseigenschaften geben könne, die es in dem eben angesprochenen reichhaltigeren Sinne berechtige, von Handeln zu sprechen (Feld 4), überwiegend ablehnend. Hier wirkt die Tradition der philosophischen KI-Kritik fort, deren soziologisierte Variante prominent von Harry Collins vertreten wird.

In zwei, dieser Frage gewidmeten Monografien kommt Collins bzw. kommen Collins und Kusch zu dem Ergebnis, dass nur solches menschliche Handeln von

Maschinen erfolgreich imitiert werden könne, das bereits selbst in technisierter Form vorliegt (vgl. Collins 1990: 41). Dieses, als maschinen-ähnlich, verhaltensspezifisch oder mimeomorph bezeichnete Handeln (vgl. ebd. 32 ff; Collins/Kusch 1998: 36 ff.) ist dadurch charakterisiert, dass es stets auf die gleiche Weise durchgeführt wird, technisch gesprochen also immer wieder demselben Algorithmus folgt. Der Befund, zu dem die Autoren gelangen, beruht auf einer für ihre Argumentation zentralen Unterscheidung und auf einer nicht weniger zentralen Vorannahme: Die Unterscheidung ist die zwischen Verhalten (= beobachtbare körperliche Bewegung) und Handeln (= intendiertes Verhalten) (vgl. Collins 1990: 30; Collins/Kusch 1998: 3 ff.) und die Vorannahme lautet: „Machines can merely behave." (Collins/Kusch 1998: 196) Damit schließen sie die Möglichkeit, dass Maschinen in einem Intentionalität einschließenden Sinne handeln könnten, von vornherein aus. Bestenfalls können sie menschliches Handeln imitieren, aber hier auch nur solches Handeln, das sich dadurch imitieren lässt, dass sein Verhaltensaspekt technisch reproduziert wird. Und dies ist allein beim mimeomorphen Handeln der Fall. Der negative Befund ist damit allerdings weder besonders überraschend noch empirisch sonderlich gehaltvoll, weil er bereits in den Prämissen der Argumentation angelegt ist.

Während es bei den zuvor besprochenen vier Ansätzen um die Frage geht, ob und wie sich technische Handlungsträgerschaft als vorliegendes empirisches Phänomen wissenschaftlich beobachten lässt, geht es in den folgenden Ansätzen um wissenschaftliche Bemühungen, technische Akteure zu konstruieren. Wir charakterisieren diese Ansätze als normativ, weil sie die Handlungsträgerschaft von Technik nicht als ein „Sein", sondern als ein „Sollen" thematisieren. Sie lassen sich unterteilen in solche konstruktiven Bemühungen, die wesentlich begrifflicher Natur sind (Feld 5 und Feld 7) und solche, in denen die technische Konstruktion von Verhaltenseigenschaften in Richtung auf handlungsfähige Artefakte im Vordergrund steht (Feld 6 und Feld 8).

Wie bei den deskriptiv-attributionstheoretischen Ansätzen resultiert auch bei den begrifflich konstruktiven Bemühungen die technische Handlungsträgerschaft zunächst aus nichts anderem als aus der Zuschreibung von Handlungsfähigkeit an Technik, mit dem Unterschied, dass diese Zuschreibung hier von den Technikforschern selbst vorgenommen wird. Die bekannteste Strategie dieser Art, die auf potenziell jede Technik gerichtet ist (Feld 5), resultiert aus der Forderung der Akteur-Netzwerk-Theorie nach generalisierter Symmetrie. Dieser Forderung zufolge soll sich der wissenschaftliche Beobachter jeglicher Vorannahme enthalten, die eine bestimmte Sorte von Erklärungen privilegiert (vgl. Latour 1987: 144). Bei der Betrachtung von Technik transportieren Unterscheidungen wie die zwischen Sozialem und Technischem oder zwischen Akteur und Artefakt aber genau solche Vorannahmen und müssen deshalb vermieden werden. Zu diesem Zweck bemüht sich die Akteur-Netzwerk-Theorie um eine symmetrische Beschreibungssprache, also um eine Begrifflichkeit, die nicht von vornherein darauf festgelegt ist, die menschlichen Akteure als Agens und Träger sozialer Bedeutungen zu behandeln und die technischen Artefakte als Bewirktes und als Objekt von Deutungen, sondern die auch mit der umgekehrten Möglichkeit rechnet (vgl. Callon/Latour 1992: 347 ff.).

Es geht der Akteur-Netzwerk-Theorie erklärtermaßen also nicht darum, die Handlungsfähigkeit technischer Artefakte mittels entsprechender konzeptueller Vorannahmen schlichtweg zu postulieren – was empirisch ebenso unfruchtbar wäre wie das umgekehrte Postulat der Collins'schen Argumentation –, sondern um eine theoretische Konzeption, die technische Handlungsträgerschaft als empirisches Phänomen beobachtbar macht. Betrachtet man allerdings die Fallstudien, anhand derer Michel Callon und Bruno Latour ihr Programm exemplifizieren, so gewinnt man – ähnlich wie dies bei Donna Haraway (1995: 91 ff.) in einem anderen Zusammenhang der Fall ist – den Eindruck, dass die beobachteten Akteursqualitäten von Technik verschiedentlich doch eher ein theoretisch erzwungenes als ein durch unverzerrte Beobachtung ermöglichtes Forschungsergebnis sind (vgl. Schulz-Schaeffer 2000: 139 ff.).

Die Vorgehensweise, der wissenschaftlichen Beschäftigung mit Technik eine Begrifflichkeit zu Grunde zu legen, die es erlaubt, technischen Artefakten Handlungseigenschaften zuzuschreiben, kann aber auch noch einem anderen Ziel dienen als dem, Akteursqualitäten von Technik beobachtbar zu machen, von denen man vermutet, dass sie empirisch tatsächlich vorfindbar sind. Aus der Position, der wir uns nun zuwenden wollen (Feld 7), ist der Zweck dieser Vorgehensweise sehr viel prosaischer und mit keinerlei weitergehenden Aussagen über das Sein oder Sollen technischer Artefakte verknüpft. Er besteht schlicht und einfach darin, eine nützliche Sprachkonvention zu entwickeln, mittels derer sich das Verhalten insbesondere komplexer technischer Systeme einfacher beschreiben, erklären und voraussagen lässt. Die grundlegende Idee, die der KI-Pionier John McCarthy (1979) aufbauend auf ähnlichen Überlegungen des Philosophen Daniel Dennett (1971) entwickelt hat und die von Dennett (1987) später weiter ausgearbeitet wurde, lautet, dass es in konsistenter Weise möglich ist, jegliches technische System, dessen äußerlich sichtbares Verhalten von internen Zuständen abhängt, die dem Beobachter verborgen bleiben, mit Hilfe eines intentionalen Vokabulars zu beschreiben. Dies gelte bereits bei einfachen technischen Systemen wie einem Thermostat, dessen Verhalten sich konsistent beschreiben und zutreffend prognostizieren lässt, wenn man Aussagen verwendet wie „Der Thermostat hat das Ziel, dass die Raumtemperatur soundso viel Grad beträgt." oder „Der Thermostat glaubt, dass der Raum zu kalt ist." (vgl. McCarthy 1979: 14 f.).

Allerdings ist die Zuschreibung intentionaler Eigenschaften im Fall einfacher Techniken wie eines Thermostaten oder Lichtschalters einigermaßen witzlos: „However, while this is a coherent view, it does not buy us anything, since we essentially understand the mechanism sufficiently to have a simpler, mechanistic description of its behaviour. In contrast, we do not have equally good knowledge of the Operation of complex systems such as robots, people, and, arguably, operating systems. In these cases it is often most convenient to employ mental terminology" (Shoham 1993: 53). Im Fall komplexer Techniken wird die vollständige mechanistische Beschreibung ihres Verhaltens schnell viel zu umfangreich, um noch nützlich sein zu können. Hier kann das intentionale Vokabular eine einfachere und damit nützlichere Alternative darstellen. Die Gleichsetzung von Robotern und Menschen als komplexe Systeme in der zuletzt angeführten Äußerung des Agentenforschers Yoav Shoham verweist auf ein interessantes Hintergrundargument: Auch bei der Erklärung menschlichen Verhaltens werden intentionale Eigenschaften zugeschrieben, indem vom äußerlich sichtbaren Verhalten auf nicht beobachtbare innere Zustände geschlossen wird. Und in beiden Fällen erhält man einfache und erklärungskräftige Beschreibungen für Sachverhalte, die sich anders nicht oder nur sehr viel umständlicher beschreiben lassen.

Ist das intentionale Vokabular als Beschreibungssprache für das Verhalten komplexer technischer Systeme erst einmal etabliert, so ist der nächste Schritt nicht mehr weit: dieses Vokabular nun auch als Konstruktionssprache einzusetzen (Feld 8). Genau dies geschieht in der Robotik und der avancierten Software-Technologie in der Tat. Ein prominentes Beispiel ist die so genannte BDI-Architektur in der Agenten-Technologie. „Agent" ist der in der KI-Forschung inzwischen allgemein gebräuchliche Begriff für eine Software-Einheit, die über bestimmte, von ihr selbst gesteuerte Aktionsprogramme verfügt und in der Lage ist, ihre eigenen Aktionen unter Berücksichtigung des Verhaltens ihrer Umwelt und gegebenenfalls in Abstimmung mit ihrer Umwelt (insbesondere: mit dem Verhalten anderer Agenten und dem menschlicher Interaktionspartner) selbständig auszuwählen. Ein BDI-Agent („BDI" steht für „belief, desire, intention") ist einer bekannten Definition zufolge „an entity whose state is viewed as consisting of mental components such as beliefs, capabilities, choices, and commitments. These components are defined in a precise fashion, and stand in rough correspondence to their common sense counterparts." (Shoham 1993: 52)

Das intentionale Vokabular ist hier nun nicht mehr nur eine nützliche nachträgliche Deutung maschineller Abläufe, sondern definiert die Semantik der Algorithmen, die die Funktionsweise der Technik bestimmen. Ein entsprechend programmierter BDI-Agent agiert mithin auf der Grundlage von Wissensbeständen, die für ihn unterschiedliche Bedeutung haben, je nachdem, ob sie ihm beispielsweise als

Überzeugungen, Ziele oder Verpflichtungen gelten, und orientiert auch seine Inter-aktion mit der Umwelt an diesen jeweiligen Bedeutungsgehalten. Ein Ziel wird dann etwa so lange aufrechterhalten bis es realisiert worden ist oder bis es sich als unerreichbar erwiesen hat; eine Verpflichtung gilt so lange, bis der Agent ihr nachgekommen ist oder der Interaktionspartner, demgegenüber sie eingegangen wurde, ihn aus der Pflicht entlässt. Software-Programme, die ihr eigenes Verhalten auf der Grundlage dieser intentionalen Semantik steuern, können – sofern die dazu erforderlichen Kommunikationsprotokolle implementiert sind – diese Semantik in der Interaktion mit ihrer Umwelt einsetzen. Sie können dann andere Agenten oder auch menschliche Akteure über ihre Absichten und Überzeugungen informieren bzw. deren Absichten und Überzeugungen „verstehen", d.h. als unter Umständen verhaltensändernde Information in die Kalkulation des eigenen Verhaltens ein-beziehen. Damit eröffnet sich die Möglichkeit, Interaktionszusammenhänge auf-zubauen, innerhalb derer Akteure und Agenten gemeinsam ein hinreichend ähnli-ches intentionales Vokabular benutzen, um ihre jeweiligen internen Zustände nach außen zu kommunizieren und auf dieser Grundlage ihr Verhalten zu koordinieren. Selbstverständlich ist eine solche Interaktion auf Seiten der Agenten auf eng um-grenzte und gegenwärtig noch weitgehend vordefinierte Sinnbereiche beschränkt. Aber innerhalb dieser Grenzen bekommen wir es mit Techniken zu tun, denen intentionales Handeln als Fähigkeit nicht lediglich aufgrund äußerer Verhaltens-beobachtung zugeschrieben wird, sondern die diese Fähigkeit tatsächlich besitzen, jedenfalls in dem Sinne, dass sie ihr eigenes Verhalten mittels einer intentiona-len Semantik steuern und kommunizieren und auf dieser Grundlage mit anderen Handlungssubjekten sozial interagieren.

Bleibt noch das Feld 6 der obigen Tabelle offen. Es muss wohl in der Tat offen bleiben. Denn die Position, der zufolge jegliche Technik als mögliches Handlungs-subjekt in Frage kommt, setzt – wie dargestellt – einen schwachen Handlungsbe-griff voraus, der auf die Bedeutung des Bewirkens von Veränderungen reduziert ist. In diesem Sinne wäre die Konstruktion jeder Technik, die erfolgreich einge-setzt werden kann, um auf einen gegebenen Handlungszusammenhang verändernd einzuwirken, also die Konstruktion jeder funktionsfähigen Technik, eine Konst-ruktion technischer Handlungseigenschaften. Da aber wohl kaum ein Ingenieur auf die Idee kommt, seine Arbeit so zu deuten, kann hier von einer normativ-konst-ruktiven Herstellung technischer Handlungsfähigkeit nicht wirklich die Rede sein.

Insgesamt ergibt sich hinsichtlich der Frage nach der Handlungsträgerschaft von Technik also ein durchaus differenziertes Bild. Zusammenfassend kann fest-gehalten werden, dass sich diese Frage mit mindestens drei unterschiedlichen Schwerpunktsetzungen stellt: Man kann sich zum einen primär dafür interes-sieren, ob und wie Benutzer technische Artefakte als Akteure wahrnehmen und behandeln. Dann betreibt man empirische Forschung über menschliche Einstellungen und Verhaltensweisen im Umgang mit Technik, was den Vorteil hat, dass man weder gezwungen ist, zur Frage nach den eventuellen Akteursqualitäten der technischen Artefakte selbst Stellung beziehen zu müssen, noch dazu, in handlungstheoretische Debatten eintreten zu müssen (und den eventuellen Nachteil, zu keinem von beidem Erhellendes beizutragen). Oder man kann sich primär für die Mitwirkung der Technik an der Entstehung und Aufrechterhaltung sozialer Zusammenhänge interessieren. Tut man dies mittels handlungstheoretischer Begriffe, gerät man unweigerlich in eine handlungstheoretische Debatte, für die es gegenwärtig weder von der einen Seite (z.B. Latour) noch von der anderen (z.B. Collins) wirklich befriedigende Lösungsangebote gibt. Schließlich kann man sich drittens unter dem Eindruck zunehmend selbständig operierender, entscheidungsbasierter und interaktiver technischer Abläufe für die Frage interessieren, ob und in welchem Sinne sich technisches Verhalten menschlichem Handeln annähert. Als soziologische Fragestellung ist auch dies ohne eine handlungstheoretische Vorklärung kaum sinnvoll möglich.

Zumindest die beiden letzten Fragestellungen verweisen also auf die vorgängige Ausarbeitung eines soziologischen Handlungsbegriffs, an den insbesondere der Anspruch gestellt werden muss, diese Fragen als empirisch offene und nicht schon theoretisch vorentschiedene Fragen stellen zu können. Dies ist der Gegenstand des nächsten Abschnittes. Dafür, so wird sich zeigen, sind dann auch die attributionstheoretischen Überlegungen – trotz deren eigener diesbezüglicher Abstinenz – nicht ohne Belang.

6.4   Ein Konzept gradualisierten Handelns zur Beschreibung verteilten Handelns in soziotechnischen Konstellationen

Drei Differenzen haben sich als hilfreich erwiesen, die vorhandenen theoretischen Positionen zu analysieren und im Hinblick auf ihre Ziele und Leistungen zu ordnen. Die Unterscheidung, ob es beim Handeln der Technik um ein Attributionsphänomen oder um eine beobachtbare Eigenschaft geht, trennt die theoretischen Positionen entlang einer entgegengesetzten Bewertung des Verhältnisses von empirischer Bedeutung und gesellschaftlicher Deutung technischer Handlungsqualitäten. Die Frage, ob man Techniken als Akteure deskriptiv beschreibt oder normativ konstituiert, teilt den wissenschaftlichen Zugang in rekonstruktive und konstruktive Bemühungen auf. Der Unterschied zwischen jeglicher Technik und bestimmten avancierten Techniken spaltet die Teilnehmer am Diskurs in der Tendenz in radikalere und gemäßigtere Fraktionen auf. Wir suchen ein Konzept, das diese analytischen Differenzen als wesentliche Aspekte der Frage nach der Technik und nach dem Handeln aufeinander rückzubeziehen vermag. Dabei kommt es uns insbesondere darauf an, die theoretischen Kategorien so zu fassen, dass die Frage nach den interessierenden Ähnlichkeiten und Unterschieden zwischen menschlichen und technischen Aktivitäten nicht durch begriffliche Vorentscheidungen beantwortet wird, sondern als offene empirische Frage gestellt werden kann. In drei Schritten werden wir die Umrisse eines solchen Konzepts verteilten Handelns entwickeln. Es geht von gemischten (hybriden) Konstellationen im Handlungsfluss aus. Es arbeitet mit einem gradualisierten Handlungsbegriff. Und es verweist auf unterschiedliche Grade der Objektivierung von Mustern der Handlungszuschreibung.

6.4.1   Verteiltes Handeln in hybriden Zusammenhängen: Ein Konzept zur Beschreibung sozio-technischer Konstellationen

Wir beginnen mit der Feststellung, dass Mensch und Technik sich wechselseitig konstituieren. Die Techniken des Aufrechtgehens, des Manipulierens und des Gestikulierens und ihre Vergegenständlichung in Techniken der Mobilität, der Produktion und der Kommunikation machen den Menschen erst zum Menschen. Erst die systematische Herstellung und der nicht verzichtbare Gebrauch von technischen Gegenständen grenzt die menschliche Gesellschaft von anderen Primatengruppen ab. Insofern scheint es uns gerechtfertigt zu sein, zunächst einmal nicht von einer Trennung von Mensch und Technik, von Handeln und Funktionieren, auszugehen. Die Technik des kollektiven und arbeitsteiligen Jagens, die Herstellung, Einübung und rituelle Rollenzuweisung von Waffen und Waffenträgern und die Reflexion wie magische Beschwörung der Jagd in Tänzen und symbolischen Darstellungen sind Tätigkeiten eines vermischten Handlungsstroms. Soziale und technische Teilung der Arbeit sind noch nicht geschieden; technisches Herstellen und soziales Lernen gehen munter ineinander über; die List instrumentellen Handelns und das Bedürfnis kollektiver Sinngebung sind untrennbar miteinander verschmolzen.

Was vielleicht wie ein naiver Blick auf die frühe Gesellschaft erscheint, ist in Wirklichkeit ein theoretisch raffinierter Blick: Die Raffinesse besteht darin, vormoderne Gesellschaften unter bewusster Kontrastierung mit den analytischen Unterscheidungen moderner Gesellschaften zu beschreiben. Dadurch nähern wir uns nicht der Wirklichkeit und Selbstwahrnehmung der damaligen Kollektive an, sondern wir machen die Normativität beider Blickweisen, der modernen wie der künstlich „naiven" Deskription, deutlich. Wenn nämlich der moderne Blick auf diese Gesellschaften fällt, dann werden Natur und Gesellschaft, Dinge und Menschen, Technik und Tun, Arbeit und Interaktion analytisch getrennt. Gleichzeitig werden diese Gesellschaften nach dem uns modernen Menschen geläufigen analytischen Schema bewertet: Ihnen wird die Naturalisierung des Sozialen unterstellt; sie trifft der Vorwurf der Fetischisierung des Dinglichen; sie werden der Vermengung von Kausalität und Motivation geziehen. Wenn wir diesen „kunstvollen" naiven Blick auch auf unsere moderne Gesellschaft werfen, wie es Bruno Latour (1995) am prägnantesten vorgeschlagen und vorgeführt hat, dann geschieht dies ebenfalls primär, um auf das Unselbstverständliche des scheinbar Selbstverständlichen zu verweisen.

Übernehmen wir die künstlich naive Beschreibung für unsere moderne Gesellschaft, so verändert sich das von ihr gezeichnete Bild beträchtlich. Dann sehen wir nicht draußen die Natur und drinnen die Gesellschaft, sondern eine intensiver werdende Wechselwirkung zwischen vergesellschafteter Natur und naturalisierter Gesellschaft. Ozonloch, radioaktiver Müll, Rinderwahnsinn und Roboterratte lassen sich nicht mehr fein säuberlich in naturale und soziale Aspekte spalten oder eben nur um den Preis einer eingeschränkten Erkenntnis. Innovationsnetzwerke und wissenschaftliche Wissensproduktion verwischen im Leistungsvollzug die Grenzen zwischen menschlichen Aktivitäten und technischen Abläufen oder zementieren sie nur um den Preis einer verminderten Problemlösungsfähigkeit. Diese Beschreibungen zeugen nicht von einer Begriffsverwirrung, sondern geben uns die Chance, gängige Sichtweisen zu überprüfen und neue Optiken auszuprobieren. Ohne die alten Optiken ganz zu verwerfen – für viele Fragen und Aspekte haben sie sich als nützlich erwiesen – werden wir ein erweitertes Handlungskonzept skizzieren, mit dem sich die Aktivitäten von Mensch und Technik nun auch begrifflich stärker aufeinander beziehen lassen.

Ein erster Schritt besteht darin, von einem Handlungsstrom auszugehen und nicht von einzelnen, aneinandergereihten Handlungen. Die Identifizierung abgegrenzter Handlungen und ihre Zuschreibung auf einzelne Handlungssubjekte ist schon eine analytische Maßnahme, die dem modernen Denken entspricht, aber eben nur eine besondere historische Sichtweise und Errungenschaft darstellt. Diese subjektorientierte Fokussierung auf die einzelne Handlung begünstigt den Mensch/Technik-Dualismus, der den Menschen alle Handlungsmacht zumisst und technische wie natürliche Objekte nur unter dem Gesichtspunkt der von ihnen ausgehenden Handlungseinschränkungen oder -ermöglichungen in den Blick zu bekommen erlaubt. Wenn wir beobachten wollen, unter welchen Bedingungen Unterschiede verändernden Bewirkens im konkreten Fall auftreten, dann dürfen wir sie nicht schon mit der Subjekt-Objekt-Asymmetrie begrifflich vorwegnehmen. Wir müssen stattdessen die Begriffe so ansetzen, dass sie die beobachtbaren Aktivitäten in ihrer Verteiltheit und Verkettung so beschreiben, dass das Vorliegen einer Differenz oder einer Asymmetrie empirisch festgestellt werden kann.

Dazu ist es in einem zweiten Schritt erforderlich, von Handlungen „in medias res" auszugehen und nicht von Handlungen „ex nihilo" (vgl. Fuller 1994). Üblicherweise wird Handlungsfähigkeit über bestimmte Verhaltenseigenschaften des individuellen Akteurs definiert: die Fähigkeit zu sinnhaftem Verhalten (Weber) und die damit verbundene Bewusstseins- und Reflektionsfähigkeit des Akteurs (Giddens), die Fähigkeit zur Antizipation erwünschter zukünftiger Zustände und zur Planung ihrer schrittweisen Erreichung (Schütz/Luckmann) und zugespitzt: die Fähigkeit zur rationalen Orientierung an der Maximierung individueller Interessen (Esser, Coleman). Mit diesen Auffassungen kann das, was die Eigenschaft des Handelns, die Handlungsträgerschaft oder *agency*, ausmacht, nicht empirisch erklärt werden, da sie ja immer schon begrifflich vorausgesetzt wird. Demgegenüber argumentiert Steve Fuller, dass *agency* als eine besondere Qualität nur aus einem schon vorhandenen sozialen Raum von Aktivitäten erschlossen werden kann, in dem man dann bestimmten Instanzen die Handlungsfähigkeit oder den Subjektstatus zurechnet und anderen nicht. Akteure werden als Reibungspunkte („points of friction") bestimmt, die sich der einfachen Anpassung an die bestehenden Gesetze und Strukturen widersetzen. Sie werden vor dem Hintergrund einer als gegeben angenommenen Regelhaftigkeit der natürlichen und sozialen Welt als' dauerhafte Anomalien konstruiert. Aus einem undifferenzierten sozialen Ganzen entsteht erst durch Konflikt und exklusive Ermächtigung eine Sphäre für Agentenschaft (vgl. Fuller 1994: 748). Insofern kann die Qualität des Handelns unterschiedlich auf die menschlichen wie auch zwischen menschlichen und nicht-menschlichen Instanzen verteilt sein. Sie ist kein unteilbares Gut, das den Menschen von vornherein und in allen Lagen zukommt.

Damit haben wir den Boden bereitet für den dritten Schritt, der die Überlegungen zu einem Konzept „verteilten Handelns" zusammenführt. Handeln geschieht im Kontext eines Handlungsstroms, hatten wir gesagt. Es geht also nie darum, ob der Pilot handelt, wenn er ein Flugzeug fliegt, sondern um den Gesamtkomplex von Aktivitäten, die mit dem Fliegen, Lotsen und Warten von Maschinen, dem Buchen, Entlohnen und Verkaufen von Tickets usw. zusammenhängen. Auf die Frage: „Wer fliegt die Touristen nach Teneriffa?" gibt es eben nicht nur die Antwort: „Der menschliche Pilot ist der Akteur." Ebenso richtig ist die Antwort: „Die Fluggesellschaft oder der Reiseveranstalter ist der Akteur." Damit erfassen wir die erste Dimension der Verteiltheit von Handeln: Handlungen sind nicht singuläre Akte, sondern sie verteilen sich auf viele Aktivitäten. Diese sind sowohl beobachtbare

Ereignisse, wie das Bedienen des Steuerknüppels, das Funken von Positionssignalen, das Buchen am Computer und das Mieten von Slots auf Flugplätzen usw. als auch Zurechnungen von Wirksamkeit und Bedeutung für das Fliegen der Touristen. Handeln ist verteilt auf viele Aktivitäten und Instanzen und emergiert aus dem Gesamtzusammenhang der Interaktivitäten (vgl. Kap. 7).

Auf die Frage: „Wer fliegt die Touristen nach Teneriffa?" gibt es jedoch noch weitere Antworten: „Das Flugzeug fliegt die Touristen." Und „Die Düsenaggregate fliegen das Flugzeug". Wenn das Flugzeug landet, fliegen der „Auto-Pilot" oder der „Funkleitstrahl" das Flugzeug. Als Beschreibung getrennter Aktivitäten machen diese Aussagen keinen Sinn, da diese Dinge nicht alleine und selbstbestimmt diese Tätigkeiten ausüben würden. Es machte nur grammatisch Sinn, da auch technische Artefakte Subjekt eines Satzes sein können. Aber wenn wir das gesamte Feld der Aktivitäten betrachten, bilden sie einen mehr oder wenigen aktiven oder resistenten Teil des Handlungszusammenhangs. Mit ihnen erfassen wir die zweite Dimension der Verteiltheit von Handeln: Handlungen sind in ihrem Vollzug auf verschiedenartige, eben menschliche und nicht-menschliche Instanzen verteilt. Auch diese hybriden Aktivitäten sind beobachtbar. Zum Beispiel ist beobachtbar, inwieweit die Software oder die Piloteneingriffe die Maschine steuern, genauer, inwieweit der Pilot automatisierte Abläufe noch abbrechen und umsteuern kann oder umgekehrt, inwieweit die Computerprogramme das Fehlverhalten eines Piloten eigenständig korrigieren können. Wie wir aus den Analysen von Flugschreibern und aus Schadensersatzprozessen nach Unfällen wissen, werden dort sehr peinlich die Verteilung der Aktivitäten auf Maschine und Pilot, auf Software- und Triebwerkversagen, auf Bodenwartung und Luftraumüberwachung aufgezeichnet und analysiert, um dann als Verantwortlichkeiten unterschiedlich zugerechnet werden zu können. Die Urteile gehen weit über die übliche Teilung von menschlichem und technischem Versagen hinaus, sondern kennen eine viel feinere Verteilung der Verantwortlichkeiten auf unterschiedliche Instanzen. Handeln ist also auch auf technische und menschliche Instanzen verteilt, wobei diese sowohl empirisch als auch normativ zugerechnet unterschiedliche Grade von Abweichung und Widerständigkeit, sprich: Handlungsträgerschaft bzw. *agency* aufweisen können.

Die Frage nach der Differenz von deskriptiven und normativen Ansätzen beantworten wir mit einem Konzept verteilten Handelns, das die Symmetrie oder Asymmetrie zwischen Mensch und Technik nicht von vornherein begrifflich vorentscheidet. Es verortet das Problem zunächst in einem Gesamtzusammenhang von Handlungsströmen oder Handlungsfeldern, die sich aus vielen und verschiedenartigen Aktivitäten und Instanzen zusammensetzen. Beantwortbar wird die Frage nach dem Handeln von Technik dadurch, dass in diesem hybriden Strom von Aktivitäten die empirische Verteilung auf die menschlichen und nichtmenschlichen Instanzen wie auch die Zurechnung von Handlungsqualitäten zum Gegenstand der Analyse gemacht werden kann. Offen bleibt dabei noch die Frage, ob die Annahme der Handlungsfähigkeit für jegliche Technik oder nur für die avancierten Technologien gelten kann. Die Klärung dieser Frage erfolgt im Zusammenhang unserer Überlegungen zu einem gradualisierten Handlungsbegriff.

6.4.2 Gradualisierter Handlungsbegriff: Ebenen und Grade der Handlungsträgerschaft von Mensch und Technik

Üblicherweise werden intentionales, reflexives Handeln und mechanisches Funktionieren streng voneinander geschieden. Ist das Handeln den bewusstseinsfähigen menschlichen Subjekten und dem Reich der Intersubjektivität und Gesellschaftlichkeit vorbehalten, so sind die technischen Abläufe auf das Operieren von und zwischen Objekten nach Regeln der kausalen Wirkung beschränkt. Wenn wir ein Konzept verteilten Handelns entwickeln, das zunächst beide Bereiche umfassen soll, um es dann zu ermöglichen, empirisch nach Unterschieden zu fragen, so benötigen wir dazu zunächst einen Handlungsbegriff, der voraussetzungsärmere und voraussetzungsreichere Aspekte dessen, was es heißen kann zu handeln, differenziert. Ein solches Konzept gewinnen wir durch das folgende Drei-Ebenen-Modell, dessen Ebenen sich mit Rückgriff auf die handlungstheoretischen Überlegungen von Giddens (aber gegen dessen Intention)[10] wie folgt beschreiben lassen: Auf der untersten Ebene ist Handeln die „Fähigkeit…, einen Unterschied herzustellen zu einem vorher existierenden Zustand oder Ereignisablauf" (Giddens 1992: 66). Auf der mittleren Ebene ist Handeln bestimmt durch das Merkmal, dass der Akteur „in jeder Phase einer gegebenen Verhaltenssequenz anders hätte handeln können" (ebd. 60). Und auf der voraussetzungsreichsten dritten Ebene schließlich ist das maßgebliche Bewertungskriterium, dass die Akteure „in der Lage sind, für ihr Handeln in aller Regel eine Erklärung abzugeben, wenn sie danach gefragt werden" (ebd. 56).

---

10 Diese Interpretation im Sinne eines Drei-Ebenen-Modells erfolgt insofern gegen die Aussageintention von Giddens, als Giddens selbst die genannten Merkmale als Aspekte *eines* Handlungsbegriffs versteht. Allerdings manövriert er sich damit in beträchtliche konzeptionelle Schwierigkeiten, etwa bezüglich der von ihm wiederum verneinten Frage, ob Handeln stets einen intentionalen Aspekt besitzen muss (vgl. ebd. 58 ff.). Diese Schwierigkeiten lassen sich vermeiden, wenn man davon ausgeht, dass nicht in jeder Situation, in der ein Verhalten als Handeln wirksam wird, jeder dieser drei Aspekte relevant ist.

In einem ersten Schritt beginnen wir also mit dem auch der Akteur-Netzwerk-Theorie eigenen schwachen Handlungsbegriff. Handeln wird hier als bewirkendes Verhalten im Sinne des lateinischen „Agere" gefasst, also als Abfolge von Aktivitäten beschrieben, die eine Veränderung hervorrufen. Auf der Ebene des Bewirkens von Veränderungen fallen Unterschiede zwischen den menschlichen und den nicht-menschlichen Akteuren weniger ins Gewicht. Funktionsträger und Inhaber von Positionen und Berufsrollen erledigen Aufgaben und folgen vorgegebenen Programmen und Routinen, wie es auch physikalische Apparaturen oder Computerprogramme tun. Begrifflich unterscheidet man zwar zwischen menschlicher Praxis und maschinellem Operieren; aber bei nüchterner Betrachtung macht es auf der Vollzugsebene keinen Unterschied, ob der Bankangestellte oder der Bankautomat das Geld abzählt und aushändigt. Und für die Nutzer des über Banken abgewickelten Zahlungsverkehrs ist es in den meisten Fällen weder ersichtlich noch von Belang, ob zu welchen Anteilen die betreffenden Aktionen von Bankangestellten oder Bankcomputern durchgeführt werden – sofern die gewünschte verändernde Wirksamkeit zu verzeichnen ist. Differenzen treten erst in Erscheinung, wenn es zu Änderungen oder gar Störungen kommt. Dann erwarten wir von dem Schalterbeamten eine zumindest um die Fähigkeit des Auch-anders-handeln-Könnens erweiterte Handlungsfähigkeit: dass er oder sie uns beispielsweise den neuen Wunsch nach einer geringeren Auszahlung und nur mit kleinen Scheinen erfüllt. Beim Bankautomaten müssen wir uns dagegen damit abfinden, dass er sein Programmschema unbeachtet unseres spontan veränderten Kundenwunsches mechanisch fortsetzt. In diesem Sinne des Ausführens von Programmen oder des Bewirkens von Veränderungen können wir Bruno Latours Qualifizierung einfacher alltagstechnischer Gegenstände und Einrichtungen als Akteure bzw. Aktanten verstehen: die Straßenschwellen, die den Autofahrer zu einem Verlangsamen des Tempos veranlassen, die Schlüsselbeschwerer, die der Bitte des Hoteliers um die Rückgabe der Zimmerschlüssel Gewicht verleihen, und die automatischen Türschließer, die den Passanten den Takt vorschreiben (vgl. Latour 1988; 1996).

Interessanter für die Beobachtung von Differenzen ist die zweite und mittlere Ebene der Bestimmung von Handeln als die Fähigkeit, auch anders handeln zu können. Hier geht es um den Rekurs auf die Kontingenz des Handelns. Anders handeln zu können hat zwei Aspekte: Einmal wird damit die Fähigkeit des Akteurs angesprochen, auf wechselnde oder gar neuartige Gegebenheiten seiner Umwelt einzugehen und nicht nur stur sein Programm auszuführen oder die Funktion einfach einzustellen, wie ein noch nicht umgerüsteter Fahrkartenautomat, der die neue europäische Währung nicht annimmt. Zum anderen bedeutet es auch, das eigene Verhalten verändern zu können und damit für andere Akteure nicht gleich berechenbar zu sein. Technische Artefakte können in dem Maße, in dem sie Verhaltensoptionen im Sinne eines Auch-anders-handeln-Könnens besitzen, zunehmend weniger nach dem Muster von Anweisung und Ausführung benutzt werden. Wichtiger wird stattdessen Interaktivität als Modus der Koordination zwischen Mensch und Maschine wie auch zwischen den Artefakten. Intelligente Automaten können sich auf die Eingabe verschiedener Währungen und auch auf die spontane Veränderung von Wünschen einstellen, die sie über Dialogschnittstellen und interne Nutzermodellierung bewältigen; umgekehrt legen es die Entwickler von interaktiven Computerspielen gerade darauf an, durch das Erzeugen einer virtuellen Kontingenz (vgl. Esposito 1995) die Handlungsabläufe der Spielfiguren für die Spieler nur schwer vorhersehbar und dadurch ihren Reiz als Interaktionspartner zu erhöhen. Die Technik ist so weit vorangeschritten, dass die Spieler nur noch schwer unterscheiden können, ob sich beispielsweise hinter den Gegnern von „Counterstrike" Softbots, also raffinierte Computerprogramme, oder menschliche Mitspieler verbergen.

Auch in Multiagenten-Systemen sind die einzelnen Agenten unter Umständen zwar mit eindeutigen Instruktionen ausgestattet. Aber in ihrem Zusammenspiel entstehen viele Freiheitsgrade, in welcher Weise und in welcher Reihenfolge diese jeweils abgearbeitet werden können, wobei der Umgang mit Agenten aus anderen Systemen die Kontingenz und die Anforderungen an die Interaktionsfähigkeit weiter erhöht. Lernen im Sinne der Fähigkeit, aus früheren Interaktionsfolgen Schlüsse ziehen zu können, und situatives Handeln im Sinne der Fähigkeit, Situationsmerkmale identifizieren und die Aktivitätsrahmen ändern zu können, sind die typischen Qualitäten des Handelns auf der mittleren Ebene. Es zeigt sich, dass avancierte Technologien in diesen Bereich vordringen und es sinnvoll sein kann, Maschinen unter dem Handlungsaspekt des Anders-handeln-Könnens zu beobachten. Gleichzeitig wird deutlich, dass der Handlungsbegriff der Akteur-Netzwerk-Theorie zu unterkomplex angelegt ist, um die Differenzen zwischen der ersten und dieser Ebene des Handelns angemessen zu erfassen. Umgekehrt ist die Unterscheidung von Collins und Kusch zwischen mimeomorphem und polymorphem Handeln in der Rigidität ihrer Alternative zwischen algorithmischem Verhalten und nur sinnhaft verstehbarem Handeln ebenfalls zu unterkomplex, um die hier interessierenden Zwischenstufen eines gradualisierten Handlungsbegriffs in den Blick zu bekommen.

Auf der dritten Ebene schließlich geht es um die Intentionalität und Reflexivität des Handelns. So wie die Begriffe in der humanwissenschaftlichen Tradition gebildet sind, ist es offensichtlich, dass sie von vornherein nur auf das bewusstseinsfähige menschliche Subjekt bezogen sind, das sein Verhalten sinnhaft zu steuern befähigt ist und sich dabei insbesondere an dem ebenfalls als sinnhaft unterstellten Verhalten anderer menschlicher Subjekte orientiert. Schachprogramme können demnach nicht den Willen haben, die Partie zu gewinnen, und Übersetzungsprogramme verstehen nicht, was sie mit den Wörtern tun. Aber sie lassen sich – wenn wir eine stärker operative Auffassung von Intention und Reflexivität verfolgen – so interpretieren, als ob sie eine intentionale Struktur besäßen, die alle ihre Operationen in eine bestimmte Richtung treibt, und als ob sie ein Metaprogramm aufrufen könnten, das in Rekurs auf die Reaktionen anderer Agenten die Rahmen für die eigenen Programme verändert. Und mehr noch: Im Fall bestimmter avancierter Techniken wie der oben erwähnten BDI-Agenten ist das intentionale Vokabular nicht mehr nur eine konsistente und komplexitätsreduzierende nachträgliche Deutung technischer Abläufe, sondern definiert die Semantik der Algorithmen, die die Funktionsweise der Technik bestimmen. Damit entsteht eine Situation, in der Techniken ihre eigenen Verhaltensweisen mit Hilfe begrifflicher Konzepte steuern und kommunizieren, die große Ähnlichkeit mit den Semantiken haben, mit denen menschliche Akteure sich über ihre intentionale Handlungsfähigkeit verständigen.

Solange es zum selbstverständlichen Bestand des alltagsweltlichen wie auch des sozialwissenschaftlichen und philosophischen Wissens gehörte, dass sich das intentionale Vokabular sinnvoll nur auf das Verhalten bewusstseinsfähiger menschlicher Subjekte anwenden lässt, lag es zugleich auch nahe, diese Art und Weise Verhalten zu verstehen, reifizierend zu deuten: dahingehend dass diese Begriffe Realphänomene des exklusiv menschlichen Verhaltens benennen. Diese Gewissheit wird in dem Maße brüchig, in dem wir es zunehmend nicht nur mit Techniken zu tun bekommen, die uns ihrer internen Komplexität wegen eine intentionale Beschreibungssprache geradezu aufzwingen, sondern darüber hinaus mit Techniken, die dieses Vokabular selbst verwenden, um ihre eigenen Abläufe zu organisieren und interaktiv zu koordinieren. Unterscheidet sich, so können wir nun fragen, die Art und Weise, in der wir das Verhalten unserer Mitmenschen (und unser eigenes) intentional deuten, tatsächlich in allen Fällen grundlegend von der Anwendung dieses Vokabulars auf Technik? Ist nicht auch die intentionale Deutung des Verhaltens unserer Mitmenschen eine Interpretation des Verhaltens von „black boxes" auf der Grundlage äußerer Anzeichen, mittels derer wir auf nicht direkt beobachtbare interne Zustände (Bewusstseinszustände) zurückschließen? Und gilt Gleiches cum grano salis nicht auch vielfach für die Steuerung und Deutung eigenen Verhaltens? Wir plädieren also auch auf der Ebene der intentionalen Bestimmung des Handlungsbegriffs gegen ein substanzialistisches und für ein pragmatistisches Verständnis: Das heißt wir plädieren dafür, das Augenmerk auf die empirisch beobachtbaren gesellschaftlichen Praktiken der Verwendung intentionaler Begriffe bei der Steuerung und Interpretation menschlichen wie technischen Verhaltens zu richten. Denn nur so lassen sich die zu erwartenden Veränderungen in der Verteilung von Handlungsvollzügen auf Mensch und Technik sichtbar machen, die auf dieser dritten Ebene des Handlungsbegriffs anzusiedeln sind. Differenzen zwischen menschlichen Akteuren und den hier interessieren-den avancierten Techniken bezüglich mentaler Kapazitäten und sozialer „skills" (die wichtigste Munition jeder substanzialistischen Argumentation) spielen bei dieser Betrachtung dagegen nur eine Rolle, insofern sie einen Einfluss auf diese Praktiken haben.

Der gradualisierte Handlungsbegriff erlaubt es uns, die beiden entgegengesetz-ten Reduktionismen bei der Bestimmung des Verhältnisses von menschlichem Handeln und technischem Operieren zu umschiffen, ohne im begrifflichen Nie-mandsland der Akteur-Netzwerk-Theorie zu stranden (vgl. Schulz-Schaeffer 2000: 128 ff.). Weder sind wir gezwungen zu behaupten, dass technische und mensch-liche Aktivitäten in einem reduktionistischen Sinne dasselbe Verhalten sind. Noch müssen wir davon ausgehen, dass technisches Operieren und menschliches Han-deln in einem grundsätzlichen Sinne voneinander unterschieden sind. Vielmehr eröffnen wir mit einem Handlungsbegriff, der zwischen drei Ebenen differenziert und verschiedene Grade von *agency* zulässt, ein Spektrum von Möglichkeiten, mit dem wir – ohne Ansehen der Einheit, die agiert – die Art und das Maß von Hand-lungsfähigkeit identifizieren und klassifizieren können. In welcher Hinsicht und zu welchen Anteilen Handeln auf menschliche und technische Handlungsträger ver-teilt ist, können wir auf diese Weise für den je konkreten Fall als empirische Frage behandeln. Damit kann die Frage, was Maschinen können oder nicht können, jen-seits begrifflicher und ontologischer Setzungen, dafür aber in Abhängigkeit vom Stand der technischen Entwicklung und der Art und Weise ihrer gesellschaftlichen Deutung und Nutzung diskutiert werden.

Wir halten fest: Handeln definieren wir aufsteigend auf der untersten Ebene als das Bewirken von Veränderungen (Kausalität). Auf der mittleren Ebene enthält unser Handlungsbegriff das zusätzliche Kriterium des Auch-anders-handeln-Kön-nens (Kontingenz), auf der obersten Ebene das abermals zusätzliche Kriterium der Verwendung eines intentionalen Vokabulars bei der Steuerung und/oder Deu-tung des fraglichen Verhaltens (Intentionalität). Auf welche der drei Ebenen dieses Handlungsbegriffs bei der Untersuchung technischer Handlungsträgerschaft und verteilten Handelns sinnvollerweise zu rekurrieren ist, ergibt sich aus der Typik des jeweiligen Handlungszusammenhangs. Wo wir es mit Situationen zu tun ha-ben, in denen auch das menschliche Verhalten primär unter dem Gesichtspunkt seiner verändernden Wirksamkeit als Handeln thematisiert wird, sollte auch für die Beurteilung der Akteursqualitäten von Technik kein höherer Maßstab angelegt werden müssen. Gleiches gilt in entsprechender Weise auf den anderen Ebenen des Handlungsbegriffs. Wir gelangen damit insgesamt zu einem Verständnis von Handlungsträgerschaft, für das es keinen grundsätzlichen Unterschied macht, ob *agency* über menschliche Handlungen, physikalische Bewegungen oder zeichenhafte Operationen als mediale Träger verwirklicht wird.[11]

Mit diesem gradualisierten Handlungsbegriff können wir nicht nur die Frage nach der menschlichen und nicht-menschlichen *agency* in Konstellationen verteilten Handelns beantworten, sondern wir haben damit auch ein begriffliches Werkzeug in der Hand, um die verschiedenen Techniken nach dem Grad ihres (Mit-) Handelns innerhalb sozio-technischer Zusammenhänge zu unterscheiden Damit gehen wir auf der einen Seite über die AkteurNetzwerk-Theorie hinaus, deren übergeneralisierte „symmetric metalanguage" (Callon/Latour 1992: 354) nicht einmal zwischen veränderndem Bewirken und Auch-anders- handeln-Können zu unterscheiden erlaubt[12] und umso weniger noch die Unterschiede zwischen einfachen Mechanismen und interaktiven Programmen erfassen kann. Wir gehen damit auf der anderen Seite aber auch über klassische soziologische Handlungstheorien hinaus, die sich keinen Begriff von den unterschiedlichen Graden der Wirksamkeit, Kontingenz und Gerichtetheit technischer Aktionen innerhalb sozio-technischer Handlungszusammenhänge machen können.

Gradualisierung nach Ebenen	Gradualisierung innerhalb der Ebenen
intentionale Erklärung	von der Zuschreibung einfacher Dispositionen bis hin zur Verhaltens Steuerung und -koordination mittels komplexer intentionaler Semantiken
Auch-anders-handeln-Können	von der Auswahl zwischen wenigen vorgegebenen Handlungsalternativen bis hin zur „freien" Selbstgenerierung wählbarer Alternativen
verändernde Wirksamkeit	von der kurzzeitigen Störung bis hin zur dauerhaften Umstrukturierung von Handlungszusammenhängen

Abbildung 6.5   Schematische Darstellung des gradualisierten Handlungsbegriffs (eigene Darstellung, © Rammert)

Eine wichtige Ergänzung zu diesem gradualisierten Handlungsbegriff kann hier nur angedeutet werden: Unterschiedliche Grade von Handlungsträgerschaft sind nicht nur zwischen, sondern auch innerhalb jeder der drei Ebenen zu verzeichnen

---

11   Einen weiteren Ansatz zur Gradualisierung des Handlungsbegriffs, der konzeptionell anders gebaut, aber auch von dem Anliegen getragen ist, die Frage empirisch offenzuhalten, welche Entitäten als Akteure in Frage kommen, unterbreitet Lindemann 2002.

12   Die Akteur-Netzwerk-Theorie vermag deshalb auch nicht zwischen dem nur effektiv situierten Handeln von Schlüsselanhängern, Türschließern und Straßenschwellen und dem genetisch situierten Handeln bereits einfachster reaktiver Software-Agenten zu unterscheiden. Vgl. zu dieser Differenz Schulz-Schaeffer 1998: 143 ff.

(vgl. Abbildung 6.5). So hängt etwa auf der untersten Ebene, die im verändernden Bewirken enthaltene Handlungsmacht (vgl. Giddens 1992: 66) wesentlich davon ab, wie reversibel oder irreversibel die Einwirkung den fraglichen Handlungszusammenhang verändert und kann dementsprechend unterschiedlich groß sein. Genau darauf beruht beispielsweise Latours These von der Technik als „society made durable" (Latour 1991). Auf der mittleren Ebene des Auch-anders-handeln-Könnens reicht das Spektrum von der Wahl zwischen vordefinierten Alternativen etwa im formal geregelten bürokratischen Verwaltungsablauf oder in der If-else-Struktur von Software-Programmen bis hin zur vergleichsweise „freien" Selbstgenerierung der wählbaren Alternativen beim individuierten Bewohner der Spätmoderne oder bei lernfähigen technischen Agenten, evolutionären Algorithmen, neuronalen Netzen, fallbasiertem Schließen u.Ä.m (vgl. Grunwald 2002). Und auf der Ebene des intentionalen Handlungsbegriffs schließlich ist mit unterschiedlichen Graden von Handlungsträgerschaft zu rechnen je nach dem, in welchem Maße die intentional ermittelte Handlungsfähigkeit auf Zuschreibungen Anderer beruht (und im Extremfall, wie etwa im Gerichtsverfahren, eher deren *agency* dokumentiert) und in welchem Ausmaß das intentionale Vokabular der Verhaltens Steuerung selbst zu Grunde liegt. Doch dies sind zunächst nur kursorische Überlegungen, die weiterer Ausarbeitung bedürfen.

6.4.3 Konstruktion und Konventionalisierung: Grade der Objektivierung des Handlungsverständnisses

Am Beginn dieses Abschnitts haben wir eine konzeptuelle Herangehensweise an die Frage nach der Handlungsträgerschaft von Technik in Aussicht gestellt, die in der Lage ist, die drei analytischen Differenzen, auf der der klassifikatorische Überblick über die Forschungslandschaft beruhte, in einem integrativen Ansatz wieder aufeinander zu beziehen. Mit Blick auf die Differenz zwischen normativen und deskriptiven Ansätzen bestand unser Vorschlag darin, eine begriffliche Ausgangsposition zu schaffen, von der aus die Frage nach der *agency* von Technik als offene empirische Frage gestellt werden kann. Aus diesem Grund haben wir uns um einen Handlungsbegriff bemüht, der es erlaubt, Ähnlichkeiten zwischen menschlichen und technischen Aktivitäten zu beobachten, ohne solche Ähnlichkeiten begrifflich vorauszusetzen, und der es erlaubt, Unterschiede zu beobachten, ohne eine Unterschiedlichkeit beider Phänomenbereiche begrifflich zu zementieren. Mit Blick auf die Differenz zwischen Ansätzen, die jegliche Techniken als mögliche Handlungsträger thematisieren und solchen, die diese Frage nur auf bestimmte avancierte Techniken für anwendbar halten, bestand unser Vorschlag darin, von einem gradualisierten Handlungskonzept auszugehen und die Frage fallweise auf der für den jeweiligen Handlungszusammenhang relevanten Ebene des Handlungsbegriffs zu beantworten. Damit bleibt nun noch die Frage des Umgangs mit der dritten unserer analytischen Differenzen offen.

Unser Vorschlag, wie sich die Differenz zwischen der Betrachtung technischer *agency* als Attributionsphänomen oder als Beschreibung empirisch vorfindlicher technischer Operationen konzeptuell bewältigen lässt, beruht auf einer Erwägung, die den engeren Problemkontext technischer Handlungsträgerschaft zunächst verlässt. Ausgangspunkt ist die Feststellung, dass diese Alternative keineswegs nur im Diskurs über Technik vorkommt. Im Gegenteil: Die Frage, ob die Handlungsqualität eines gegebenen Verhaltens über Zuschreibungsprozesse konstituiert wird oder ob sie auf spezifischen Eigenschaften des sich so Verhaltenden beruht, stellt sich im Fall menschlichen Handelns ebenso. So kann mit der sozialpsychologischen Attributionsforschung auf einen ganzen Forschungsbereich verwiesen werden, in dem die hohe Bedeutung von Zuschreibungsprozessen im gesellschaftlichen Alltag der Handlungserklärung vielfältig empirisch belegt wurde (für einen Überblick vgl. Weiner 1994). Wer also meint, dass sich Menschen und Maschinen allein schon dadurch klar voneinander unterscheiden, dass gegenüber technischen Artefakten stets nur in einer „uneigentlichen", nämlich auf Zuschreibungen beruhenden Weise von Handeln die Rede sein kann, muss sich entgegenhalten lassen, dass diese Art der Identifikation von Handlungen auch bei der Erklärung menschlichen Verhaltens eine wichtige Rolle spielt.

Wir können aber sogar noch einen Schritt weiter gehen: Auf einer sehr allgemeinen Ebene der Betrachtung kommt man nicht umhin, mit Luhmann (1984: 228) für jegliches menschliches Handeln zu konstatieren: „Handlungen werden durch Zurechnungsprozesse konstituiert" (vgl. z.B. auch Weiß 2002, Lindemann 2002 und Grunwald 2002). Um diese starke These zu plausibilisieren, reicht es, auf zweierlei zu verweisen: zum einen auf die sozialhistorische Genese unseres Verständnisses vom menschlichen Akteur und auf die diesbezüglichen beständigen Grenzkorrekturen und zum anderen auf die gesellschaftliche Konstruiertheit des intentionalen Vokabulars, das im Alltag wie im wissenschaftlichen Diskurs die wesentliche begriffliche Grundlage dafür ist, menschlichem Verhalten mit Blick auf seine Handlungsqualitäten eine Sonderstellung zuzumessen.

Was für die soziologische Reflektion eine Trivialität ist, gerät im alltäglichen wie im sozialwissenschaftlichen Umgang mit dem Handlungsbegriff leicht aus dem Blick: Die uns geläufige Vorstellung vom menschlichen Akteur existiert nicht immer schon. Die theologisch-philosophische Figur von der Willensfreiheit ist ebenso eine kulturelle Errungenschaft wie es etwa die juristischen Figuren der Rechtsfähigkeit, der Schuldfähigkeit oder der Individualzurechnung von Schuld sind. Insofern ist der Akteur, als den wir unser mitmenschliches Gegenüber im Normalfall betrachten, eine „Erfindung". Zunächst waren es viel eher die Götter oder der Gott und ihre bzw. seine irdischen Repräsentanten, auf die das Attribut der Handlungsfähigkeit zutraf. Sie und nur sie waren es, denen im Vollsinne die Fähigkeit zuerkannt wurde, etwas bewirken zu können (etwa: die physischen und seelischen Lebensgrundlagen bereitzustellen), nach eigenem Ermessen so oder auch anders handeln zu können (etwa: zu belohnen und zu strafen) und dies auf der Grundlage einer komplexen intentionalen Struktur (paradigmatisch dafür in der reformatorischen christlichen Theologie: der unergründliche Ratschluss Gottes bei der Entscheidung über Heil und Verdammnis). Den Status des mit Willens- und Handlungsfreiheit ausgestatteten Akteurs in dem uns geläufigen und auf alle durchschnittlich kompetenten Gesellschaftsmitglieder routinemäßig angewendeten Sinne erlangt das menschliche Individuum erst in dem Maße, in dem die systematische Gewinnung von Wissen über Natur, Technik und Gesellschaft zur primären Ressource des Weltverstehens und des verändernden Eingriffs in die menschlichen Lebensumstände wurde; in dem Maße, in dem die Tradition ihre unhinterfragbare Autorität verlor und das Wissen über die Welt für breite Teile der Gesellschaft (wenigstens im Prinzip) zugänglich und überprüfbar wurde; in dem Maße, in dem das durchschnittliche Gesellschaftsmitglied nicht mehr der alternativlosen Situation willkürlicher Herrschaft ausgeliefert war, sondern Herrschaft zunehmend (wenigstens im Prinzip) als nach Regeln der Delegation und Repräsentation seines Willens organisiert vorfand; und in dem Maße, in dem die Menschen sich als privat kalkulierende Produzenten und Käufer auf Märkten erlebten, mit der zumindest im Prinzip gleichen Chance, aus der Kontingenz des jeweiligen Verhaltens der Anderen und den daraus resultierenden Möglichkeiten, als Anbieter oder Nachfrager eigene, individuelle Vorteile zu erringen.

Der Mensch als Akteur ist auf einer grundsätzlichen Ebene der Betrachtung mithin eine soziale Konstruktion, die erst historisch und in bestimmten Kontexten entstanden ist. Das heißt, dass zugleich auch umgekehrt damit zu rechnen ist, dass veränderte Gegebenheiten dazu führen können, dass die Kriterien der Zurechnung des Akteurstatus partiell neu ausgehandelt und neu institutionalisiert werden können. Dass die Konzepte, auf denen unser Verständnis menschlicher Akteure beruht, dieses Verständnis nicht ein für allemal zementieren, lässt sich insbesondere an rechtshistorischen Beispielen und aktuellen Rechtsdebatten gut zeigen. Man denke etwa an die spätmittelalterlich-frühneuzeitliche Ausweitung der Eigenschaft der Rechtsfähigkeit von natürlichen Personen (Menschen) auf juristische Personen (Vereine, Verbände, Unternehmen) (vgl. Coleman 1990: 534 ff.) oder auch an die neueren Überlegungen zur Frage der Ausweitung der Schuldfähigkeit auf juristische Personen, die in der deutschen Strafrechtsdogmatik zwar noch überwiegend abgelehnt wird, im englischen und u.s.-amerikanischen Strafrecht dagegen bereits Realität ist (vgl. Roxin 1997: 209). Die Grenzziehung bei Fragen der Rechts- und der Schuldfähigkeit des menschlichen Subjekts hat sich immer wieder verändert. So erkennt etwa das deutsche Strafrecht erst seit der Strafrechtsreform der Siebzigerjahre an, dass Geisteskrankheiten nicht-organischer Art zu Schuldunfähigkeit führten können. Zuvor galten, so Roxin (1997: 757), „Neurosen und Triebanomalien, die nicht auf körperliche Defekte zurückgehen, … als ‚Spielarten menschlichen Seins' und sollten nicht exkulpieren." Zu unterschiedlichen Grenzziehungen kommt es sogar innerhalb des Gesetzeskorpus eines so systematisch angelegten Rechtssystems wie des deutschen. So beginnt beispielsweise die zivilrechtliche Rechtsfähigkeit des Menschen mit der Vollendung der Geburt. Strafrechtlich beginnt der rechtliche Schutz des werdenden Menschen dagegen bereits „mit Abschluss der Einnistung des befruchteten Eies in der Gebärmutter" (§ 218 StGB) – und wann und unter welchen Bedingungen ein Schwangerschaftsabbruch dennoch nicht rechtswidrig ist oder trotz Rechtswidrigkeit straflos bleibt, ist bekanntlich Gegenstand langanhaltender gesellschaftlicher Auseinandersetzungen. Über interkulturelle Differenzen bei der Beurteilung von Schuldfähigkeit schließlich belehren uns die Nachrichten aus den USA über die Vollstreckung der Todesstrafe gegenüber geistig zurückgebliebenen Menschen[13] oder zum Tatzeitpunkt Minderjährigen.

Ein ähnliches Bild der prinzipiellen Unselbstverständlichkeit des uns gemeinhin Selbstverständlichen – und das ist, wenn man Hacking (1999: 27 ff.) folgt, der Kern der Rede von etwas als einer sozialen Konstruktion – ergibt sich bei der Betrachtung des intentionalen Vokabulars. Um wieder mit einer Äußerung Luhmanns zu beginnen: „Absichten fungieren im sozialen Verkehr … als … verkehrsnotwendige Fiktionen. Es sind, weniger hart ausgedrückt, kurzschlüssige, aber alltagstaugliche Erklärungen für Handlungen" (Luhmann 1992: 106). Dass Motive auf einer grundlegenden Ebene der Betrachtung viel eher als Ausdruck einer „Grammatik der Alltagssprache und des Alltagsverhaltens" (Blum/McHugh 1975: 171) anzusehen sind denn als individuelle, interne Eigenschaften von Menschen, darauf hat C. Wright Mills früh schon hingewiesen: „Rather than fixed elements ‚in' an individual, motives are the terms with which interpretation of conduct *by social actors* proceed. This imputation and avowal of motives by actors are social phenomena to be explained." (Mills 1940: 904) Aus dieser Perspektive der Betrachtung ist das intentionale Vokabular das begriffliche Kondensat gesellschaft-

---

13 Für die USA ist eine erneute Veränderung der Grenzziehung zu verzeichnen, nachdem der dortige Oberste Gerichtshof im Juni 2002 die Hinrichtung geistig zurückgebliebener Menschen verboten hat.

lich konsentierter Handlungserklärungen: „A satisfactory or adequate motive is
one that satisfies the questioner of an act... A stable motive is an ultimate in justi-
ficatory conversation. The words which in a type Situation will fulfill this function
are circumscribed by the vocabulary of motives acceptable for such situations."
(ebd. 907) Das intentionale Vokabular „var(ies) in content and character with historical epochs and societal structures" (ebd. 913), es wird von dem werdenden
Gesellschaftsmitglied sozialisatorisch erworben (vgl. ebd. 909; zum Ganzen vgl.
auch Gerth/Mills 1953/1970: 102-117).

Die Feststellung, dass unser geläufiges Verständnis dessen, was ein menschlicher Akteur ist und was menschliches Handeln auszeichnet, auf einer grundsätzlichen Ebene der Betrachtung eine historisch bedingte und sich in Aspekten
kontinuierlich Verändernde soziale Konstruktion ist, impliziert allerdings nicht zugleich, dass die Bedeutung dessen, was es heißt, Akteur zu sein und zu handeln, zu
jedem Zeitpunkt frei aushandelbar wäre. Wir können beispielsweise zwar wissen,
dass sich das Konzept der auf individuelle Personen zugerechneten Autorschaft
samt den damit verbundenen personenbezogenen Reputationschancen im Wesentlichen eine neuzeitliche Erfindung ist (vgl. Luhmann 1990: 248). Nichtsdestotrotz
ist die persönlich zugeschriebene Autorschaft normalerweise ein unhinterfragter
Bestandteil unserer Existenz als wissenschaftliche Akteure, auf dessen Gültigkeit
wir uns mit jeder Publikation, die wir verfassen oder rezipieren, ganz selbstverständlich verlassen. Wir können uns auch vor Augen führen, dass ein Motiv wie
das des wissenschaftlichen Reputationsgewinns ein gesellschaftlich hochgradig
voraussetzungsreiches Konstrukt ist. Und wir werden uns dennoch nicht ausreden
lassen, dass es ein „echtes" Motiv unseres Handelns als Wissenschaftler ist, für
unsere Forschungsergebnisse die Anerkennung der interessierten Fachöffentlich-
keit gewinnen zu wollen.

Allgemeiner ausgedrückt: Wesentliche Bedeutungsgehalte dessen, was es heißt,
als Mensch (oder spezifischer: als Inhaber einer bestimmten Rolle, Funktion oder
Position) zu handeln, sind in einer Weise gesellschaftlich konsentiert und institutionalisiert sowie in einer Weise individuell internalisiert und im Alltagswissen
sedimentiert, dass selbst die grundsätzliche Erkenntnis ihrer sozialen Konstruiertheit uns kaum davon abzubringen vermag, sie „in der natürlichen Einstellung
des täglichen Lebens" (Schütz/Luckmann 1984: 96) als Beschreibungen menschlicher Handlungseigenschaften zu empfinden und zu verwenden (Lindemann 2002
spricht hier von „generalisiert gültige(n) Deutungspraktiken"). Auf der anderen
Seite finden wir insbesondere in der Randzone dessen, was gerade noch oder gerade nicht mehr als Handeln gelten könnte, die Bereiche, in denen der Zurechnungs-
charakter des Handelns für die Beteiligten wie für die Beobachter noch mehr oder
weniger deutlich zu Tage tritt.

Wir können zusammenfassend festhalten: Auf einer grundsätzlichen Ebene der soziologischen Betrachtung macht es einen guten Sinn davon auszugehen, dass die Handlungsqualität jeglichen Handelns über Zuschreibungsprozesse konstituiert wird. Die Muster der Handlungszuschreibung sind zu einem beträchtlichen Teil gesellschaftlich konsentiert und zum Bestandteil des selbstverständlichen Weltwissens erfolgreich sozialisierter Gesellschaftsmitglieder geworden. Dies führt dazu, dass die routinemäßige oder diskursive (Selbst-)Vergewisserung, ob Handeln vorliegt, in objektivierter Form als (Selbst)- Vergewisserung über empirisch beobachtbare Eigenschaften des betreffenden Akteurs stattfinden kann und stattfindet. Nur dort, wo der Prozess der Objektivierung noch nicht abgeschlossen ist oder ehemals konsentiertes diesbezügliches Wissen seine Selbstverständlichkeit verliert, wird der grundsätzlich kontingente Charakter der Handlungsträgerschaft in Aspekten auch alltagsweltlich wahrnehmbar.

In direktem Anschluss an diese Überlegungen können wir unseren Vorschlag formulieren, wie sich die beiden Betrachtungsweisen technischer *agency* entweder als Attributionsphänomen oder als Beschreibung empirisch vorfindlicher technischer Operationen konzeptuell aneinander rückbinden lassen: Die Positionen, die die Handlungsträgerschaft von Technik auf beobachtbare Eigenschaften technischer Artefakte zurückführen, lassen sich jetzt als Positionen kennzeichnen, die die Kategorien objektivierter Handlungszuschreibung auch auf Technik anwenden. Ihr impliziter oder expliziter Ausgangspunkt ist die gesellschaftliche Selbstverständlichkeit bestimmter Konventionen der Handlungszuschreibung, die sie dann auch bei der empirischen Beobachtung oder der ingenieurmäßigen Konstruktion technischer *agency* zu Grunde legen. Dagegen betonen diejenigen Ansätze, die die Handlungsträgerschaft von Technik ausdrücklich als ein Attributionsphänomen behandeln, die Unselbstverständlichkeit dieser Art und Weise, technische Aktivitäten zu thematisieren: sei es, weil sie feststellen, dass die beobachteten Akteure selbst ihre Handlungszuschreibungen an Technik als „uneigentliche" Redeweise markieren; oder auch weil aus der Perspektive der jeweiligen attributionstheoretischen Position die soziale Konstruiertheit der beobachteten Handlungszuschreibungen markiert werden soll; oder schließlich auch, weil die Bestrebungen darauf zielen, bestehende durch veränderte Konventionen der Handlungszuschreibung zu ersetzen.[14]

Die Differenz, ob das Handeln der Technik als Resultat von Zuschreibungen thematisiert wird oder als eine Eigenschaft der Artefakte selbst, ist also eine Dif-

---

14 „Theoriearchitektonisch" entspricht dieser Lösungsvorschlag der Rekonzeptualisierung der Differenz zwischen objektivistischen und konstruktivistischen Positionen in der Risikoforschung bei Krohn/Krücken 1993: 9 ff.

ferenz hinsichtlich des Grades der Konventionalisierung von Mustern der Handlungszuschreibung auf Technik (bzw. des Grades der Dekonstruktion solcher Konventionen durch den wissenschaftlichen Beobachter). Die Frage, ob Maschinen
handeln können, ist aus dieser Perspektive die Frage danach, welche Techniken
in welchen Handlungszusammenhängen und unter welchen gesellschaftlichen Bedingungen als (Mit-)Handelnde definiert und behandelt werden und inwieweit sich
diese Sicht- und Handlungsweise mit welchen Folgen durchsetzt. Dabei ist insbesondere von Interesse, ob, wo und in welchem Ausmaß sich ein objektiviertes
Handlungsverständnis von Technik etabliert oder in welchem Ausmaß umgekehrt
dessen Zuschreibungscharakter im Diskurs über das Handeln der Technik weiter
mitgeführt wird. Die Thematisierung technischer *agency* kann für die gesellschaftlichen Felder des wissenschaftlichen Labors, der nutzenden Arbeitsorganisation,
der Rechtsprechung oder des alltäglichen Umgangs zunächst sehr unterschiedlich
ausfallen. Es ist dabei durchaus denkbar, dass sich im Laufe der Zeit und als Resultat der Vereinheitlichung neuer Erfahrungen im Umgang mit Technik Konventionen eines objektivierten Handlungsverständnisses etablieren, die das Verhalten
technischer Artefakte in veränderter Weise einbeziehen (vgl. Weiß 2002). Die gesellschaftlich konsentierte Ausweitung des eigenschaftsbezogenen Handlungsverständnisses über den individuellen menschlichen Akteur hinaus ist auch unter den
Bedingungen der Moderne nicht von vornherein ausgeschlossen. Dies erweist sich
bereits an der Rechtsfigur der juristischen Person.

Mit der Thematisierung der Frage nach dem Handeln der Technik befinden
wir uns – das machen die vorangegangenen Überlegungen auch deutlich – auf
einer nicht ungefährlichen Gratwanderung, die zugleich aber interessante Ausbli-
cke verspricht. Die allgemeine Feststellung, dass jegliches Handlungsverständnis
auf einer grundsätzlichen Ebene über Zuschreibungsprozesse konstituiert wird
und die konkrete Beobachtung, dass dieser Begriffskomplex zumindest in seinen
Randzonen angesichts veränderlicher gesellschaftlicher Gegebenheiten beständig
neu justiert wird, sprechen dafür, dass es nicht von vornherein absurd ist, sich
über die Frage der Handlungsträgerschaft von Technik Gedanken zu machen. Insofern ist erst einmal Vorsicht geboten gegenüber den pauschalen Vorwürfen der
Begriffsverwirrung, der verunklarenden Begriffsnivellierung oder des naiven An-
thropomorphismus, wenn es um das Handeln von Maschinen geht. Auf der anderen Seite muss der Diskurs über die Frage des Handelns der Technik aber auch
dem Umstand Rechnung tragen, dass das allgemeine Verständnis dessen, was es
heißt zu handeln bzw. ein handlungsfähiges Subjekt zu sein, zu wesentlichen Teilen in gesellschaftlich konsentierter, institutionalisierter und im Alltags wissen
sedimentierter Form vorliegt. Dieses gesellschaftlich objektivierte Handlungsverständnis lässt sich nicht einfach ignorieren oder nur um den Preis, dass der Dis-

kurs über die *agency* von Technik zu einem akademischen Glasperlenspiel oder zu einem fiktionalen Genre zu werden droht. Die gleiche Vorsicht ist deshalb auch gegenüber vorschnellen Verallgemeinerungen und kühnen Thesen angesagt, etwa wenn jegliche Technik ohne Weiteres den Akteurstatus zuerkannt bekommt, die Welt als von Cyborgs bevölkert angesehen wird oder wenn prophezeit wird, dass Roboter und andere Künstliche Intelligenzen bald das Gesetz des Handelns an sich reißen würden.

6.5 Perspektiven für Forschung und Praxis

Die Spannung zwischen klassischer soziologischer Handlungstheorie und postmodernen Beschreibungen hybrider Handlungszusammenhänge von Mensch und Technik, die wir zu Beginn diagnostizierten, haben wir nicht aufgelöst, sondern versucht, konstruktiv mit ihr umzugehen. Wir haben auf der einen Seite an soziologische Theoriebestände angeschlossen, indem wir die Frage nach dem Handeln und den Bedingungen seiner Konstitution stellten. Allerdings haben wir versucht, sie mit der Frage nach der Technik zu verbinden und sie für Fragen der Identität und Differenz zwischen menschlichem Verhalten und technischen Abläufen offenzuhalten. Auf der anderen Seite haben wir uns den Veränderungen im Verhalten technischer Artefakte und in der Beschreibung sozio-technischer Konstellationen gestellt, indem wir die Herausforderungen zunehmender Eigenaktivität von Techniken und symmetrisierender Ansätze annahmen, sie jedoch für die Weiterentwicklung des Handlungskonzepts nutzten. Daraus erwachsen spannende Forschungsfragen für die Soziologie und mögliche Beiträge für die Lösung praktischer Probleme. Zum Schluss seien nur einige wenige angedeutet.

Wenn wir mit Fuller (1994) davon ausgehen, dass *agency* als eine besondere Qualität nur „in medias res" aus einem schon vorhandenen sozialen Raum von Aktivitäten erschlossen werden kann, dann wird die Frage nach der Spezifizität des Handelns viel schärfer gestellt als in der üblichen Ego-Alter-Situation. Es taucht die Frage auf, wie Handeln als Einheit abgegrenzt und einer Instanz als der Handlungsträgerin zugerechnet wird. Unterschiede zwischen Handlungsträgern – Körpern, Dingen oder Zeichenprogrammen – und Unterschiede von Sichtbarkeit, Anwesenheit, Expressivität und Körperlichkeit gewinnen an Bedeutung. Die Möglichkeit der Zurechnung von Handlungen auf nicht-menschliche Instanzen (korporative Akteure, technische Agenten) tritt als zumindest prinzipielle Möglichkeit in das Blickfeld des Beobachters. Die Geschichte der semantischen Inventionen, gesellschaftlichen Konventionen und juristischen Regeln, die festlegen, wie und unter welchen Bedingungen Wesen, wie Menschen, Frauen oder Kindern, Göttern,

Pflanzen oder Tieren, Individuen oder Korporationen, der Status als Akteure zu-
oder abgesprochen wird, könnte die etwas steril gewordene handlungstheoretische
Diskussion wieder anregen und bereichern. *Agency* wäre der zentrale Bezugspunkt, nicht mehr menschliches Handeln.

Wenn wir vorschlagen, Handeln als zwischen Mensch und Technik verteiltes
Handeln zu untersuchen, so verstehen wir dies nicht zuletzt als einen Beitrag zur
Überwindung der „Technikvergessenheit" der Soziologie (vgl. Rammert 1998c)
und der Beschränkung der Techniksoziologie auf Fragen der Technikfolgen und
der Technikgenese. Solange die Soziologie meint, Soziales exklusiv auf Beziehungen zwischen intentional bewusstseinsfähigen menschlichen Akteuren zurückführen zu können, wird es ihr schwerfallen, soziale Phänomene in den Blick zu
bekommen, die auf der Interaktivität mit Sachen und Zeichen beruhen. Angesichts
der Kreation neuer Wesen, wie Mäuseklone, Roboterratten und Softbots, und angesichts der Erfahrung neuer Beziehungen zu und vermittelst künstlicher Objekte
(vgl. Knorr Cetina 1998; Merz 2002) droht die Soziologie konzeptionell sprachlos
zu werden. Wenn man nicht meint, dass es hier nur um modische Diskurse geht,
kann man es als bedenklich empfinden, dass gegenwärtig viel eher die Kultur- und
Medienwissenschaften, die Philosophie und die Ethnologie gefragt werden und
gefragt sind, wenn es um die Erklärung dieser Phänomene und um Orientierung in
der von wissenschaftlichen und technischen Objekten durchdrungenen Welt geht.
Das Konzept gradualisierten und verteilten Handelns böte einen Weg, Forschungen auf diesen Feldern an soziologischer Theorie zu orientieren.

Wenn wir vorschlagen, Ebenen und Grade menschlicher und technischer *agency* zu unterscheiden, dann verbinden wir damit die Erwartung, die Ähnlichkeiten
und Unterschiede zwischen den menschlichen und technischen Aktivitäten innerhalb sozio-technischer Zusammenhänge differenziert empirisch untersuchen zu
können: nämlich auf den verschiedenen Ebenen und in den unterschiedlichen Aus-
prägungen dessen, was es jeweils heißen kann zu handeln. Hinsichtlich des hierbei
implizierten Perspektivwechsels folgen wir zunächst der Akteur-Netzwerk-Theorie: Statt nur nach den Folgen einer Technik für die Gesellschaft oder nach der
gesellschaftlichen Prägung einer Technik zu fragen, steht nun das Wechselspiel
gegenseitiger Einwirkung, Delegation und Substitution innerhalb soziotechnischer
Konstellationen im Mittelpunkt der Betrachtung: Wie sind die Aktivitäten auf die
einzelnen und auf die verschiedenartigen Träger verteilt? Wie viel Widerständigkeit, Flexibilität und Eigensinnigkeit besitzen die jeweiligen Handlungsträger?
Welche anderen Aktivitäten sind es, die die Wirksamkeit ihres Tuns, die Optionen ihres Auch-anders-handeln-Könnens und die Gerichtetheit ihrer Aktivitäten
begrenzen oder erweitern? In Abgrenzung zur Akteur-Netzwerk-Theorie meinen
wir allerdings, dass man ein wesentlich höheres Auflösungsvermögen bei der Be-

antwortung dieser Fragen erreicht, wenn man sie auf der Grundlage des gradua-lisierten Handlungskonzepts stellt anstatt auf der Grundlage einer „symmetric metalanguage".

Diese Fragen und theoretischen Zugänge zur *agency* von Maschinen und zum verteilten Handeln in soziotechnischen Konstellationen sind jedoch nicht nur rein akademischer Natur. Sie eröffnen den Soziologinnen und den Techniksoziologen den Zugang zu neuen relevanten Praxisfeldern und vermitteln ihnen eine neue Perspektive auf traditionelle Handlungsfelder. Informatisierte Arbeitsräume, wo sich Menschen, Nachrichten, Kommunikationsagenten und Bildschirmmasken mehr oder weniger organisiert vermengen, hoch technisierte Kontrollzentren, in denen Menschen-, Waren-, Geld-, Maschinen- und Informationsströme sich mehr oder weniger koordiniert kreuzen und weit verstreute Netzwerke des Verkehrs, in denen die Aktivitäten auf Fahrer, Fahrzeug und Umwelt, auf Satelliten, Funkstrahlen und Navigationsprogramme, auf viele Organisationen und technische Systeme verteilt sind (vgl. Kap. 7), überall da könnte sich die Perspektive verteilter und graduali-sierter *agency* als vorteilhaft erweisen. Wenn das Fliegen zum Beispiel nicht mehr als Aggregation instrumenteller Handlungssituationen nach dem Motto „Mensch steuert Maschine" gesehen, sondern unter der Perspektive verteilter Aktivitäten abgehandelt wird, dann kann man zum Beispiel daraus auch eine Sicht verteilter Verantwortlichkeiten in Netzwerken (vgl. Teubner 2001) entwickeln. Was bisher unter der groben Rubrik „technisches Versagen" abgehandelt wurde, das könnte jetzt viel feiner in Hinsicht auf unterschiedliche Grade von *agency* erfasst werden. Was bisher als Anpassungs- oder Substitutionsproblem in Mensch-Maschine-Be-ziehungen gesehen wurde, das könnte jetzt deutlicher als Frage danach angegangen werden, wie die Aktivitäten insgesamt auf die einzelnen Handlungsträger verteilt werden und wie viel *agency* jeweils die verschiedenen Instanzen eingeräumt erhalten. Alle diese Verteilungen können daraufhin befragt werden, wie viel spontane und selbstbestimmte Intervention sie zulassen, wie robust sie sich unter gestörten Bedingungen verhalten und wie viel Systemsicherheit sie bieten.

Es ist eben nicht so, wie man gemeinhin glaubt, dass, wenn wir vom Handeln der Maschinen sprechen, wir unsere Freiheit aufgeben und die Autonomie der Ma-schinen verkünden. Ganz im Gegenteil: Erst wenn wir die Frage der *agency* von Technik in unsere Überlegungen mit einbeziehen, ist unser Blick für die richtige Balance bei der Verteilung von Aktivitäten auf menschliche und andere Instanzen geschärft.

Verteilte Intelligenz im Verkehrssystem

7

Interaktivitäten zwischen Fahrer, Fahrzeug
und Umwelt

Zusammenfassung

„Intelligente Mobilität" ist nicht nur ein Thema für die technische Verkehrs-
wissenschaft und die Fahrzeugmechatronik, sondern auch für die Soziologie
und Sozionik verteilten Verhaltens in gemischten Konstellationen. Sie ist keine
Frage des Einsatzes von einzelnen Techniken (Tempomat oder Autopilot), auch
nicht nur eine Frage der optimalen Gestaltung von rein technischen Systemen
(der Assistenz oder automatischen Verkehrssteuerung). Sie hat es ebenso mit
Fragen der Mensch-Technik-Interaktivitäten und der Interaktionen zwischen
Verkehrsteilnehmern zu tun. Das setzt zunächst ein umfassenderes, Mensch
und Maschine einschließendes Verständnis von „verteilter Intelligenz" voraus: Initiative und Ausführung sind dabei auf die verschiedenen Instanzen
von Fahrer, Fahrzeug und technischen Systemen in der Umwelt verteilt. Das
verlangt zudem eine Auffassung von „interaktiver Intelligenz": Das kollektive und aggregierte Verkehrsverhalten entsteht erst aus den mehr oder weniger
fest erwartbaren Wechselbeziehungen zwischen menschlichen, sachlichen und
informatorischen Elementen und muss immer wieder neu im praktischen und
situativen Handlungsvollzug hergestellt werden.

7.1 Intelligente Mobilität aus der Perspektive von Techniksoziologie und Sozionik

Die Rolle der Sozialwissenschaften lässt sich nicht auf die Analyse der Folgen dieser Techniken für Fahrer und Verkehr einengen. Was später als gesellschaftliche Folge wahrgenommen wird, ist häufig schon in der Frühphase technischer Entwicklung vorgeprägt. In der Technikgeneseforschung (vgl. Rammert 2000a) haben wir gelernt, Visionen, Leitbilder und implizite Modelle der Ingenieure und Entwickler daraufhin zu befragen, welche unbeabsichtigten Effekte und Fehlentwicklungen sie zeitigen, wenn sie in die Konstruktionen eingehen. Die Techniksoziologie kann z.b. die „blinden Flecken" einer Ingenieurwissenschaft, die Intelligenz nur als „Maschinenintelligenz" nach dem Vorbild individueller psychologischer Problemverarbeitung konzipiert, aufzeigen, wie umgekehrt auch Ingenieure die systematischen Defizite einer soziologischen Auffassung von Handeln und Interaktion aufzeigen können, die ohne einen Bezug auf technische Mittel und Medien meint auskommen zu können. Da also Konzepte, hier die Auffassung der Intelligenz, für die Gestaltung der Fahrzeuge und die Ausrichtung intelligenter Mobilitätssysteme Folgen haben, werde ich mich im zweiten Teil mit den unterschiedlichen Konzepten von Intelligenz und ihren Implikationen befassen.

Zur Zeit arbeiten wir an der Entwicklung einer hybriden Perspektive, die wir Sozionik (vgl. Malsch et al. 1997) nennen. Analog zur Bionik verfolgt die Sozionik das Ziel, durch Übertragung sozialer Modelle und soziologischer Konzepte auf informationstechnische Systeme diese effizienter, sicherer und umgänglicher zu gestalten. Eine Besonderheit der von mir verfolgten sozionischen Perspektive liegt darin, die Heterogenität technischer Dinge, menschlicher Handlungen und symbolischer Zeichen zu belassen und diese „hybriden Systeme" auf Interaktivitäten zwischen den Elementen und auf Muster verteilter Aktivitäten hin zu durchleuchten – jenseits der disziplinaren Trennung von Technik-, Sozial- und Geisteswissenschaften. Was es heißt, die Frage nach der intelligenten Mobilität aus der sozionischen Hybridperspektive zu betrachten, das wird im dritten Teil am Beispiel der „verteilten Intelligenz" illustriert.

7.2 Sozialintelligenz jenseits individueller Menschen- und Maschinenintelligenz: Von der Psychologie zur Soziologie

Wenn von Intelligenz die Rede ist, herrscht häufig ein psychologisches oder individualistisches Intelligenzverständnis vor. Es bezieht sich auf die individuellen Wahrnehmungs- und Verhaltensweisen eines einzelnen Menschen. Im Hinblick auf die Verkehrsmobilität umfasst es zumindest die drei folgenden Aspekte: die technische Fertigkeit, ein Fahrzeug sachgemäß zu bewegen, die kognitive Fähigkeit, Zeichen und Symbole richtig zu deuten und das Verhalten daran auszurichten, und die soziale Kompetenz, die Erwartungen über das Verhalten der anderen Verkehrsteilnehmer und der Umwelt mit den eigenen Erwartungen abzustimmen. Im theoretischen Teil der Führerscheinprüfung, im praktischen Fahrtest und in der alltäglichen Fahrerfahrung werden diese Aspekte individueller Fahreignung und Fahrerintelligenz erprobt.

Viele technische Verbesserungen bei Fahrzeug und Verkehr orientieren sich an diesem psychologischen Intelligenzkonzept. Schon in der klassischen Künstliche-Intelligenz-Forschung wurde der Weg, menschliches Problemlösungsverhalten nachzubilden, vorgeschritten. Wenn heute Intelligenz in das Verkehrssystem gebracht wird, denkt man zuallererst an „intelligente Bremsen", „intelligente Pilotsysteme" oder „intelligente Navigationssysteme", die jeweils für sich perfektioniert werden. Aber im Einsatz zeigen solche Techniken schnell die Grenzen ihrer Alltagstauglichkeit. Was nützt die perfekte Intelligenz eines ABS-Systems, wenn sich der Fahrer nicht auf das Fehlen dieses Systems bei anderen Fahrzeugen einstellt oder nachfolgende Fahrzeuge ohne ABS bei Vollbremsung auf den Vordermann auffahren? Wieviel Mängel des Autopiloten müssen vom Menschen kompensiert werden, um die Fahrt nicht dauernd zu unterbrechen oder flüchtige Hindernisse nicht zu übersehen? Es deutet sich schon an, dass Intelligenz kein isoliertes Phänomen sein kann, dass sie sich erst im situationellen Kontext erweist und dass sie im Wechselspiel mit anderen intelligenten Wesen entsteht.

In der Soziologie ist daher eine andere Auffassung von Intelligenz entwickelt worden. Intelligenz wird als ein kollektives Phänomen angesehen: Sie steckt nicht im Einzelnen, sondern in den Beziehungen zwischen ihnen. Intelligenz ist keine Eigenschaft des Einzelnen, sondern sie entsteht im interaktiven Prozess. Sozialität – so könnte man es formulieren – ist eine Form kollektiver Intelligenz. Im Kern beinhaltet Sozialität die Fähigkeit, die Perspektive des einzelnen Anderen wie auch des verallgemeinerten Anderen zu übernehmen (vgl. Mead 1968; Wolfe 1993; Abels 1998). Wechselseitige Kooperation und Wettbewerb, Organisation und Arbeitsteilung zeugen von dieser sozialen Intelligenz. Die Überlegenheit moderner Industriegesellschaften in mancher Hinsicht gegenüber traditionalen Gesellschaften fußt eben nicht auf der Intelligenz des Einzelnen – sie mag sogar bei einem westlichen Großstadtmenschen geringer sein als bei einem Mitglied eines Nomadenstamms –, sondern hat ihre Basis im Repertoire der sozialen Regeln, Rollen und Ressourcen. Die soziale Intelligenz kommt allerdings erst zur Geltung, wenn sie in konkreten Prozessen aktiviert, erprobt und erneuert wird. Interaktion mit anderen und Interaktivität mit Sachen sind eine ständige Bedingung ihrer Wirksamkeit.

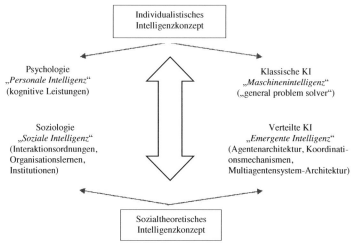

Abbildung 7.1   Intelligenzkonzepte: individualistische versus sozialtheoretische (eigene Darstellung, © Rammert)

Wenn wir dieses kollektive und interaktive Verständnis des soziologischen Konzepts von Intelligenz verwenden, wie können wir dann „intelligente Technik" im Allgemeinen und „intelligente Mobilität" im Besonderen bestimmen?

Von „intelligenter Technik" wird meist im Zusammenhang mit Hochtechnologien (Rammert 1995a) gesprochen. „Intelligent" wird häufig als Eigenschaft von Produkten verwendet, die einen Mikroprozessor eingebaut haben, die eng mit Computern verbunden oder die programmierbar sind. Aus unserer erweiterten Perspektive erwächst die Intelligenz erst aus der Beziehung zwischen den Elementen. Danach unterscheiden sich intelligente Techniken von klassischen Maschinen und Apparaten dadurch, dass sie kontext- und situationsabhängig operieren. Ihr Operationsverhalten ergibt sich aus der Wechselwirkung aller am technischen System beteiligten Elemente, z.B. bei der intelligenten ICE-Bremse aus der Kopplung von Hydraulik, Sensorik, Regel- und Rechentechnik.

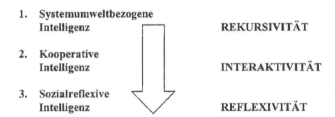

1. **Systemumweltbezogene Intelligenz** REKURSIVITÄT

2. **Kooperative Intelligenz** INTERAKTIVITÄT

3. **Sozialreflexive Intelligenz** REFLEXIVITÄT

Abbildung 7.2 Stufenmodell der Sozialintelligenz (eigene Darstellung, © Rammert)

Neben diesem systeminternen Gesichtspunkt, bei dem die technische Kommunikation zwischen den Elementen im Vordergrund steht, tritt der Aspekt der System-Umwelt-Beziehungen. Hier lässt sich gegenwärtig eine gestufte Steigerung der Interaktivität mit der Umwelt feststellen. Die erste Stufe bezieht die Umwelt und deren Veränderungen in das Verhalten des Systems ein. Es entsteht eine einfache „systemumweltbezogene Intelligenz". Die Rückkopplungsmechanismen der Kybernetik liefern hierfür gute Beispiele. Eine zweite Stufe zeigen die Roboter, die sich aufeinander als bewegliche Umwelt beziehen, wenn sie im Rahmen des „Robocup" mit- und gegeneinander Fußball spielen. Hier entsteht aus der Interaktion zwischen den agilen und mobilen Robotern eine „kooperative Intelligenz", die in etwa der Mannschaftsintelligenz bei Fußballteams nachgebildet ist (Burkhard/Rammert 2000). Das Niveau der Intelligenz lässt sich auf eine dritte Stufe steigern, wenn Softwareprogramme nicht nur als künstliche Agenten untereinander kooperieren und Aufgaben delegieren, sondern gleichzeitig auch als Interface-Agenten Fähigkeiten zum Nachfragen, Schlussfolgern und Lernen in der Interaktivität mit dem menschlichen Akteur zeigen. Wenn die Beziehungen zu solchen technischen Agenten von großer Selbsttätigkeit, Umweltreaktivität und Kooperationsfähigkeit gekennzeichnet sind, dann sind sie nach dem Konzept „sozialreflexiver Intelligenz" entworfen und konstruiert.

Man könnte diesen Wandel in der Auffassung der Intelligenz knapp in folgender Weise veranschaulichen. Über Jahrzehnte folgte man in der Künstliche Intelligenz-Forschung einem Konzept der „Central Intelligence Agency". Ähnlich wie bei der gleichnamigen Organisation, der CIA, fehlte es bei dieser zentralistischen Orientierung an sozialer Intelligenz. Es reicht eben nicht, massenhaft Informationen zu sammeln und strikt hierarchisch nach festen Schemata auszuwerten. Von besonderer Bedeutung sind die Interaktionen mit dem gegnerischen Umfeld und die dort an den Schnittpunkten entstehende Intelligenz wie auch die Förderung lateraler Interaktionen zwischen den Abteilungen innerhalb des Systems und mit der Peripherie, damit sich „organisational Intelligenz" aufbauen kann. Diesen Mängeln zu entgehen versucht die Richtung der „Verteilten Künstlichen Intelligenz"- und Multiagentensystem-Forschung (vgl. Minsky 1985; O'Hare/Jennings 1996). Ihr liegt das Konzept der „Distributed Intelligent Agency", kurz des DIA zugrunde. Die Intelligenz steckt nicht im einzelnen technischen Agenten, sondern ist auf die verschiedenen kooperativen Instanzen verteilt und steckt in den Mechanismen der Koordination, Kommunikation und Interaktion.

7.3   Verteilte Intelligenz jenseits der Trennung von sozialen und technischen Systemen: Von der Technologie und Soziologie zur Sozionik

Warum sollte die Betrachtung von Mobilität unter der Perspektive verteilter Aktivitäten auf die technischen Instanzen allein beschränkt werden? Warum sollte umgekehrt das einflussnehmende Handeln auf Fahren und Verkehr dem menschlichen Akteur allein vorbehalten sein? Ich schlage daher vor, eine hybride Perspektive auf das System intelligenter Mobilität zu erproben, bei der die Aktivitäten auf Menschen und Maschinen, auf Personen und Programme gleichermaßen verteilt sind. Wie hat man sich das vorzustellen?

Wer fliegt eigentlich ein Flugzeug? Natürlich der Pilot, werden die meisten spontan antworten. Nur er allein? Auch das technische System Flugzeug fliegt Piloten wie Passagiere. Ohne Antrieb und ohne Aufwind an den Tragflächen käme das Fliegen nicht zustande. Wer fliegt noch? Häufig übernimmt der Auto-Pilot das Fliegen. Computer und Programm sind dann die Piloten. Bei Landesituationen fliegen manchmal auch noch Fluglotsen und Leitstrahlen, immer häufiger automatische Landesysteme mit. Letztendlich fliegt auch die Fluggesellschaft die Flugzeuge und Passagiere an die Zielorte. Wir sehen an diesem kleinen Beispiel, dass keinesfalls der menschliche Pilot allein das Flugzeug fliegt. Das menschliche Selbstwertgefühl hindert uns daran zuzugeben, dass nicht nur der menschliche Akteur allein, sondern viele andere künstliche Agenten das Fliegen bewirken. Von der Grammatik des Satzbaus her können sowohl Piloten, wie auch Maschinen, Programme und Organisationen „Subjekte" sein. Mit dieser grammatischen Gleichsetzung werden nicht die semantischen Unterschiede zwischen den menschlichen und nichtmenschlichen Instanzen verwischt. Vielmehr erlaubt sie das „Mithandeln" der Technik genauer in den Blick zu nehmen (Rammert/Schulz-Schaeffer 2002, S. 13). Sie befreit uns von der Hybris, dem Menschen alle Handlungsträgerschaft und den technischen Dingen überhaupt keine Handlungsträgerschaft zuzugestehen

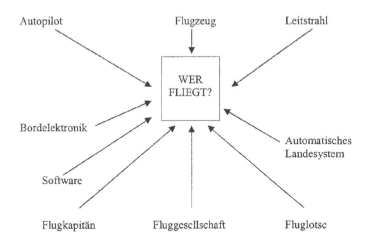

Abbildung 7.3 Verteilte Intelligenz: Mensch, Maschine, Programme (eigene Darstellung, © Rammert)

Übernehmen wir diese sozionische Perspektive für die Konzipierung eines intelligenten Mobilitätssystems, dann verschieben sich die Gewichte bei manchen Problemstellungen und werden neue Problemlagen sichtbar. Ein Kraftfahrzeug kann nicht mehr schlicht und einfach im Hinblick auf die Fahrzeugtechnik und dann im Hinblick auf den Fahrer entwickelt und optimiert werden. Wer fährt eigentlich im intelligenten Mobilitätssystem? Das Fahren wird zunehmend auf mehrere Instanzen verteilt. Neben Fahrer und Fahrzeug fahren immer mehr „Heinzelmännchen"-Techniken (Rammert 1998a) im Verborgenen mit: das ABS-Bremssystem schon jetzt, automatische Abstandssysteme in Zukunft. Weiterhin wirken, wenn eingeschaltet, Tempomaten und Navigationssysteme mit. Die Instanzen, die am „verteilten Fahren" beteiligt sind, beschränken sich nicht auf das Fahrzeug. Sie befinden sich als Relais, Funkstationen, Satelliten und Verkehrssteuerungssysteme in der Umwelt des Fahrzeugs. Als erste Konsequenz für die Entwicklung eines intelligenten Mobilitätssystems folgt daraus: In Zukunft kommt es weniger darauf an, die einzelnen Bereiche, wie Fahrerverhalten, Fahrzeugsteuerung oder Telekommunikation zu optimieren. Vielmehr müssen die „Interaktivitäten" zwischen Fahrer, Fahrzeug und Umwelt in den Fokus der Aufmerksamkeit rücken. Denn unter den Bedingungen verteilter Intelligenz kann die intelligente Performanz insgesamt sinken, auch wenn die Intelligenz einzelner Bereiche gesteigert wird. Die intelligente Performanz des Mobilitätssystems ist ein Ergebnis davon, wie die Aktivitäten zwischen Fahrer, Fahrzeug und Umwelt an den Schnittstellen koordiniert werden.

Sehen wir die intelligente Mobilität in einem noch umfassenderen Rahmen, dann haben wir auch die Stadt- und Verkehrsplaner, die Hersteller von alternativen Mobilitätstechniken, die Anbieter von Telekommunikationsdiensten und die Struktur ihrer jeweiligen Produkte einzubeziehen. Über die Interaktivitäten hinaus geht es auf dieser Ebene um „soziotechnische Konstellationen". Sie entscheiden mit darüber, ob überhaupt mit Individualfahrzeugen, mit wie viel Fahrfreiheit, in welcher Kombination mit anderen Mobilitätsformen und unter welchem Orientierungs- und Regulierungssystem gefahren wird oder besser: sich fortbewegt wird. Ein intelligentes Mobilitätssystem ist zusätzlich davon abhängig, wie das hybride Fahrer-Fahrzeug-Umwelt-System in die soziotechnischen Konstellationen des gesamten Verkehrssystems eingebettet ist. Intelligente Mobilität kann unter diesen verteilten Bedingungen heißen, sich von einem Mobilitätsdienstleistungsunternehmen am Wochenende ein flottes Fahrzeug für freies Fahren auf einer Erlebnisrennbahn zu mieten, die Anfahrt dorthin über ein fern- und induktionsgesteuertes Kabinensystem mit individuell programmierbaren Einheiten vorzunehmen und zur Einstiegsstation mit einem geleasten Stadtautomobil zu fahren. Als zweite Konsequenz für die Akteure intelligenter Mobilität entsteht die Frage: Wo und wie verorte ich mich in diesem verteilten System der Mobilität? Automobilkonzerne können sich nicht mehr darauf beschränken, technisch solide, sichere und umweltfreundliche Kraftfahrzeuge herzustellen und zu verkaufen. Es wird aber langfristig auch nicht ausreichen, die Fahrzeuge mit künstlicher Intelligenz aufzurüsten und zur technischen Kommunikation zu befähigen. Der Verkauf von Fahrzeugen wird zunehmend dem Management von Mobilität (vgl. Knie/Canzler 1998) weichen. Unter Bedingungen verteilter intelligenter Mobilität kommt es darauf an, Mobilität im Paket mit Fahrzeug, Serviceleistungen und Kommunikationsinfrastruktur anzubieten, nicht mehr in erster Linie nur Fahrzeuge zu produzieren.

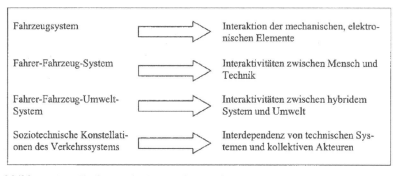

Abbildung 7.4 Skalierung der Systemebenen (eigene Darstellung, © Rammert)

7.4 Konsequenzen für die Gestaltung intelligenter Mobilität: Kriterien für die Verteilung von Intelligenz und Initiative

Wenn sich die Aktivitäten zwischen Mensch und Maschinen im hybriden Fahrer-Fahrzeug-Umwelt-System neu aufteilen, hat diese Auffassung auch Folgen für die Gestaltung. In der Zukunft wird sich eine buntere Vielfalt von Akteuren, wie Auto-, Computer- und Handyhersteller, Betreiber von Kommunikationsdiensten und Serviceagenturen, private und öffentliche Mobilitätsanbieter, in der Mobilitätsarena tummeln. Wenn diese diversen Instanzen dann alle an der Entwicklung der soziotechnischen Konstellationen der intelligenten Mobilität maßgeblich beteiligt sind, dann hat diese Veränderung der Mobilitätsarena Folgen für die Planung und Steuerung des Mobilitätsgeschehens. Am Schluss werde ich kurz nur einige Gestaltungskriterien und ihre neue Interpretation unter Bedingungen verteilter Intelligenz und verteilter Mobilitätsproduktion anreißen.

- *Bezahlbarkeit*
  Diese ökonomische Größe wird weiterhin ein wichtiges Element im Wettbewerb bleiben. Aber sie wird sich vom einmaligen Autokauf hin zu einer Gesamtrechnung verschieben, in die Serviceleistungen und zusätzliche Telekommunikationsdienste hineingerechnet werden.
- *Beherrschbarkeit*
  Die Steigerung der technischen Kontrolle des Fahrzeugs und des Fahrens war eine vorherrschende Größe. Allerdings verlagern sich die Kontroll- und auch Steuerungsfunktionen zunehmend vom Fahrer auf die Technik. Hier gilt es, im Rahmen verteilter Fahraktivitäten eine Balance zu finden, die dem Menschen die Initiative und die Eingriffsmöglichkeiten nicht zu sehr beschneidet.
- *Sicherheit*
  Wurde die aktive und passive Sicherheit schon stark gesteigert, kommen jetzt noch die Systemsicherheit und die Zuverlässigkeit der Informationsdienste hinzu. Außerdem darf die Kontrolle nicht soweit an das System abgegeben werden, dass der Fahrer seine Fähigkeit und seine Verantwortlichkeit verlernt.
- *Erwünschtheit*
  Angesichts der vielfachen technischen Möglichkeiten wächst die Unsicherheit an, welche der Optionen sinnvoll eingebaut werden sollen und welche sich im Fahralltag überhaupt als nützlich und nicht nur prestigeträchtig erweisen.
- *Fahrfreude*
  Mit der zunehmenden Umschichtung von Fahraktivitäten an Fahrzeug und Programm kann, was als Entlastung des Fahrers vom Schalten, Beobachten und

Planen gedacht war, schnell in eine ärgerliche Gängelung umschlagen. Umgekehrt kann ein neue Mobilitätsfreude aufkommen, die sich auf die intelligente Nutzung der verschiedenen Verkehrsmodalitäten bezieht.

* *Datenschutz*
  Um überhaupt Planung und Abrechnung in verteilten Systemen einigermaßen realistisch vornehmen zu können, ist der Austausch von Daten und Informationen zwischen den Bereichen erforderlich. Außerdem entstehen mit der Einrichtung von Systemen zur Verkehrsüberwachung, zur Navigation, zur Telekommunikation und zur Erhebung von Mautgebühren andauernd Datenspuren, die vielseitig und ohne Kontrolle des Fahrers genutzt werden können: kriminaltechnisch für Fahndung und Verfolgung, kriminell für Erpressung und kommerziell für die Erstellung von Verhaltensprofilen.

Für die Beteiligten an der Mobilitätsarena wird es unter Bedingungen verteilter Intelligenz zunehmend schwieriger, sich auf ein Standardprodukt einzulassen oder sich an einer einheitlichen Vision der Mobilitätsentwicklung für die Zukunft zu orientieren. Die Akteure müssen dementsprechend die Beobachtung der anderen Akteure in der Arena, nicht nur der Wettbewerber am Markt, intensivieren. Sie müssen, statt sich nur auf Markt und staatliche Koordination zu verlassen, netzwerkförmige Organisationsformen entwickeln. Vor allem interaktive Innovationsnetzwerke (Rammert 1997b) dienen der „Wissensteilung" zwischen den heterogenen Akteuren und der „Risikoteilung" bei höchst unsicheren Entwicklungsschritten. Politiknetzwerke, an denen staatliche und nichtstaatliche Akteure beteiligt sind, übernehmen die Aufgabe, die Rahmenbedingungen und die Standards für die intelligenten Verkehrssysteme festzulegen. Da in verteilten Systemen eben Wissen, Kompetenzen und Einflussmöglichkeiten weit gestreut sind, kommt es auf Vertrauens- und verhandlungsbasierte Interaktionsprozesse zwischen den Beteiligten an. Intelligente Mobilität kann sich letztlich nur im interaktiven und reflexiven Bezug auf die anderen Beteiligten und in experimenteller Interaktivität mit den technischen Artefakten schrittweise herausbilden.

Gestörter Blickwechsel durch Videoüberwachung?

8

Ambivalenzen und Asymmetrien soziotechnischer Beobachtungsordnungen[1]

Zusammenfassung

Der Beitrag geht der Frage nach, wie sich mit der Technisierung der Überwachung durch Videokameras die gesellschaftlichen Sehordnungen verändern. Es werden die grob verallgemeinerten Annahmen einer zentrierten und panoptischen „Überwachungsgesellschaft" mit Hilfe pragmatistischer Interaktions und pluraler Öffentlichkeitstheorie und technografischer Mikroanalyse der soziotechischen Konstellationen korrigiert. Kernpunkte der Argumentation sind (1) die grundsätzliche „Ambivalenz" des Sehens als schützende und zugleich kontrollierende Praxis gegenüber einer angenommenen Eindeutigkeit, (2) die „Zweiseitigkeit" des Sehens und Gesehenwerdens, die in ihrer Wechselseitigkeit soziale Interaktionsordnungen stiftet, (3) die „Polyzentralität" verteilter und verhandelter Sehordnungen gegenüber einer zentrierten Assymmetrie und (4) die praktisch hergestellte „Interaktivität in soziotechnischen Konstellationen" statt der einfachen Instrumentalität medialer Techniken.

---

1   Der Text geht auf einen überarbeiteten Vortrag auf dem Deutschen Soziologie-Kongress in Leipzig 2002 zurück, der dort im Rahmen der Sitzung „Die Beobachtungsgesellschaft" der Sektion Wissenssoziologie gehalten wurde. Die Fragen wurden durch das von der Europäischen Kommission geförderte Projekt „On the Threshold to Urban Panopticon?" (URBANEYE) angestoßen, das sich mit sozialen Effekten und politischen Implikationen des Closed-Circuit Television (CCTV) in sechs europäischen Hauptstädten vergleichend befasst. Er gibt jedoch nur meine eigenen theoretischen Überlegungen wieder und nicht die des gesamten Teams, das noch Hans-Liudger Dienel, Leon Hempel und Erik Töpfer vom Zentrum Technik und Gesellschaft der Technischen Universität umfasst. Für Kritik und Anregungen habe ich noch den Kollegen Hubert Knoblauch, Uwe-Jens Walther und den Teilnehmern meines Forschungskolloquiums zu danken.

8.1   Technisierte Beobachtung: Was ist das Problem?

Technische Systeme der Videoüberwachung breiten sich allerorten und fast unbemerkt aus. Sie werden in gehobeneren Quartieren zur Sicherung privater Wohnanlagen, Häuser und Grundstücke installiert. Sie sind schon das selbstverständliche Inventar von Banken, Geschäften und neuen Einkaufsstraßen. Nach den Flughäfen erobern sie jetzt weitere öffentliche und öffentlich zugängliche Plätze, wie Bahnhöfe, Stadien und Parkhäuser, und Verkehrsmittel, wie Bahnen, Busse und Taxis. Man schätzt für Deutschland die Zahl der Anlagen zur Videoüberwachung auf ca. 150.000. In England, dem Vorreiter der Entwicklung, liegt die Zahl bei ca. 2 Millionen, da hier schon seit über 10 Jahren die Installation von so genannten „closed-circle television" (CCTV)-Anlagen in den Gemeinden vom Staat massiv gefordert wird (vgl. Norris/Armstrong 1999). Nähern wir uns damit einer „Überwachungsgesellschaft" (Lyon 2001)? Oder sind das Zeichen einer normalen Rationalisierung und Technisierung der polizeilichen und privaten Sicherheitsarbeit?

Die Gründe für die epidemische Ausbreitung von Videoüberwachungsanlagen werden unterschiedlich diskutiert (Vgl. u.a. Lyon 1994; Norris/Moran/Armstrong 1998; Ditton 1998). Für die einen, vor allem die Hersteller und Vertreiber von Videotechnik, ist es ein ökonomisches Kosten- und Rationalisierungsproblem, das mit dieser Technisierung der privaten und polizeilichen Überwachung gelöst werden soll. Die Polizei kann von wachsenden Überwachungsaufgaben entlastet werden; Personal kann eingespart und durch die immer kostengünstiger werdenden Beobachtungsmaschinen ersetzt werden. Für andere, vor allem die Techniker, Polizeitaktiker und Juristen, wird mit der Einführung dieser Beobachtungstechnik ein Effektivitätsproblem gelöst. Die Videobeobachtung wird als modernes Mittel einer Kriminalitätsprävention eingesetzt; die Videoaufzeichnung wird als eindeutiges Instrument der Beweissicherung angesehen. Für wiederum andere, vor allem Ordnungspolitiker, Geschäftsleute und ältere Bürger und Bürgerinnen, ist es das Problem abnehmender öffentlicher Sicherheit, das damit behoben werden soll. Wenn schon nicht mehr das Auge des Schaffners oder des Streifenpolizisten über Bahnhöfe und Straßen wacht, so soll wenigstens das Wissen, dass Kameraobjektive und dahinter Überwachungspersonal das Geschehen verfolgen, den Bürgern die Angst vor Anpöbeleien und heftigeren Attacken genommen werden. Mit der Videoüberwachung sollen also aus dieser Perspektive die *Sicherheit* gesteigert und das allgemeine Sicherheitsgefühl in der Bevölkerung gestärkt werden.

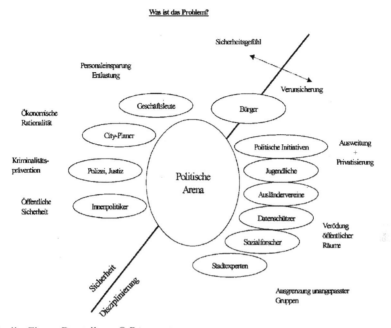

Quelle: Eigene Darstellung, © Rammert

Aber es wäre wohl naiv, nur diese Stimmen zur Videoüberwachung zur Kenntnis zu nehmen. Es hat sich inzwischen eine politisch-öffentliche Arena herausgebildet, in der sich noch andere Akteure zu Wort melden. Bürgerrechtler und Verfassungsschützer kritisieren vor allem, dass es nicht so sehr um eine Einsparung, sondern um eine fragwürdige Ausweitung polizeilicher Kontrollarbeit auf private Sicherheitsunternehmer geht. Die Freiheits- und Datenschutzrechte würden zunehmend durch die Anonymisierung der beobachtenden Instanzen, die Verfeinerung der Beobachtungsmittel und die raumgreifende Verbreitung der Überwachung eingeschränkt. Kriminologen und kritische Sozialforscher bezweifeln die Wirksamkeit dieser Art von Kriminalitätsbekämpfung. Selbst in den neuesten Evaluationsstudien des britischen Home Office (Welsh/Farrington 2002) konnte – bis auf den Sonderfall von Parkhäusern – kein signifikanter Rückgang der Delikte festgestellt werden, der sich auf die Installation einer Überwachungsanlage zurückführen ließ. Vielmehr wird von Kritikern vermutet, dass im Gegenteil auffällige und unangepasste Gruppen, wie Jugendliche, Ausländer oder Nichtsesshafte, verstärkt ausgegrenzt und diskriminiert werden. Es wird erwartet, dass das Sicherheitsgefühl nicht wesentlich gehoben werden kann, wenn nicht gleichzeitig ein schnelles menschliches Eingreifen gewährleistet ist. Aus dieser eher skeptischen Perspektive wird befürchtet, dass der allgegenwärtige Kamerablick der Kontrolle und einer Disziplinierung des Verhaltens Vorschub leistet und sich damit tendenziell eine allgemeine *Verunsicherung* der Bürger und Bürgerinnen einstellt.

Wie so häufig bei gesellschaftlichen Kontroversen werden aus beiden Perspektiven jeweils andere Aspekte der Wirklichkeit und der Wirksamkeit richtig gesehen. Durch die Ausblendung der übrigen Aspekte und die Verallgemeinerung einer verengten Auffassung erlauben sie nur eine beschränkte Sicht der Dinge. Früher kritisierte man sie als ideologische Verkürzungen. Heute akzeptiert man die Objektivität des Perspektivenpluralismus, wie sie im Pragmatismus entwickelt wurde (vgl. Mead 1987 <1927>) und zieht Erkenntnisse daraus, indem man auf die unvermeidbaren „blinden Flecken" der jeweiligen Perspektive aufmerksam macht.

In diesem Beitrag geht es einzig und allein um die Korrektur solcher Einseitigkeiten und Verkürzungen, die den verschiedenen Auffassungen von einer „Beobachtungsgesellschaft" und einer panoptischen Überwachungstechnologie zugrunde liegen. Es geht nicht darum, die politischen Konstellationen der Akteure und die Asymmetrien der Machtordnung, wie sie mit und ohne Überwachungstechniken in unterschiedlichen nationalen Gesellschaften vorliegen, zu thematisieren. Dazu liegt schon reichlich Literatur vor. Ich möchte mich hier darauf beschränken, einige zentrale Annahmen, die immer wieder in der politischen und auch in der sozialwissenschaftlichen Debatte auftauchen, genauer auf ihre Haltbarkeit zu überprüfen. Dabei wird auf einige theoretische Angebote der Soziologie und der neueren Technikforschung zurückgegriffen, mit denen sich Sehtechniken und ihre Folgen als soziotechnische Beobachtungskonstellationen auf der Mikroebene visueller Interaktion beschreiben und bewerten lassen.

Die *Eindeutigkeit* des Beobachtens ist die erste zentrale Annahme im wissenschaftlichen und politischen Diskurs, die hier in Frage gestellt wird. Die moderne Auffassung des Sehens betont den aufklärenden Blick, der die Wahrheit ans Licht bringt, der alle Details auch im Dunkeln eindeutig erfasst und der durch wissenschaftliche Beobachtung Gewissheit und Sicherheit schafft. Die modernisierungskritische Sicht betont dabei den überwachenden Blick, der die Menschen einer grenzenlosen und allgegenwärtigen staatlichen Kontrolle durch Polizei, Archive und Statistik unterwirft. Demgegenüber werde ich im zweiten Teil (8.2) in Abgrenzung von den großen Theorien einer „Überwachungsgesellschaft" die These von der *Ambivalenz* des Sehens und Beobachtens entwickeln: Blicke zeitigen grundsätzlich eine sichernde und eine verunsichernde Wirkung. Sie bieten Schutz und stellen auch bloß. Obhut und Überwachung sind zwei Seiten ein und derselben Medaille.

Die *Einseitigkeit* des Beobachtens ist die zweite zentrale Annahme, die meines Erachtens höchst fragwürdig ist. Zumindest engt sie den Spielraum möglicher Fragestellungen unnötigerweise ein. Um die Kritikwürdigkeit solch einseitiger oder asymmetrischer Beobachtungsverhältnisse begründen zu können, bedarf es meines Erachtens einer Theorie visueller Interaktion, mit der die Herausbildung von Reziprozitätsnormen und Tendenzen zur Symmetrisierung von Sehordnungen beschrieben und Asymmetrien als legitime oder veränderungswürdige Asymmetrien kritisiert werden können. Den reduzierten Auffassungen von der Einseitigkeit des Beobachtens stelle ich im dritten Teil (8.3) die These von der ordnungsstiftenden *Zweiseitigkeit* des Blickwechsels entgegen.

Häufig wird in den politischen Debatten von einer *zentrierten Asymmetrie* der Beobachtung und der Verfügung über die technischen Medien der Beobachtung ausgegangen. Nach dem archetypischen Modell von Gottes Auge, das jedes einzelnen Christenmenschen Sünde in Taten wie Gedanken überall entdecken kann, wird dann die allsichtige Gesellschaft dem ausgeleuchteten Individuum oder der Staat dem gläsernen Bürger oder eine Orwell'sche totale Überwachungsapparatur dem beobachteten Opfer gegenübergestellt. Gegenüber solchen Auffassungen monopolisierter und zentrierter Beobachtungsmacht werde ich im vierten Teil (8.4) meine These der *polyzentrischen Verteiltheit* verschiedenartiger Sehordnungen begründen.

Mit den elektronischen Medien der Beobachtung und den digitalen Techniken der Bildverarbeitung und -speicherung – so argumentieren die einen – erhalten die Beobachtungsagenturen endlich die *Mittel* an die Hand, die ihnen die Erfüllung ihrer totalen Überwachungsträume ermöglicht. Die Techniken selbst sind der Ort – so argumentieren die anderen –, an dem aus ihrer Logik heraus eine künstliche Asymmetrie der Sehordnung entspringt. In beiden Auffassungen schwingen schiefe Vorstellungen von der Technik und ihrer Wirkungsweise mit. Auf der einen Seite wird die Technik als sozial neutrales Mittel bewertet, das unvermittelt intendierte Wirkungen steigert. Auf der anderen Seite wird der Technik eine eigenmächtige Wirkung unterstellt, die per se zwischenmenschliche Beziehungen entfremdet und asymmetrisiert, indem sie die Menschen zu ahnungslosen Opfern voyeuristischer Schaulust oder zu Zielobjekten im Visier von Beobachtungsapparaturen macht. Die Beobachtungstechnik störe das bunte öffentliche Leben auf Plätzen, beschränke das spontane und kreative Treiben und zentriere Datenmacht in den Archiven. Demgegenüber werde ich im fünften Teil (8.5) argumentieren, dass es die *institutionalisierten soziotechnischen Konstellationen und die Praktiken* sind, welche die jeweiligen erwünschten und unerwünschten Wirkungen in der Beziehung zwischen Beobachter und Beobachteten und zwischen Mensch und Technik hervorbringen, weder nur die technischen Konfigurationen noch die sozialen Verhältnisse allein.

Gegenüber dem groben Zugriff großer Diskurs- oder Gesellschaftsanalysen auf das Problem einer panoptischen Beobachtung und eines technisch bewaffneten Blicks schlage ich hier den Weg einer technografischen Feinanalyse ein. Mit ihrer Hilfe soll es gelingen, die Ambivalenzen des Sehens und die Vielfalt soziotechnischer Beobachtungsverhältnisse aus den Reziprozitätsbeziehungen visueller Interaktionen und aus den institutionalisierten Ordnungen, wie die Interaktivitäten zwischen Menschen, Zeichen und technischen Objekten verteilt sind, herzuleiten.

Gegenüber dem groben Zugriff großer Diskurs- oder Gesellschaftsanalysen auf das Problem einer panoptischen Beobachtung und eines technisch bewaffneten Blicks schlage ich hier den Weg einer technografischen Feinanalyse ein. Mit ihrer Hilfe soll es gelingen, die Ambivalenzen des Sehens und die Vielfalt soziotechnischer Beobachtungsverhältnisse aus den Reziprozitätsbeziehungen visueller Interaktionen und aus den institutionalisierten Ordnungen, wie die Interaktivitäten zwischen Menschen, Zeichen und technischen Objekten verteilt sind, herzuleiten.

8.2   Von der Eindeutigkeit des Beobachtens zur Ambivalenz des Sehens

Der Begriff Beobachten hat eine engere und negativere Konnotation als Sehen. Im Synonymwörterbuch finden wir unter „beobachten" die verwandten Wörter „beschatten, bespitzeln, bewachen, überwachen, verfolgen …" (Duden 1997: 114) und unter „sehen" die Wörter „beobachten, schauen, erkennen …" wie „blicken, empfangen, … wahrnehmen". Die Rede von der „Beobachtungsgesellschaft" drängt unsere Wahrnehmung also von vornherein in die eindeutige und negative Assoziation von „Bespitzelungsstaat", „Voyeurkultur" und „Überwachungsgesellschaft".

Die genealogischen Diskursanalysen von Foucault (1975; 1976) und zumindest ihre modische Übertragung auf heutige Verhältnisse sind nicht ganz unschuldig an dieser Einengung des Sehens auf den „überwachenden Blick". Dort werden die Herausbildung des „ärztlichen Blicks" als Beispiel für die moderne wissenschaftliche Beobachtung und des „pädagogischen Blicks" als Beleg für die körperliche Disziplinierung der modernen Menschen behandelt. Der Bentham'sche Entwurf für den Bau eines Gefängnisses bildet für Foucault das Paradigma der „panoptischen Kontrolle": Ein Aufseher kann dort aus seinem zentral gelegenen Beobachtungsraum die Zellen aller Insassen überwachen, ohne dass er selbst gesehen werden kann und ohne dass die Gefangenen feststellen können, ob er wachsam ist. Diese zentrierte Sehordnung geht zurück auf die Zentralperspektive, mit der sich alle Punkte des Sehraums kontrollieren lassen. Sie liegt auch der schwarzen Utopie des Orwell'schen „Big Brother" zugrunde und prägt viele Vorstellungen von der Wirkung der neuesten Bildmedien- und Computertechnologien (Poster 1995; Bogard 1996). Aber was im Hinblick auf den Wandel in den bürgerlichen Anstalten des 18. und 19. Jahrhunderts scharf beobachtet werden konnte, das muss nicht gleich als Vision panoptischer Überwachung aller Gesellschaftsmitglieder gegenwärtig wahr werden.

In diesen Auffassungen wird eine Eindeutigkeit modernen Sehens unterstellt, die andere Facetten und Valenzen des Sehens einfach ausblendet. Sehen wird auf das kontrollierende und überwachende Beobachten sachlicher und menschlicher Objekte reduziert. Dadurch wird das Beobachten zu einem beliebten Gegenstand der Gesellschaftskritik gemacht. Diese Auffassung ist sozusagen einer Einäugigkeit und einer Grobsicht geschuldet, mit der sich die Gesellschaft selbst und ihre Umwelt beobachtet. Wer – um im Bild zu bleiben – mit beiden Augen die Welt anschaut, der wird die vielen Ambivalenzen des Sehens wahrnehmen: Sehen bedeutet zum Beispiel beides, überwachen und in die Obhut nehmen. Man denke an die pastoralen und pädagogischen Formen des Hütens und der Aufsicht. Sehen impliziert beide Bedeutungen: bloßstellen und Schutz bieten. Man ist den Blicken ausgesetzt, gleichzeitig bietet die Sichtbarkeit jedoch auch Sicherheit. Sehen bedingt nicht nur ein Abwenden und Ausgrenzen, sondern eröffnet ebenso ein Zuwenden und Einschließen. Das gilt auch für die passive Seite des Sehens: Gesehen werden umschließt sowohl die positiven Aspekte des „Ansehens" und der „Anerkennung" wie auch die negativen des Taxiertwerdens oder des Sich-Ertapptfühlens.

Diese Ambivalenz des Sehens kann auch anhand der Geschichte seiner Technisierung illustriert werden. Wenn wir die Genealogie von der Späherrolle über die Wachtürme bis hin zum Beobachtungssatelliten verfolgen, dann verschmolz der Schutz vor äußeren Feinden und Fremden immer schon mit der Kontrolle im Inneren. Auch die Einrichtung gut einsehbarer offener Plätze gegenüber dunklen Gassen mit „lichtscheuem Gesindel" und vor allem die Einführung der Straßenbeleuchtung in den Städten (Schivelbusch 1983) sind technische Maßnahmen, die Transparenz und Sichtbarkeit herstellen und dabei gleichzeitig Sicherheit und Disziplin im städtischen Raum stärken.

Welche der vielen möglichen Wertungen des Sehens jeweils zum Tragen kommen, entscheidet sich über die interaktiven und institutionellen Rahmungen des Sehens. In der intimen Barsituation sind begehrende Blicke zulässig, auf der öffentlichen Straße eher lästig. In bestimmten Institutionen wie Banken heben Beobachtungen das Sicherheitsgefühl, auf öffentlichen Plätzen sorgen sie eher für Verunsicherung. Wann also Beobachtung in Kontrolle umschlägt und unter welchen Bedingungen Kontrolle als ein Aspekt von Gesehenwerden wiederum erwünscht ist, das alles unterliegt den Aushandlungen im Feld alltäglichen Handelns.

Wer sich von der hohen Warte der gesellschaftlichen Großbeobachtung in dieses Feld der Feinsicht alltäglicher Sehverhältnisse begibt, der wird die Ambivalenz des Sehens in all ihren Facetten erkennen. Sicherheit hängt – allerdings nicht sprachgeschichtlich – mit Sichthaben und Gesichtetwerden zusammen. Blicke üben – so meine *erste These* – grundsätzlich und gleichzeitig eine sichernde und eine verunsichernde Wirkung aus; welche besondere Bedeutung Blicken letztlich zukommt, das hängt dann von den Blick-Interaktionen und den Beobachtungs-Konstellationen ab.

8.3   Von der Einseitigkeit des Beobachtens zur Zweiseitigkeit des Blickwechsels

In der Reflexionsgeschichte des Sehens herrscht die einseitige Auffassung des Sehens vor. Seit der Antike haben sich zwei Theorietraditionen herausgebildet (vgl. Wulf 1997: 448 f.).

Beide betrachten das Sehen im Grunde als einen Einbahnvorgang. Sie unterscheiden sich nur darin, dass sie jeweils die Richtung anders sehen. Die passive Richtung, ausgehend von Demokrit und Epikur bis hin zu Herder und Gehlen, entwickelt eine „Empfangstheorie" des Sehens. Das Auge empfängt die Bilder von außen. Sein Blick kann daher getäuscht, verführt oder gefesselt werden. Die aktive Richtung verfolgt seit Plato eine Theorie des „Sehfeuers" oder des „Sehstrahls", der das Objekt beleuchtet und erfasst. Dieser Blick deckt auf und entblößt, nimmt den Gegenstand wie eine Kamera in den Sucher oder wie eine Kanone ins Visier (vgl. Virilio 1989). Er zeigt und bezeugt ihn.

Gegenüber diesen Theoremen der Einseitigkeit des Sehens möchte ich die soziologische Auffassung zur Geltung bringen, dass Sehen und Beobachten von vornherein *soziale Interaktionen* sind, die erst durch die Zweiseitigkeit des Sehens und Gesehenwerdens, durch die Wechselseitigkeit der Blicke und durch die Reziprozität der Wahrnehmung in ihrem Wesen und ihrer Wirkung voll verstanden werden können. Schon Georg Simmel hat auf die gesellschaftsstiftende Funktion des Auges hingewiesen: „Unter den einzelnen Sinnesorganen ist das Auge auf eine völlig einzigartige soziologische Leistung angelegt: auf die Verknüpfung und Wechselwirkung der Individuen, die in dem gegenseitigen Sich-Anblicken liegt" (Simmel 1992: 723). Mit dem Blick erfasst man nicht nur den Anderen, sondern offenbart gleichzeitig sich selbst, gibt sich dem Anderen zu erkennen. „Ich seh dir in die Augen, Kleines!" Dieser zum Kultspruch gewordene Satz von Humphrey Bogart im Film „Casablanca" steht für das Erkennen und die Kommunikation der Liebe im intimen Blickwechsel. Der unvermittelte Blick von Auge zu Auge und er-

weitert von Gesicht zu Angesicht („face-to-face") stiftet im Unterschied zum einfachen Sehen und Beobachten des Anderen nach Simmel eine „unvergleichliche
Beziehung" und die „vollkommenste Wechselseitigkeit" (ebd. 724).

Die *Zweiseitigkeit* des Sehens und Gesehenwerdens stiftet soziale Gebilde und
soziale Ordnungen. Die sichtbare Anwesenheit von Personen in einem Raum, z.b.
hunderter Arbeiter in einem Fabriksaal oder auf einer Massenversammlung, können trotz vieler Unterschiede das Gefühl für das Gemeinsame als soziale Klasse
aufkommen lassen. Vorgesetzte, Vordenker und Prediger auf erhöhten Plätzen, an
Pulten und auf Kanzeln erzeugen die typisch hierarchischen Sehordnungen zwischen Führern und Massen, während der Blickwechsel auf gleicher Augenhöhe
etwa am runden Tisch eher egalitäre Verhältnisse anzeigt. Das Sehen vieler Fremder im Großstadtleben, für die man selbst auch ein Fremder ist, unterscheidet sich
deutlich von den vertrauten Begegnungen mit Leuten, die man kennt, auf dem Lande oder in der Kleinstadt. In der Zweiseitigkeit des Sehens ist schon eine Tendenz
angelegt, sich der Wechselseitigkeit zu versichern und das Unsichtbare und das
Unvertraute zu verringern. Einschränkungen der Zweiseitigkeit durch Dunkelheit,
Undurchsichtigkeit oder Fremdheit werden als bedrohlich empfunden.

In der *Wechselseitigkeit* des Sehens gründet sein Potential zur Herstellung von
sozialen Ordnungen. Neben „naturwüchsigen" Tendenzen zur Herstellung symmetrischer Beziehungen zwischen Beobachtern und Beobachteten halten sich auch
asymmetrische Beobachtungsverhältnisse aufrecht, wenn sie durch Gewohnheit,
Tradition, Recht oder Herrschaft legitimiert sind. Solche Ordnungen ausbalan-
cierter Beobachtungsverhältnisse werden offensichtlich, wenn der eingespielte
Blickwechsel durch einseitiges, ab- oder ausweichendes Verhalten unterbrochen
wird. Er ist in seiner Zweiseitigkeit schon leicht gestört, sobald man dem Blick des
Anderen ausweicht, z.B. schamvoll auf den Boden oder schamlos vom Gegenüber
wegblickt. Er ist schon stärker aus der Balance gebracht, wenn man sich selbst gar
nicht zu erkennen gibt, indem man seinen Blick hinter dunklen Sonnengläsern
versteckt oder seine Anwesenheit ganz vor den Blicken des Anderen verbirgt, z.B.
wenn man spioniert, jemanden beschattet oder sich als Voyeur betätigt.

Die *Reflexivität* des Sehens ergibt sich aus der Eigenart, dass man sich selbst
zugleich als sehendes Subjekt und als sichtbares Objekt erfahren kann[2]. Die Reziprozität der visuellen Interaktion besteht darin, dass man die Wahrnehmung des
Anderen wahrnehmen kann, indem man sieht, dass der Andere sieht, dass er gesehen wird. Im Spiegel wird die Reflexivität verkürzt und verdichtet, da man hier
zugleich sich selbst, wie man schaut, und mich selbst, wie man ausschaut, also wie

---

2 oder „daß mein Körper zugleich sehend und sichtbar ist", wie Merleau-Ponty formuliert (1967: 16). Vgl. auch zur Kreuzung der Blicke Merlean-Ponty 1994.

die anderen einen wahrnehmen, sehen kann. In der öffentlichen Interaktion bilden sich aus der Reziprozität der Begegnungen von Angesicht zu Angesicht bestimmte soziale Ordnungen. Dabei spielt das Wechselspiel von Anblicken und Angeblicktwerden für die Synchronisierung der Anwesenden, ihrer Fortbewegungen und für ihre Teilhabe am Geschehen auf öffentlichen Schauplätzen eine große Rolle (Goffman 1982: 23 f.). Das Abtasten („Scanning") der Unbekannten, das Suchen oder Vermeiden der Blicke der Anderen, der kurze, nicht zu lange Blickwechsel, und das Wegblicken bei geringer räumlicher Distanz, z.b. im Fahrstuhl (vgl. Hirschauer 2001), alle diese visuellen Aktivitäten sind Teil sozialer Interaktionsordnungen. Sie eröffnen, formen und beenden öffentliche Begegnungen und geben ihnen ein gewisses Maß an Sicherheit.

Sehen ist also keine einseitige Aktivität, besteht also weder nur aus einem empfangenen Bild oder aus einem erfassenden Blick. Nach der hier vertretenen Auffassung des Sehens als Interaktion – so lautet meine *zweite These* – entstehen erst in der Reziprozität der Blicke soziale Ordnungen, die entweder einen normativen Druck zur Herstellung von Symmetrien des Sehens und Sichsehenlassens ausüben oder davon abweichende asymmetrische Sehordnungen zulassen, die unter besonderen Rechtfertigungs- und Legitimitätsdruck stehen. Alle Beispiele von einseitiger und nicht bewusster Beobachtung, wie bei versteckter Kamera oder bei verdeckter Observation, können dann als Unterbrechungen der visuellen Interaktion und als Störungen der eingespielten Balance von Sehverhältnissen behandelt werden.

8.4 Von der zentrierten Asymmetrie zur Polyzentralität verteilter und verhandelter Sehordnungen

In den meisten der gegenwärtigen Diagnosen zur „Überwachungsgesellschaft" tauchen Vorstellungen von deutlichen Asymmetrien auf, die sich auf die institutionalisierten Sehordnungen beziehen. Häufig sind sie dem Paradigma der panoptischen Kontrolle verpflichtet und setzen damit eine *strukturelle Asymmetrie* voraus, die von vornherein eine schiefe Beziehung zwischen Zentrum und Peripherie unterstellt. Solchen Theorien zentrierter Asymmetrie liegen vereinfachte Auffassungen gesellschaftlicher Verhältnisse zugrunde, die sie für die Gestaltung und Aushandlung verschiedener Sehordnungen an verschiedenen Orten blind machen. Das Bild von der übermächtigen Gesellschaft gegenüber dem Individuum wie auch die Karikatur vom Leviathan'schen Moloch Staat gegenüber dem ihm hilflos ausgelieferten Bürger oder Untertanen sind Beispiele dafür. Selbst die These des übermächtigen Diskurses, in denen der Mensch als Konstrukt wie die Spur im Sand ins Flüchtige verschwindet, und des allwissenden Archivs, das Personen nur noch als Zeichen speichert, ihnen also die Verfügung über Daten, Bilder und andere Aspekte der Identität enteignet, ist noch zu sehr von der Idee einer in staatlichen oder technischen Strukturen wurzelnden zentrierten Asymmetrie infiziert.

Diese Auffassungen eignen sich vielleicht zur Kritik struktureller Asymmetrien unter den historischen Bedingungen des 18. und 19. Jahrhunderts oder unter den politischen Bedingungen von Diktaturen und autoritären Regimes. Unter den gegenwärtigen modernen Verhältnissen von institutioneller Differenzierung und Demokratisierung der Gesellschaften haben wir es eher mit einer *Polyzentralität* von Macht- und Sehordnungen zu tun. Der Staat ist weder ein einheitlich agierender Block, verfügt nicht über ein vereinheitlichtes Archiv von Informationen und ist auch nicht mehr der zentrale Akteur in der Gesellschaft, sondern einer unter vielen Akteuren. Schon auf dieser institutionellen Ebene haben wir es also mit vielen, verteilten und verhandelten Sehordnungen zu tun anstatt mit einer zentrierten Überwachungsstruktur.

Wenn die gesicherte Annahme einer zentrierten strukturellen Asymmetrie wegfällt, dann muss sie in jedem einzelnen Fall nachgewiesen werden. Das macht genauere Analysen der jeweiligen räumlichen, technischen, rechtlichen und anderen institutionellen Ordnungen und vor allem der Prozesse ihrer Herstellung und Reproduktion erforderlich. Das kann hier nicht Gegenstand der Ausführung sein. Aber in Anknüpfung an die beiden oben entwickelten Thesen zur Ambivalenz und zur Reziprozität des Sehens möchte ich knapp skizzieren, wie sich auf der Interaktionsebene in welchen Dimensionen verschiedene Asymmetrien herausbilden können.

In räumlicher Hinsicht haben sich verschiedene Sehordnungen herausgebildet, die Normen der Reziprozität und bei Verletzungen Tendenzen der Resymmetrisierung erkennen lassen. Menschen fühlen sich unwohl, wenn sie sich aus zu geringer Distanz beobachtet fühlen, wie es schon das Beispiel der erzwungenen Nähe im Fahrstuhl gezeigt hat; es gilt aber auch für zu enge Flure, zu kleine Fahrgasträume oder zu nahe Sitzgelegenheiten. Die Symmetrie des Blickwechsels wird auch durch nicht einsehbare Stellen in Räumen, z.B. in Parkdecks, Büsche und Mauern im öffentlichen Raum, die Andere nicht sehen und erkennen lassen, gebrochen. Beleuchtung, Glas und viele Durchsichten gleichen solche Dunkelstellen und Sichthindernisse aus.

In zeitlicher Hinsicht gibt es sehr feine Sehordnungen. Menschen fühlen sich provoziert, wenn sie zu lange mit Blicken fixiert, sprich: angestarrt werden. Eine kurze Einschätzung durch andere wird hingenommen, aber eine länger andauernde Beobachtung weckt Argwohn und mobilisiert Abwehr. Die konzedierte Dauer wechselt je nach Ort und Situation. In der Bar darf länger, auf öffentlichen Plätzen nur kurz und in intimen Räumen, wie Toiletten, gar nicht beobachtet werden.

In sozialer Hinsicht machen u.a. die Mengenverhältnisse und die Status- und Rollendifferenz einen Unterschied. Die Menschen sind alarmiert, wenn sie auf einer abgelegenen Straße von mehreren Augenpaaren, z.b. von gelangweilten Jugendlichen, ins Visier genommen werden. Die Verhältnisse sind ausgeglichen, wenn viele Augen viele andere, wie auf dem belebten großstädtischen Boulevard, anschauen. Wenn ein Lehrer die Schüler auf dem Pausenhof oder ein Polizist die Spaziergänger in einem Park beobachtet, dann gilt das als normal; wenn allerdings ein Zivilist Schüler vor dem Schultor oder Frauen in Parks längere Zeit beobachtet, dann macht er sich verdächtig.

Alle diese Asymmetrien des Raums, der Zeit und der sozialen Masse unterbrechen den normalen Fluss des Blickwechsels und bringen ausbalancierte Sehordnungen aus dem Gleichgewicht. Sie erzeugen schon Abweichungen und Asymmetrien, ohne dass technische Mittel und Medien eingesetzt werden. In welch einem Maß wächst dann die Verschiebung der eingespielten Sehordnungen an, wenn Technik ins Spiel kommt? Wie verschieben sich die sozialen Balancen, wenn Tausende von Kameraaugen auf den Straßen, an Gebäuden und in Läden die eigenen Aktivitäten unter Beobachtung stellen? Wie verändern sich zeitliche Dauer und Flüchtigkeit von Wahrnehmungen, wenn das „blinde" Objektiv nicht zu erkennen gibt, ob es überhaupt Bilder aufzeichnet und erst recht nicht, wie lange die Bilder meines Verhaltens aufbewahrt werden? Und wie verändern sich die räumlichen Distanzen, wenn nicht ersichtlich ist, welche Winkel das Objektiv nicht erfasst und wie nah es unbemerkbar an meinen Körper heranzoomt? Der Einsatz von Videotechnik verschiebt zwar die räumlich-sozialen Koordinaten der Sehverhältnisse. Damit ist aber nicht vorherbestimmt, dass die Technisierung der Beobachtung automatisch zu einer größeren Asymmetrie führt, wie ich im nächsten Kapitel noch genauer ausführen werde.

Bevor ich zu dieser Analyse der Veränderung des Blickwechsels durch die Videotechnik übergehe, soll hier noch einmal festgehalten werden, dass mit Symmetrien und ausbalancierten Sehordnungen keine starren und universell geltenden Strukturen gemeint sind. Es handelt sich dabei eher um sich im Fluss befindliche, ausgehandelte und sozial eingespielte Sehverhältnisse, die auf der Interaktionsebene starken Normen zur Herstellung von Zweiseitigkeit und Reziprozität unterliegen und auf der institutionellen Ebene bei abweichenden und asymmetrischen Konstellationen der Legitimierung bedürfen.

Goffman spricht im Hinblick auf Störungen der Interaktionsordnung z.B. vom „korrektiven Austausch". Regelverletzungen, wie sie das zu lange Anstarren oder das Ausweichen vor Blicken darstellen, können durch Erklärungen oder durch Entschuldigung des Verhaltens korrigiert werden. Eine andere Form der Korrektur sind „Kompensationen" für die Hinnahme einseitiger Beobachtungsbeziehungen.

Man kann sich zum Beispiel der voyeuristischen Beobachtung durch viele aussetzen, um Spaß, Ruhm oder Geld als Entschädigung dafür zu erlangen. Durch die Gewöhnung an Videokameras und Webcams scheint sich die Bedeutung von „Big Brother is watching you" von der breiten Furcht vor allgegenwärtiger Kontrolle zu einer massenhaften Lust auf intime Beobachtung hin verschoben zu haben.

Auf der institutionellen Ebene spielen gesetzliche Regelungen eine wichtige Rolle, um Bedingungen und Vorgehensweisen einseitiger Beobachtung und Aufzeichnung genau festzulegen. Dahinter stecken Modelle symmetrischer Sehordnungen und balancierter Beobachtungskonstellationen, in denen zwischen den privaten Rechten am eigenen Bild und den staatlichen Aufgaben der Sicherung der öffentlichen Ordnung abgewogen werden muss. Besondere Formen der einseitigen Beobachtung bedürfen daher des konkreten Anlasses, der verfahrensmäßigen Kontrolle und der spezifischen Legitimation. Asymmetrien sind nicht an sich schon kritikwürdig, sondern erst wenn sie nicht akzeptiert, nicht mehr individuell korrigiert oder institutionell nicht legitimiert werden können. Auf jeden Fall bleibt weder auf der interaktiven noch auf der institutionellen Ebene etwas von der durchgängigen und zentrierten Asymmetrie, wie sie häufig unterstellt wird, übrig. Vielmehr verteilen sich – so meine *dritte These* – viele symmetrische und asymmetrische Sehordnungen über die offenen und geschützten Sozialräume der Gesellschaft, die zudem noch ständig im Fluss interaktiver Aushandlung und institutioneller Ausbalancierung stehen. Eine Zentrierung bedürfte eines ungeheuren Aufwandes an Mitteln, Menschen und Programmen, um die unterschiedlichen Daten und Organisationen wieder zu vernetzen. Für begrenzte Ausnahmeaktivitäten, wie Rasterfahndungen, mag ein solcher Aufwand betrieben werden, für die ständige staatlich aufrechtzuerhaltende Sicherheit wäre sie der Bankrott der Demokratie.

8.5   Von der Instrumentalität medialer Technik zur Interaktivität in soziotechnischen Konstellationen

Üblicherweise wird in den Sozialwissenschaften Technik und Soziales voneinander getrennt. Das führt dazu, dass auf der einen Seite Technik als neutrales Mittel der Wirkungssteigerung aufgefasst wird. Analog zur Technisierung der Arbeit durch Maschinen erwartet man von den visuellen Maschinen und digitalen Medien eine Erleichterung der Beobachtungsarbeit, eine zunehmende Substitution menschlicher Überwachungsleistungen und eine Objektivierung von Spuren, Daten und Zeugnissen. Die Technik wird zum *unvermittelten Instrument,* das die allein sozial erzeugten Asymmetrien verstärkt oder abschwächt. Auf der anderen Seite wird der Medientechnik eine eigenmächtige Wirkung unterstellt. Sie ist selbst der Ort der Asymmetriebildung: Sie unterwirft die menschlichen Subjekte einer panoptischen, allgegenwärtigen und perfekten Beobachtungs-, Fahndungs- und Archivierungsmaschinerie.

Allerdings sind das keine soziale Wirklichkeiten, sondern architektonische, literarische und filmische Fiktionen. Das Bentham'sche Gefängnis blieb Reißbrettentwurf, wurde also nie in der skizzierten Weise gebaut. Selbst die modernsten zentral und technisch überwachten Gefängnisanstalten lassen – wie wir wissen – genügend Raum für subversive Strategien und die Überlistung der Überwachungstechnik. „Big Brother" blieb eine Romanfiktion, die im Jahr 1984 nicht einmal ansatzweise ihren Weg in die Realität fand. „Big Brother" steht heute für die Mehrheit der Menschen nicht mehr für die Furcht vor einer zentralen und alle Bürger erfassenden Kontrolle, sondern steht ganz im Gegenteil für den Spaß an einer freiwilligen Bloßstellung intimer Interaktionen vor einem Millionenpublikum. Die Asymmetrie, die darin bestand, dass wenige viele beobachten könnten, wird umgekehrt in die Relation, dass viele einige wenige beobachten. In Steven Spielbergs letztem Film „Minority Report" sehen wir eine scheinbar lückenlos kontrollierte Welt durch die Technik der automatischen Augenmustererkennung („eye-scanning"), sei es, wenn man eine Tür öffnen möchte, ein interaktives Werbeplakat ansieht oder einen Laden betritt; aber selbst hier finden sich – wie der Film zeigt – Zonen der Unsichtbarkeit und subversive Gegenstrategien.

Bei der üblichen Technikfolgenabschätzung schleichen sich schon durch die Trennung von Technik und Sozialem und durch ein instrumentalistisches Technikverständnis Fehler in die soziologische Analyse ein. Wenn man diese Methode der Wirkungsanalyse auch noch von der Maschinentechnik auf die Medientechnik überträgt, dann nimmt die Wahrscheinlichkeit pauschalisierender und verdinglichender Ergebnisse zu.

Zunächst einmal ist Technik nicht nur auf Sachtechnik zu reduzieren, sondern sie umfasst auch Zeichentechnik und Handlungstechnik. Erst zusammen mit den vielen anderen technisierten Abläufen bilden sich *komplexe technische Konfigurationen* heraus. Es reicht eben nicht, nur die Effekte von Kameraobjektiven oder von Aufzeichnungsgeräten zu untersuchen. Eine Videoüberwachungsanlage auf einem öffentlichen Platz oder ein Eye-Scanner- Portal auf einem Flughafen wirken zum Beispiel erst in der Konfiguration mit entsprechender Software und mit trainierter Bedienungs- und kodierter Auswertungstechnik.

Dann ist zu bedenken, dass Technik nicht die einmal und für immer fixierte Form mit fest erwartbaren Folgen ist, sondern dass sie *Technik in Aktion* (vgl. Rammert 2003) ist. Sie bildet ein Projekt, das sich ständig verändert und auch andere Wirkungen zeigt, je nachdem wie man mit ihr umgeht. Es können sich Aktivitäten von einer Instanz stärker auf eine andere verlagern. Dadurch dass sie ständig umgestellt, repariert und neu justiert wird, befindet sich die technische Konfiguration im Fluss. Technik ist nicht einfach instrumentell, das beste Mittel für einen gegebenen Zweck, sondern Techniken sind experimentell, d.h. sie sind immer auch konstruktiv und interpretativ offen für andere Zwecke. Sie haben gleichzeitig viele Folgen, beabsichtigte und unbeabsichtigte. Das Schützen der Wohnanlage vor fremden Eindringlingen kann gleichzeitig die nicht so gewollte Folge mit einschließen, sich selbst und das Verhalten der Nachbarn überwachen zu lassen.

Technische Konfigurationen wirken nicht unvermittelt, sondern die technischen Wirkungen werden durch Praktiken und gerahmte Interaktivitäten zwischen Mensch und Technik, eben durch eine *soziotechnische Konstellation*, wie ich es nenne, vermittelt. Menschliche Intentionen können dabei verschoben oder gar pervertiert werden; technische Wirkungen können ebenfalls geschwächt oder aufgehoben werden. Die Verstärkung der öffentlichen Sicherheit kann zum Beispiel in eine starke Verunsicherung der Menschen umschlagen. Die technische Überwachung schränkt das kriminelle Handeln nicht ein, sondern verstärkt es, indem sie verdecktes Handeln und Auslagerung an weniger kontrollierte Plätze fordert. Welche Wirkungen letztlich festzustellen sind, das hängt von der genauen Analyse der soziotechnischen Konstellationen ab, nämlich wie die Aktivitäten zwischen Menschen, Maschinen und Programmen unterschiedlich verteilt und balanciert werden.

Mit diesem Technikverständnis von „Technik als verteilter Aktion" (Kap. 5 in diesem Buch) werden zunächst einmal alle Großtheorien obsolet, die immer noch davon ausgehen, dass entweder die Subjekte die technischen Objekte und ihre Wirkungen insgesamt kontrollieren oder umgekehrt dass die Medien und Objekte sich gegenüber den Subjekten verselbständigen. Stattdessen müssen die soziotechnischen Konstellationen, die sich aus den *Interaktionen* zwischen den Menschen, aus den *Interaktivitäten* zwischen Menschen und Objekten und aus den *Intraaktionen* zwischen den Objekten (Latour 1998; Rammert 1998; Braun-Thürmann 2002) herausbilden, in ihrer Genese und Gestalt genauer untersucht werden.

Das Subjekt der Beobachtung ist nicht die Gesellschaft, der Staat, die Polizei oder eine zentrale Behörde, wie es Filme oder Romanfiktionen, aber auch manche theoretische Texte unterstellen; vielmehr haben wir es heute – so meine *vierte* These – mit *verteilten Beobachtungsagenturen* zu tun. Die Instanzen der Beobachtung verteilen sich zunächst auf die vielen verschiedenen sozialen Akteure mit ihren weniger technisierten Praktiken – von Kamera- und Softwareentwicklern, über Hersteller und Anwender von Videoüberwachungsanlagen bis hin zu ihren Bedienern und Betreibern; sie verteilen sich aber auch auf die höher technisierten Abläufe, die in die Hardware eingeschrieben sind, wie Zoommöglichkeiten, Drehwinkel usw., die als Algorithmus für die Auswertung programmiert worden sind oder die als Such- und Selektionstechnik dem Personal antrainiert werden.

Die technischen Objekte und ihre Effekte verteilen sich ebenfalls auf viele Instanzen und Orte: Sie sind also keineswegs von vornherein reibungsfrei vernetzt, sondern lassen Lücken der Interferenz, Offenheiten der Interpretation und unintendierte Verschiebungen der Wirkung zu. Die Senkung der kriminellen Akte kann gleichzeitig eine Verschiebung an andere Orte bedeuten. Die massenhafte Erzeugung von Bildmaterial schafft Engpässe bei der angemessenen Auswertung der Datenmengen. Die automatische Bildauswertung führt wiederum häufig zur überalarmierenden Anzeige von relevanten Fällen, die dann mit großem Aufwand menschlicher Beurteilung wieder auf ein normales Maß gesenkt werden müssen usw.

Die Konzentration auf die menschlichen Subjekte und die intersubjektiven Beziehungen einerseits oder die Konzentration auf die technischen Medien und ihre intermedialen Beziehungen andererseits unterschlägt gerade die Beziehungen der Interaktivität zwischen Menschen und Objekten: Es gibt kaum menschliche Aktionen, die nicht durch technische Medien vermittelt und dadurch in der Zielsetzung verschoben sind: Wer mit Kamera und Zoommöglichkeit 8 Stunden lang beobachtet, wird spielerisch leicht zum Voyeur, ohne die Absicht dazu gehegt zu haben. Es gibt kein einziges technisches Medium, das die gewünschten Objekte interventionsfrei und interpretationsfrei produziert; sie bleiben bei Herstellung, Bedienung und Benutzung auf Interaktivitäten mit Menschen angewiesen. Ein Bankräuber, der aufgrund eines Videobilds überführt worden war, wurde nach 5 Jahren aus dem Gefängnis entlassen, weil nach dem Geständnis eines anderen später gefassten Bankräubers die Tatsache herauskam, dass sich der anthropometrische Gutachter nachweislich geirrt haben musste.

Von Subjekten und Objekten zu sprechen oder Technisches auf funktionierende Mechanismen und Soziales auf symbolische Interaktionen zu beziehen und strikt zu trennen, ist für solche gemischten Beobachtungskomplexe nicht mehr angemessen.

In diesen soziotechnischen Konstellationen ist die Agency auf viele Instanzen verteilt, auf menschliche Akteure, programmierte Agenten und maschinelle Mechanismen, die zusammen eine komplexe und auch eine heterogene Agentur bilden. Und diese Interaktivitäten und Verteilungen der Aktivitäten gilt es im Einzelnen zu untersuchen, um Störungen des Blickwechsels zu diagnostizieren.

8.6 Technografie als Beobachtung verteilter Aktivitäten

Die hier in Grundzügen vorgestellte Technografie von Konstellationen der Video-überwachung ging zunächst von der grundsätzlichen Ambivalenz des Sehens aus. Es wurde argumentiert, dass Blickwechsel je nach interaktivem Verlauf und institutioneller Rahmung in „Verunsicherung" wie in „Versicherung" umschlagen können. Gegenüber verkürzten Auffassungen des Sehens als einseitiger Beobachtung wurden die Reziprozität und die Reflexivität der visuellen Interaktion herausgestellt. Sicherheit entsteht danach, wenn entweder eine naturwüchsige zur Symmetrie hin tendierende Reziprozität von Sehen und Gesehenwerden oder des Achtens und Beachtetwerdens sich in der öffentlichen Interaktion entwickeln kann oder wenn aufkommende Asymmetrien korrigiert und/oder legitimiert werden können. In ihrer Reziprozität gestörte Blickwechsel heben die balancierten und ausgehandelten Sehordnungen auf und erzeugen dann Verunsicherung.

Es ist jedoch nicht von einer generellen und strukturellen Asymmetrie in einer „Beobachtungsgesellschaft" auszugehen, sondern es sind die vielen verteilten Beobachtungsverhältnisse genauer zu untersuchen. Betrachtet man – wie vorgeschlagen – die Videotechnik nicht als eine fertige geschlossene und instrumentell eingesetzte Technik, sondern als eine komplexe soziotechnische Konstellation, dann fällt u.a. auf, dass zunächst einmal die gestörte Blickinteraktion zwischen beobachtetem lebendigem Blick und für den Beobachteten verstecktem oder blindem Objektiv die Symmetrie der Reziprozität stört und dadurch verunsichert. Auch die seinem Blick entzogene Interaktivität der Beobachter mit dem technisch erzeugten und gespeicherten Blick auf dem Bildschirm erweist sich danach als Stör- und Verunsicherungsquelle. Allerdings – so wurde argumentiert – erwächst aus dieser wie auch anderen Asymmetrisierungen keine grundsätzliche Kritik an der Technisierung der Beobachtung und an der Erzeugung technischer Bilder. Es kommt eben auf die Legitimierung solcher Sehordnungen durch die Aushandlung, Kompensierung oder Balancierung an. Gerade aus der Beobachtung der „natürlichen" und legitimen Praktiken der Korrektur und Kompensation von Asymmetrien des Blickwechsel können Bedingungen hergeleitet werden, wie eine solche Balance praktisch, technisch und politisch wieder neu hergestellt werden kann.

Eine Technografie der Videoüberwachung könnte zusätzlich zu den bekannten politischen und rechtlichen Maßnahmen, wie die Beschränkung der Videoaufnahmen auf Objekte und anonyme Massen oder die zeitliche Begrenzung der Aufbewahrung von Videoaufzeichnungen oder die Verpflichtung zur Installation von Hinweisschildern, zwei weitere Ideen für eine Kompensation der gestörten Reziprozität beisteuern: Erstens, könnten Bildschirme zusätzlich aufgestellt werden, auf denen die Beobachteten die Bilder von ihnen selbst sehen und damit ihr

Verhaltensbild kontrollieren könnten. Zweitens, könnten Bildschirme aufgestellt werden, auf denen die Beobachter im verdeckten Raum selbst bei der Beobachtung beobachtet werden können. Wenn nämlich durch Sehtechniken die Blickinteraktionen gestört und auf getrennte Räume verteilt werden, dann können auch dieselben Techniken und Interaktivitäten so gestaltet und praktisch verwendet werden, dass sie die dabei hergestellten Asymmetrien und Verunsicherungen durch Korrekturen und Kompensationen wieder aufheben oder begrenzen. Das Problem der Videoüberwachung ist also keine Frage der Entgegensetzung von „natürlicher" sozialer Interaktion und technisch „verfremdeter" Interaktion. Vielmehr kann mit der Technografie die *konstruktive Frage* gestellt werden, wie sich komplexe soziotechnische Konstellationen aus Beobachtungs- und Interaktivitätsordnungen so gestalten lassen, dass Störungen der Balance korrigiert oder kompensiert werden.

Teil III
Wissen

Nicht-explizites Wissen in Soziologie und Sozionik

9

Ein kursorischer Überblick[1]

Zusammenfassung

Rationalisierung, Formalisierung und Explizierung von Wissen und Regeln sind Merkmale moderner Gesellschaft. Gleichwohl basieren sie weiterhin auf eingewöhnten Praktiken und implizitem Wissen. Moderne Informationstechniken vom Computer über das Internet bis hin zu Techniken der Künstlichen Intelligenz beruhen auf Formalisierung und Algorithmisierung und treiben daher die Prozesse des Explizitmachens noch mehr voran. Allerdings – so wird argumentiert – entstehen bei der technischen Herstellung, der praktischen Anwendung und der institutionellen Einbettung in Form von Daumenregeln, informellem Handeln und nicht-explizitem Wissen wiederum neue Bereiche impliziten Wissens. Soziologische Theorien, insbesondere Praxistheorien, Studien der Wissenschafts- und Technikforschung und Beobachtungen zu Theorie und Praxis der Künstliche Intelligenz-Technologien werden daraufhin untersucht, wie sie mit diesem Paradox des Explizierens von implizitem Wissen umgehen.

---

1   Für weiterführende Hinweise danke ich David Naegler, Martin Meister und Klaus Scheuermann.

9.1 Einleitung

Das explizite Wissen zeichnet die moderne Gesellschaft besonders aus. In der Gestalt des formalen Rechts, der exakten Wissenschaft oder des berechenbaren Unternehmensrisikos hat es naturwüchsige Sitten, Erfahrungswissen oder Daumenregeln in den Hintergrund gedrängt. Allerdings hat die Soziologie als wissenschaftliche Disziplin von ihrem Beginn an das Gesellschaftliche nicht nur als explizite Regeln aufgefasst, sondern gleichfalls oder sogar begründend als das in Praktiken oder symbolischen Interaktionen Implizite. Mal figuriert es als Lebenswelt und gemeinsam geteilter Wissensvorrat, mal als Sprachspiel und praktisches Bewusstsein. Soziologische Theorien lassen sich jedenfalls danach einteilen, in welcher Weise sie die Explizit/Implizit-Differenz konzeptualisieren und welches Gewicht sie jeweils der einen oder anderen Seite verleihen.

Mit dem fortschreitenden Einsatz von Informationstechniken auf der Basis der Computertechnologie werden immer mehr Bereiche dem Druck der Explizierung ausgesetzt, die sich bisher überwiegend am impliziten Wissen der Beteiligten orientiert oder auf die praktische Erfahrung von Experten verlassen haben. In der Regel erfordert die Übertragung menschlicher Arbeitsfunktionen auf informationstechnische Systeme das Explizit-Machen der zugrunde liegenden Regeln, ihre Formalisierung und Modellierung für Computerprogramme. Das gilt für die kontext- und personengebundene Erfahrung von Instandhaltern ebenso wie für die Intuition professioneller Experten. Mehrere Fragen tauchen bei der forcierten Verwissenschaftlichung und Informatisierung auf: Welche Rolle spielt das nicht-explizite Wissen für das Gelingen von Arbeit und das Entstehen von Expertise? Was ist überhaupt unter nicht-explizitem Wissen zu verstehen? Wie kann man es methodisch erfassen? Und schließlich: Verschwindet es eigentlich mit der zunehmenden Explizierung und Formalisierung oder entsteht es immer wieder neu? Für ein erfolgreiches Wissensmanagement wird der angemessene Umgang mit dem nicht-expliziten Wissen zum strategischen Faktor.

Diese eben angesprochenen Fragen können hier nicht zufriedenstellend beantwortet werden. Sie leiten jedoch die Suche nach Feldern und Arbeiten der Soziologie und der Sozionik, die etwas zur angesprochenen Problematik beitragen können. Der kursorische Überblick beginnt mit der gründlichen Neulektüre eines Klassikers auf dem Gebiet des „impliziten Wissens", Michael Polanyi. Die Soziologie ist ein weites Feld. Ich habe mich bei der Durchsicht auf die meiner Ansicht nach wichtigsten Vertreter einer Praxistheorie beschränkt. Ausführlicher werden einschlägige Diskussionen und Studien aus verschiedenen Gebieten der Wissenschafts- und der Technikforschung vorgestellt, da dort das Problem intensiv und explizit behandelt wird. Abschließend wird die Entwicklung von der Soziologie der künstlichen Intelligenz bis zur Sozionik im Hinblick darauf durchkämmt, wie dort Explizitheit und Wissen behandelt werden. Das Schlusskapitel fasst die Ergebnisse in einer kleinen Übersicht über die verschiedenen Begriffe zusammen und formuliert zentrale Forschungsfragen für die Zukunft.

9.2   Der klassische Ort: Implizites Wissen bei Michael Polanyi

Die Differenz explizites/implizites Wissen spielt eine zentrale Rolle im Werk von Michael Polanyi. Die Idee des impliziten Wissens („tacit knowledge") entsteht bei ihm in Auseinandersetzung mit der Wissenschaftsgläubigkeit des sowjetischen Marxismus, speziell mit Nikolai Bucharin, und auch mit einem positivistischen Selbstverständnis der Naturwissenschaftler im Westen. Seine Ideen hat er zuerst in seinem Buch „Science, Faith and Society" (1946) formuliert. Er zeigt darin, dass Wesen und Geltung wissenschaftlichen Wissens nicht nur mit Hilfe streng expliziter Operationen begründbar sind, sondern dass es darunterliegende Formen der Abhängigkeit und Bedingtheit gibt. Sie sind existenziell bedingt und wirken implizit und stillschweigend.

In seinem nachfolgenden Buch „The Personal Knowledge" (1959) sucht er besonders die (kognitions-)psychologischen Grundlagen dafür herauszuarbeiten. Dass Wissen mehr ist als die Summierung oder Integration der Einzelmerkmale, veranschaulicht er am Beispiel des Erkennens menschlicher Gesichter. Er verweist auf die unbewusst mitlaufende Tendenz zur Bildung von kohärenten Strukturen und einheitlichen Gestalten. Diese Tendenzen zur Gestaltschließung bringen es mit sich, dass so genannte „blinde Flecken" im Wissen keine zeitweiligen Defizite, sondern notwendige Eigenschaften sind. Diese Ideen sind von der Gestaltpsychologie und neueren physiologischen Forschungen, z.B. von Maturana und Varela (1980), bestätigt worden.

In seinem dritten Buch „The Tacit Dimension" (1966) werden die Überlegungen systematisch bilanziert und zwei neue Akzente gesetzt. Die Rolle des Körpers und die Bedeutung des Sozialen als emergente Ebene werden betont. Implizites Wissen („tacit knowing") – so äußert sich Polanyi unter Bezug auf seinen Aufsatz „The structure of consciousness" (1965) in der Zeitschrift „Brain" – sei eben die Weise, in der uns Nervenprozesse bewusst werden – nämlich in Gestalt wahrgenommener Gegenstände. Es ist eben nicht notwendig „persönlich" bedingtes Wissen, sondern es umfasst Komponenten unterhalb unseres eigenen Denkinhalts, die wir nur mittelbar und nebenbei registrieren. Es ist gleichsam ein Teil unseres Körpers. So erkläre sich die Tatsache, „dass wir mehr wissen, als wir zu sagen wissen" (Polanyi 1985: 14).

Man könnte dagegen einwenden, dass wir nur das Unsagbare, das Unterschwellige oder das Implizite explizit zu machen bräuchten, um es dann zu integrieren. Aber eine solche ungetrübte Klarheit komplexer Sachverhalte und eine solche Detailversessenheit verhindern das Erfassen der Bedeutung. Die Redeweise, dass jemand den Wald vor lauter Bäumen nicht sieht, spricht diesen Sachverhalt an. Explizite Integration kann die implizite nicht ersetzen, so lautet die Botschaft. Sie impliziert die starke These, „dass der Prozess der Formalisierung allen Wissens im Sinne einer Ausschließung jeglicher Elemente impliziten Wissens sich selber zerstört" (Polanyi 1985: 27).

Das Soziale kommt ins Spiel, wenn Polanyi die Situation von zwei Personen beschreibt, wobei der eine die geschickten Handgriffe des anderen zu verstehen lernt. Person A bringt eine komplexe Entität hervor, z.b. Michelangelo eine Statue, indem er seine Bewegungen koordiniert und sich in seinen Körper und den Stein einfühlt. Person B versteht die Bewegungen, weil er sich in sie von außen einfühlt und sie geistig in einen Zusammenhang bringt, der dem Bewegungsmuster von A nahekommt. Nicht die Registrierung der einzelnen Aktivitäten, sondern „die Einfühlung des einen in den anderen" ermöglicht das Verstehen.

Die Menge der Einzelbewegungen kann nur verstanden werden, wenn eine Instanz unterstellt wird, die den Zusammenhang gewährleistet, also eine Person oder ein Subjekt. Es werden wiederum nicht die entscheidenden Merkmale der Gesten und Bewegungen im Einzelnen beobachtet, sondern unter dem Gesichtspunkt einer ganzheitlichen Handlung. Dieses soziale Verstehen setzt ebenfalls nicht die Explizitheit aller Gesten voraus, sondern erfolgt unterschwellig, weil wir bereits über einen Schatz praktischen Wissens verfügen. Das Geheimnis der Sozialität – so könnte man schlussfolgern – liegt darin verborgen, dass auf einer neuen emergenten Ebene Gestalten und Ordnungen entstehen, die sich nicht mehr aus den einzelnen Merkmalen der darunterliegenden Ebene erklären lassen.

Die hier am Beispiel der Sozialität entwickelte Emergenztheorie verallgemeinert Polanyi. Emergenz wird beschrieben als das Entstehen einer höheren Ebene durch einen Prozess, der auf der unteren Ebene nicht auffindbar ist. Keine Ebene ist in der Lage, ihre Randbedingungen selbst zu kontrollieren und kann auch keine über ihr liegende Ebene von sich aus generieren (Polanyi 1985: 46). Das hieße für den vorgestellten Fall des künstlerischen Handelns, dass weder aus der noch so detaillierten Aufzeichnung noch der genauesten Nachahmung aller Bewegungen das künstlerische Handeln verstanden noch schöpferisch vorangetrieben werden könnte. Das nicht-explizite Wissen kann zwar zunehmend expliziert und formalisiert werden; aber die Differenz der Emergenzebenen wird davon nicht tangiert. *Nach meiner Ansicht sind Polanyis Überlegungen gewissermaßen klassisch. Sie entfalten die Grundproblematik der Explizit/Implizit-Differenz und behandeln*

die wichtigsten Aspekte, die – wie wir noch sehen werden – in den heutigen Dis-
kussionen immer wieder angesprochen werden. Mit dem Bezug auf die Gestalt-
schließung hat er die epistemische oder kognitive Problematik nicht-expliziten
Wissens angesprochen. Mit dem Bezug auf den Körper hat er die praktischen oder
ingenieurtechnischen Aspekte impliziten Wissens behandelt. Und schließlich hat
er mit Bezug auf die Emergenz ein allgemeineres theoretisches Schema zur Be-
handlung des Implizit/Explizit-Problems vorgelegt.

9.3   Aus dem Blickwinkel ausgewählter soziologischer Theorien

Was Polanyi rudimentär an der wechselseitigen Einfühlung von zwei Personen
vorgeführt hat, wird in der soziologischen Theorie zu einem Zentralthema: Entsteht gesellschaftliche Ordnung durch explizites Handeln, z.b. Verträge, oder
konstituiert sie sich durch implizit bleibende Regeln des sich wechselseitig aneinander orientierenden Handelns? Alle soziologischen Theorien können danach
beurteilt werden, wie stark sie die expliziten oder die impliziten Aspekte betonen
und wie gut es ihnen jeweils gelingt, die Beziehung zwischen beiden zu konzeptualisieren. Das beginnt mit den Sozialphilosophien von Hobbes und Rousseau, findet sich in Tönnies Unterscheidung von „Gesellschaft" als Resultat expliziter Wahl
und „Gemeinschaft" als naturwüchsiger Verflechtung und setzt sich heute fort in
der Spaltung von Theorien rationaler Wahl, welche in der Ökonomie und Politik-
wissenschaft vorherrschen, von Theorien sozialer Praxis, welche in Soziologie,
Ethnografie und empirischer Anthropologie ihren Ort haben. Die einen folgen dem
frühen Wittgenstein des „Tractatus", wonach man sinngemäß über das, was man
nicht explizit ausdrücken kann, lieber schweigen solle („6.522 Es gibt allerdings
Unaussprechliches. Dies zeigt sich, es ist das Mystische. ...7 Wovon man nicht
sprechen kann, darüber muss man schweigen" 1984: 85). Die anderen stehen in
der Tradition des späten Wittgenstein der „Philosophischen Untersuchungen", der
die Bedeutung im Gebrauch der Wörter sieht und Sprache sich nur als „Lebensform" vorstellen kann, die Bedeutung also in den kulturell geteilten Praktiken und
Sprachspielen implizit bleibt. Jeder Versuch, das Implizite durch Operationen explizit zu machen, führt zu einem unendlichen Regress, da diese Operationen selbst
wiederum nichtexplizites Wissen voraussetzen.
    Diesem sprachphilosophischen Kern des Problems soll hier nicht länger nach-
gegangen werden. Der Ausflug in die Philosophie würde sich zwar lohnen, aber
hier sind die soziologischen Studien der Gegenstand der Betrachtung. Der Bezug
auf Wittgenstein rechtfertigt sich insofern, als die meisten der in den folgenden

Abschnitten referierten Arbeiten sich von Wittgensteins Denken und vor allem seinem nicht-expliziten Regelbegriff beeinflusst zeigen. Andere ergiebige Bezüge ließen sich zur pragmatistischen und phänomenologischen Philosophie ziehen, welche die Sozialtheorien der Praxis ebenfalls stark geprägt haben. Der Soziologe Georg Herbert Mead zum Beispiel ist ein wichtiger Vermittler zwischen pragmatistischer Sozialtheorie und einer Soziologie der Praxis (vgl. Joas 1992). Was wir schon bei Polanyi als wechselseitiges Einfühlen gelesen haben, wird bei Mead exemplarisch als wechselseitige Perspektivübernahme zwischen zwei sich aufeinander in ihrem Verhalten beziehenden menschlichen Wesen, hier zwei Boxern, beschrieben (Mead 1968). In dieser symbolisch statt instinktiv – wie bei kämpfenden Hunden – vermittelten Interaktion entstehen Bedeutungen, die der Situation zunächst implizit bleiben. Die Bewegungen werden zu signifikanten Gesten, z.b. einer „Finte", indem die erwartete Reaktion Bs auf die Geste von A innerlich vergegenwärtigt wird, B die Bedeutung dieser Bewegung als Finte und nicht als Schlag durch Hineinversetzen in den Gegner A erfasst hat und schließlich A durch das Unterbleiben der gegnerischen Abwehrreaktion wahrnimmt, dass B die Bedeutung der Geste als Finte erkannt hat. Ob eine Bewegung eine Finte ist oder nicht, lässt sich letztlich nicht explizit machen. Es bleibt in der Interaktionssituation der Kämpfenden implizit. Man kann dieses implizite Wissen nur erwerben, wenn man die Praxis des Boxens häufig ausübt, wozu Training und Kämpfe eingerichtet sind. Und man kann es sich aneignen, indem man den Gegner beim Kampf beobachtet, mit Gesten taktisch experimentiert und schließlich den Stil des Gegners sich in Videoaufnahmen von seinen anderen Kämpfen ansieht.

Damit sind auch schon drei Methoden angesprochen, wie man implizites Wissen annäherungsweise ermitteln kann, worauf ich aber erst später zurückkommen werde. Zunächst sind nur die drei Formen 1.) des Tuns der Praxis (Teilnahme), 2.) der experimentellen Störung der Praxis (Realexperimente) und 3.) der bildlichen Aufzeichnung der Bewegungen (Videoanalyse) festzuhalten.

Um das implizite Wissen über soziale Ordnungen im banalen Alltagshandeln aufzudecken, hat Harald Garfinkel seine berühmten ethnomethodologischen Experimente angestellt (Garfinkel 1967). Die Probanden wurden aufgefordert, selbstverständlich erscheinende Worte in ihren Antworten immer weiter zu explizieren. Die Interviewer trieben ihre Probanden in die Verzweiflung oder in den Zorn, weil sich vieles eben nicht sagen lässt, was man aber trotzdem allgemein weiß oder als allgemein geteilt unterstellt. Das implizite Wissen, das man als Selbstverständlichkeiten des Alltags unterstellt, lässt sich eher zeigen als sagen. Man erfährt die Unterschiede am eigenen Leibe, wenn man die Alltagskulturen zwischen Nord- und Südeuropa oder zwischen westlichen und fernöstlichen Ländern wechselt. Fernreisende Geschäftsleute lernen nicht explizite Regeln („Nicht die Hand schütteln!" „Nicht auf die Schulter klopfen!"), sondern sie werden von Einheimischen in Rollenspielen oder durch Filmaufnahmen vorbereitet. Wie schon oben bei der Darstellung von Polanyis Ausgangsüberlegungen gibt es viele Einzelheiten, die als unausgesprochene Regeln im gesellschaftlichen Verkehr aufgefasst werden könnten. Aber die Aufzählung und das Explizitmachen japanischer Höflichkeitsregeln würde eben nicht das in der wirklichen sozialen Situation angemessene Verhalten erzeugen. Dazu bedarf es der Kompetenz des Einfühlens in den anderen Handelnden, in den „Rahmen" der jeweiligen Situation und in den gesamten Kontext der Kultur, die durch längeres Leben, Erleben und Handeln in dieser Kultur erworben wird. Das implizite Wissen ist eben kein explizit erlernbarer Satz von Regeln, gleichsam ein Kode, sondern ein in den Praktiken immer wieder neu produzierter und reproduzierter Stil des Handelns. Die Elemente gewinnen zwar wie Worte und Gesten ihre Bedeutung durch den Kontext oder den Interaktionsrahmen, aber eben nicht in einer kodifizierten Eindeutigkeit, sondern in den jeweiligen inszenierten Handlungsvollzügen.

Der von Erving Goffman herausgestellte „Rahmen" für Handlungen (Goffman 1990), der in gewisser Weise analog zur sinngebenden Gestaltschließung bei Polanyi gesehen werden kann, funktioniert nicht wie ein Skript, das den Rollen und Aussagen ihren eindeutigen Kontext zuweist, sondern wird von den in der Situation Handelnden ständig miterzeugt, interpretiert und verändert. „Eine Situation wird durch die in ihr Befindlichen nicht eigentlich definiert, sondern gewöhnlich stellen die, die sich <in einer Situation> befinden, interpretierend und zumeist implizit, kaum bewusst, für sich fest, was für sie die Situation ist oder sein sollte, und sie verhalten sich – bis auf weiteres – entsprechend" (Soeffner 1989: 142). Es wird hier deutlich, dass man eigentlich gar nicht von impliziten Regeln oder einem impliziten Kode sprechen dürfte. Es handelt sich a) entweder um eine real wirkende „Fiktion" der Beteiligten, die sie ständig unterstellen und korrigieren, oder b) um eine Beobachterkategorie, die von außen und nachträglich an das Verhalten der Beteiligten herangetragen wird, um es analytisch zu erfassen und zu ordnen.

Goffman unterscheidet auch zwischen der Vorderbühne („front stage"), auf der das eigentliche Geschehen abläuft, und einer Hinterbühne („backstage"), die zwar unsichtbar für das Publikum, doch wesentlich zum Ablauf der Handlung beiträgt, z.B. durch Beleuchtung, Strippenziehen und Regieanweisungen. Das Theaterbeispiel dient Goffman nur zur Demonstration für einen Sachverhalt, der für alle Alltagssituationen gültig ist (vgl. Goffman 1988). Man kann immer unterscheiden zwischen dem, was explizit Thema der vorrangigen Aufmerksamkeit ist, und dem, was im Hintergrund ständig mitläuft. Eine weitere Unterscheidung aus dem Theaterbereich betrifft die Unterschiede zwischen Drehbüchern mit expliziten Anweisungen und den gespielten Situationen auf der Bühne. Sie wird von der längere Zeit im Xerox Parc arbeitenden Ethnografin Lucy Suchman für die Unterscheidung von expliziten „Plänen" und „situiertem Handeln" fruchtbar gemacht, um die Schnittstellen zwischen Mensch und Maschine schärfer zu fassen und zu verbessern (Suchman 1987).

Sozial- und Kulturtheorien der Praxis interessieren sich für die Herstellung und Wirkung solcher Fiktionen; Theorien rationaler Wahl bevorzugen das Explizit-Machen solcher Regeln und nutzen es zur Ausarbeitung idealtypischer Spielsituationen, in denen Spielstrategien und Spielregeln zu vorhersehbaren Spielergebnissen führen. Mit diesem normativen Beobachtungsmodell unterschlagen sie jedoch die zentrale Frage, inwieweit die Teilnehmer dem unterstellten expliziten Spielmodell wirklich folgen und es ihrem Handeln als Rahmen unterstellen. Daher schränkt sich der Erklärungsbereich dieser Theorien rationaler Wahl auf diejenigen Situationen ein, in denen der Rahmen explizit von den Teilnehmern befolgt wird, z.B. bei Tarifverhandlungen zwischen kollektiven Akteuren. Aber auch für diese Situationen gilt, dass im Verlaufe der Verhandlungen sich der implizite Rahmen und damit das Spiel verändern kann, wenn z.b. das ökonomische Verteilungsspiel zu einem politischen Legitimationsspiel Stärkung oder Delegitimierung der Wirtschaftspolitik der Regierung) umgepolt wird.

Man kann für die Soziologie zusammenfassen, dass das Nicht-Explizite im Kernbereich ihrer theoretischen Fragen angesiedelt ist. Besonders die Sozialtheorien der Praxis gehen von der Zentralität impliziten Wissens über Bedeutungen, Handlungssituationen und Rahmungen für die Herstellung sozialer Ordnungen aus. Führende Praxistheoretiker, wie Pierre Bourdieu oder Anthony Giddens, gehen davon aus, dass im Umgang mit sich selbst, mit anderen Menschen und mit der restlichen Umwelt im alltäglichen Handeln selten exaktes oder explizites Wissen eine Rolle spielt. „In der Mehrzahl unserer alltäglichen Verhaltensweisen sind wir durch praktische Schemata geleitet … Diese Urteils-, Analyse-, Wahrnehmungs-, Verstehensprinzipien bleiben fast immer implizit" (Bourdieu 1992: 102). Wenn die Regeln objektiviert und in einem expliziten Regelsystem, wie der Grammatik oder dem Bürgerlichen Gesetzbuch, kodifiziert werden, dann sind sie auf ihre logische Kohärenz und in sozialen Konflikten über die Angemessenheit von Verhaltensweisen leichter zu kontrollieren. Trotzdem liegen ihren Weisen der Klassifikation und den Formen des interpretativen Umgangs mit ihnen wiederum die nicht-expliziten Schemata zugrunde. In der theoretischen Figur des „Habitus" hat Bourdieu diese nicht-expliziten Regelsysteme zusammengefasst. Der Habitus mit seinen Wahrnehmungs- und Urteilsschemata steuert gleichsam unbewusst die Praktiken und sorgt gleichzeitig für die Reproduktion der sozialen Beziehungen im jeweiligen Feld (Zum „Habitus" im politischen Feld vgl. Janning 1997).

In der Strukturierungstheorie von Anthony Giddens wird in ähnlicher Weise zwischen den „Regeln des gesellschaftlichen Lebens" und den „formulierten Regeln" (Giddens 1988: 73) unterschieden. Den explizit formulierten und den kodifizierten Regeln wird allgemein wegen ihrer Abstraktheit und Reichweite ein größerer Einfluss auf soziale Aktivitäten zugerechnet; aber Giddens behauptet demgegenüber, dass die „intensiven" und „stillschweigenden" Regeln für das alltägliche Handeln eine nachhaltigere Wirkung entfalten. Darunter versteht er z.B. Sprachregeln und scheinbar so triviale Regeln von Rede und Widerrede in Gesprächen, die den Alltag und die Begegnungen im Hinblick auf Formierung, Abläufe, Anschlüsse und Beendigung sozialer Prozesse strukturieren. Im Unterschied zu Bourdieu laufen diese Handlungen nicht weitgehend unbewusst und unterhalb der Schwelle der Wahrnehmung ab, sondern im Rahmen des „praktischen Bewusstseins", wie Giddens es in Absetzung von strukturalistischen und objektivistischen Theorieentwürfen betont. Die meisten Handlungen laufen auf dieser Ebene ab, auf der vieles nicht explizit gemacht wird, auf der stillschweigend nach den ungeschriebenen intensiven Regeln gehandelt wird und auf der ein gemeinsames Wissen darüber wechselseitig unterstellt wird. Erst bei Problemen und Schwierigkeiten wird auf die Ebene des „diskursiven Bewusstseins" gewechselt, um die Regeln zu explizieren. Zwischen dem praktischen und dem diskursiven Bewusstsein besteht keine Schranke. Es gibt nur den „Unterschied zwischen dem, was gesagt werden kann, und dem, was charakteristischerweise schlicht getan wird" (Giddens 1988: 57). Es versteht sich von selbst, dass die überwiegende Mehrheit unserer Praktiken im Alltag der Logik schlichten Tuns folgt (zur Anwendung auf die Techniktheorie vgl. Schulz-Schaeffer 2000).

Was macht nun das nicht-explizite Wissen aus? In Anlehnung an Alfred Schütz wird es als große Masse des „Wissensvorrats" gesehen. Giddens bestimmt es als „das in Begegnungen inkorporierte *gemeinsame Wissen*" (Giddens 1988: 55). Es ist dem Bewusstsein der Akteure nicht direkt zugänglich, bleibt also implizit und ist seinem Wesen nach praktisch. Praktiken werden durch diese impliziten Strukturen vorstrukturiert, gleichzeitig produzieren und reproduzieren die Praktiken diese Strukturen. Das gemeinsame Wissen kann – wie schon gesagt – bei praktischen Verständigungsproblemen von den Teilnehmern ins diskursive Bewusstsein gehoben, also explizit gemacht werden. Auch sozialwissenschaftliche Beobachter können die Regeln, die sie beobachten, ex post explizieren. Aber es kann sich nur um Ausschnitte des weitgehend stillschweigenden gemeinsamen Wissens handeln. Nicht alles kann in propositionale Form übertragen werden. Auch die Teilnehmer selbst können alle Überzeugungen, die sie besitzen, nicht diskursiv formulieren (Giddens 1988: 394).

Es zeichnet sich deutlich ab, dass die Sozialtheorien der Praxis einen wichtigen Beitrag zur theoretischen Konzeptualisierung und zur empirischen Erforschung von Formen und Funktionen nicht-expliziten Wissens leisten können. Sowohl die Arbeiten von Garfinkel, Goffman, Giddens, Bourdieu und ihrer Schüler als auch die Studien der Ethnografie, Kulturanthropologie und Wissenssoziologie weisen ein reichhaltiges Potenzial auf, das bei einer genaueren Durchsicht, als es hier getan werden kann, größeren Ertrag erbringen würde. Die aktuelle Debatte um den wissenschaftlichen Fortschritt von Praxistheorien, die viele kluge Köpfe anzieht, ist ein Indiz für diese Attraktivität. Stephen Turner z.b. hat sich in seinem letzten Buch „The Social Theory of Practices: Tradition, Tacit Knowledge and Presuppositions" einflussreich und kritisch mit den Praxistheorien auseinandergesetzt. Das „tacit knowledge" hat er dabei als „catchall for that which we do not yet understand", also als einen inhaltsleeren Begriff gebrandmarkt (Turner 1995). Die Praxistheoretiker in der Wittgenstein'schen Tradition haben diesen Vorwurf und vor allem die Begründung für die Inhaltsleere, nämlich weil der Begriff des „tacit knowledge" nicht in einfache Komponenten zerlegt werden könne, vehement zurückgewiesen (vgl. u.a. Schatzki 1996; Collins/Kusch 1999; Reckwitz 2000).

Diese Debatte kann hier nicht wiedergegeben werden. Vielmehr soll noch einmal festgehalten werden, dass in der soziologischen Theoriediskussion das nicht-explizite Wissen den Kern der Sozialität ausmacht. Es sind die Regeln des gesellschaftlichen Lebens, die jeder kompetente Teilnehmer erlernt, unterstellt, vollzieht und im abweichenden Vollzug verändert. Sie können als habitualisierte Schemata des Wahrnehmens, Urteilens und Verhaltens bestimmt werden; sie können als in Begegnungen inkorporiertes gemeinsam geteiltes Wissen definiert werden; sie können in Reflexion und Diskurs oder durch wissenschaftliche Beobachtung zwar explizit gemacht werden, aber immer nur Ausschnitte, niemals können sie vollkommen in Sätze oder Formeln übertragen werden. *Aus dieser praxistheoretischen soziologischen Sicht wohnt das nicht-explizite Wissen weder im Bewusstsein oder Unterbewusstsein des Individuums, noch haust es draußen in einer diesen Individuen äußerlichen Gesellschaft: Es wirkt und bildet sich im Zwischenreich der Interaktion auf der Ebene der Kollektivität.*

9.4   Anknüpfungspunkte in der Wissenschafts- und Technikforschung

9.4.1   Wissenschaftsforschung

In einem Überblick über die Wissenschaftsforschung der letzten Dekaden unterscheidet Michel Callon zwischen vier Modellen für die Dynamik der Wissenschaften. Das erste Modell betont die Rationalität des wissenschaftlichen Wissens, das zweite die wettbewerbsförmige Organisation des wissenschaftlichen Unternehmens und das vierte die Übersetzungsleistungen, um wissenschaftliche Aussagen robust zu machen und zu verbreiten. Das dritte Modell, das hier näher interessiert, nennt er das „soziokulturelle Modell", das besonders „the practices and tacit skills" ins Spiel bringt (Callon 1995: 30). Eine wesentliche Rolle spielen dabei die Einsichten von Wittgenstein, dass Propositionen ohne einen Kontext keine Bedeutung haben, und von Polanyi, dass nicht-propositionale Elemente, z.b. implizites Wissen, für die Herstellung wissenschaftlichen Wissens von großer Bedeutung sind.

Der polnische Pionier der Wissenschaftsforschung Ludwik Fleck hat schon 1935 nachgewiesen, dass wissenschaftliche Aussagen nur im Rahmen eines von einem „Denkkollektiv" gemeinsam geteilten „Denkstils" Geltung haben. Das gilt nicht nur für theoretische Aussagen, sondern auch für die Annahmen über die Wirkung von wissenschaftlichen Instrumenten und die Interpretation dessen, was man empirisch beobachtet. Thomas S. Kuhn hat fast dreißig Jahre später diese Erkenntnis mit seinem Buch über „Die Struktur der wissenschaftlichen Revolutionen" (1962) bekannt gemacht. Er hat für das nicht-explizite Wissen den Begriff des „Paradigmas" geprägt. Darunter fallen das Wissen über das Funktionieren von Instrumenten und die Interpretationen der dadurch gelieferten Daten. Es beinhaltet lokales Wissen, spezifische trickreiche Vorgehensweisen und Regeln, die nicht leicht expliziert werden können.

Im Paradigma sind die formalen Aussagen in ein Geflecht von Meta-Regeln der Deutung und Handhabung eingebettet, die letztlich unter Hinweis auf mustergültige Vorgehensweisen und exemplarische Experimentierverfahren verdeutlicht werden. Daher konnte Jerome Ravetz die wissenschaftliche Forschung auch als eine handwerkliche Tätigkeit kennzeichnen, die von einem Korpus von Wissen abhängt, das informell und teilweise stillschweigend ist (Ravetz 1971: 75 f.). Das nicht-explizite Wissen umfasst die ungeschriebenen Regeln des Umgangs mit den experimentellen Instrumenten, die durch Versuch und Irrtum angehäuften Erfahrungen, die Art der Formulierung von Problemen, die Wahl der je nach Problementwicklung angemessenen Strategien und die Interpretation der allgemeinen Kriterien der Adäquanz und Relevanz in den besonderen Situationen. Dieser Wissenskorpus kann kaum standardisiert oder in explizite Vorschriften umgewandelt werden. Er bleibt größtenteils gänzlich implizit, wird durch Nachahmung und Erfahrung gelernt, häufig ohne ein Bewusstsein davon zu haben.

Den empirischen Beweis für diese Annahmen hat der englische Wissenschaftssoziologe Harry M. Collins erbracht. Er hat anhand der erfolgreichen und misslungenen Verbreitung des TEA Lasers in britischen Laboratorien nachweisen können, dass dieser Korpus nicht-expliziten Wissens von wesentlicher, ja notwendiger Bedeutung für die erfolgreiche Replikation von Experimenten ist. Der erfolgreiche

Nachbau des TEA Lasers gelang nur an solchen Orten, an denen Wissenschaftler beteiligt waren, die als Assistenten oder Gastwissenschaftler über einen längeren Zeitraum bei der Entwicklung des ersten TEA Lasers dabei gewesen waren. Wissenschaft erfolgt demnach nicht nach einem „algorithmischen Modell" expliziter, transparenter und meist schriftlicher Aussagen, sondern nach einem „enculturation model", bei dem in menschlichen Wesen verkörperte Praktiken der Manipulation und der Interpretation mit experimentellen Geräten, Protokollen, Beobachtungs- und theoretischen Aussagen verknüpft werden (vgl. Collins 1974 und 1992).

Die Bedeutung impliziten und verkörperten Wissens spielt bei einer großen Zahl wissens- und wissenschaftssoziologischer Studien eine wichtige Rolle, die wie Collins in der Tradition des von David Bloor so bezeichneten „strengen Programms" der Soziologie naturwissenschaftlichen Wissens stehen oder die spezielle Tradition der Laborstudien begründet haben (vgl. Knorr Cetina 1995). Die letztere Tradition, die sich stark ethnografischer und empirisch-anthropologischer Methoden bedient, hat ein reichhaltiges Inventar an Verfahren entwickelt, die Bedeutung und die Wirkungsweisen nicht-expliziten Wissens detailliert zu erfassen und zu beschreiben. Teilnehmende Beobachtung im Feld, Sammlung aller, eben auch nicht-offizieller Dokumente, wie Notizen oder Kritzeleien, die Aufzeichnung von Arbeitsgesprächen oder die Heranziehung von durch die Experimentiertechnik erzeugten Bildern stellen solche Methoden dar. Selbst in einer so formalen Wissenschaft, wie der Mathematik, konnte eine jüngere Studie nachweisen, dass es „ungesagtes und niemals vollständig explizierbares Wissen, das zum selbstverständlichen Grundbestand des mathematischen know-how gehört" (Heintz 2000: 175), gibt. Das Beweisen und Überprüfen, der Kern der mathematischen Disziplin, bedarf ausdrücklich der Sozialisation der Personen in die Normen, Werte und Praktiken der mathematischen Kultur. Implizites mathematisches Wissen gehört zum notwendigen gemeinsamen Hintergrundwissen, um Theoriegebäude verstehen und Axiome richtig anwenden zu können.

Was mit den Wittgenstein'schen Lebensformen und dem Kuhn'schen Paradigma begann, um das Unaussprechbare und das Nicht-Explizite zu markieren, wird heute unter dem Etikett der „Epistemischen Kulturen" (Knorr Cetina 1999) oder der „Experimentalkulturen" (Rheinberger 1994) weiter vorangetrieben.

9.4.2 Technikforschung

Zwei historische Trends erschwerten über längere Zeit, Unterschiede zwischen Wissenschaft und Technik gerade unter Bezug auf die Anteile von implizitem und explizitem Wissen zu fassen. Solange wie vor allem in der Wissenschaftstheorie

Technik als angewandte Wissenschaft aufgefasst wurde, in der das exakte Wissen der Naturwissenschaften für praktische Problemstellungen nur spezifiziert zu werden brauchte, sah man auch die Technologien als Ansammlungen expliziten Regelwissens an. Solange wie die Ingenieurwissenschaften sich selbst durch Verwissenschaftlichung und Mathematisierung ihres Wissens einen höheren Status verleihen wollen, verdrängen sie die vielen Anteile reinen Erfahrungswissens und schriftlich nicht fassbarer Regeln in ihrem Wissenskorpus. Wenn schon für die Wissenschaften die Bedeutung nicht-expliziten Wissens nachgewiesen werden konnte, so gilt dies für die Ingenieurdisziplinen umso mehr. Sie nähern sie sich den naturwissenschaftlichen Disziplinen immer mehr an, indem sie auch Grundlagenforschung über Anwendungsprobleme betreiben und Zusammenhänge in mathematischen Modellen zu fassen suchen. Diese wiederum verwandeln sich zunehmend in technologische Disziplinen, in denen die Entdeckung neuer Phänomene mit ihrer praktischen Verwertung immer enger verknüpft sind, wie wir an den Computerwissenschaften und an den Biowissenschaften gegenwärtig studieren können. Deshalb sprechen einige Forscher auch einheitlich von den „technosciences" (vgl. Latour 1987).

Dementsprechend wurde auch schon das Paradigma-Konzept früh und mehrmals von der Wissenschaft auf den Bereich des technologischen Wandels übertragen, zunächst von Ron Johnston (1972) und Peter Weingart (1982) aus wissenschaftssoziologischer Perspektive, dann von Nelson/Winter (1977) und Giovanni Dosi (1982) aus innovationsökonomischer Perspektive. Bei technologischen Paradigmen wird noch deutlicher ersichtlich, dass es sich weniger um ein explizites Theoriegebäude handelt, sondern vielmehr um eine mustergültige Lösung oder ein exemplarisches Gerät. In seine Konstruktion gehen zwar explizite Regeln ein; aber zum Gelingen eines technischen Werks müssen im Unterschied zur Geltung einer wissenschaftlichen Erkenntnis eine Vielzahl von Routinen, ungeschriebenen Regeln, lokalen Praktiken und Stilen der Konstruktion hinzukommen.

In der Innovationsökonomie wird das nicht-explizite Wissen, das den technischen Wandel vorantreibt, als Daumenregeln und Routinen der Organisationen auf einer mittleren Ebene der Kollektivität angesiedelt (vgl. Nelson/Winter 1977). Seine Verortung reicht von den Mikro-Situationen lokaler Entwicklerpraktiken über organisationsspezifische Stile bis hin zu branchenüblichen oder nationalen Traditionen.

In der sich breiter entwickelnden sozialwissenschaftlichen Innovationsforschung stehen vor allem Fragen der Gewinnung, Übertragung und Aneignung des „know how" zwischen verschiedenen Akteuren im Vordergrund. Innovation wird zunehmend als „rekursiver Prozess" aufgefasst, bei dem in enger Rückkopplung zwischen Herstellern und Anwendern oder zwischen Herstellern, Zulieferern und

Kunden innovationsrelevantes Wissen erzeugt wird (Asdonk/Bredeweg/Kowol 1994; Kowol/Krohn 1995). Um an das nicht-explizite Wissen anderer Akteure zu gelangen, z.b. in der Universität-Industrie-Beziehung oder in Dreiecksbeziehungen zwischen Wissenschaft, Wirtschaft und Staat, haben sich gegenüber dem Markt und der Hierarchie netzwerkförmige Organisationsweisen als erfolgreiches Koordinationsprinzip herausgebildet (vgl. Powell 1990). Es kann als eines der wesentlichen Merkmale von Innovationsnetzwerken angesehen werden, das erst im freien und vertraulichen Zusammenspiel der verschiedenen Wissensträger aufkommende „know how" und implizite Wissen für eine erfolgreiche Innovation erzeugen und für alle bereitstellen zu können, das ansonsten fragmentiert und unvollständig geblieben wäre. Es betrifft besonders das Innovationswissen z.b. in der Biotechnologie oder in den Informations- und Kommunikationstechnologien, das nicht über den Markt in Form von expliziten Patenten oder Lizenzen käuflich ist. Es geht über das Detailwissen hinaus, das in den hierarchisch untergeordneten eigenen Forschungs- und Entwicklungsabteilungen selbst hergestellt werden kann. Wie dieses innovationsrelevante Wissen in verteilter Kooperation hergestellt und nutzbar gemacht werden kann, ist nicht nur das Thema wissensbasierter Unternehmen (Nonaka/Takeuchi 1997; Sydow/van Well 1996), sondern auch regionaler und staatlicher Innovationspolitik.

In der sozialwissenschaftlichen Technikgeschichte werden die Stile und Traditionen der Ingenieurdisziplinen genauer beschrieben. Jüngst hat der Münchener Technikhistoriker Ulrich Wengenroth auf die Bedeutung des „tacit knowledge" im Maschinenbau hingewiesen. Er stellt gegenüber dem Wissenschaftscharakter und den exakten wissenschaftlichen Kenntnissen den Kunstcharakter und das Erfahrungswissen in seiner Bedeutung für den Erfolg des deutschen Maschinenbaus im letzten Jahrhundert heraus. Es waren nicht die Ableitung aus der theoretischen Mechanik, sondern die ausgedehnten Versuche in Labors, nicht die mathematische Beschreibung, sondern die systematisierte Empirie mittels Prüfbüchern und Tabellenwerken, nicht die „Kreidephysik und -mathematik", sondern das „intuitive Schließen von Theorielücken", was den deutschen Maschinenbau so erfolgreich gemacht hat (Wengenroth 1997: 149). Statt auf die rein formale Ausbildung wurde auf ein „gutes Gespür" und eine Vertrautheit mit den apparativen Hilfsmitteln großer Wert gelegt. Das Leitbild der Wissenschaft habe den Kunst-Diskurs in den Ingenieurwissenschaften verdrängt, wodurch die Wahrnehmung jener Fähigkeiten erschwert werde, mit denen die weiten, nicht determinierten Bereiche der technischen Artefakte und Systeme strategisch beherrscht werden könnten.

In gleicher Weise betont der Arbeitssoziologe Fritz Böhle (1997a) die Bedeutung des „tacit knowledge" für das Arbeitshandeln. Auch in der hochtechnisierten Industrie ist das „praktische Wissen" nicht nur pragmatisch nützlich, sondern dem expliziten und wissenschaftlichen Wissen gegenüber gleichwertig und nicht ersetzbar (Böhle 1997b: 154). In seinem Konzept des „subjektivierenden Arbeitshandelns" fasst er darunter so verschiedene Fertigkeiten und Fähigkeiten, wie ein Gefühl für die Anlage haben, Wahrnehmung von Unregelmäßigkeiten und Störungen, bevor sie von technischen Anzeigen signalisiert werden, blitzschnelle Entscheidungen ohne langes Nachdenken, Orientierung an Geräuschen, assoziatives anschauliches Denken, dialogisch-interaktive und explorative Vorgehensweisen und persönlich und emotional gefärbte Beziehungen zu Arbeitsmittel und Materialien (ders.: 158 ff). Wenn mit zunehmender Objektivierung und Verwissenschaftlichung des Arbeitshandelns die Unersetzbarkeit dieses nicht-explizite Wissen vergessen wird, droht die Gefahr der Zerstörung wichtiger Ressourcen für technische Innovationen durch Verwissenschaftlichung.

In der soziologischen Technikgeneseforschung wurde der Begriff des technologischen Paradigmas durch differenziertere Konzepte ersetzt. Das „Leitbild"-Konzept bezieht sich auf die kognitive und motivationale Synchronisationsleistung zwischen heterogenen Wissenskulturen (vgl. Dierkes/Hoffmann/Marz 1992: 41 ff). Ohne die Differenzen zwischen den beteiligten Akteuren und ihren Orientierungen durch exakte Zielangaben beheben zu können und ohne den beteiligten Entwicklern eine explizite Vorgabe machen zu können, leistet das Leitbild die Einbindung der Beteiligten und die Abgrenzung ihres Wahrnehmungshorizonts. Gegenüber dem Konzept des Leitbilds betont das Konzept des „kulturellen Modells" die nicht-expliziten Aspekte der Orientierung technischer Entwicklung. Kulturelle Modelle wirken weniger über die individuelle Wahrnehmung der Akteure, sondern gleichsam hinter ihrem Rücken. In ihnen kommen die in Konstruktionstraditionen eingeschriebenen Modelle, die in nationalen oder organisatorischen Stilen eingeschlossenen Schemata und die in technischen Trajektorien festgeschriebenen Vorentscheidungen zur Geltung. Ihr Ort ist der Vollzug der Praktiken in den Labors und Entwicklungsstätten. In den nichtexpliziten Schemata der Wahrnehmung, der Bewertung und des praktischen Tuns verdichtet sich das kulturelle Modell. Es ist weniger als offene Orientierung, sondern eher als versteckte Steuerung durch ein „hidden curriculum" anzusehen (vgl. Rammert 1998b: 59 f.).

Neuerdings lassen sich weitere theoretische Konzepte in der Techniksoziologie finden, die alle das Problem der Koordination zwischen heterogenen Kulturen behandeln. Im Vordergrund steht immer die Frage, wie bei unterschiedlichen sozialen Welten, die in sich schlüssig und rational nach expliziten Regeln organisiert sind, eine Abstimmung zwischen diesen Welten erfolgt. Interessante Lösungen werden u.a. vom symbolisch-interaktionistischen „boundary object"-Konzept (Star/Griesemer 1989; Strübing 1999), vom „Metaphern-Konzept (Mambrey/Paetau/Tepper

1995; Malsch 1997), vom systemtheoretischen Konzept der „strukturellen Kopplung" und vom pragmatistischen Konzept „experimenteller Interaktivität" (vgl. Kap. 4) angeboten, die hier nicht im Einzelnen vorgestellt werden können. Auf sie wird teilweise in den nachfolgenden Abschnitten über die Soziologie der Künstlichen Intelligenz/Sozionik genauer eingegangen.

9.5   Von der Soziologie der künstlichen Intelligenz zur Sozionik

Die soziologische Intelligenz musste sich bisher vier Herausforderungen der Informatik stellen:

1. der Herausforderung der menschlichen Intelligenz durch die maschinelle Intelligenz,
2. der Herausforderung des professionellen Wissens durch Expertensysteme,
3. der Herausforderung der Vergesellschaftung durch Multiagenten-Systeme und
4. der Herausforderung der menschlichen Agency durch verteilte Agency in hybriden offenen Systemen.

Der Umgang mit dem expliziten Wissen spielt in allen Phasen eine zentrale, wenn auch leicht unterschiedliche Rolle.

9.5.1   Grenzen expliziter Intelligenz: Verkörpertes Wissen

Wir sprechen von maschineller Intelligenz, wenn Maschinen ein Verhalten oder Leistungen zeigen, die üblicherweise, wenn sie von einem Menschen ausgehen, als intelligent bezeichnet werden. Rechnen, logisches Schlussfolgern oder Schachspielen gehören zu solchen Tätigkeiten. Sie beruhen auf expliziten Verfahren und Regeln, die eindeutig vorgegeben sind und präzise befolgt werden. Solche eindeutigen Problemlösungsverfahren werden als Algorithmen bezeichnet. Was Alan Turing ursprünglich zur Lösung des mathematischen Entscheidungsproblems ersonnen hat, wurde zur universalen Turing-Maschine, mit der sich alle Probleme, sofern sie formalisierbar und sequenzierbar sind, lösen lassen. Auch im Konzept des „General Problem Solving" von Allen Newell und Herbert A. Simon (1972) wird ein Problemlösungswissen in einer expliziten Struktur vorausgesetzt. Ob allerdings die menschliche Intelligenz nach dem gleichen algorithmischen Muster funktioniert, ist höchst umstritten.

Die erste Kritik an der künstlichen Intelligenz richtete sich gegen die Annahme, dass alles Wissen explizit gemacht werden könne. Die Brüder Dreyfus bezogen sich auf Polanyis Beispiel des Fahrradfahrens, um auf die Implizitheit des Wissens bei vielen Fertigkeiten hinzuweisen. Ihre Argumentation läuft darauf hinaus, dass zwar Anfänger nach expliziten Regeln Wissen und Fertigkeiten erlernen, aber auf einem höheren Niveau das Wissen eher impliziten Regeln folge, die durch Erfahrung und Gefühl für das Richtige entstünden (Dreyfus/Dreyfus 1987). Entgegen der „physical symbol system"-Konzeption des Wissens setzen sie auf ein Konzept des „embodied knowledge". In der phänomenologischen Tradition, in der sie stehen, wird Wissen als verkörpert in Praktiken und Wahrnehmungen aufgefasst.

Eine zweite Kritik am „General Problem Solving"-Ansatz richtet sich stärker gegen die unterstellte Symmetrie von Problem und Lösung (vgl. Malsch 1995; Baecker 1995). Nur wenn ein Problem schon explizit formuliert sei, könne ein Lösungsalgorithmus gefunden werden. Die Problemformulierung für Computerprogramme enthalte schon von vornherein in sich die Lösung. Bei wirklichen Problemen besteht jedoch eine Asymmetrie zwischen Problem und Lösung; ein „Nicht-Wissen" steht einem „Wissen" gegenüber. Die Bestimmung eines Problems setzt die Definition eines Rahmens oder eines Kontextes voraus, der zunächst implizit und auch mehrdeutig ist. Problemwissen in diesem Sinne existiert, wie es der Wissenssoziologe Harry M. Collins bezeichnet, nur als „embedded knowledge" (Collins 1990).

9.5.2 Grenzen der Explikation: Eingebettetes Wissen

Dieses eingebettete Wissen explizit zu machen, das könnte man als gemeinsamen Nenner der Bemühungen um die Entwicklung von Expertensystemen ansehen. Zwar wird hier die Strategie des Explizierens weiterverfolgt; aber man beschränkt sich auf eine abgegrenzte Wissensdomäne (Diagnose von Herzkrankheiten; Unverträglichkeiten von Medikamenten; Fehlermöglichkeiten bestimmter Maschinensysteme usw.) und baut zusätzlich heuristische Regeln, wie sie von den Experten der Domäne verfolgt werden, neben dem deklarativen Wissen aus den Lehrbüchern in die wissensbasierten Systeme ein.

Das Problem der Explikation verschiebt sich jedoch nur auf die Erhebung und Modellierung der von den Experten angewandten Heuristiken. Immerhin kann anhand der Entwicklung der Expertensysteme gelernt werden, dass auch implizites Wissen der menschlichen Experten expliziert werden kann und in manchen Bereichen Maschinen menschliches Handeln nachahmen können. Die Grenze zwischen implizitem und explizitem Wissen ist jedoch wie bei Dreyfus und anderen nicht identisch mit der Grenze zwischen nicht-computerisierbar und computerisierbar. Stillschweigendes Wissen ist nach Collins selbst kein Hindernis für die Mechanisierung (Collins/Kusch 1999: 82). Selbst das Fahrradfahren als reine Fertigkeit außerhalb der Bewegung im Verkehr, das klassische Beispiel von Polanyi für stillschweigendes Wissen, könnte heute grundsätzlich von Maschinen nachgeahmt werden.

Was nach Collins Maschinen wie Computer jedoch überhaupt nicht können, ist Wissen, auch nicht das Anfängerwissen, zu verarbeiten (Collins 1990: 8). Damit bezieht er sich sowohl auf Wittgenstein als auch auf Polanyi, wonach die Gruppe oder die Lebensform und nicht das Individuum der Ort des Wissens ist. Selbst wissenschaftliches Wissen bedarf bei der Übertragung – wie schon oben ausgeführt worden ist – eines sozialen Verkehrs und der sozialen Zustimmung. *Wenn Maschinen wie Computer trotzdem funktionieren, dann tun sie 1.) selten dieselbe Arbeit, die Menschen tun, oder es sieht 2.) manchmal nur so aus, also ob sie wirklich funktionieren, weil die Menschen mit ihnen interagieren, um ihre Schwächen zu kompensieren, oder sie wirken 3.) in dem großen Bereich menschlichen Verhaltens, der Maschinen nachahmt und den daher Maschinen perfekt nachahmen können.*

Der wichtige Unterschied zur Konzeption des „embodied knowledge" besteht also darin, die Grenze der Nachahmung bei zwei Formen des Handelns festzumachen. Alle Bereiche des menschlichen Verhaltens, die Collins „machine-like action" nennt, können von Maschinen ausgeführt werden. In einem neueren Buch, das er mit dem Philosophen Martin Kusch zusammen verfasst hat „The Shape of Action: What Humans and Machines Can Do" (Collins/Kusch 1999), wird dieser Typ des Handelns „mimeomorphic" genannt. Stühlelackieren zum Beispiel beinhaltet viel stillschweigendes Wissen, kann aber trotzdem mechanisiert werden, obwohl nicht alle impliziten Regeln angebbar sind, jedoch praktisch erlernbar und nachahmbar sind (ebd. 82). Die andere Form des Handelns wird als „polymorphic" bezeichnet. Dieses reguläre menschliche Handeln erfordert ständig neues, mit den Situationen wechselndes, unformulierbares Wissen. Dieses implizite Wissen ist nicht mechanisierbar. Das Beispiel hierfür wäre Fahrradfahren im öffentlichen Verkehr, indem sich durch die Begegnung mit anderen Verkehrsteilnehmern ständig neue Situationen ergeben.

Ein weiterer wichtiger Punkt für unsere Frage nach der Bedeutung der Implizit/Explizit-Unterscheidung ist die Feststellung, dass die Grenzen zwischen implizitem und explizitem Wissen ebenso wie zwischen formellem und informellem Wissen weder innerhalb noch außerhalb der Menschen sind, sondern auf der Ebene der Kollektivität zwischen ihnen produziert und verändert werden. Statt nach den fixen Grenzen zu fahnden, kann vom kritischen Fragen auf das konstruktive Fragen umgestellt werden, unter welchen Bedingungen Maschinen wie der Computer funktionieren. Zwar gibt es prinzipielle Grenzen der Versprachlichung von Wissen und Können und damit der vollständigen Explizierbarkeit von Expertenwissen (Wehner 1995: 249) – man denke nur an das „schlecht-strukturierte", „unscharfe" oder „opake" Wissen, aber nach der dritten These von Collins (siehe oben) kommt es auf die Weise der Kompensation der Schwächen der Maschine durch menschliches Handeln an, letztlich auf die Frage der sozialen Einbettung.

Hierzu liegen eine ganze Reihe empirischer Fallstudien vor, welche die Mechanismen der Einbettung im Einzelnen aufzeigen. Bei Thomas Malsch u.a. (1993: 328) wird auf Grenzen der Wissensobjektivierung in Fällen hingewiesen, in denen in stärkerem Maße mit „kontext- und personengebundener Erfahrung" oder „subjektivem Erfahrungswissen" umgegangen wird. Bei Nina Degele (1995: 228) erscheint das implizite Wissen in der Auseinandersetzung und beim Erfahrungssammeln mit den emergenten Effekten eines Systems und den latenten Funktionen, die von den manifesten Funktionen und expliziten Zielen der Nutzung abweichen. Bei Michael Schlese taucht es als „unhinterfragte Leitvorstellungen" der Ingenieure oder als deren „implizite Soziologie des Technikentwurfs" auf (Schlese 1995: 367). Am deutlichsten wird die Prozesshaftigkeit des impliziten Wissens bei Josef Wehner formuliert: „Denn jeder Versuch, ein Wissensgebiet zu kodifizieren, wirft Grenzprobleme auf, indem er gleichzeitig Unrepräsentierbares oder Noch-Nicht-Repräsentierbares miterzeugt" (Wehner 1995: 261). *Das Problem impliziten Wissens besteht demnach nicht darin, dass es als ein fest umrissener arkaner Bereich existiert, der nicht explizit gemacht werden kann, sondern dass implizites Wissen bei jeder Form von Explizieren naturwüchsig entsteht, es gleichsam ein ständiges Nebenprodukt bei der Produktion von Transparenz und Explizitheit ist.* „Implizites Wissen ist ein nicht reduzierbarer Bestandteil unserer Orientierung in der Welt (Rammert u.a. 1998b: 55).

In umfangreichen intensiven Fallstudien über Möglichkeiten und Funktionieren von „Wissensmaschinen" haben Rammert u.a. (1998) aufgezeigt, unter welchen Bedingungen Expertensysteme trotzdem funktionieren. Die Wissensakquisition und die Modellierung von Expertendomänen wurden als „Entbettung" und Modellierung von Praktiken aufgefasst. Dabei wurden nicht alle impliziten Regeln expliziert, sondern die Wissensingenieure konstruierten ein formales Modell, in dem sie einige explizierte Regeln übernahmen, andere im Verlaufe des Prozesses umdefinierten und eigene neue hinzufügten. Solche neu konstruierten Modelle des Expertenhandelns funktionierten nur dann, wenn 1.) die explizit gemachten Regeln nicht mit der legitimen Praxis in Widerspruch gerieten (z.B. das intuitive Vorrücken von Karteikarten bei prominenten Patienten), 2.) die impliziten Regeln der professionellen Praxis nicht zu stark eingeschränkt wurden oder 3.) keine Spielräume für die Neuaushandlung und Erprobung der Anwendung gewährt wurden. Alle Beispiele deuten darauf hin, dass die „Wiedereinbettung" des Expertensystems als ein Prozess der Wiederherstellung oder der Neubildung von impliziten Regeln aufgefasst werden muss. Ohne diese experimentelle institutionelle Einbettung würde ein wissensbasiertes System nicht laufen. *Das Expertenwissen ist weder in der Maschine noch im Menschen existent, sondern es entsteht erst in ihrer Wechselwirkung. Es findet seine effektive Form zunächst in der „ experimentellen Interaktivität" und später in der „routinisierten Interaktivität" zwischen Nutzer und Programm (vgl. Rammert 1998a; vgl. Kap. 4).* Diese prozessuale Auffassung vom Wissen hat schon Heinrich von Kleist gehegt, als er in seinen Bemerkungen über das Marionettentheater von der „allmählichen Verfertigung der Gedanken beim Reden" sprach.

9.5.3 Möglichkeiten von Multiagenten-Systemen: Verteiltes Wissen

In der Sozionik wird bewusst daran angeknüpft, dass in der Verteilten Künstlichen Intelligenz und noch mehr in der Informatik der Multiagenten-Systeme Sozialmetaphern verwendet oder – meistens wenig explizit – an soziologische Konzepte angeschlossen wurde (vgl. Malsch 1999). Wenn man schon das Wissen einer Domäne nicht komplett und gleichzeitig widerspruchsfrei erfassen und darstellen konnte, dann versuchte man die Computerarchitekturen denjenigen sozialen Gebilden nachzuempfinden, die ohne zentrale Instanz erfolgreich Wissen erzeugen und verwenden. Ein maßgebliches Konzept war die „scientific community" (vgl. Kornfeld/ Hewitt 1981; Star 1993). In der Gemeinschaft der Wissenschaftler wird erfolgreich neues Wissen produziert, ohne dass ein explizites einheitliches Ziel vorgegeben ist, ohne dass die Aufgaben explizit auf verschiedene Akteure aufgeteilt werden und ohne dass es eine explizite zentrale Instanz der Steuerung der Kooperation und der Bewertung der Ergebnisse gibt. Die markantesten Merkmale der sozialen Institution Wissenschaft sind die schlecht-strukturierten Probleme („ill-structured problems") am Ausgangspunkt und die Verteiltheit des Lösungswissens auf viele und verschiedene Akteure.

Für die Sozionik erwachsen daraus zwei Probleme: das der Agentenkonstruktion und das der Gesellschaftskonstruktion (vgl. Müller 1993). Anstelle eines zentralen Steuerungsprogramms und klar zu- und untergeordneten Ausführungsprogrammen werden vielfältige Agentenprogramme geschrieben, die jeweils nur bestimmte Aufgaben ausführen können, allerdings mit anderen Agentenprogrammen kooperieren können. Die Agenten verfügen zwar auch über explizite Regeln, deren Ausführung allerdings von eigenen Zuständen, Zuständen anderer Agenten und von der Begegnung mit anderen Agenten abhängig sind (vgl. Schulz-Schaeffer 1998). Der Ablauf und das Endergebnis sind nicht vorher festgelegt und vorhersehbar, sondern entstehen in der verteilten Kooperation als „emergente Phänomene". Insofern gesellschaftliche Prozesse als Emergenzphänomene angesehen werden, lassen sich diese in Grenzen mit solchen Multiagenten-Systemen in ihren Abläufen und Ergebnissen simulieren (vgl. Malsch 1998). Allerdings besteht der wichtige Unterschied, dass bei menschlichen Akteuren das nicht-explizite Wissen eine wichtige Rolle bei der Kooperation spielt, bei den technischen Agenten hingegen dieses nicht unterstellt werden kann, sondern höchstens in der technischen Form der Koordination impliziert ist.

Das zweite Problem, das der Gesellschaftskonstruktion, liefert der Gestaltung der technischen Koordination Modelle. Soziologische Konzepte des Marktes, der Auktion, offener Organisationssysteme oder informeller Austauschbörsen werden von der Sozialreferenz auf die Computerreferenz umgestellt. Sie alle dienen dazu, trotz verschiedener Akteure, unterschiedlicher Aktionszeiten und nur lokaler Spezifikationen Kooperation, Synchronisation und ein global tragbares Ergebnis zu erreichen.

Multiagenten-Systeme können zwar von sozialen Prinzipien der Arbeitsteilung, des sozial verteilten Problemlösens und der Koordination heterogener Aktivitäten profitieren, indem sie neue Mechanismen und Konstruktionsprinzipien entwickeln; aber wenn wir oben schon festgestellt hatten, dass das Wissen weder im System noch im Nutzer verortet werden kann, müssen wir im Hinblick auf das verteilte Wissen davon ausgehen, dass es nicht nur im System verteilt sein kann, sondern dass von einer Verteiltheit *zwischen* menschlichen und nichtmenschlichen Nutzern ausgegangen werden muss. Solche Form der Verteiltheit bezeichnen wir in der Sozionik als offene hybride Systeme (vgl. Malsch u.a. 1997; Burkhard/Rammert 2000).

9.5.4 Offene hybride Systeme: Interaktivitäts-Wissen

So wie Wissen erst aus der Interaktion zwischen Personen erwächst, so kommt auch das Wissen aus der Interaktivität mit Wissensobjekten oder Medien zustande (vgl. Kap. 4). Wenn wir die Frage stellen, wer ist es, der vom Chinesischen ins Deutsche übersetzt: Ist es der menschliche Übersetzer oder das technische Programm, wobei es im Grundsatz keine Rolle spielt, ob es wie im Beispiel von John Searle (1986) als Mensch, der auf feste Instruktionen hin Schilder mit den übersetzten Worten hochhält, oder als integrierte Übersetzungssoftware oder als Kombination von Wortschatz-, Grammatik- und Stil-Agenten auftritt? Es ist weder der menschliche Übersetzer allein, noch nur die Tafelsammlung im Wörterbuch noch nur die Software. Es ist das medial vermittelte und auf verschiedene Agenten, menschliche wie nichtmenschliche, verteilte Handeln, das die Übersetzung erzeugt. Ein Übersetzer ohne Hilfsmittel, wie Wörterbücher, und ein Übersetzungsprogramm ohne kompetente Nutzung sind Fiktionen reiner Human- oder Computerreferenz. *Das Wissen und das Operieren sind nicht nur unter verschiedenen menschlichen Akteuren oder unter verschiedenen technischen Agenten aufgeteilt, sondern das Wissen ist zwischen Menschen und Objekten verteilt und entsteht in der Interaktivität zwischen ihnen.*

Analog dazu, wie in der sozialen Interaktionsbeziehung zwar immer wieder Aspekte von Handlungssituationen explizit gemacht werden können, aber im Umgang damit immer wieder nicht-explizites Wissen entsteht, so muss auch im Umgang mit expliziten Regeln und Programmen oder mit Objekten, in denen sie eingeschrieben sind, davon ausgegangen werden, dass der Umgang mit ihnen, seien es Bücher oder Multiagenten-Systeme, notwendigerweise nicht-explizites Wissen erfordert. Daher ist neben der Beobachtung der Interaktion von Menschen und neben der Beobachtung der technischen Interaktionen von Objekten für die Frage nach der Bedeutung des nicht-expliziten Wissens die Beobachtung der Interaktivität zwischen den Menschen und den Objekten besonders wichtig. Neben der soziologischen und neben der Ingenieurperspektive ist eine symmetrisch-anthropologische Perspektive auf Hybride denkbar (vgl. Latour 1987;1995; Callon 1987). Die Sozionik macht die Untersuchung der offenen hybriden Systeme mit ihrer Interaktivität zwischen Multiagenten- Systemen und menschlichen Sozialsystemen zu einem ihrer drei Grundziele (Malsch u.a. 1997). Nur aus dieser Perspektive kann zum Beispiel geklärt werden, ob Turing-Maschinen oder Multiagenten-Systeme deshalb so gut funktionieren, weil sie die sozialen Mechanismen so perfekt nachgeahmt haben oder weil die menschlichen Nutzer sich so bereitwillig an die schlechte Software angepasst und ihre Schwächen kompensiert haben (siehe dazu auch neuerdings den Beitrag von Jaron Lanier „Das neue Package. Die Menschheit macht sich dumm, damit die Maschinen siegen können", FAZ, Nr. 168, 22. Juli 2000, S. 41). *Neben der sozialen Interaktion unter Menschen ist auch die Interaktivität mit Objekten ein Ort der Entstehung und des Wirkens nicht-expliziten Wissens.*

Hatte aber nicht schon oben Harry M. Collins diese Beziehung zwischen Mensch und Expertensystem oder noch schlichter zwischen Mensch und Taschenrechner mit seinem „enculturation model" angemessen beschrieben? Gegenüber dem algorithmischen Modell des Rechnens hatte er auf dem notwendigen Beitrag des nicht-expliziten Wissens für das Zustandekommen des Rechnens beharrt:

Dazu bedarf es einer zumindest vagen Vorstellung von Zählen und der Bedeutung des Rechnens. In diesem Modell bleibt die Beziehung einseitig auf Initiative, Intentionalität und Interpretativität der menschlichen Seite ausgerichtet; die Seite der Technik ist explizit, eindeutig und berechenbar.

Im Unterschied dazu wird bei der symmetrischen Perspektive der technischen Seite mehr „Agency" zugesprochen: Die Agenten werden in bestimmten Situationen selbst aktiv, gehen unvorhersehbare Bindungen mit anderen Agenten ein und lassen aus ihren Interaktionen emergente Prozesse entstehen. Dadurch werden die Agenten nicht zu intentional Handelnden; aber ihre unerwartete und wechselnde Widerständigkeit gegenüber eindeutigen Fixierungen verstärkt ihre Aktivitäts- und Wirkkomponente gegenüber menschlichen Nutzern und erhöht die Kontingenz der Abläufe. Lernende Multiagenten-Systeme müssen zum Beispiel immer wieder von der menschlichen Seite durch Interaktivität – nicht durch rein instrumentelle Steuerung – geprüft und darauf eingestellt werden, ob sie den ursprünglichen Zielen noch genügen oder ob es günstig ist, dass die neu in der Interaktivität erkennbar gewordenen Zielverschiebungen von der menschlichen Seite übernommen werden. Der Beitrag der technischen Komponenten wird in der Hybridperspektive stärker wahrgenommen als in der kulturalistischen Perspektive, ohne die Differenz zwischen menschlicher und künstlicher Agency zu verwischen. *Über das kulturelle Wissen hinaus entsteht ein weiterer Typ nicht-expliziten Wissens, den ich hier als „Interaktivitäts-Wissen" bezeichne. Es ist ein nicht-explizites Wissen, das erst in der Interaktivität zwischen Nutzer und System aktiviert wird, vorher aber weder beim Nutzer als kulturelles oder technisches Wissen vorhanden war, noch im System explizit als Regel oder Programm eindeutig vorgegeben war.*

Für die Untersuchung hybrider Systeme ergibt sich aus dieser Bestimmung, dass sie nicht auf die Addition von sozialer Akzeptanz, software-ergonomischer Anpassung und fehlerfreies Funktionieren im Computer-Testbed beschränkt werden kann. Sie erfordert ein sozialexperimentelles Verfahren, in der die Interaktivitäten und die nicht-expliziten Wissensformen zum Gegenstand der Erprobung und Untersuchung gemacht werden. Dabei kann man beobachten, nicht nur, wie die Menschen sich auf das System einstellen und sie das System auf ihre Bedürfnisse einstellen, sondern auch das System die Einstellungen der Menschen verändert und sich in der Nutzung wieder anders einstellt. Diese Art von Test geht über die oben genannten Testverfahren hinaus und stellt neben der Verkörperung, Einbettung und Verteilung des Wissens die Herausbildung nicht-expliziten Wissens und seine Aktivierung in der Interaktivität in den Mittelpunkt der Erprobung.

9.6   Schluss: Arbeit am Begriff, an der Methodik und am Management nichtexpliziten Wissens

Wie wir bisher sehen konnten, spielt die Explizit/Implizit-Differenz in Soziologie und Sozionik eine bedeutende Rolle. Besondere Aufmerksamkeit findet sie in der phänomenologischen und praxistheoretischen Sozialtheorie, in der Kultur- und in der Wissenssoziologie, in ethnografischen Studien zu Arbeitssituationen, in der Wissenschafts- und der Technikforschung, in der Arbeitssoziologie und in der Organisationssoziologie. Viele dieser Bereiche wurden hier nur kurz erwähnt, insofern sie in enger Beziehung zur Wissenschafts- und Technikforschung oder zur Sozionik stehen. Vor allem für die Kultur-, die Wissenssoziologie und die Ethnografie ließen sich bei geringem Aufwand noch viele nützliche Studien recherchieren. In diesem ersten kursorischen Überblick haben wir jedoch schon einen ersten Eindruck von der Vielfältigkeit des Feldes und der Möglichkeit, einen die verschiedenen Gebiete übergreifenden Problemkern zu identifizieren, erhalten.

Ein erstes Ergebnis ist die Einsicht, dass das Implizite nur eine Form des Nicht-Expliziten ist. Dementsprechend lautet die angemessene begriffliche Unterscheidung „Explizit/Nicht-Explizit", wobei das Nicht-Explizite höchst unterschiedliche Bedeutungen annehmen kann. Um einen Eindruck von den verschiedenen Konnotationen zu erhalten, fasse ich die im Überblick aufgegriffenen Unterscheidungen in tabellarischer Form zusammen:

Tabelle 1   Begriffliche Unterscheidungen nach Michael Polanyi

NICHT-EXPLIZIT	EXPLIZIT
„implizit"	„formal"
„tacit", „stillschweigend"	„ausgesprochen"
„Gestaltwissen"	„Detailwissen"
„körperliches Wissen"	„kognitives Wissen"
„unterschwellig"	„bewusst"
„intuitiv"	„reflektiert"
„praktisches Wissen"	„theoretisches, diskursives Wissen"
„Kunst"	„Wissenschaft"
„know-how"	„know-what"
„emergente Ebene"	„unmittelbare Ebene"

In diesem Schema tauchen schon mindestens vier verschiedene Dimensionen des Nicht-Expliziten auf: a) epistemisch-kognitive, b) die körperlich/verkörperte, c) die interaktiv/soziale und d) die emergenztheoretische. Letztere scheint Polanyi für grundlegend gehalten zu haben, da sie für ihn ein auf alle Bereiche anwendbares Schema enthalten soll. Es entsteht auf der emergenten Ebene etwas Neues durch einen Prozess, der auf der unteren Ebene nicht auffindbar ist. Ein guter Stil entsteht z.b. aus den expliziten Regeln einer korrekten Grammatik, lässt sich jedoch in keiner Weise aus den Regeln der Grammatik herleiten. Weiterhin ist auch festzuhalten, dass unser Wissen nicht nur aus explizitem Wissen bestehen kann. Es bedarf immer, wie sich selbst am Beispiel des formalen Rechnens zeigen lässt, nicht-expliziter Elemente. Ein weiterer wichtiger Punkt in Polanyis Überlegungen ist die Aussage, dass die Ausschließung jeglicher Elemente impliziten Wissens selbstzerstörerisch wirkt. Implizites Wissen kann zwar explizit gemacht werden, bei Überschreiten einer theoretisch nicht angebbaren Grenze schlagen die Explizierung und Formalisierung des Wissens in Verluste um.

In einer zweiten tabellarischen Übersicht fasse ich noch einmal die in der Soziologie und ihren Teilgebieten genannten begrifflichen Unterscheidungen zusammen. Auch diese Übersicht demonstriert die Vielfalt der Konnotationen:

Tabelle 2 Begriffliche Unterscheidungen in der Soziologie

NICHT-EXPLIZIT	EXPLIZIT
„Regeln des gesellsch. Lebens"	„formulierte Regeln"
„intensive Regeln"	„kodifizierte Regeln"
„praktische Schemata"	„exaktes strategisches Wissen"
„gemeinsamer Wissensvorrat"	„diskursives Wissen"
„regelbildendes Spiel"	„Spiel nach Regeln"
„Sozialisation"	„Instruktion"
„hidden curriculum"	„Lehrplan"
„kulturelles Modell"	„algorithmisches Modell"
„Stil"	„Kode"
„Paradigma"	„Axiomatik"
„Hintergrund"/"back stage"	„Vordergrund"/"front stage"
„informell"	„formal"
„ungeschrieben"	„schriftlich gesetzt"
„nicht-propositional"	„propositional"
„Unaussprechliches"	„Sagbares"
„Routinen"	„Rationale Wahl"
„Daumenregeln"	„formale Regeln"

Wie sich schon bei einer ersten flüchtigen Analyse zeigt, liegen die Unterscheidungen auch hier nicht alle auf derselben Linie. Welche Art von Unterscheidung man trifft, hängt vom jeweiligen Untersuchungsinteresse ab. Geht es zum Beispiel um die Frage, was mechanisierbar und von Computerprogrammen imitierbar ist, wie in der Debatte um die Grenzen der Künstlichen Intelligenz, dann weicht die Differenzbildung von der Explizit/Implizit-Differenz ab. Das Schema von Collins und Kusch (1999: 89), das Handlungstypen nach der Mimeomorph/Polymorph-Differenz unterscheidet, erlaubt, dass auch Implizites, wie das Spritzlackieren von Stühlen, mechanisch simulierbar ist.

Tabelle 3   Komplexe und einfache mimeomorphe Handlungen

POLIMORPHIC ACTION		MIMEOMORPHIC ACTION	
	Complex		Simple
Learned through experience only and always			Learned via drills
	Sometimes		
Simulation impossible		Simulation possible	
	Sometimes		Always

Geht es um die Entstehung, die Selbstorganisation und den Erhalt des nicht-expliziten Wissens spielen die Differenzen „Verkörpert/Nicht Verkörpert" und „Interaktion/Interaktivität" eine wichtige Rolle, wie wir oben im Kapitel zur Soziologie der künstlichen Intelligenz und Sozionik gesehen haben. Neu und noch wenig erforscht ist der hier aufgetauchte Begriff des „Interaktivitäts-Wissens", der für hybride offene Systeme von Bedeutung ist.

Welche Methoden haben wir gefunden, um das Nicht-Explizite zu erfassen, einzugrenzen und zu verstehen? Da es nicht schriftlich dokumentiert vorliegt, da es häufig nicht explizit sagbar ist, sind weder Text- und Dokumentenanalysen noch mündliche oder schriftliche Standardinterviews geeignete Erhebungsinstrumente. Vor allem die Ethnografie und die qualitative Sozialforschung haben ein umfangreiches Inventar von Methoden entwickelt, um verdeckte, hintergründige oder unsichtbare Regeln aufzudecken. Ich stelle die Methoden listenförmig zusammen:

a) teilnehmende Beobachtung (Einfühlen, Rollenübernahme, Erlernen der kulturellen Praktiken)
b) ethnografische Beschreibung („dichte Beschreibung" nach Clifford Geertz)
c) ethnomethodologische Experimente (Stören von Alltagsroutinen nach Harold Garfinkel)
d) Videoanalysen von Abläufen,
e) Interaktivitätsanalysen von Mensch-Objekt-Beziehungen
f) Auswertung von Skizzen und Materialien
g) Narrative Interviews (implizite Relevanzmuster)

h) Selbstkommentierung bei der Tätigkeit
i) objektiv-hermeneutische Textanalyse (implizite Deutungsmuster)
j) Konversationsanalyse (implizite Verlaufsmuster)
k) Triangulation (Rekonstruktion aus drei verschiedenen Perspektiven nach An-
   selm Strauss)

Wesentliche Merkmale dieser Verfahren sind zum einen das intensive Sich-Einlas-
sen auf die Praktiken und Kulturen, um auf diese Weise das Nicht-Explizite durch
eigenes Tun zu erfahren. Zum anderen besteht es in experimentellen Interventionen, um das Unsichtbare durch Störungen sichtbar zu machen. Schließlich sind
hier Methoden versammelt, die vor allem Sichtbares (Bilder) und Verkörpertes
(Objekte) detailreich erfassen und beschreiben können. Es würde sich lohnen, diese Methoden genauer unter dem Aspekt, inwieweit sich mit ihnen das nicht-explizite Wissen erfassen lässt, zu betrachten und weiterzuentwickeln. Denn wie auch
in anderen Bereichen, z.b. der Gentechnologie, ließen sich diese Methoden nicht
nur zur Analyse des Nicht-Expliziten verwenden, sondern bilden sie gleichzeitig
wichtige Instrumente für das Management nicht-expliziten Wissens. So paradox
es klingt: Das Nicht-Explizite und wenig ausdrücklich Managebare bedarf, je weniger es sichtbar und objektivierbar ist, umso sensiblere Methoden des Managements. Eine zu forcierte Formalisierung und Verdrängung des Impliziten würde
selbstzerstörerisch für erfolgreiche Routinen wirken. Eine zu starke Eingrenzung
des Spielraums für die Entwicklung neuer Bereiche des Nicht-Expliziten würde
sich kontraproduktiv für den Aufbau fruchtbarer Arbeits- und Kommunikations-
zusammenhänge auswirken. Eine Kultur im Sinne der Pflege des Nicht-Expliziten
als notwendigem Bestandteil produktiver und lernender Organisationen kann eben
nicht mit den üblichen Methoden erzeugt und gesteuert werden, sondern bedarf
eines tieferen Verständnisses für ihre Wachstumsbedingungen und nicht-direkti-
ver Methoden des Förderns und Beeinflussens.

Neben der Weiterentwicklung und Erprobung der Methoden zur Erfassung und
zum Management nicht-expliziten Wissens sehe ich noch einen Forschungsbedarf
im Hinblick auf das „verteilte Wissen" und das „Interaktivitäts-Wissen". Wissen
wird sachlich auf verschiedene mediale Träger verteilt. Es wird räumlich auf viele
soziale Orte verstreut. Es wird zeitlich zu unterschiedlichen Zeiträumen und in
unterschiedlichen Tempi erzeugt und verarbeitet. Und es wird sozial auf immer
mehr Personen, Gruppen oder Organisationen verteilt. Diese Verteilungen schaffen ansteigende Übersetzungsprobleme von einem auf ein anderes Medium. Sie
verursachen Synchronisationsprobleme zwischen den einzelnen Feldern (vgl. für
Innovationsnetzwerke Rammert 1997). Sie erzeugen Probleme der sozialen Koordination, die nicht nur durch Markt und Organisation, sondern auch durch ver-

trauensbasierte Netzwerke gelöst werden. Ohne weiter in Einzelheiten zu gehen, wird offensichtlich, dass die zunehmende Verteilung des Wissens erhebliche Probleme der Integration aufwirft. Diese Integration kann immer weniger nur durch explizite Integration erfolgen, sondern wird sich auf andere Formen der nicht-expliziten Integration stützen, die zu erforschen und zu fordern sind. Das gilt auf der Interaktionsebene für das Zusammenspiel von Menschen, Softwareobjekten und anderen technischen Artefakten in hochtechnisierten Arbeitssituationen. Das gilt auf der Organisationsebene für die erfolgreiche Abstimmung von Routineleistung und kreativer Erneuerung, von technischer und sozialer Innovation. Und das gilt ebenfalls für das Management zwischenorganisatorischer Netzwerke, in denen es auf eine gelungene Mischung von formellen und informellen Regeln, von Konkurrenz und vertrauensvoller Kooperation ankommt. Dem Problem des nicht-expliziten Wissens lässt sich daher in der aufkommenden Wissens- und Netzwerkgesellschaft eine hohe Aufmerksamkeit vorhersagen.

Die Zukunft der künstlichen Intelligenz: verkörpert – verteilt – hybrid[1]

10

Zusammenfassung

Der Beitrag unternimmt eine soziologisch fundierte Zukunftsanalyse der Techniken der künstlichen Intelligenz. Gegenüber technologisch verkürzten Trendprognosen und medial gehypten visionären Prophezeiungen basiert die Analyse auf einer Soziologie und Informatik übergreifenden Perspektive, der ‚Sozionik‘, einer jahrzehntelangen interdisziplinären Forschungskooperation mit Computerwissenschaftlern auf verschiedenen Technikfeldern und einem techniksoziologischem Ansatz, mit dem die praktische Herstellung von soziotechnischen Konstellationen aus Menschen, Dingen und Zeichen genauer erfasst werden kann. Es werden eine Wende (1) von der symbolischen zur verkörperten Intelligenz, (2) vom psychologischen Konzept individueller zum soziologischen Konzept interaktiver und kollektiver Intelligenz und (3) von rein technischen Systemen zu hybriden Konstellationen vorhergesagt. Mit dem aktuellen Hype um die Robotik, mit der heute realisierten „Gesellschaft der Agenten" (Minsky) im Netz der Suchmaschinen, Daten und Dinge und mit der Einbeziehung der sozialen Dimension bei der Entwicklung, Steuerung und Sicherung komplexer Systeme können manche Aussagen gegenwärtig als bestätigt gefunden werden.

---

[1] Überarbeiteter Vortrag der Ringvorlesung „Zukunftsforschung heute" an der Freien Universität Berlin in Kooperation mit der Heinrich-Böll-Stiftung vom 28. Oktober 2002.

10.1 Eine sozionische Perspektive für eine prospektive Analyse

Wenn man über einen Gegenstand forscht oder wenn man Ergebnisse der Beobachtung vorträgt, geschieht das immer aus einer bestimmten Perspektive. Der Wissenssoziologe Karl Mannheim (1929) nannte diesen Sachverhalt die „Standortgebundenheit" des Denkens. Die konstruktivistische Erkenntnistheorie (von Foerster 1985) spricht von Beobachtern 1. und 2. Ordnung, die jeweils ihre besonderen „blinden Flecken" mit sich herumtragen. Aber diese Prämisse der Perspektivität und Konstruiertheit jeglichen Wissens soll uns nicht abhalten, streitbare wissenschaftliche Aussagen zu machen, die sich begrifflich und empirisch kontrollieren lassen. Im Gegenteil, sie hält uns dazu an, genauer anzugeben, aus welcher Perspektive, auf welcher Erfahrungsgrundlage und mit welcher Absicht Erkenntnisse vorgetragen werden.

Zunächst könnte man annehmen, dass ich als ein Vertreter der Informatik oder KI- Forschung – komme ich doch von einer Technischen Universität – zu Ihnen über das Thema „Zukunft der künstlichen Intelligenz" sprechen werde. Weit gefehlt! Zwar habe ich seit 12 Jahren zusammen mit Vertretern dieser technischen Disziplin in Forschungsverbünden und noch enger seit 5 Jahren in einem gemeinsamen Projekt gearbeitet, bin jedoch von Ausbildung, Habitus und Kompetenzprofil durch und durch Soziologe. Ich werde also das Thema nicht aus einer technologischen Perspektive angehen.

Die *technologische* Perspektive wird von Informatikern und KI-Forscherinnen, von Roboterkonstrukteuren und Software-Ingenieurinnen besser vertreten. Sie sehen die Zukunft der künstlichen Intelligenz aus einem besonderen Blickwinkel. Etwas vereinfacht könnte man ihre diesbezüglichen Aussagen in zwei Sparten einteilen: in Prognosen und in Prophezeiungen. Prognosen sind meistens Trendfortschreibungen von dem, was in den Labors als Forschung und Entwicklung aktuell läuft, spiegelt also eher die innerdisziplinären Trends und Diskussionen um zukunftsträchtige technologische Potenziale wider. Wünsche und Interessen von Wirtschaft und gesellschaftlichen Gruppierungen gehen eher unreflektiert ein und werden einfach fortgeschrieben. Die feinkörnige fachliche Sehkraft und die nur groben Bezüge zu gesellschaftlichen Einflussgrößen machen diese Prognosen zumindest auf einem Auge blind für die Zukunftsanalysen, nämlich was die Sicht auf kulturellen Wertewandel und soziale Konstellationen anbelangt. Viel gefährlicher sind die Prophezeiungen, die auf dünner Datenbasis und auf das rein Technische verkürzter Grundlage Visionen zur Zukunft des Menschen und der gesellschaftlichen Entwicklung machen. Wenn sie z.B. aus der Steigerungsrate der Rechenleistung auf integrierten Mikrochips und dem Vergleich zur menschlichen Hirnleistung für das Jahr 2025 die Überlegenheit künstlicher über die menschliche Intelligenz prophezeien und wenn sie auf dem Hintergrund einer falschen Analogie zwischen biologischer und technologischer Evolution die Ablösung der Menschengattung durch die Spezies der Roboter vorhersehen, wie die Protagonisten dieser Bewegung Hans Moravec (1990) und Ray Kurzweil (1999), dann steckt dahinter nicht nur das Streben nach Publicity und Forschungsgeldern für diese Arbeitsgebiete, sondern auch ein technologisch verengter Blick auf Geschichte und Gesellschaft.

Ich werde aber auch nicht eine rein *soziologische* Perspektive vertreten. So wie die technologische Perspektive durch die Gesellschaftsblindheit getrübt iss. so ist die soziologische Sichtweise durch eine starke Technikvergessenheit (Rammert 1998c: 9) behindert. Die technische Entwicklung wird häufig in die Umwelt der Gesellschaft verbannt und als exogener Faktor behandelt. Wiederum vereinfacht gesprochen: Arbeit wird auf Instrumente lieg Handeln verkürzt, Interaktion wird auf Face to Face-Beziehungen fokussiert. und bei der Kommunikation wird von ihren medialen Trägern abstrahiert. Kein Wunder, dass dann angesichts der Wirkmächtigkeit neuer Technologien und angesichts beispielloser Katastrophen mit Thesen zu technischen Revolutionen und mit Diagnosen einer Risikogesellschaft überreagiert wird. Selbst noch in der techniksoziologischen Perspektive werden Technik und Gesellschaft separiert: In der Technikfolgenforschung werden die Auswirkungen neuer Techniken auf verschiedene gesellschaftliche Felder untersucht, in der Technikgeneseforschung geht es um die einzelnen gesellschaftlichen Einflüsse auf Formen und Pfade der technischen Entwicklung (vgl. Rammert 2000a). Aber brauchen wir nicht eine Brille, die über die beiden disziplinaren Fokussierungen hinaus, gleichsam wie die Gleitsichtbrille, die Fern- und Kurzsichtigkeit gleichzeitig kompensiert, eine transdisziplinäre Optik ermöglicht?

Ich werde eine solche hybride Sichtweise hier proben. Sie kombiniert die technologische und die soziologische Brille und macht alle Beziehungen zu ihrem heterogenen Gegenstand: die Interaktionen zwischen Menschen, die Interferenzen zwischen Dingen und die Interaktiv täten zwischen Dingen und Menschen, Untersucht werden nicht nur die interobjektiven technischen Konfigurationen und nicht nur die intersubjektiven menschlichen Beziehungsmuster, sondern im Mittelpunkt stehen die Mischungen aus Beidem, nämlich die hybriden soziotechnischen Konstellationen. Dahinter steckt die These, dass Techniken nicht ohne Referenz zu den Praktiken des Entwurfs und der Nutzung und zu den institutionellen Einbettungen angemessen verstanden werden können und umgekehrt, dass menschliches Handeln, Interaktion und soziale Institution nicht ohne Referenz zu materialen Rahmungen und medialen Vermittlungen richtig analysiert werden können. Ich werde hier also die Zukunft der künstlichen Intelligenz aus einer – wie ich es nennen möchte – *sozionischen* Perspektive behandeln (vgl. in etwas anderer Gewichtung Malsch 1998).

Nachdem ich meine Perspektive offengelegt und auch meine Erfahrungsgrund-
lagen angedeutet habe, möchte ich nur ganz kurz noch auf die Erkenntnisinte-
ressen eingehen, die den jeweiligen Perspektiven im Hinblick auf unser Thema
zumeist unausgesprochen zugrunde liegen. Auch dies kann hier nur sehr vergrö-
bert geschehen. In den Technikwissenschaften geht es in der Regel um das Funktionieren künstlicher Zusammenhänge und das Optimieren der Leistungen. Für
die Techniken der Künstlichen Intelligenz heißt das, menschliche Funktionen, wie
Denken, Wahrnehmen und Handeln perfekt zu imitieren, um die Menschen bei
ihren Tätigkeiten zu entlasten oder sie ganz zu übertreffen und zu ersetzen. In der
Soziologie steht das Erkennen gesellschaftlicher Zusammenhänge und das Kritisieren unnötiger, von den Menschen selbst geschaffener Zwänge im Vordergrund.
Gegenüber der Künstlichen Intelligenz herrscht da eher eine defensive und kritische Haltung vor, Grenzen ihres Könnens und fundamentale Unterschiede zwischen menschlicher und künstlicher Intelligenz aufzuzeigen (vgl. u.a. Wolfe 1993;
im Überblick Rammert 1998a). In der sozionischen Perspektive greife ich von der
soziologischen Disziplin das Interesse auf, den fixen Trajektorien und Trägheiten
technischer Trends nicht kritiklos nachzugeben, sondern alternative Szenarios und
Pfade technischer Entwicklung aufzuzeigen. Was als technologische Zwangsläu-
figkeit erscheint, wie das „Moore'sche Gesetz", das seit 1959 die jährliche Ver-
dopplung der Komponenten, die auf einem Mikrochip integriert werden können,
treffend vorausgesagt hat, kann auf die zentrale soziologische Gesetzmäßigkeit
der „self-fulfilling prophecy" zurückgeführt werden, wonach dieser Trend durch
die Orientierung der konkurrierenden Akteure an dieser Zielgröße erklärt werden kann (vgl. MacKenzie 1988). Von der technologischen Perspektive übernehme
ich die pragmatische und konstruktive Haltung, mich auf die Konzipierung und
Modellierung neuer soziotechnischer Konstellationen einzulassen – sogar bis hin
zur Implementation und sozialexperimentellen Erprobung (vgl. Burkard/Rammert
2000). Den Prognosen und Prophezeiungen der Technologen und den Kritiken und
rekonstruktiven Analysen der Soziologen stelle ich hier eine *prospektive* Analyse
gegenüber, in der die Interaktivitäten zwischen technischen Dingen und menschlichen Handlungen für die Skizzierung eines Zukunftsszenarios in hybrider Konstellation herangezogen werden. Dazu wähle ich zur Veranschaulichung Beispiele
aus dem Bereich intelligenter Mobilität.

10.2 Die Zukunft der künstlichen Intelligenz: Von der symbolischen zur verkörperten Intelligenz

Die Entwicklungsfronten in der KI-Forschung haben sich verschoben. Hatte über Jahrzehnte die These des „Physical Symbol System" von Newell und Simon (1972) das Arbeitsprogramm bestimmt, so setzt sich zunehmend mit der „Behavioral and Embodied Intelligence"-These eine neue Strategie durch (vgl. vor allem Brooks 2002; Steels 1994; zum Überblick Christaller u.a. 2001). Nicht mehr statische und softwaregesteuerte Roboterarme oder dialog-, Strategie- oder an Expertenheuristiken orientierte wissensbasierte Systeme machen Schlagzeilen, sondern das insektenähnliche sechsbeinige Geschöpf namens Genghis, das sich in fremden Raumen bewegt, der Honda-Roboter, der Treppen steigen kann, oder Cog, der herumhüpft wie ein kleines Kind.

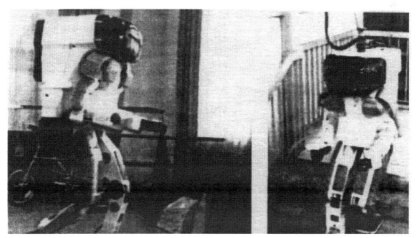

Abbildung 10.1 Humanoider Roboter von Honda aus Christaller u.a. 2001, S. 88

Die symbolische KI-Forschung sah in der kognitiven Tätigkeit des Menschen den Schlüssel zur Zukunft der künstlichen Intelligenz. Intelligenz wurde unabhängig von ihrem fleischlichen oder physikalischen Träger als abstrakte Problemlösungsfähigkeit definiert. Menschliche geistige Tätigkeiten, wie Wissenserwerb, logisches Kombinieren und fallbasiertes Schließen, wurden imitiert. Bei der Entwicklung von wissensbasierten Systemen wurde sogar das heuristische Wissen menschlicher Experten in Form von Regeln in das System hineingenommen (vgl. Rammert u.a. 1998). Auch wenn viele überzogene Erwartungen an die Zukunft dieser Form künstlicher Intelligenz enttäuscht worden sind, so hat sich doch gezeigt, dass auf eingegrenzten Wissensdomänen die maschinelle Intelligenz der menschlichen Intelligenz hoch überlegen sein kann. Der Sieg des Schachprogramms von „Deep Blue" über Weltmeister des Schachspiels zeugt davon.

Aber was kann „Deep Blue" alles nicht, was schon kleine Menschenkinder können? Er kann sich nicht frei im Raum bewegen, geschweige denn Fahrrad fahren. Er kann nicht die Schachfiguren ergreifen und bewegen. Er kann sie nicht einmal erkennen und unterscheiden. Und erst recht kann er nicht mimisch Gefühle zeigen, um sein Gegenüber zum Spiel zu motivieren oder im Spiel zu täuschen. Die reichhaltige Literatur zur Kritik der künstlichen Intelligenz ist voll von solchen Beispielen, was Computer alles nicht können (vgl. u.a. Dreyfus 1972; D'Avis 1994).

Die neue Richtung der verkörperten künstlichen Intelligenz, wie sie sich auf verschiedenen Pfaden der Roboterentwicklung Bahn bricht, lässt sich so interpretieren, als ob sie angetreten sei, die zentralen Punkte der Kritik aufzunehmen und durch ihre Konstruktionen Schritt für Schritt zu entkräften. Einer der stärksten Kritikpunkte war das Fehlen eines Körpers. Ohne die Kopplung der kognitiven Prozesse an einen Körper, so wurde argumentiert, fehle es an einer Verankerung der künstlichen Intelligenz im Hier und Jetzt der Welt. Die Stationären Manipulatoren und Operationsroboter bekommen Räder, Rollen und Füße. Die künstliche Intelligenz wird mobil gemacht. Die mobilen Roboter erhalten Visions- und Navigationssysteme, um sich selbst und die Umgebung wahrnehmen zu können. Damit ist die künstliche Intelligenz in räumlicher und in manipulativer Hinsicht situativ geworden. Rodney Brooks, neben Luc Steels einer der Pioniere dieser Entwicklung, definiert dann auch die situierte Intelligenz als eine „that is embedded in the world, and that does not deal with abstract descriptions, but through its sensors with the here and now of the world, which directly influences the behavior of the creature" (Brooks 2002: 5 ff.). Er bestimmt die verkörperte Intelligenz als eine „that has a physical body and experiences the world, at least in part, directly through the influence of the world on that body" (ebd. 52). Noch bevölkern die meisten dieser mobilen Roboter und verkörperten situativen Intelligenzen die Forschungslabors, wie der hüpfende Cog, die insektenähnlich auf sechs Beinen sich bewegende Genghis oder die mimisch wandlungsfähige Lizzy. Dort lernen sie noch in mühsamer Übung und langjähriger pädagogischer Interaktion nach dem Vorbild menschlicher Intelligenzschulung langsam dazu, wie es Alan Turing (1950) schon in den 1950er Jahren als einen alternativen Weg beschrieben hat, künstliche Intelligenz zu erzeugen. Einige durften schon die Marsoberfläche erforschen oder im Kriegsgelände nach Minen suchen und Bomben entschärfen. In größerer Menge sind sie gegenwärtig als niedlich äugende, laufende, sich rollende und Schwanz wedelnde, aber immer noch steif wirkende Spielzeughunde von Sony in den Verkehr gebracht worden. In Zukunft dürften sie sich als Serviceroboter der verschiedensten Art über die Welt verbreiten, als Roboter, die Staub saugen, Rasen mähen, Rohrsysteme reinigen, Räume überwachen. Verschüttete orten und retten und sogar kranke und alte Menschen bedienen und pflegen – wenn man den Prognosen der Robotikhersteller und den Programmen der Roboterentwickler Glauben schenkt.

Die verkörperte künstliche Intelligenz wird jedoch nicht nur in diesen Formen Gestalt annehmen, die sich zwischen plumpen beräderten Plattformen und niedlichen bebeinten Kreaturen bewegen. Weniger spektakulär, aber viel wirkungsvoller wird sie sich in künstlichen Implantaten vermehren. Künstliche Intelligenz wird in Ohr- und Netzhaut-Implantaten verkörpert und mit dem menschlichen Organismus verschaltet. Sie wird in intelligente Prothesen für Hände und Beine inkorporiert und mit dem Restkörper verbunden. Diese enge Verkopplung mit verkörperter Intelligenz macht uns wirklich zu den Cyborgs, wie wir sie als kämpferische Zwitterwesen aus kybernetischen Mechanismen und biologischen Organismen aus den Science-Fiction-Filmen kennen. Da bahnt sich ein qualitativer Sprung von der einfachen Prothesentechnik, wie Blindenstock, Brille oder Hörgerät, zu einer Cyborgtechnik an, bei der Nerven und Muskeln direkt an die verkörperte Intelligenz angeschlossen wird (vgl. dazu Jung 2002). Dass diese intelligente Cyborgtechnik nicht nur zur Kompensation von körperlichen Behinderungen taugt, sondern gleichzeitig zur Steigerung der kriegerischen Leistungsfähigkeit entwickelt wird, z.B. um superschnellen Blindflug zu ermöglichen, muss ich wohl nicht besonders betonen. Auch die Verkleinerungen der verkörperten künstlichen Intelligenz durch die Mikrosystem- und die Nanotechnologie gehören zu dieser Entwicklungslinie, die jetzt weiter verfolgt wird (vgl. u.a. Botthof/Pelka 2003; Drexler 1985).

Wichtig ist noch eine weitere Variante verkörperlichter Intelligenz. Sie wird nicht direkt mit unseren Körpern verbunden sein, sondern wird an fast allen Gegenständen und Umgebungen des Alltags haften. Überall werden kleine Einheiten angebracht werden, in Kleidungsstücken, Kühlschränken und Häusern, an Automobilen, Autobahnzufahrten und öffentlichen Plätzen, die registrieren, regeln und reagieren, die identifizieren und kassieren. Sie werden sich verbreiten, soweit die Bequemlichkeit der Menschen diese smarten Technologien verlangt und soweit der Datenschutz sie nicht verbietet. Ich werde auf diese dritte Variante verkörperter künstlicher Intelligenz zurückkommen, wenn ich sie im Zusammenhang mit der verteilten und mit der hybriden Form behandele.

Für diesen Teil kann ich zunächst einmal zusammenfassen, dass wir mit den verkörperten Formen künstlicher Intelligenz einen ganz speziellen Typ von Technik entwickeln, dem wir anders als den konventionellen Maschinen und Geräten begegnen. Die verkörperte künstliche Intelligenz ist aktiver und beweglicher als andere Techniken (vgl. die Beiträge in Christaller/Wehner 2003). Sie ermöglicht –

vor allem in der Form der mobilen Roboter – eine situatives Verhalten und eine komplexe Interaktivität mit dem Menschen und der Umgebung (vgl. Rammert 2003). Meiner Ansicht nach ist es weniger sinnvoll, dem Pfad zu folgen, Roboter nach dem Ebenbild des Menschen zu schaffen. Vielmehr sollten ausgewählte Aspekte intelligenten Verhaltens isoliert, optimiert und für bestimmte Zwecke kombiniert werden, um nützliche Wirkungen zu erzielen. Der humanoide Honda-Roboter, der leicht wankend Treppen steigen kann, ist eher ein Beispiel für die mythische Orientierung der Technikentwicklung; die mit Insektenbeinen krabbelnden Laufroboter und die mit Rädern und Ketten ausgestatteten Fahrroboter hingegen sind eher Beispiele für technologisch optimierte Lösungen für das Treppensteigen. Aus soziologischer oder sozionischer Sicht – soviel möchte ich schon vorwegnehmen – wäre es sinnvoll, zuerst danach zu fragen, in welchen Situationen welche Bewegungsformen und in welcher Konstellation mit menschlichen Aktivitäten sie gebraucht werden. Aber bevor wir soweit sind, sollen noch die beiden anderen Zukunftstrends behandelt werden.

10.3 Künstliche Intelligenz – verteilt: Vom psychologischen Konzept individueller zum soziologischen Konzept kollektiver Intelligenz

In der Regel wird Intelligenz am psychologischen Konzept *individueller* Intelligenz orientiert. Es macht keinen Unterschied, ob man an intelligente Softwareprogramme oder an intelligent agierende Roboter denkt, mehrheitlich beziehen sich die Konstruktionskonzepte auf das Vorbild individueller Wahrnehmungs- und Problemlösungsfähigkeit. Nehmen wir zum Beispiel das intelligente Fahrerverhalten im Verkehr, dann definiert sich Intelligenz über das schnelle Wahrnehmen äußerer Situationen, das angemessene Beurteilen fremden Verhaltens und das Anpassen des eigenen Verhaltens durch Lenken, Schalten und Bremsen.

Viele technische Verbesserungen bei Fahrzeug und Verkehr orientieren sich an diesem psychologischen Intelligenzkonzept. Schon in der klassischen Künstliche-Intelligenz-Forschung wurde der Weg, individuelles Problemlösungsverhalten nachzubilden, beschritten. Wenn heute Intelligenz in das Verkehrssystem gebracht wird, denkt man zuallererst an „intelligente Bremsen", an „intelligente Pilotsysteme" oder an „intelligente Navigationssysteme", die jeweils für sich perfektioniert werden. Aber im Einsatz zeigen solche Techniken schnell die Grenzen ihrer Alltagstauglichkeit. Was nützt die perfekte Intelligenz eines ABS-Systems, wenn sich der Fahrer nicht auf das Fehlen dieses Systems bei anderen Fahrzeugen einstellt oder nachfolgende Fahrzeuge ohne ABS bei Vollbremsung auf den Vordermann auffahren? Wie viel Mängel des Autopiloten müssen vom Menschen ertragen oder kompensiert werden, um die Fahrt nicht dauernd zu unterbrechen oder flüchtige Hindernisse nicht zu übersehen? Es deutet sich schon an, dass Intelligenz kein isoliertes Phänomen sein kann, dass sie sich erst im Situationellen Kontext erweist und dass sie im Wechselspiel mit anderen intelligenten Wesen entsteht.

In der Soziologie, die sich ja nicht mit den einzelnen Menschen, sondern mit den Beziehungen zwischen ihnen, den Interaktionen, Interessen und Institutionen, befasst, ist daher eine andere Auffassung von Intelligenz entwickelt worden. Intelligenz wird als ein *kollektives* Phänomen angesehen: Sie steckt nicht im Einzelnen, sondern in den Beziehungen zwischen ihnen. Intelligenz ist keine Eigenschaft des Einzelnen, sondern sie entsteht im interaktiven Prozess zwischen ihnen. Sozialität – so könnte man es zugespitzt formulieren – ist selbst eine Form kollektiver Intelligenz. Im Kern beinhaltet Sozialität die Fähigkeit, die Perspektive des einzelnen Anderen wie auch die des verallgemeinerten Anderen zu übernehmen und sein Handeln daran zu orientieren (vgl. Mead 1968; Gasser 1991). Im kindlichen Rollenspiel („play") wird diese Fähigkeit der Rollenübernahme einzelner signifikanter Anderer, wie Mutter oder Freund, erworben. Im jugendlichen Mannschaftsspiel („game") wird sie durch die Sozialisation eines ganzen Gefüges von aufeinander abgestimmten Rollen und Regeln, z.B. von Stürmer und Verteidiger, von Spieler und Trainer, von formalen Spielregeln und informellen Praktiken usw., erweitert (Abels 1998: 27 ff.). Wechselseitige Kooperation und Wettbewerb, Organisation und Arbeitsteilung zeugen von dieser sozialen Intelligenz. Gesellschaften wie auch soziale Gebilde unterscheiden sich danach, wie bewusst und verfügbar Wissen und Aktivitäten aufgeteilt und koordiniert werden. Die Überlegenheit moderner Industriegesellschaften in mancher Hinsicht gegenüber traditionalen Gesellschaften fußt eben nicht auf der höher gebildeten Intelligenz des Einzelnen – sie mag bei einem westlichen Großstadtmenschen sogar geringer sein als bei einem Mitglied eines Nomadenstamms –, sondern sie hat ihre Basis im Repertoire der sozialen Regeln, der institutionalisierten Rollen und der kapitalisierten Ressourcen. Die soziale Intelligenz kommt allerdings erst dann zur Geltung, wenn sie in konkreten Prozessen aktiviert, erprobt und erneuert wird. Die Interaktion mit anderen und – das gilt dann für die hybride Intelligenz im nächsten Teil – die Interaktivität mit Sachen sind eine ständige Bedingung ihrer Wirksamkeit. Kollektive Intelligenz ist also gekennzeichnet durch die Verteiltheit auf viele Instanzen und durch die interaktive Verknüpfung der Instanzen.

Auch in der Künstlichen Intelligenz-Forschung lässt sich ein Strang weg von der individualistischen hin zur kollektiven oder besser *verteilten* Intelligenz festmachen. Das Konzept einer sozialen Intelligenz als einer auf viele Einheiten verteilten Intelligenz findet sich schon in Marvin Minskys Buch „The Society of Minds" (1985).

Technisch beginnt die Aufteilung schon mit dem „Parallel Distributed Computing",
wobei mehrere Aufgaben gleichzeitig, also nicht mehr zentral disponiert ausgeführt
werden. Es dauerte nicht mehr lange, bis dass die neue Richtung der „Distributed
Artificial Intelligence" (vgl. O'Hare/Jennings 1996) entstand, auf deren Grundlagen dann die „Multiagentensystem" (MAS)-Forschung fortgeführt wurde. Hier
wird ausdrücklich das soziologische Konzept der Intelligenz übernommen und zur
Leitlinie der Agenten- und Systemarchitektur herausgebildet. Disziplinare wissenschaftliche Gemeinschaften, Organisationen oder offene Systeme werden explizit
zu Vorbildern für Verteilungen von Instanzen und Aktivitäten, die sich bei der Auf-
gabenlösung selbst koordinieren und dabei ohne hierarchische und sequenzielle
Programmstrukturen auskommen. Die verteilte Intelligenz von geschlossenen und
offenen Multiagentensystemen ist den verschiedenen Verteilungsstrukturen gesellschaftlicher Gebilde nachgebaut (vgl. die Beiträge in Malsch 1998).

Auf der konkreten Ebene können wir sehen, wie mit jeder Stufe der sozialen Intelligenz die Anforderungen wachsen: Von „intelligenter Technik" wird zunächst
im Zusammenhang mit Hochtechnologien (Rammert 1995a: 73) gesprochen. „Intelligent" wird dabei häufig als Eigenschaft von Produkten verwendet, die einen
Mikroprozessor eingebaut haben, die eng mit Computern verbunden oder die programmierbar sind. Aus unserer erweiterten Perspektive erwächst die Intelligenz
erst aus der Beziehung zwischen den Elementen. Danach unterscheiden sich intelligente Techniken von klassischen Maschinen und Apparaten dadurch, dass sie
kontext- und situationsabhängig operieren. Ihr Operationsverhalten ergibt sich aus
der Wechselwirkung aller am technischen System beteiligten Elemente, z.B. bei
der intelligenten ICE-Bremse aus der Kopplung von Hydraulik, Sensorik, Regel-
und Rechentechnik.

Neben diesem systeminternen Gesichtspunkt, bei dem die technische Kommunikation zwischen den Elementen im Vordergrund steht, tritt der Aspekt der
System-Umwelt-Beziehungen. Hier lässt sich gegenwärtig eine gestufte Steigerung
der Interaktivität mit der Umwelt feststellen. Die erste Stufe bezieht die Umwelt
und deren Veränderungen in das Verhalten des Systems ein. Es entsteht eine einfache *„systemumweltbezogene* Intelligenz". Die Rückkopplungsmechanismen der
Kybernetik liefern hierfür gute Beispiele. Eine zweite Stufe zeigen die Roboter,
die sich aufeinander als bewegliche Umwelt beziehen, wenn sie im Rahmen des
„Robocup" mit- und gegeneinander Fußball spielen. Hier entsteht aus der Interaktion zwischen den agilen und mobilen Robotern eine *„kooperative* Intelligenz", die
in etwa der Mannschaftsintelligenz bei Fußballteams nachgebildet ist (Burkhard/
Rammert 2000). Das Niveau der Intelligenz lässt sich auf eine dritte Stufe steigern,
wenn Softwareprogramme nicht nur als künstliche Agenten untereinander kooperieren und Aufgaben delegieren, sondern gleichzeitig auch als Interface-Agenten

Fähigkeiten zum Nachfragen, Schlussfolgern und Lernen in der Interaktivität mit dem menschlichen Akteur zeigen. Wenn die Beziehungen zu solchen technischen Agenten von großer Selbsttätigkeit, Umweltreaktivität und Kooperationsfähigkeit gekennzeichnet sind, dann sind sie nach dem Konzept „*sozialreflexiver* Intelligenz" entworfen und konstruiert.

Man könnte diesen Wandel in der Auffassung der Intelligenz knapp in folgender Weise festhalten. Über Jahrzehnte folgte man in der Künstliche Intelligenz-Forschung einem Konzept der „Central Intelligence Agency". Ähnlich wie bei der gleichnamigen Organisation, der CIA, fehlte es bei dieser zentralistischen Orientierung an sozialer Intelligenz. Es reicht eben nicht, massenhaft Informationen zu sammeln und strikt hierarchisch nach festen Schemata auszuwerten. Von besonderer Bedeutung sind die Interaktionen mit dem gegnerischen Umfeld und die dort an den Schnittpunkten entstehende Intelligenz – meistens über Agenten – wie auch die Förderung lateraler Interaktionen zwischen den Abteilungen innerhalb des Systems und mit der Peripherie, damit sich „organisationale Intelligenz" aufbauen kann. Diesen Mängeln zu entgehen versucht die Richtung der „Verteilten Künstlichen Intelligenz"- und Multiagentensystem-Forschung. Ihr liegt das Konzept der „Distributed Agency" zugrunde (vgl. Rammert 2003b). Die Intelligenz steckt nicht im einzelnen technischen Agenten, sondern ist auf die verschiedenen kooperativen Instanzen verteilt und steckt in den Mechanismen der Koordination, Kommunikation und Interaktion.

10.4 Künstliche Intelligenz – hybrid: Verteilte Intelligenz jenseits der Trennung von sozialen und technischen Systemen

Warum sollte die Betrachtung von Mobilität unter der Perspektive verteilter Aktivitäten auf die technischen Instanzen allein beschränkt werden? Warum sollte umgekehrt das einflussnehmende Handeln auf Fahren und Verkehr dem menschlichen Akteur allein vorbehalten sein? Ich schlage daher vor, eine *hybride* Perspektive auf das System intelligenter Mobilität zu erproben, bei der die Aktivitäten auf Menschen und Maschinen, auf Personen und Programme gleichermaßen verteilt sind. Wie hat man sich so ein hybrides Netzwerk vorzustellen?

Wer fliegt eigentlich ein Flugzeug? Natürlich der Pilot, werden die meisten spontan antworten. Nur er allein? Auch das technische System Flugzeug fliegt Piloten wie Passagiere.

Ohne Antrieb und ohne Aufwind an den Tragflächen käme das Fliegen nicht zustande. Wer fliegt noch? Häufig übernimmt der Auto-Pilot das Fliegen. Computer und Programm sind dann die Piloten. Bei Landesituationen fliegen manchmal auch noch Fluglotsen und Leitstrahlen, immer häufiger automatische Landesysteme mit. Letztendlich fliegt auch die Fluggesellschaft die Flugzeuge und Passagiere an die Zielorte. Wir sehen an diesem kleinen Beispiel, dass keinesfalls der menschliche Pilot allein das Flugzeug fliegt. Das menschliche Selbstwertgefühl hindert uns daran zuzugeben, dass nicht nur der menschliche Akteur allein, sondern viele andere künstliche Agenten das Fliegen bewirken. Von der Grammatik des Satzbaus her können sowohl menschliche Piloten als auch Maschinen, Programme und Organisationen „Subjekte" sein. Mit dieser grammatischen Gleichsetzung werden nicht die semantischen Unterschiede zwischen den menschlichen und nichtmenschlichen Instanzen verwischt. Vielmehr erlaubt sie, das „Mithandeln" der Technik genauer in den Blick zu nehmen (Rammert/Schulz-Schaeffer 2002: 13). Sie befreit uns von der Hybris, dem Menschen alle Handlungsträgerschaft und den technischen Dingen überhaupt keine Handlungsträgerschaft zuzugestehen.

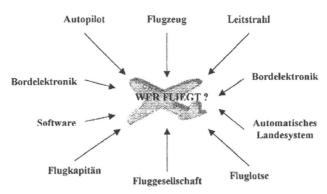

Abbildung 10.2   Hybrid verteilte Intelligenz zwischen Mensch, Maschine und Programm (eigene Darstellung, © Rammert)

Übernehmen wir diese sozionische Perspektive für die Konzipierung eines intelligenten Mobilitätssystems, dann verschieben sich die Gewichte bei manchen Problemstellungen und werden neue Problemlagen sichtbar. Ein Kraftfahrzeug kann nicht mehr schlicht und einfach im Hinblick auf die Fahrzeugtechnik und dann im Hinblick auf den Fahrer entwickelt und optimiert werden. Wer fährt eigentlich im intelligenten Mobilitätssystem? Das Fahren wird zunehmend auf mehrere Instanzen verteilt. Neben Fahrer und Fahrzeug fahren immer mehr „Heinzelmännchen"-Techniken (vgl. Rammert 1998b) im Verborgenen mit: das ABS-Bremssystem schon jetzt, automatische Abstandssysteme in Zukunft. Weiterhin wirken, wenn eingeschaltet, Tempomaten und Navigationssysteme mit. Die Instanzen, die am „verteilten Fahren" beteiligt sind, beschränken sich nicht auf das Fahrzeug. Sie befinden sich als Relais, Funkstationen, Satelliten und Verkehrssteuerungssysteme in der Umwelt des Fahrzeugs. Als erste Konsequenz für die Entwicklung eines intelligenten Mobilitätssystems folgt daraus: In Zukunft kommt es weniger darauf an, die einzelnen Bereiche, wie Fahrerverhalten, Fahrzeugsteuerung oder Telekommunikation zu optimieren. Vielmehr müssen die „Interaktivitäten" zwischen Fahrer, Fahrzeug und Umwelt in den Fokus der Aufmerksamkeit rücken. Denn unter den Bedingungen hybrid verteilter Intelligenz kann die intelligente Performanz des Gesamtsystems sinken, auch wenn die Intelligenz einzelner Bereiche gesteigert wird. Die intelligente Performanz des Mobilitätssystems ist ein Ergebnis davon, wie die Aktivitäten zwischen Fahrer, Fahrzeug und Umwelt an den Schnittstellen koordiniert werden.

Sehen wir die intelligente Mobilität in einem noch umfassenderen Rahmen, dann haben wir auch die Stadt- und Verkehrsplaner, die Hersteller von alternativen Mobilitätstechniken, die Anbieter von Telekommunikationsdiensten und die Struktur ihrer jeweiligen Produkte einzubeziehen. Über die Interaktivitäten hinaus geht es auf dieser Ebene um „soziotechnische Konstellationen". Sie entscheiden mit darüber, ob überhaupt mit Individualfahrzeugen, mit wie viel Fahrfreiheit, in welcher Kombination mit anderen Mobilitätsformen und unter welchem Orientierungs- und Regulierungssystem gefahren wird oder besser: sich fortbewegt wird. Ein intelligentes Mobilitätssystem ist zusätzlich davon abhängig, wie das hybride Fahrer-Fahrzeug-Umwelt-System in die soziotechnischen Konstellationen des gesamten Verkehrssystems eingebettet ist. Intelligente Mobilität kann unter diesen verteilten Bedingungen heißen, sich von einem Mobilitätsdienstleistungsunternehmen am Wochenende ein flottes Fahrzeug für freies Fahren auf einer Erlebnisrennbahn zu mieten, die Anfahrt dorthin über ein fern- und induktionsgesteuertes Kabinensystem mit individuell programmierbaren Einheiten vorzunehmen und zur Einstiegsstation mit einem geleasten Stadtautomobil zu fahren.

Als zweite Konsequenz für die Akteure intelligenter Mobilität entsteht die Frage: Wo und wie verorte ich mich in diesem verteilten System der Mobilität? Automobilkonzerne zum Beispiel können sich nicht mehr darauf beschränken, technisch solide, sichere und umweltfreundliche Kraftfahrzeuge herzustellen und zu verkaufen. Es wird aber langfristig auch nicht ausreichen, die Fahrzeuge mit künstlicher Intelligenz aufzurüsten und zur technischen Kommunikation zu befähigen. Der Verkauf von Fahrzeugen wird zunehmend dem Management von Mobilität (vgl. Knie/Canzler 1998; Franke 2001) weichen. Unter Bedingungen verteilter intelligenter Mobilität kommt es darauf an, Mobilität im kundenorientierten Paket mit Fahrzeug, Serviceleistungen und Kommunikationsinfrastruktur anzubieten, nicht mehr in erster Linie nur Fahrzeuge zu produzieren.

10.5 Welche Zukunft: Mensch oder Roboter? Von der falschen Frage zur richtigen Verteilung von Intelligenz und Initiative

Wenn sich die Aktivitäten zwischen Mensch und Maschinen im hybriden Fahrer-Fahrzeug-Umwelt-System neu aufteilen, hat diese Auffassung auch Folgen für die Gestaltung. In der Zukunft wird sich eine buntere Vielfalt von Akteuren, wie Auto-, Computer- und Handyhersteller, Betreiber von Kommunikationsdiensten und Serviceagenturen, private und öffentliche Mobilitätsanbieter, in der Mobilitätsarena tummeln. Wenn diese diversen Instanzen dann alle an der Entwicklung der soziotechnischen Konstellationen der intelligenten Mobilität maßgeblich beteiligt sind, dann hat diese Veränderung der Mobilitätsarena Folgen für die Planung und Steuerung des Mobilitätsgeschehens. Am Schluss werde ich kurz nur einige Gestaltungskriterien und ihre neue Interpretation unter Bedingungen verteilter Intelligenz und verteilter Mobilitätsproduktion anreißen.

1. Bezahlbarkeit
   Diese ökonomische Größe wird weiterhin ein wichtiges Element im Wettbewerb bleiben. Aber sie wird sich vom einmaligen Autokauf hin zu einer Gesamtrechnung verschieben, in die Serviceleistungen und zusätzliche Telekommunikationsdienste hineingerechnet werden.
2. Beherrschbarkeit
   Die Steigerung der technischen Kontrolle des Fahrzeugs und des Fahrens war eine vorherrschende Größe. Allerdings verlagern sich die Kontroll- und auch Steuerungsfunktionen zunehmend vom Fahrer auf die Technik. Hier gilt es, im Rahmen verteilter Fahraktivitäten eine Balance zu finden, die dem Menschen die Initiative und die Eingriffsmöglichkeiten nicht zu sehr beschneidet.
3. Sicherheit
   Wurde die aktive und passive Sicherheit schon stark gesteigert, kommen jetzt noch die Systemsicherheit und die Zuverlässigkeit der Informationsdienste hinzu. Außerdem darf die Kontrolle nicht soweit an das System abgegeben werden, dass der Fahrer seine Fähigkeit und seine Verantwortlichkeit verlernt.
4. Erwünschtheit
   Angesichts der vielfachen technischen Möglichkeiten wächst die Unsicherheit an, welche der Optionen sinnvoll eingebaut werden sollen und welche sich im Fahralltag überhaupt als nützlich und nicht nur prestigeträchtig erweisen.
5. Fahrfreude
   Mit der zunehmenden Umschichtung von Fahraktivitäten an Fahrzeug und Programm kann, was als Entlastung des Fahrers vom Schalten, Beobachten und

Planen gedacht war, schnell in eine ärgerliche Gängelung umschlagen. Umgekehrt kann eine neue Mobilitätsfreude aufkommen, die sich auf die intelligente
Nutzung der verschiedenen Verkehrsmodalitäten bezieht.

6. Datenschutz

Um überhaupt Planung und Abrechnung in verteilten Systemen einigermaßen
realistisch vornehmen zu können, ist der Austausch von Daten und Informationen zwischen den Bereichen erforderlich. Außerdem entstehen mit der Einrichtung von Systemen zur Verkehrsüberwachung, zur Navigation, zur Telekommunikation und zur Erhebung von Mautgebühren andauernd Datenspuren,
die vielseitig und ohne Kontrolle des Fahrers genutzt werden können: kriminaltechnisch für Fahndung und Verfolgung, kriminell für Erpressung und kommerziell für die Erstellung von Verhaltensprofilen.

Für die Beteiligten an der Mobilitätsarena wird es unter Bedingungen hybrider
und verteilter Intelligenz zunehmend schwieriger, sich auf ein Standardprodukt
einzulassen oder sich an einer einheitlichen Vision der Mobilitätsentwicklung fur
die Zukunft zu orientieren. Die Akteure müssen dementsprechend die Beobachtung der anderen Akteure in der Arena, nicht nur der Wettbewerber am Markt,
intensivieren. Sie müssen, statt sich nur auf Markt und staatliche Koordination zu
verlassen, netzwerkförmige Organisationsformen entwickeln. Vor allem interaktive Innovationsnetzwerke (vgl. Rammert 1997b) dienen der „Wissensteilung" zwischen den heterogenen Akteuren und der „Risikoteilung" bei höchst unsicheren
Entwicklungsschritten. Politiknetzwerke, an denen staatliche und nichtstaatliche
Akteure beteiligt sind, übernehmen die Aufgabe, die Rahmenbedingungen und die
Standards für die intelligenten Verkehrssysteme festzulegen.

Da in verteilten Systemen eben Wissen, Kompetenzen und Einflussmöglichkeiten weit gestreut sind, kommt es auf Vertrauens- und verhandlungsbasierte
Interaktionsprozesse zwischen den Beteiligten an. Intelligente Mobilität kann sich
letztlich nur im interaktiven und reflexiven Bezug auf die anderen Beteiligten und
in experimenteller Interaktivität mit den technischen Artefakten schrittweise herausbilden.

Die These, dass in 25 Jahren die Computer die Intelligenzleistungen des Menschen übertreffen würden und dass dann die Roboter die Menschen an der Front
der Evolution ablösen würden, ist eindeutig falsch, weil allein schon die Frage
falsch gestellt wurde. Es geht weder um eine technische noch um eine biologische Evolution der künstlichen Intelligenz. Wie wir anhand meiner Ausführungen zur verteilten und hybriden Intelligenz schon ersehen konnten, geht es
nicht um die Alternative Mensch oder Technik oder um die Gegenüberstellung
von Technik und Gesellschaft. *Vielmehr lautet die disziplinübergreifende Frage:*

Wie sind Initiative und intelligente Aktivitäten in einem hybriden soziotechnischen System auf Menschen, Maschinen und Programmen zu verteilen, sodass wir sicher und selbstbestimmt leben und arbeiten können?

Computer und Gesellschaft

Vom Kommandieren anonymer Rechenknechte zur Interaktivität mit persönlichen Agenten

11

Zusammenfassung

Der Computer ist die zentrale Chiffre für das Zeitalter, in dem wir gegenwärtig leben. Die realen Computer zeigen sich in vielfältigen Formen und Verknüpfungen. Zur Computerwelt zählen der integrierte Mikrochip in mechanischen Maschinen ebenso wie das interaktive Webportal auf dem Internetserver, der mobile Serviceroboter wie auch die Software einer Suchmaschine. Computer und Programme prägen heute die produktiven Operationen in Fabrik und Labor. Sie formen die kommunikativen Praktiken in Büro und Freizeit. Was der Buch- und Bilderdruck für Reformation und Frühe Neuzeit bedeuteten und was die Dampf- und Arbeitsmaschine für die Industriegesellschaft ausmachten, das vereint und repräsentiert der Computer für die heutige Informationsgesellschaft. Der Computer ist Medium und Maschine zugleich, ein Mittler, der Beziehungen zwischen Menschen, Dingen und Zeichen herstellt und verändert. Der Umgang mit dem Computer folgt nicht mehr nur dem Muster rein instrumentellen Werkzeuggebrauchs. Er nimmt zunehmend den Charakter sozialer Interaktivität an. Aus den anonymen Rechenknechten sind Interaktionspartner geworden.

11.1 Was ist der Computer?
Abschied von einem veralteten Maschinenbegriff

Der Computer wechselt seine Formen wie ein Chamäleon. Er folgt den Charakteristika der Außenwelt und verändert sein Aussehen. Mai erscheint er als riesiger Rechenschrank, mal als Tischgerat, mal als tragbares handliches Miniaturmöbel. Mal wird er ganz unsichtbar, wenn er als Mikroprozessor im Inneren anderer Maschinen verschwindet, mal zeigt er sich uns über die Schnittstelle als Ziffernfolge, Zahlenmatrix, Text oder Grafik. Was macht eigentlich den Computer als technisches Wesen aus?

Zunächst sah man in ihm nur eine Rechenmaschine, deren physikalisches Inneres den anderen mechanischen Maschinen glich, das sich von ihnen nur dadurch unterschied, dass es nicht Gegenstande, wie Wolle, Bleche oder Metallblocke umformte, sondern Zustande nach Regeln hervorbrachte. Die Uhr ist ebenfalls ein solcher Mechanismus, der Rädchen miteinander in Beziehung setzt und Bewegungen nach einem festgelegten Programm erzeugt. Auf dieser physikalischen Ebene folgen die erste mechanische Uhr, Charles Babbage' „Differential Engine" und Konrad Zuses mechanischer Computer Z 3 den Bestimmungen der klassischen Maschine, wie sie maßgeblich der Technologe und Theoretiker des Maschinenbaus Franz Reuleaux in seiner Kinematik definiert hat: „Eine Maschine ist eine Verbindung widerstandsfähiger Körper, welche so eingerichtet sind, dass sie mittelst ihrer mechanischen Naturkräfte genötigt werden können, unter bestimmten Bedingungen bestimmte Wirkungen auszuüben." Aber die technische Funktion von Uhren und Computern erschließt sich nicht durch die „Wirkungen" der Zahnräder und Zeiger, der Hemm- und Schaltmechanismen. Erst die „Bedeutungen" der Zeichen und Zustände, die sie signalisieren, machen die Uhren zu zeitanzeigenden und die Rechner zu zahlen- und zeichenverarbeitenden Vorrichtungen. Geht es bei der Uhr um feste Verbindungen zwischen den Anzeigen von Sekunden, Minuten, Stunden und Monden, besteht das Besondere des Computers darin, dass die Regeln nach festen Regeln variiert und kombiniert werden können. Den festen Regelmechanismus, sozusagen das Maschinenäquivalent auf der Zeichenverarbeitungsebene, nennen wir „Algorithmus", und die Verbindung dieser Algorithmen zu Sequenzen der Informationsverarbeitung bezeichnen wir als „Programm".

Computer unterscheiden sich von klassischen Maschinen dadurch, dass sie Zeichen, nicht Materie oder Energie umwandeln – obwohl sie diese dazu auch verwenden –, und dass sie „frei programmierbare", nicht „festgestellte" Maschinen sind. Es geht bei ihnen nicht um das kausale Bewirken, sondern um das kalkulierte und kodierte Verknüpfen. Der konventionelle Maschinenbegriff der Kinematik kann das nicht mehr erfassen. Er wird durch den kybernetischen Maschinenbegriff der Informatik abgelöst. Danach ist eine Maschine „eine Einrichtung, die Eingangssignale in Ausgangssignale umwandelt", „ein Wandler mit Vielfacheingang und Vielfachausgang", Gerät und Nachricht in eins, „mit der äußeren Welt für den Empfang von Eindrücken und für die Verrichtung von Handlungen verbunden". So formuliert es der große Informationstheoretiker und Begründer der Kybernetik Norbert Wiener. Die physikalischen Maschinen werden damit zu einem Sonderfall dieses universalen Maschinenschemas. Sie lassen sich als realisierte „Programme" der „In-Formation" und „Trans-Formation" beschreiben, aber umgekehrt können Computer nicht mehr hinreichend als Wirkmechanismus beschrieben werden. Sie sind Medium der Repräsentation, Speicherung und Verbreitung und gleichzeitig Maschinen der Verarbeitung von Zeichen. Erst die Symbiose aus „hardware" und „software" macht den Computer zu einem technischen System, das man zum Rechnen, Schreiben, Zeichnen, Bebildern und Musizieren gebrauchen und das als Postdienst, Datenbank oder Problemloser verwendet werden kann. Der Computer ist eine Maschine, so könnte man resümieren, die uns gelehrt hat, uns von einem veralteten Maschinenbegriff zu verabschieden.

11.2 Wie hat sich die Gesellschaft verändert? Die Technikfolgen-Perspektive

Neue Techniken kommen selten allein. Sie ermöglichen viele Neuerungen auch in anderen Technologiefeldern. Man spricht von Innovationsschwärmen, welche einen tief greifenden Wandel der Gesellschaft auslösen. Die Entwicklung der „harten" Computertechnologie begann in den 1950er und 1960er Jahren mit dem Zeitalter der Rechnergiganten. Diese Saurier mit Röhren- und später Transistortechnik beherrschten das Feld. Sie konzentrierten hohe Rechenkapazität und autoritäre Kontrollmacht in militärischen, staatlichen und unternehmerischen Großorganisationen. Das Bild vom „Big Brother" prägte die Folgendiskussion.

Erst mit der Verbreitung des kleinen „Personal Computer" in allen Betrieben und Büros der 1970er und in vielen Wohn- und Kinderzimmern der 1980er Jahre beginnt eine Phase tief greifender Veränderungen – vergleichbar mit der Vervielfältigung der Lebensformen durch die Ausbreitung der Säugetiere nach dem Untergang der Dinosaurier. Die Chip-Revolution hatte diesen Umbruch ermöglicht. Die Funktionen spezialisieren sich, die Peripheriegeräte zeigen eine wachsende Vielfalt, und die Softwaretechnologie erhält einen kräftigen Entwicklungsschub. Mit dem Wandel vom reinen Rechenmittel zum „Denkzeug" werden ganz neue Nutzungsfelder erschlossen. Alles, was an Zeichen, Bildern und Tönen in digitaler Form verarbeitet werden kann, wandert in die wachsenden Speicher der PCs und

Datenträger. In diese Phase fällt auch die radikale Umgestaltung der Schnittstelle zwischen Mensch und Computer. Ohne die Nutzung von Tastatur und Bildschirm für Ein- und Ausgaben wäre die PC-Revolution gar nicht möglich gewesen. Die Erfindung der Maus und der grafischen Nutzeroberfläche machen dann den Umgang mit dem PC kinderleicht. Sie schaffen die Voraussetzung für die massenhafte Verbreitung und Veralltäglichung dieser im Kern mathematischen Technik. Der kompetente Umgang mit dem Computer avanciert neben Schreiben, Lesen und Rechnen zur vierten Kulturtechnik. Während die Kinder vor ihren Spielkonsolen hocken und die Angestellten ihre Arbeiten im Wechselspiel mit dem PC erledigen, realisieren die Forscher ihre kühnen Visionen künstlicher Intelligenz. Sie folgen dem Modell des Gehirns und mehr noch dem Modell menschlicher Problemlösung, um Programme für Mustererkennen und Schachspielen, für medizinische Diagnosen und kommerzielle Dispositionen zu schreiben. Die Folgen des Computers sind ambivalent. Die Älteren fürchten die Wegrationalisierung ihres Arbeitsplatzes durch den „Kollegen Computer"; die Jüngeren wittern Chancen für neue informationsbezogene Berufe. Die wirtschaftlichen Visionen von der menschenleeren Fabrik und vom papierlosen Büro haben sich ebenso wenig erfüllt wie die politischen Visionen von grenzenloser Informationsfreiheit und gläserner Bürokratie. Der persönliche Computer ist jedoch zu einem integralen Teil des wirtschaftlichen, politischen und alltäglichen Lebens geworden und hat die Handlungs- und Denkweisen der Menschen stark beeinflusst.

Der entscheidende Veränderungsschub erfolgt seit Ende der 1990er Jahre mit der Vernetzung der Computer. Durch die Netzwerktechnologien – vom Server über das Internet bis hin zur Protokolltechnologie – entpuppt sich der Computer in seiner Eigenschaft als universelles Medium. Er verwandelt sich zu einem Knoten in einem weltweiten Verbindungsnetz, an dem Informationen jeglicher Art gesendet, empfangen, verarbeitet und gespeichert werden. Die Folgen sind noch unübersehbar, aber einige grundlegende Wandlungen sind schon abzusehen.

Der geografische Raum schrumpft, der gesellschaftliche Raum hingegen dehnt sich aus. Das „Worldwide Web" rückt Fertigungen zwischen Berlin und Bangalore und Freundschaften zwischen Deutschen und Australiern in die Nähe nachbarschaftlicher Beziehungen. Globalisierung und Migration werden erleichtert. Mit dem Medium des Internets wird der Handlungs- und Erfahrungsraum für die einzelnen Gesellschaftsmitglieder erweitert. „Web Sites" verdoppeln die Präsenz der Individuen, Gruppen und Organisationen. In der Netzwelt wird ebenso auf Auktionen und Märkten geschäftlich verhandelt wie in der realkörperlichen Welt. In Cybercafés und „Chatrooms" wird ebenso geflirtet oder über andere getratscht wie an realen städtischen Orten. Es können gleichzeitig mehr gesellschaftliche Beziehungen aufgebaut und gemeinschaftliche Bindungen eingegangen werden.

Die „soziale Dichte" der Gesellschaft – darunter verstehen wir die Menge der Interaktionen in einem Raum – nimmt zu. Wie schon mit der Verstädterung des Soziallebens wachsen die Freiräume für Anonymität und individuelle Interessensentfaltung. Nicht mehr klare Klassen- und Schichtenstrukturen kennzeichnen die Gesellschaft, sondern sie bietet eher das Bild ineinander verwobener netzwerkförmiger Beziehungsmuster.

11.3 Wie hat sich die Computertechnologie verändert? Die Technikgenese-Perspektive

Es hat sich längst überall herumgesprochen, dass die technische Entwicklung nicht einer ihr eigenen Logik folgt. Technik wird gemacht, und die Folgen sind zum Teil beabsichtigte Ergebnisse sozialen Handelns und zum Teil unbeabsichtigte Effekte des Zusammenspiels vielfältiger Akteure. In zahlreichen Studien zur Technikgenese konnte gezeigt werden, wie Visionen, Leitbilder, kulturelle Modelle, Praktiken und institutionelle Einbettungen die Gestalt technischer Gebilde und den Pfad technischer Innovation geprägt und vorgezeichnet haben. Nur einige Beispiele seien hier herausgegriffen, um den Einfluss gesellschaftlicher Größen auf den Wandel der Computertechnologie zu illustrieren. Bekanntlich ist der Wechsel vom anonymen Großrechner zum kleinen persönlichen Computer keine technologische oder ökonomische Selbstverständlichkeit gewesen. Es musste nicht nur die Zeit der Großforschung, der „formierten Gesellschaft" und des starken Staates durch Demokratisierungsbewegungen beendet werden. Die Visionen einer dezentralen Gesellschaft und die libertären Praktiken der Computer- und Softwarepioniere, welche von den Großlabors von IBM in die Kleingaragen Kaliforniens zogen, prägten sichtlich die neuen Merkmale des PC: zuhause aufstellbar, nicht von Experten, sondern von Laien direkt nutzbar, mit persönlich zugeschnittener Software, über Bildschirm, Tastatur und Maus bedienerfreundlich, mit Sinn für Spaß und Spiel.

Auch in der Softwaretechnologie zeichnete sich ein vergleichbarer Paradigmenwechsel ab: das alte Programmierprinzip des „command and control", das letztlich bei den „Computing Girls" in den Rechenräumen der Luftwaffe schon vom Computerpionier Alan Turing als Modell für den Algorithmus diente, die „Master-Slave"-Architektur, wurde schrittweise durch die Prinzipien des „communication between contents" der objektorientierten Programmiermethode und der „cooperation between agents" der neuesten Agententechnologie überdeckt. Nicht mehr das Modell des menschlichen Hirns oder dasjenige psychischer Problemverarbeitung leitet die Entwicklungen in den neuesten Zweigen der KI-Forschung, wie der „Verteilten Künstlichen Intelligenz" und der Technologie der „Multi-Agenten-Systeme". Soziale Modelle von Gemeinschaft und Gesellschaft, soziologische Konzepte von Kooperation, Konfliktaustragung und Verhandlung werden herangezogen, um blockartige Programme in viele kleine Programmteile aufzulösen, die als technische Agenten mit verteilten Rollen in Beziehungen zueinander treten, um Aufgaben zu lösen oder komplexe gesellschaftliche Zusammenhänge zu simulieren.

Diese Kooperation unter technischen Agenten beschreibt nur die eine Seite der neuen „Sozialität in der Technik". Die Interaktion zwischen technischen Agenten und menschlichen Akteuren an den Schnittstellen bezeichnet die andere Seite. Der Nutzer bewegt sich – vermittelt über Repräsentationen oder sogar über technisch erzeugte Perspektiven auf dem Bildschirm und in dreidimensionaler Darstellung – in den Datenräumen. Er wird zu einem aktiven Teil dieses „Cyberspace". Umgekehrt interagiert er mit Interface-Agenten oder beauftragt Service-Agenten mit Such- oder Buchungsaufgaben. Hinter diesen dienstbaren „Heinzelmännchen", die zum großen Teil im Hintergrund unsichtbar fleißig im Nutzerauftrag tätig sind, stecken natürlich immer noch Algorithmen. Aber ihre am Sozialmodell orientierte Architektur – sowohl der kooperativen Agenten als auch der Koordinationsmechanismen – verändert ihr Verhalten. Auf dem Bildschirm erscheinen sie als „Assistenten" oder „Agenten", an die man Aufgaben delegieren und auf deren angemessene Erledigung im Namen des Nutzers man vertrauen kann. Sie agieren nicht mehr als dumme (Rechen-)Knechte; sie treten dem Nutzer als intelligente Interaktionspartner gegenüber. Sie fragen nach, sie ergänzen stillschweigend Nicht-Gesagtes, sie delegieren Teilaufgaben an Unteragenten, und sie lernen aus dem Verhalten des Nutzers und seinen Bewertungen. Je mehr die Agenten die sozialen Interaktionsweisen der menschlichen Akteure beherrschen und je stärker sich die menschlichen Nutzer auf die Kooperation mit den technischen Agenten einlassen und sich daran gewöhnen, desto dringlicher entsteht ein Bedarf nach neuen theoretischen Konzepten, diese „hybride Sozialität" aus menschlichen Akteuren und technischen Agenten und deren Interaktivitäten zu beschreiben. „Sozionik" heißt das neue Forschungsprogramm, das sich seit drei Jahren mit beiden Aspekten des Wandels, der künstlichen Sozialität unter technischen Agenten und der hybriden Sozialität zwischen Agenten und Menschen, befasst. Auf diesem Feld werden die neuen Beziehungen zwischen Computer und Gesellschaft von Soziologen und Informatikern gemeinsam erforscht und modelliert. Es wird der Erfahrung Rechnung getragen, dass wir gegenwärtig Technik nicht mehr nur als passiven Teil, sondern auch als aktiven Teilnehmer sozialen Lebens behandeln.

Hochtechnologien in der öffentlichen Wahrnehmung

12

Oder: Was Laien lernen können, wenn Wissenschaftler sich streiten

Zusammenfassung

Der Beitrag vermittelt Erkenntnisse der sozialwissenschaftlichen Technikforschung für die öffentliche Diskussion von Hochtechnologien. Er spricht dabei die kritische und konstruktive Rolle des Soziologen gegenüber der von Natur- und Ingenieurwissenschaftlern an. Er setzt sich besonders mit den Thesen des Transhumanisten Ray Kurzweil auseinander. Thematisiert werden die vielfältigen und möglichen gesellschaftlichen Einflüsse auf die technische Entwicklung – besonders bei der noch offenen Ausrichtung von Hochtechnologien –, die zunehmende Fragmentierung der Öffentlichkeit und die geforderte frühzeitige Beteiligung der Laien an den Debatten um Zukunftsszenarios und erwünschte Lebensformen. Der Beitrag basiert auf der pragmatistischen Erkenntnis, dass erst mit der Pluralität der Perspektiven und der Möglichkeit des Lernens zwischen den Vertretern verschiedener Perspektiven ein in Zukunft tragfähiges und akzeptiertes Szenario entstehen kann.

12.1   Der Beitrag der Sozialwissenschaften zur Technikdebatte

These 1:
Wer die Zukunft der technischen Entwicklung vorhersagen will, der benötigt nicht nur die Kenntnisse des Ingenieurs, sondern auch die Kompetenzen des Sozialforschers.

Wenn es darum geht, die technische Entwicklung längerfristig vorherzusehen sowie die Chancen und Risiken moderner Hochtechnologien, wie Gentechnik, Nanotechnik und Robotik, abzuschätzen, werden in der Regel Naturwissenschaftler und Ingenieure gefragt (vgl. Schirrmacher 2001). Es wird in der Öffentlichkeit und in den Medien unterstellt, dass diejenigen, die den aktuellen Stand der Forschung und Entwicklung aus nächster Nähe kennen, demnach auch wissen müssten, wie es in der Zukunft weitergehen wird.

Tatsächlich sind Naturwissenschaftler und Ingenieure jedoch nur Fachleute für die gegenwärtige Forschungssituation, nicht für die zukünftigen Entwicklungspfade. Ihre ausgewiesene Kenntnis beschränkt sich auf die technischen Funktionen und Konfigurationen; ihre fachliche Kompetenz schließt nicht die Analyse der diversen gesellschaftlichen Akteure und Institutionen ein, die an der konkreten Gestaltung der zukünftigen soziotechnischen Konstellationen mitwirken.

These 2:
Es gibt keine rein technische Evolution ohne menschliche Intervention. Es gibt auch keinen technischen Fortschritt, der einer eigenständigen und geradlinigen Logik folgt.

Stattdessen beobachten wir einen soziotechnischen Wandel, der sowohl von technologischen Paradigmen als auch von gesellschaftlichen Projekten der Technisierung getrieben wird.

Die sozialwissenschaftliche Technikgeneseforschung hat in vielen empirischen Studien nachweisen können, dass nicht nur bei der Innovation und Diffusion ökonomische, politische und militärische Interessen auf den Gang der technischen Entwicklung Einfluss ausüben. Schon in den Entstehungsphasen der Ideenfindung und Invention orientieren soziale Visionen der Nutzung und kulturelle Kodierungen von technischer Wirksamkeit und Nützlichkeit die Konzepte und den Kurs technischer Entwicklungen (vgl. Rammert 2000a). Es wirken also im Verlauf der gesamten Entwicklung einer neuen Technik eine Vielzahl heterogener sozialer Akteure, wie Forscher, Ingenieure, Unternehmer, Manager, Patentanwälte und Politiker, darauf ein. Es sind an diesem Prozess in der Regel korporative Akteure aus Wissenschaft, Industrie und Politik beteiligt, die in Konkurrenz und Kooperation unterschiedliche Technisierungsprojekte vorantreiben (vgl. Technik und Gesellschaft 1997). Aber vielleicht noch viel prägender sind die heimlichen Visionen und unausgesprochenen Wünsche der Entwickler: Nicht die hehren Absichten, mehr Menschen zu ernähren, die Arbeit zu erleichtern oder den Kranken zu helfen, motivieren sie bei ihrer Arbeit. Vielmehr lassen sich tiefer liegende Antriebe in Träumen technischer Zukunft aufdecken, wie sie in jugendlichen Identifikationen mit Jules Vernes literarischen Visionen oder mit filmischen Vorbildern der „Star Trek"-Serie gebildet werden. Bei vielen Vertretern der Robotik und Künstlichen Intelligenz-Forschung lässt sich nicht leugnen, dass ihre technische Entwicklungsarbeit durch diese kulturellen Bilder und Phantasien gleichsam wie durch ein „hidden curriculum" gelenkt wird.

Insgesamt lässt sich festhalten, dass viele und recht unterschiedliche Elemente zu verschiedenen Zeiten und an verschiedenen Orten auf Verlauf und Richtung der technischen Entwicklung einwirken. Ingenieure kennen sich besonders mit den Eigenschaften und Kombinationsmöglichkeiten der sachlichen Elemente aus. Sozialforscher sind eher die Experten für Kompetenzen, Konflikte und Konstellationen der sozialen Elemente. Da wir es bei der Entwicklung der zukünftigen sozio-technischen Konstellationen – sei es im Bereich der Produktions-, Medizin- oder Mobilitätstechnologie – immer mit Einmischungen vieler Akteure und mit Vermischungen von Mensch- und Maschineaktivitäten zu tun haben und da wir eine wachsende Wechselwirkung zwischen dem, was technologisch möglich ist, und dem, was wir wollen, feststellen, sind Sozialwissenschaftler, wenn es um die Vorhersage technischer Entwicklungen geht, mindestens ebenso gefragt und gefordert wie Naturwissenschaftler und Ingenieure.

12.2   Die Bedeutung der Öffentlichkeit

These 3:
Hochtechnologien sind während ihrer Gründerphase, soweit es die Nutzungsvisionen und Gestaltungskonzepte betrifft, noch höchst unbestimmt und offen für verschiedene Entwicklungsrichtungen.
Hochtechnologien, wie die Gentechnik, Robotik und Künstliche Intelligenz-Forschung, zeichnen sich durch verschiedene Merkmale aus: die funktionale Arbeitsteilung zwischen wissenschaftlicher Grundlagen- und technischer Anwendungsforschung ist dort weitgehend aufgehoben; die disziplinare Orientierung wird durch ein fokusiertes Feld vielfältiger Forschungsgebiete abgelöst; epistemische, technische, politische und ökonomische Interessen lassen sich noch schwieriger voneinander trennen. Das Fehlen eines disziplinaren Kerns, die Vielfalt der be-

teiligten Instanzen und die Verteiltheit der innovativen Aktivitäten begründen einerseits die hohe Offenheit der technischen Entwicklung, schränken andererseits die gesellschaftliche Steuerbarkeit ein. Es besteht die Gefahr, dass ihre Prägung weiterhin kleinen Zirkeln von Forschern und Konstrukteuren, den arkanen Bezirken von Militärs oder den kommerziellen Interessen von privaten Unternehmern überlassen bleibt.

These 4:
Öffentliche Debatten über die Zukunft der Hochtechnologien sind ein Erfordernis demokratischer Gesellschaften, um die verdeckten Kodes und Konzepte sichtbar zu machen, die Optionen und Implikationen zu diskutieren und die unbeabsichtigten Folgen des jeweiligen interessierten Handelns frühzeitig zu erkennen.

Wenn Hochtechnologien so offen in ihrer Entwicklung, wie hier behauptet wird, und so radikal in ihrer gesellschaftlichen Durchdringung, wie allgemein unterstellt wird, sind, dann sind Fragen ihrer Orientierung und gesellschaftlichen Einbettung noch mehr als bei den anderen Technologien eine öffentliche Angelegenheit. Gleichsam wie in einem Puzzle können die fragmentierten Wissensbestände und die Pluralität der Wertvorstellungen in öffentlichen Debatten zu einem sinnvollen und allgemein akzeptierten Zukunftsbild zusammengefügt werden. Ein öffentlicher Lernprozess kann zwischen allen Beteiligten und Betroffenen so organisiert werden, dass aus technischen Optionen, sozialen Visionen und begrenzten soziotechnischen Experimenten konkrete Zukunftsszenarien, an denen sich alle orientieren können, herausgebildet und weiterentwickelt werden.

Eine erste Voraussetzung dafür ist allerdings, dass zunächst Naturwissenschaftler und Ingenieure den aktuellen Stand der modernen Hochtechnologien – in seiner Offenheit und mit seinen Risiken – in die Öffentlichkeit vermitteln. Denn Strahlungen, Funkwellen und gentechnisch manipulierte Lebensmittel sind weder als Produkte unmittelbar mit unseren Sinnen aufspürbar, noch sind ihre Effekte auf Organismen und Ökosysteme ohne Hilfsmittel und Forschung feststellbar. Eine zweite Voraussetzung ist, dass zwischen Wissenschaft und Wirtschaft eine Verteilung der Gewinne und eine Aufteilung der Verantwortung deutlicher herausgearbeitet wird. Eine dritte Voraussetzung ist, dass der Staat als Moderator des Dialogs zwischen den verschiedenen Akteuren auftritt. Da die Erfahrungen des letzten Jahrhunderts gezeigt haben, dass weder dem Staat, weder der Wirtschaft noch der Wissenschaft allein Vertrauen im Hinblick auf einen vernünftigen Umgang mit Hochtechnologien geschenkt werden kann, kommt einer öffentlichen Diskussion mit breiter Beteiligung aller Betroffenen eine zentrale Bedeutung zu.

12.3 Der Charakter der gegenwärtigen Öffentlichkeit

These 5:
Die Öffentlichkeit kann man am ehesten als ein System vermischter und verteilter Aufmerksamkeit kennzeichnen. Auch die öffentliche Wahrnehmung von Wissenschaft und Technik ist den gegenwärtigen Tendenzen zur Produktion von Hybridformen, wie Infotainment oder Wissenschaftsshows, und zur Aufsplitterung in verstreute Teilöffentlichkeiten unterworfen.

Die gegenwärtige Öffentlichkeit ist weit vom Habermas'schen Ideal der umfassenden bürgerlichen Öffentlichkeit, aber auch vom Baudrillard'schen Zerrbild perfekter Simulation entfernt. Sie zeigt sich eher als „verteilte Öffentlichkeit": verteilt auf viele verschiedene Medien, wie Zeitung, Rundfunk, TV und Internet und dabei wiederum auf viele unterschiedliche Programme, Agenturen und Kanäle verstreut, die sich im Kampf um Quoten befinden. Trotzdem entstehen Verdichtungen und wechselseitige Verstärkungen von Themen zu Leitthemen und von Personen zu öffentlichen Stars zwischen den verschiedenen Medien. So können die komplizierten Probleme der gentechnischen Entwicklung exemplarisch anhand der aktuellen „Embryonen-Debatte" behandelt werden, so kann der Streit um die Zukunft der Roboter- und Künstliche Intelligenz-Technik über die sichtbaren öffentlichen Protagonisten Bill Joel und Ray Kurzweil ausgetragen werden, die stellvertretend für die verschiedenen Positionen sprechen.

Auch wenn mancher Medienbeitrag einiges zu wünschen übrig lässt, ist es zu begrüßen, wenn Neuigkeiten auch aus Wissenschaft und Technik nicht nur in einer kleinen und exklusiven Expertenöffentlichkeit kursieren, sondern in einem breiten Spektrum von öffentlichen Medien zum Thema gemacht werden und dafür jeweils ein Publikum gesucht wird. Die Förderung der naturwissenschaftlichen und technologischen Bildung bleibt eine Daueraufgabe, darf jedoch nicht nur auf die Schul- und Hochschulausbildung beschränkt werden. Die fünf- bis zehnjährige Verspätung – bis also die neueste Forschung in die Lehrcurricula eingegangen ist – wäre sowohl für die Förderung der wirtschaftlichen Wettbewerbsfähigkeit als auch für das Funktionieren einer demokratischen Kontrolle auch der wissenschaftlich-technischen Entwicklung fatal. Alle gegenwärtig verfügbaren Medien sind zur Vermittlung neuer Erkenntnisse und der Debatten um zukünftige Menschen- und Gesellschaftsbilder aufgerufen. Das kann in interaktiven Internetforen und informativen Fernsehmagazinen ebenso geschehen wie in unterhaltsamen Talkshows, dramatisierenden Theaterstücken und phantasievollen Science Fiction-Filmen. Die jüngste Innovation auf diesem Feld ist die mutige Mischung von Feuilleton und Technologie-Debatte in der „Frankfurter Allgemeinen Zeitung" anlässlich der Entschlüsselung des menschlichen Genoms: Das Feuilleton wird zu einem Diskussionsforum: Dort kommen die Wissenschaftler und Techniker selbst zu Wort; es wird nicht nur über sie berichtet, und es werden ihre Werke nicht von anderen gedeutet. Gerade angesichts der verteilten Öffentlichkeit wird es immer wichtiger, neben den Portalen, die vielen einen Zugang zu Informationen und Diskussionen eröffnen, deutlich sichtbare Plattformen für öffentliche Debatten einzurichten, welche die Aufmerksamkeit vieler auf sich ziehen können.

12.4   Wer ist Experte, wer ist Laie?
Zur Pluralisierung der Perspektiven

These 6:
Wenn es um die Entfaltung sozio-technischer Zukunftsszenarios geht, wozu eben auch die Analyse alternativer Projekte und Pfade der Technisierung, verschiedener Formen der gesellschaftlichen Institutionalisierung und unterschiedlicher Stile der praktischen Nutzung gehört, dann sind Computerwissenschaftler und Biotechniker eher selbst die Laien und die sozialwissenschaftlichen Technik- und Innovationsforscher die Experten.

Wenn zum Beispiel Ray Kurzweil (1999), der ein ausgewiesener Experte für Softwareentwicklung ist, seine provokante These, dass in zwanzig Jahren die menschliche Intelligenz durch die Maschinenintelligenz abgelöst wird, auf der Grundlage der Evolutionstheorie und der mathematischen Trendextrapolation der Steigerung der Chipspeicherkapazität entwickelt, überzieht er seinen Kredit als Experte. Tatsächlich ist die Evolutionstheorie nur für eine biologische Entwicklung, nicht für eine technische oder gar sozio-technische Entwicklung gültig. Die Übertragung der biologischen Evolutionstheorie ist daher nur metaphorisch und letztlich laienhaft, auch wenn sie in einer wissenschaftlichen und statistischen Sprache daherkommt. Ihr fehlt die Begründung in basalen Mechanismen der Selbstreproduktion: Welches wäre denn die sich reproduzierende Einheit: Die Schraube? Der Chip? Der Computer? Oder das sozio-technische System aus Mensch-Maschine-Programm („hard ware" – „soft ware" – „wet ware")? Außerdem lässt sich mit Hilfe der Evolutionstheorie – und das sollte doch ein naturwissenschaftlich gebildeter Experte wissen – keine Vorhersage über die zukünftige Dominanz oder das Verdrängen einer Gattung treffen; ihre Erklärungsleistung liegt bei der Rekonstruktion langer und vergangener Entwicklungsketten mit Brüchen.

Ein zweiter Fehler ist die Fehlinterpretation des so genannten „Moore'schen Gesetzes", das besagt, dass sich die Speicherkapazitäten alle anderthalb Jahre verdoppeln, als Naturgesetz. Dahinter steckt vielmehr das sozialwissenschaftliche Gesetz der „self-fulfilling prophecy", der sich selbst erfüllenden Vorhersage. Die

konkurrierenden Unternehmen auf dem Chipsektor richten ihre Entwicklungsplä-
ne für die nächste Chipgeneration an dem bisher mit dem „Moore'schen Gesetz"
richtig beschriebenen Trend aus, weil sie wissen, dass sich auch die Konkurrenz
nach ihm richtet. Wenn ein Unternehmen sich weniger vornimmt als die anderen,
hat es das Nachsehen, wenn es sich mehr vornimmt und einmal scheitert oder zu
spät mit dem neuen Chip herauskommt, riskiert es gänzlich unterzugehen. Also
planen alle beteiligten Unternehmen ähnlich – und als Resultat kommt der besagte
Trend heraus. Die Technikentwicklung wird zur „self-fullfilling prophecy": Man
prognostiziert, dass etwas so sein wird, tut alles, dass es auch so wird, und freut
sich dann über die Stabilität, die man selbst erzeugt hat, aber für ein Naturgesetz
hält.

Was für die Grenzen der naturwissenschaftlichen Expertise gilt, das gilt auch
für die Expertise der Sozialwissenschaftler, wenn es um die strenge Prognose der
zukünftigen Entwicklung geht.

These 7:
Letztlich hängt der Verlauf des sozio-technischen Wandels auch davon ab,
welche Wertentscheidungen die Laien in ihrem alltäglichen Handeln fällen,
welche Risiken bestimmte Gruppen der Gesellschaft zu tolerieren bereit sind
und welche Chancen zur Verbesserung der persönlichen Lebensqualität andere
Gruppen unbedingt wahrnehmen möchten.
Hinsichtlich der Frage, wie die Menschen mit den Robotern umgehen wollen, welchen Status sie ihnen geben wollen und welchen Reiz das gentechnische Screening
der eigenen Kinder für sie haben wird, darin sind die Männer und Frauen mindestens ebenso erfahrene und experimentierende Experten für die gewünschte Lebensform wie die Roboterkonstrukteure, die Gentechniker und die Sozialforscher.
Daher sind die Laien mittels der verschiedenen Plattformen der Öffentlichkeit
über die technischen Optionen und sozialen Visionen rechtzeitig und umfassend
zu informieren und an der Diskussion über Zukunftsentwürfe und ihre Implikationen umfassend zu beteiligen.

Die Laien wie auch die anderen Beteiligten können aus der öffentlichen Debatte
lernen, dass es nicht nur eine einzige von der Technikentwicklung determinierte
Zukunft gibt, sondern selbst im Bereich der Natur- und Technikwissenschaftler
alternative Projekte und Pfade der Technisierung diskutiert werden. Sie können
lernen, dass es eigentlich gar nicht um die von den Entwicklern vorgeprägten
Leistungsmerkmale und Einsatzmöglichkeiten geht, sondern dass eine von den
Bedürfnissen der Individuen und der Gesellschaft induzierte Technikentwicklung
und Umorientierung der Entwicklungspfade möglich und gefordert ist (vgl. Zoche
1994). Sie können auch lernen, dass es nicht auf die Techniken allein ankommt,

sondern wie man sie in sozio-technische Konstellationen einbettet und welche Praktiken des Umgangs mit ihnen bevorzugt werden (vgl. Rammert u.a. 1998). Zusätzlich können sie lernen, dass Techniken nicht mehr von einem Akteur allein – wer sollte es denn sein: der Forscher, der Erfinder, der Unternehmer, der Finanzier, der Patentanwalt, der Politiker? –, sondern von vielen in einem so genannten „Innovationsnetzwerk" verbundenen verschiedenen Akteuren vorangetrieben werden (vgl. Rammert 1997). Schließlich können alle in der Zusammenschau lernen, dass die eigenen wie die anderen Standpunkte jeweils typische, perspektivische Verkürzungen beinhalten.

Aber wenn man sich der schiefen Perspektive der Technologen, wie Ray Kurzweil oder Hans Moravec (1993), bewusst ist, die „blinden Flecken" in der Sichtweise der Sozialwissenschaftler reflektiert, die spezifisch eingefärbten Brillen von Managern und Politikern kritisch berücksichtigt und schließlich auch die Verblendungen der Nutzer, betroffenen Bürger und Laien, Männer wie Frauen, bedenkt, dann können öffentliche Diskussionen doch noch im wahrsten Sinne des Wortes erhellen und aufklären.

These 8:

Erst mit der Pluralität der Perspektiven und der Möglichkeit des Lernens zwischen den Vertretern der verschiedenen Perspektiven kann ein in Zukunft tragfähiges und akzeptiertes Szenario entstehen, das technische und soziale Aspekte gleichzeitig einbezieht und diverse Möglichkeiten ihrer Verknüpfung offenhält.

Zwei Paradoxien einer innovationsorientierten Wissenspolitik: Die Verknüpfung heterogenen und die Verwertung impliziten Wissens[1]

13

Zusammenfassung

Im Beitrag wird die These entwickelt, dass die Ausweitung und soziale Teilung der Wissensproduktion auf Grenzen des bisherigen funktional spezialisierten Wissensregimes stoßen. Sie verändern den Charakter der gesellschaftlichen Differenzierung in der ‚Wissensgesellschaft'. Es wird behauptet, dass es neben und nach den segmentären, stratifikatorischen und funktionalen Typen der Differenzierung einen vierten Typ der ‚fragmentalen Differenzierung' gibt (13.1). Die zunehmende Heterogenität und soziale Verteiltheit des Wissens für Innovation scheinen immer weniger durch die etablierten hierarchischen und sequentiellen Beziehungen zwischen Grundlagen-, angewandter Forschung und industrieller Entwicklung oder der komplementären Funktionsteilung zwischen den Disziplinen und zwischen Wissenschaft, Wirtschaft und Staat bewältigt zu werden. Anhand vieler Indizien aus der innovationsökonomischen, organisationssoziologischen und wissenschafts- und technikforscherischen Literatur wird gezeigt, dass ein neues Regime verteilter Wissensproduktion auf der Grundlage heterogener Innovationsnetzwerke als Antwort auf die institutionelle Paradoxie entsteht, heterogenes Wissen ohne Einschränkung von Innovativität zu verknüpfen (13.2). Daneben wird argumentiert, dass die epistemische Paradoxie der Nicht-Explizierbarkeit des Impliziten der Tendenz, alles Wissen zu explizieren und zu formalisieren, um es besser akkumulieren, steuern oder aneignen zu können, Grenzen setzt (13.3). Daher wird am Schluss – was die Förderung der Innovation betrifft – für eine qualitative Politik der balancierten Wissensdiversität anstelle einer quantitativen Politik des Wissenswachstums plädiert.

---

1   Dieser Text geht zurück auf meinen Beitrag „The rising relevance of non-explicit knowledge under a new regime of distributed knowledge production" auf der von Nico Stehr im Jahr 2002 organisierten internationalen Tagung am Essener Kulturwissenschaftlichen Institut zum Thema „The Governance of Knowledge". Bei der Übersetzung ins Deutsche – wobei mich meine Tutorin Corinna Jung unterstützt hat – wurde der Text in wesentlichen Zügen verändert. Für kritische Kommentare zur Originalfassung danke ich Roger Hollingsworth, Andreas Reckwitz, Uwe Schimank und den Teilnehmern meines Forschungskolloquiums an der TU Berlin.

13.1 Die Regierbarkeit des Wissens: Institutionelle und epistemologische Grenzen

Wissenschaftliches und technologisches Wissen sind derzeit – wie häufig schon von Karl Marx bis Daniel Bell vorausgesagt – im Begriff, zur Schlüsselgröße im Wandel der Wirtschaften und in der Globalisierung der Gesellschaft zu werden. Produktion, Verteilung und Verwertung von Wissen bestimmen in einer wachsenden Zahl von Industriebranchen die Wettbewerbsvorteile von Unternehmen (vgl. schon Machlup 1962). Dieser Typ des systematisierten und methodisch kontrollierten Wissens steigert die Innovationsfähigkeit von Volkswirtschaften und stärkt die Machtposition der Nationalstaaten im Weltsystem.

Um allerdings diese Ressource für Wirtschaft und Gesellschaft nutzen zu können, muss der Besonderheit ihrer Produktion und ihres Charakters als Wirtschaftsgut Rechnung getragen werden. Die Produktion des neuen Wissens ist auf viele Orte im nationalen und globalen Innovationssystem verteilt. Sie ist gleichzeitig untrennbar in den Gebrauch expliziten und nicht-expliziten Wissens unterteilt. Und sie ist zwischen unterschiedlichen institutionellen Akteuren in Wissenschaft, Staat und Wirtschaft aufgeteilt. Daher werden über Markt und Hierarchie hinaus neue Mittel und Mechanismen der Koordination gefordert. „Interaktive Netzwerke der Innovation" (Lundvall 1993; Kowol/Krohn 1995) werden z.B. zwischen Herstellern und Anwendern konstruiert, um Zugang zu heterogenem und lokalem Wissen zu erhalten und um Profit und Risiko seiner globalen Nutzung zu teilen. „Wissensmanagement" wird als ein neues Business-Feld geschaffen, um die Effizienz der Wissensarbeit zu steigern und mit der Innovation Schritt zu halten. „Wissenspolitik" entsteht als ein neues Feld der Politik. Ihr Ziel ist es u. a., eine adäquate institutionelle Infrastruktur bereitzustellen, die das Wachstum der Wissensproduktion sichert und beschleunigt.[2] Wenn man den Fokus von der Teilung der Arbeit, wie sie in der Industriegesellschaft vorherrscht, verlagert zur „Teilung des Wissens" (Hayek 1945; Helmstädter 2000), die heute geschieht, kann man die Emergenz eines neuen Wissensregimes beobachten und vielleicht auch erklären. Ich werde es das *Regime der heterogen verteilten Wissensproduktion* nennen.

Den Hintergrund für die Entstehung dieses neuen Regimes bilden grundlegende Verschiebungen in den Formen gesellschaftlicher Differenzierung und des Modus der gesellschaftlichen Wissensproduktion. Unter Bedingungen funktionaler Differenzierung waren Wissensprozesse deutlich aufgeteilt: Im Wissenschafts-

---

2   Sicherlich gibt es noch andere Ziele, wie die „Überwachung" und „Regulierung" der Wissensströme (vgl. Stehr 2003). Mein Beitrag beschränkt sich auf die Produktions- und Innovationsperspektive.

system wurde Wissen disziplinar erzeugt und kritisch evaluiert, im Wirtschafts-system wurde es angewendet, in neue Güter umgesetzt und profitabel verwertet, und im politischen System wurden die infrastrukturellen Bedingungen für die Forschung und die akademische Ausbildung sichergestellt. Gegenwärtig scheinen sich die Grenzen zwischen den Teilsystemen zu verwischen. Symptome einer Ent-differenzierung zeigen sich. Die Wissensproduktion scheint sich zunehmend in ein lukratives Geschäft zu verwandeln. Universitäten und Forschungsinstitute werden zu flott gemanagten Unternehmen, die Patente halten, Professorenarbeit organi-sieren, private und staatliche Projektmittel einwerben, Firmen ausgründen und Professionswissen an Nachfrager verkaufen (vgl. Etzkowitz et al. 2000). Firmen und Unternehmen engagieren sich umgekehrt zunehmend im Geschäft der Wis-sensproduktion und des Wissensmanagements, formen sich zu wissensbasierten Organisationen um (vgl. Nonaka/Takeuchi 1997). Wissenschaftliche Institutionen, staatliche Agenturen und industrielle F&E-Labors verflechten sich immer enger miteinander, um entweder schlagkräftige nationale Innovationssysteme zu bilden (Nelson 1993), um zu einer „Triple Helix"- Struktur von Universitäts-, Industrie- und Regierungsbeziehungen zu verschmelzen (vgl. Etzkowitz/Leydesdorff 1997) oder um exzellente Netzwerke der Innovation zu formen, die auf internationaler Ebene und zwischen heterogenen Akteuren operieren (Freeman 1991; Powell/Ko-put/Smith-Doerr 1996). Ihre Aktivitäten werden mehr und mehr nach den Impera-tiven ökonomischer Innovation und nationalen Wohlstands (Foray/Freeman 1993) als nach den alten Idealen wissenschaftlicher Erkenntnis und höherer Bildung ko-ordiniert. Diese *institutionellen Veränderungen* sind der Gegenstand des ersten Teils meines Textes. Ich werde dort einen knappen Überblick über die einzelnen Veränderungen geben und sie daraufhin untersuchen, inwiefern sie sich deutlich von früheren Formen unterscheiden, sodass man gut begründet von der Entste-hung eines neuen Regimes heterogen verteilter Wissensproduktion sprechen kann, mit dem die Grenzen des alten funktional spezialisierten Regimes überwunden werden.

Grenzen der Regierbarkeit des Wissens haben verschiedene Gründe. Sie sind meines Erachtens hauptsächlich in zwei paradoxen Prozessen verwurzelt.[3] Erstens verursachen die Verschiedenartigkeit der involvierten Akteure – Wissenschaftler und Manager, Politiker und Administratoren, Unternehmenskapitalisten und Um-weltaktivisten – und vor allem die Heterogenität ihrer epistemischen Perspektiven Probleme für eine erfolgreiche Abstimmung zwischen dem Unstimmigen. Sie er-fordert eine Weise der Koordination, welche die kreativitätsstiftenden Differen-

---

3 Andere Paradoxien, z.B. die von Wissen und Nichtwissen (vgl. dazu Willke 2002; Wehling 2003), werden hier nicht behandelt.

zen zwischen den Disziplinen und die effizienzsteigernden Unterschiede zwischen den Rationalitätsstandards wirtschaftlicher, administrativer und wissenschaftlicher Institutionen nicht einebnet und welche die komplementären Kompetenzen der funktional spezialisierten Akteure nicht zerstört (vgl. Rammert 1997b und 2000b). Zweitens setzen die besonderen Merkmale des Wissens, kein handfester Vermögenswert und ein nicht restlos erklärbares Bündel an Kompetenzen zu sein, Grenzen für eine vollständige Kontrolle und Kommerzialisierung des Wissens. Im dritten Teil dieses Textes werden die *epistemischen Grenzen* der Explizierung und Formalisierung des Wissens untersucht. Gegenstand ist die Entfaltung der Paradoxie, das im intensivierten Prozess des Explizit-Machens und der Formalisierung der wachsenden Wissensbestände, wie er mit der Informatisierung und Verwertung des Wissens einhergeht, die *Relevanz des nicht-expliziten Wissens* immer deutlicher hervortritt.

Die Innovativität und die ökonomische Leistungsfähigkeit der in Entstehung begriffenen, hauptsächlich auf wissenschaftlichem und technologischem Wissen begründeten „Wissensgesellschaften" (Böhme/Stehr 1986) werden – so meine These – grundlegend dadurch bestimmt, wie sie mit den beiden hier benannten Problemen zurechtkommen, dem institutionellen Problem der koordinierten Verteiltheit zwischen heterogenen Akteuren und dem epistemologischen Paradox der Explikation nicht-expliziten Wissens. Beide Paradoxien bestimmen Möglichkeiten und Grenzen einer innovationsorientierten Regierbarkeit des Wissens.

13.2   Der Aufstieg eines neuen Wissensregimes: Verteilte Wissensproduktion unter den Bedingungen gesellschaftlicher Fragmentierung

13.2.1 Wissen und Steuerungsregimes

Wissen sollte eher als eine Kompetenz, etwas zu tun, und weniger als ein kompaktes Gut, das transportiert und gelagert werden kann, angesehen werden (Rammert et al. 1998: 37 ff.; Stehr 2000: 81 ff.). Ein wissenschaftlicher Text, ein Computerprogramm oder ein schriftlich fixierter Patentanspruch sind zwar auch gebündelte Informationsstücke; jedoch können sie nur in Wissen umgewandelt werden, wenn Menschen oder Organisationen wissen, wie sie zu gebrauchen sind. Beide Aspekte, das inkorporierte „Gewusste" („known") und das praktizierte „Wissen" („knowing") (Dewey/Bentley 1949), gehören zusammen und sollten nicht getrennt analysiert werden.

Wenn wir diese pragmatische Definition des Wissens akzeptieren, folgt daraus, dass es einen Unterschied macht, wie das System der Wissensproduktion in der Gesellschaft institutionalisiert wird. Nach einer weit anerkannten Theorie der gesellschaftlichen Differenzierung (vgl. u.a. Luhmann 1977; Münch 1990; Schimank 1996) können wir zwischen drei Typen der Differenzierung unterscheiden: der segmentären, der stratifikatorischen und der funktionalen. Ich nehme an, dass eine enge „Wahlverwandtschaft" existiert zwischen jeweils einem Typ der sozialen Differenzierung und einem Regime der Wissensproduktion. Es ist keine streng kausale Beziehung, aber es kann vermutet werden, dass besondere Muster dominanter sozialer Strukturen bestimmte Mittel der Koordination begünstigen und spezifische institutionelle Antworten nahelegen. Diese institutionellen Antworten zeigen zu Beginn noch eine große Vielfalt an Varianten. Aber am Ende einer Transformationsperiode ist der institutionelle Lernprozess, der dem Schema von Versuch und Irrtum folgt, abgeschlossen. Ein neues Regime der Steuerung ist etabliert, das aus einem ausgewählten Satz von Institutionen besteht und das durch die Dominanz besonderer Mittel der Koordination charakterisiert wird. Dominanz bedeutet dabei nicht, dass sich die anderen Typen und Mittel zahlenmäßig verringern oder sogar ganz verschwinden. Der Aufstieg eines neuen Regimes zeigt nur an, dass ein bestimmter Differenzierungstyp die führende Rolle bei der Gestaltung der Gesellschaft erlangt, während die anderen nur ihre Zentralität verlieren, aber neue Wichtigkeit für einzelne soziale Einheiten gewinnen. Beispielsweise ist die stratifikatorische Differenzierung nicht mit dem Aufkommen der modernen, funktional differenzierten Gesellschaft verschwunden, sondern hat für Organisationen in Form der Hierarchiebildung eine besondere Bedeutung beibehalten.

Der Begriff „Steuerung" („governance") des Wissens ist leicht missverständlich. Prozesse der Wissensproduktion, besonders die Erzeugung wissenschaftlichen Wissens und oder auch Aktivitäten technologischer Innovation, können nicht in dem gleichen Sinn geführt und kontrolliert werden wie die Produktion von Automobilen oder wie andere industrielle Produktionssysteme. Die Unsicherheiten der Innovation sind unvergleichlich höher als die der Produktmärkte: Die Heterogenität der beteiligten Akteure und die Diversität ihrer Orientierungen sind so komplex, dass kein dominanter Akteur sich das gesamte Spektrum unterschiedlichen Wissens aneignen und die Aktionen sämtlicher Agenten, die aus verschiedenen institutionellen Feldern kommen, kontrollieren kann. Deshalb wird auch der Staat nicht mehr als zentrale Autorität angesehen; sogar die staatliche Steuerung muss in die engere Regierung („government") und in die weitere Regulierung, die der Staat sich mit privaten oder halb-privaten korporativen Akteuren teilt („governance"), aufgeteilt werden. Neue Formen geteilter Systeme der Steuerung entstehen, wie das System der „korporativen Steuerung" (Hollingsworth/Schmitter/

Streeck 1994), das die wichtigsten kollektiven Akteure einschließt und den Rest ausschließt, oder die „verteilte Steuerung" (Schneider/Kenis 1996) durch „Politiknetzwerke" (Marin/Mayntz 1991), wo alle relevanten Akteure eines politischen Felds an der Gestaltung der Gesetze und der Bereichspolitiken teilnehmen.

13.2.2 Wahlverwandtschaften zwischen gesellschaftlichen Differenzierungstypen und Regimes der Wissensproduktion

Um die Annahme einer Wahlverwandtschaft zwischen Typen gesellschaftlicher Differenzierung und Regimes der Wissensproduktion besser auf ihre Plausibilität hin überprüfen zu können, werde ich im Folgenden zunächst in gebotener Kürze[4] die drei allgemein anerkannten Typen der segmentaren, stratifikatorischen und funktionalen Differenzierung charakterisieren und sie zu drei – zugegebenermaßen – recht idealisierten Regimes der Wissensproduktion in Beziehung setzen. Anschließend werde ich theoretische Gründe und empirische Indizien für die Herausbildung eines vierten Typs gesellschaftlicher Differenzierung, den ich als „fragmentale Differenzierung" bezeichne, anführen und mit Blick auf verschiedene Aspekte institutionellen Wandels die Umrisse des neuen Regimes heterogener Wissensproduktion kennzeichnen.

Die *segmentare Differenzierung* wird durch die Aufteilung in viele Teile der gleichen Art und des gleichen Status charakterisiert. Familien, Clans und Stämme sind die daraus resultierenden sozialen Einheiten, die typischerweise in archaischen Gesellschaften vorherrschen. Segmentierung ist eine Art homogener Teilung. Verwandtschaftsbeziehungen und Mythen sind die schwachen Mittel der Koordination zwischen homogenen und autonomen Teilen. Unter den Bedingungen einer segmentaren Differenzierung wird das gleiche Wissen über viele Plätze verstreut. Gesellschaften dieses Typs verfügen über keinen Mechanismus der Koordination, wie Austausch oder zentrale Sammlung des Wissens. Jeder Stamm und jede Siedlung kontrolliert die eigene lokale Wissensproduktion. Im Inneren werden spezielle Rollen unterteilt, wie Handwerker oder Medizinmann; aber man kann den gleichen Wissensstock in jeder sozialen Einheit finden. Es entsteht ein

---

4   Dabei folge ich der ausgezeichneten Darstellung der soziologischen Differenzierungstheorie von Uwe Schimank (1996) und ergänze sie im Hinblick auf die Wissensproduktion auf der Grundlage von Ben-David (1971), Moscovici (1982) und Krohn/Rammert (1993).

Regime lokaler und verstreuter Wissensproduktion, das sich gut mit dem segmentären Typ sozialer Differenzierung verträgt. Die *stratifikatorische Differenzierung* unterteilt das Ganze in Teile unterschiedlicher Art und mit unterschiedlichem Status. Sie etabliert ein System vertikaler Distinktion. Historische Beispiele sind Schichtungen zwischen Ober- und Unterklassen oder zwischen Zentrum und Peripherie. Imperien mit Arsenalen, Speichern und Archiven, die auf Militär, Hierarchie und monotheistischen Religionen mit missionarischem Impetus basieren, verfügen über starke Mittel der Koordination, sowohl zwischen den verschiedenen sozialen Schichten wie auch zwischen den weit entfernten Plätzen. Unter den Bedingungen stratifikatorischer Differenzierung beginnen Menschen, Wissen von verstreuten Plätzen zu sammeln. Einzelne Organisationen fangen an, relevantes Wissen zu systematisieren und zu zentralisieren. Solche Menschen wurden „Mechanici" genannt, wirkten als Meister, Magier und Magister,

Technologen und Gelehrte. Das Kloster, die frühen Universitäten und die städtischen Gilden wuchsen zu den vornehmlichen Orten der Ansammlung und des Austauschs relevanten Wissens heran. Die Kirche und später der Staat schwangen sich zu den zentralen Instanzen empor, welche die Erzeugung und Verbreitung des Wissens zu monopolisieren und zu kontrollieren suchten. Ein *Regime universeller und zentralisierter Wissensproduktion* bildete sich in enger Beziehung mit dem stratifikatorischen Typ sozialer Differenzierung heraus.

Die moderne Gesellschaft unterscheidet sich von der traditionalen Gesellschaft durch das Primat der *funktionalen Differenzierung*. Die Gesellschaft teilt sich in komplementäre Teile auf, die sich um unterschiedliche Funktionen herum organisieren, jedoch den gleichen Status haben. Die Handlungssphären und Handlungsorientierungen sind horizontal voneinander getrennt. Das ökonomische, politische oder das wissenschaftliche Teilsystem stehen nebeneinander. Die Teilsysteme der Gesellschaft unterscheiden sich darin, welchen spezialisierten Beitrag sie jeweils zur Reproduktion der Gesellschaft leisten. Sie steigern ihre Leistungsfähigkeit, indem sie ein System der selbstreferenziellen Orientierung erzeugen. Ihre Operationen folgen nur ihrem eigenen Kode der Kommunikation. Dadurch werden die Teilsysteme von anderen Einflüssen unmittelbar freigehalten. Sie erzielen durch die Einrichtung dieses Systems der Selbstorganisation eine relative Autonomie von äußeren Interventionen. Da die Funktionen unentbehrlich sind und nicht durch ein anderes Subsystem ersetzt werden können, sind alle funktional spezialisierten Systeme im Grunde gleich wichtig. Dieses funktionale System horizontaler Differenzierung ist in vielerlei Hinsicht, so z.B. auf die Flexibilität und die Innovativität hin, einem System vertikaler Schichtung überlegen. Die Produktion und der Gebrauch ökonomischen, politischen und wissenschaftlichen Wissens sind jeweils in den unterschiedlichen Sphären der Gesellschaft institutionalisiert. Die Gesellschaft verliert ihr Zentrum und ihr Zentralprinzip, z.b. den Zentralstaat und die hierarchische Organisation. Märkte, die Mobilisierung der Ressourcen durch den Staat oder politische Bewegungen und Diskurse (wissenschaftliche wie öffentliche) avancieren zu gleichwertigen Mitteln der Koordination. Die wissenschaftliche Wissensproduktion erreicht zum Beispiel einen hohen Grad an institutioneller Autonomie und Selbststeuerung; um sie für die ökonomische Innovation oder die Stärkung der militärischen Macht ausnutzen zu können, werden Märkte für Patente und Lizenzen eingerichtet und große Organisationen gebildet, welche die getrennten, aber komplementär innovativen Aktivitäten koordinieren. Ein *Regime komplementärer und disziplinär spezialisierter Wissensproduktion* gehört zum funktionalen Typ sozialer Differenzierung.

Die Konsequenzen dieser funktionalen Differenzierung führen zu neuen Problemen der Synchronisierung und wechselseitigen Anpassungen, die nicht intendiert waren und die manche Analytiker als Symptome einer „reflexiven Modernisierung" deuten (Beck/Giddens/Lash 1994). Andere Analytiker betrachten diese Veränderungen als eine Fortsetzung des Differenzierungsprozesses auf der Ebene sekundärer Teilsysteme, die sich herausbilden, um mit den Folgen der primären Teilsysteme zurechtzukommen. Andere wiederum diagnostizieren sie als „Entdifferenzierung" oder „Heterogenisierung" (vgl. Weingart 1983; Tyrell 1978; Knorr Cetina 1992). Ich möchte diese Debatte um Differenzierung oder Entdifferenzierung nicht auf der Basis der drei bisherigen Typen gesellschaftlicher Differenzierung fortsetzen, sondern ihr einen neuen Impuls geben. Ich behaupte hier die logische Möglichkeit (Schimank 1996: 151) und die empirische Gültigkeit eines vierten Typus der sozialen Differenzierung: die *fragmentale* Differenzierung.

13.2.3 Die fragmentale Differenzierung und das Regime heterogenerW issensproduktion

Die *fragmentale Differenzierung* teilt das heterogene Ganze in Teile der gleichen Art, aber mit unterschiedlichem Status oder auf unterschiedlichen Ebenen. Regionale Innovationsnetzwerke (vgl. Heidenreich 2000) sind zum Beispiel heterogene Gebilde, beinhalten jedoch immer die nahezu gleiche Mischung an Elementen, wie politische, ökonomische und kulturelle Akteure und Institutionen. Aber manche Netzwerke setzen die Maßstäbe, wie das Silicon-Valley-Netzwerk der Mikroelektronik- und Software-Industrie (vgl. Lee/Miller/Hancock/Rowen 2000) oder das Baden-Württemberg-Netzwerk von Maschinenbau und Automobilproduktion (vgl. Heidenreich/Krauss 1998), andere sind Imitatoren und Nachfolger im globalen Wettstreit. Die Differenzierung wissenschaftlicher Disziplinen ist verwurzelt in wohl definierten und theoriegebundenen Forschungsfeldern. Jedes von ihnen erfreut sich des gleichen hoch anerkannten Status methodisch kontrollierten Wissens, das wir als wissenschaftliche Erkenntnis bezeichnen. Wenn aber die Zahl der auftrags- und projektorientierten wissenschaftlichen Forschungsprojekte zunimmt, entsteht der neue Typus fragmentaler Wissensproduktion, der in den gleichen Kombinationen heterogenen Wissens verwurzelt ist. Die Qualität wird nicht länger nur von den Fachkollegen, den „peers" einer Disziplin, überprüft, sondern von heterogenen Expertengruppen, einer Mischung epistemischer Kulturen.[5]

Fragmentierung kann als eine Art der Unterteilung bestimmt werden, die heterogene Elemente miteinander verknüpft. Sie teilt mit der segmentaren Differenzierung das Merkmal, unterschiedliche Arten des Wissens zu kombinieren. Sie unterscheidet sich jedoch von jener darin, dass ihre Mischung heterogenen Wissens aus Fragmenten eines schon einmal systematisierten und funktional spezialisierten Wissens besteht und nicht aus noch naturwüchsig vermischten Segmenten. Elemente aller Arten des Wissens werden neu kombiniert. Die fragmentale Differenzierung unterscheidet sich von der funktionalen unter dem Aspekt, dass die gereinigte Trennung disziplinaren Wissens – zwischen mathematischen, verfahrenstechnischen, experimentierpraktischen und instrumenttheoretischen Wissensanteilen – zugunsten von Heterogenität, Kohärenz und Reflexivität aufgegeben wird. Funktional spezialisierte Institutionen und gereinigte wissenschaftliche Disziplinen bleiben beide wichtige Faktoren auf der Hinterbühne der fragmentierten Gesellschaft, aber sie verlieren ihr Privileg, allein auf der Hauptbühne aufzutreten, wo jetzt institutionell gemischte Netzwerkformen und epistemisch transdisziplinäre Expertenkulturen die prominenten Rollen übernehmen. Das *Regime der heterogen verteilten Wissensproduktion* entwickelt sich in enger Beziehung mit dem Typus der fragmentalen Differenzierung.

---

5 Damit ist nicht die „soziale Distribuiertheit der Wissensproduktion" auf akademische und außerakademische Institutionen angesprochen (Weingart 2001: 337 ff.), sondern die epistemische „disunity of science" (Galison/Stump 1996) und die „Fragmentierung zeitgenössischer Wissensprozesse" in verschiedenartigste Wissenskulturen" nebeneinander (Knorr Cetina 2002: 13).

GESELLSCHAFT-LICHE DIFFEREN-ZIERUNG	MERKMALE DER UNTER-SCHEIDUNG	MITTEL DER KOORDINATION	REGIMES DER WISSENS-PRODUKTION
Segmentäre	Verstreute, homogene Teilung	Verwandtschaft, Mythen	Lokale und verstreute Wissensproduktion
Stratifikatorische	Konzentrierte, vertikale Teilung	(König-)Reich Weltreligionen	Universelle und zentrierte Wissensproduktion
Funktionale	Separierte, horizontale Teilung	Symbolisch generalisierte Medien Diszipl. Wissenschaften	Komplementäre und spezialisierte Wissensproduktion
Fragmentale	Kombinierte, heterogene Teilung	Gemischte Netzwerke, Epistemische Kulturen	Heterogene und verteilte Wissensproduktion

Abbildung 13.1   Typen sozialer Differenzierung und Regimes der Wissensproduktion (eigene Darstellung, © Rammert)

Wenn wir einmal die Idee akzeptiert haben, dass ein vierter Typus der sozialen Differenzierung theoretisch hergeleitet werden kann, dann können viele empirische Studien auf den Feldern der Innovationsforschung, der neo-institutionalistischen Organisationsforschung und der neueren Wissenschafts- und Technikforschung aus einer ganz anderen Perspektive gelesen werden. Sie beschreiben dann qualitative Veränderungen, die auf die Emergenz dieses neuen Typus der sozialen Differenzierung und die Entwicklung eines Regimes heterogen verteilter Wissensproduktion hinweisen.

Wenn die fragmentale Differenzierung sich von der funktionalen unterscheidet, müssen sich auch Indizien für einen Wechsel der dominanten Koordinationsform finden lassen. Die Entdeckung der „Netzwerkform der Organisation" als eines eigenständigen Mechanismus der Koordination neben Hierarchie und Markt (Powell 1990) lässt sich in diesem Sinne interpretieren. In die gleiche Richtung weist das Konzept der „Ideen-Innovationsnetzwerke", mit denen die zentralen Agenturen der gegenwärtigen Wissensproduktion und Innovation beschrieben werden (Hage/Hollingsworth 2000). Betrachtet man den aktuellen Wandel im Modus der Innovation, gibt es viele Indizien dafür, dass die beiden Schumpeter'schen Standardtypen der „Innovation durch Markt" und der „Innovation durch Organisation" durch einen neuen Typus reflexiver Innovation abgelöst werden, den ich an anderer Stelle als „Innovation im Netz" bezeichnet habe (Rammert 1997b). Es sind empirisch nicht mehr die Einzelerfinder oder die Schumpeter'schen Unternehmererfinder, nicht nur die staatliche Großforschung oder das Konzernlabor, sondern die heterogenen und interaktiven Netzwerke der Innovation, die den Gang und die Geschwindigkeit technischer Entwicklungen bestimmen. Vor allem für die neuen Technologien zeichnet sich ab, dass diese Netzwerkform aus heterogenen Akteuren zunehmend als angemessener Mechanismus anerkannt wird, um heterogene Vielheiten zu koordinieren (vgl. Weyer 1997).

Schauen wir noch enger auf den Wandel der wissenschaftlichen Wissensproduktion, dann finden sich auch hier Indizien für Verschiebungen, die in meinem Sinne als Anzeichen für das Auftreten und langsame Durchsetzen eines neuen Wissensregimes gedeutet werden können. Am deutlichsten und umfassendsten sind sie in den beiden Publikationen zur Herausbildung eines „Modus 2" der transdisziplinären und reflexiven Produktion wissenschaftlichen Wissens aufgezählt (Gibbons et al. 1994; Nowotny et al. 2001). Es wird dort geltend gemacht – und auch an vielen empirischen Fällen demonstriert (vgl. auch die Beiträge von Birrer, Gläser, Meyer und Hemlin in Bender 2001) dass sich dieser gemischte Modus neben dem reinen „Modus 1" der normalen disziplinaren Wissensproduktion herausgebildet hat und in vielen Bereichen zum vorherrschenden Typus der Wissensproduktion avanciert ist. Eines seiner Charakteristika ist die reflexive Integration politischen und moralischen Wissens in die wissenschaftliche Wissensproduktion. Mit der Überschreitung der institutionellen Grenzen des Wissenschaftssystems tauchen Probleme der Bewertung und Steuerung des Wissens auf, die vorher unter Bedingungen funktionaler Differenzierung durch die Orientierung allein am internen Kode gelöst werden konnten. Die Auflösung dieser disziplinaren und rein innerwissenschaftlichen Kodes beschreiben die Laborstudien. Sie kommen zu der empirisch gehärteten Ansicht, dass „epistemische Kulturen" und „transepistemische Expertenpraktiken" und nicht das theoretisch gereinigte Disziplinwissen die Produktion naturwissenschaftlichen Wissens steuern. Dabei ist wichtig zu bemerken, dass eine epistemische Kultur sowohl wissenschaftliche als auch nicht-wissenschaftliche Praktiken und Objekte umfasst (vgl. Knorr Cetina 1998).

Noch radikaler weisen neuere Theorieansätze auf einen Bruch in Wirklichkeit und Wahrnehmung hin. Sie reißen von vornherein die Grenzlinien zwischen menschlichen und nicht-menschlichen Entitäten sowie zwischen Geisteswissenschaften, Sozialwissenschaften und Technowissenschaften ein (Latour 1994; Callon 1993). Wenn „Hybride" zum Gegenstand gemacht werden, wenn „Aktanten-Netzwerke" aus menschlichen und nichtmenschlichen Einheiten untersucht werden oder wenn Mischungen aus Menschen, Maschinen und Mikroben als Kollektive oder Assoziationen begriffen werden, dann wird der säuberlich spezialisierte Zugriff der Moderne mit funktional aufgeteilten Wissensperspektiven zugunsten einer nicht-modernen Beschreibung heterogen verteilter, aber vernetzter Phänomene aufgegeben. Die Verteiltheit in der Wissensproduktion wird über die Heterogenität der Akteure und ihrer Perspektiven hinaus als eine Verteiltheit auf verschiedene Trägermedien, wie Menschen, Sachen und Zeichen, aufgefasst (vgl. Kap. 5 in diesem Buch). Der Wechsel der Wahrnehmungsperspektiven ist wohl nicht nur Ausdruck einer wissenschaftsinternen Ideen- und Theoriedynamik, sondern reflektiert eine zunehmende praktische Verkopplung und Vermischung ansonsten getrennt eingerichteter Abläufe und Dinge, z.b. bei Klimafolgen, Ernährungsrisiken oder hochriskanten technischen und organisatorischen Systemen, deren Komplexität, Heterogenität und Unsicherheiten nicht mehr zureichend mit funktionalanalytischem und einzeldisziplinärem Wissen erfasst werden können.

Für die Unterscheidung von funktionaler Aufteilung und heterogener Verteilung können Konzeption und Beobachtung von Phänomenen „verteilter Wahrnehmung" („distributed Cognition") von Ed Hutchins (1996) herangezogen werden. Er entdeckte diese Form parallelen und verteilten Kooperierens, als er die Wissensproduktion bei der Schiffsnavigation beobachtete. Es war nicht das funktional spezialisierte oder zentral organisierte Wissen, das während des Zusammenbruchs des automatischen Navigationssystems relevant war. Er beobachtete, wie aus den vielen nicht-stimmigen Fragmenten des Kennens und Könnens gleichsam wie in einem naturwüchsigen Prozess durch schrittweise wechselseitige Anpassung ein verteiltes System heterogener Praktiken entstand (vgl. Hutchins 1998).

Das Entstehen neuer Konzepte ist nur ein sehr weicher Indikator für einen institutionellen Wandel. Allerdings wissen wir, dass sozialstrukturelle Wandlungen von bedeutenden Veränderungen der Semantik begleitet sind. Außerdem beschränkt sich die Aufzählung nicht auf neue Kategorien, sondern benennt auch empirische Veränderungen und umfangreichere Beobachtungen, die mit neuen Begriffen eingefangen werden. Die Plausibilität meiner These von der Entstehung eines neuen Typs gesellschaftlicher Differenzierung und der damit einhergehenden Herausbildung eines neuen Regimes heterogen verteilter Wissensproduktion muss sich in erster Linie auf ihre systematisierende Kraft für so unterschiedliche Befunde gründen, solange keine besonderen empirischen Studien unternommen worden sind, die direkt auf ihre Überprüfung hin zielen.

13.2.4 Die Genese des neuen Regimes und die Implikationen für die Steuerung

Man mag daran zweifeln, dass alle diese empirischen Phänomene und diese neuen Kategorien der Beschreibung wirklich die Emergenz eines qualitativ neuen Typus der Wissensproduktion ankündigen (z.B. Weingart 1997; für Unternehmensnetzwerke Hirsch-Kreinsen 2002). Aber man kann die laufenden Veränderungen der

Praktiken, Diskurse und institutionellen Umstellungen im Prozess der Wissensproduktion nicht abstreiten. Im Folgenden werde ich daher genauer anhand der Genese dieses Regimes heterogen verteilter Wissensproduktion untersuchen, inwiefern es sich vom Standardmodell der Wissensproduktion in funktional differenzierten modernen Gesellschaften unterscheidet und welche Implikationen die einzelnen Veränderungen für die Regierbarkeit des Wissens haben.

Eine erste Dimension des Wandels der Wissensproduktion betrifft die kognitive und disziplinäre Organisation der Wissensproduktion. Lassen sich auf diesem Gebiet Tendenzen aufzeigen, welche auf einen Wechsel von der disziplinar integrierten Orientierung zu einer heterogeneren Ordnung, zumindest auf eine Abschwächung des Monopols rein disziplinarer Orientierung, hinweisen?

Zunächst ist hier zu beobachten, dass die fortlaufende Spezialisierung disziplinarer und subdisziplinärer Wissensproduktion die Zahl der Forschungsfelder rapide vervielfacht hat. Das bedeutet von vornherein noch keinen qualitativen Wandel. Erst wenn zunehmend Forschungsfelder entstehen, die nicht mehr disziplinar integriert werden, haben wir es mit dem vermuteten Wechsel zu tun. Solche Fälle lassen sich gegenwärtig verstärkt feststellen. Es entstehen neue Spezialgebiete an den Rändern der Disziplinen, es bilden sich transdisziplinäre Kooperationsfelder zwischen den Disziplinen, die unter dem Aspekt der kognitiven Integration nur lose gekoppelt sind und heterogen bleiben, wie z.B. die Felder der Robotik oder der Nanotechnologie. Als funktionale Äquivalente für die disziplinäre Integration werden die Herausbildung von „Grenzzonen-Aktivitäten" (Galison 1997), „Grenzobjekten" (Star 2004) und die „heterogene Kooperation" (Strübing/Schulz-Schaeffer/Meister/Gläser 2004) beobachtet, wie das Einrichten eines gemeinsam geteilten Testfeldes, des „Robocup" für Roboterfußballwettbewerbe, in der Künstliche Intelligenz-Forschung (Braun-Thürmann 2002) oder der Herausbildung eines „Pidgin"-Typus der Kommunikation, in den mathematische Verfahren oder technische Modelle verschiedenster Art eingehen (Meister 2002).

Zudem ist für die meisten Wissenschaften festzustellen, dass die Komplexität der Forschungsobjekte stark zugenommen hat. Das ist nicht mehr nur – wie unter der rein disziplinaren Ägide – eine Frage der theoretischen Auflösung des Gegenstands. Dahinter verbirgt sich vor allem eine Ausweitung auf neue und zunächst einmal disziplinfremde Aspekte, die aber zunehmend reflektiert und in die Wissensproduktion eingebaut werden müssen. Das sind z.B. Gesichtspunkte eines „nachhaltigen" Systems der Energieproduktion anstelle eines nur effizienten technischen Systems der Energieproduktion. Oder das zeigt sich in einer Ausweitung der Perspektive, wie sie z.B. von der engeren Wettervorhersage zur komplexen Klimaforschung stattfindet, die eben nicht mehr als reine Meteorologie betrieben werden kann, sondern Archäologie, Geschichte und andere Sozialwissenschaften mit in das Forschungsprogramm einbeziehen muss (Stehr/von Storch 1999).

Schließlich bringt auch der Medienwechsel hin zu Computer und Internet neue Herausforderungen für die Wissensproduktion mit sich. Wie die Wissensproduktion nach Durchsetzung des Buchdrucks nicht mehr dieselbe geblieben ist, so wird sich auch die wesentlich durch Schriftlichkeit und Druck geprägte disziplinare Orientierung verändern (vgl. für die Physik Galison 1996; Merz 2002), nicht verschwinden, wie manche fälschlicherweise unterstellen. Die Durchdringung der Gegenstandsbereiche wie auch die Integration der Medientechnologie in die disziplinare Wissensproduktion werden den Aufstieg neuartiger Forschungsfelder begünstigen, in denen transdisziplinäre Modelle und Methoden entwickelt werden, um die Hybridität des Forschungsobjekts zu begreifen. Die Analyse der neuen Arbeitssituationen kann zum Beispiel nicht mehr nur unter arbeitssoziologischen, kognitions- psychologischen oder arbeitsmedizinischen disziplinaren Aspekten angemessen erfasst werden; es bedarf zunehmend disziplinüberschreitender Initiativen, wie sie z.b. bei den Workplace Studies zu hochtechnisierten Arbeitssituationen (vgl. Button 1993, Star 1996) aufgenommen wurden, wobei Ethnografie und Software Engineering, Videografie und Semiotik und vieles andere mehr eingehen. Die Aussicht auf eine arbeitswissenschaftliche Integration ist nicht mehr gegeben, sondern es entsteht vielmehr ein geteiltes Set an Modellen und Methoden, das eine Kooperation zwischen heterogenen disziplinaren Feldern ohne theoretische Integration erlaubt (vgl. Lettkemann/Meister 2002). Das gilt ebenso für das neue Gebiet der Sozioakustik und Soundscape-Forschung, wobei das heterogene Gebilde gegenüber den Ausgangsdisziplinen eine eigene, über frühere Rand- und Hilfsdisziplinfunktion hinausgehende Eigendynamik gewinnt (vgl. Schulte-Fortkamp 2002). Ähnlich kann auch die „Sozionik" als ein solches innovatives Feld angesehen werden, das sich zwischen Informatik und Soziologie (Malsch 1998; 2001) angesiedelt hat, ohne jemals an eine selbständige theoretische Integration zu denken. Und doch bilden ihre Kooperationen, geteilten Konzepte und technischen Innovationen einen bedeutenden Teil gegenwärtiger Wissensproduktion mit Auswirkungen in beide Disziplinen, Informatik wie Soziologie (vgl. Gilbert/Conte 1995; Kron 2002), und auch in andere Felder hinein.

Man könnte wiederum einwenden, dass das alles kein wirklich neues Phänomen ist, besonders nicht, wenn man an die Ingenieurswissenschaften denkt. Die Forschungsobjekte sind dort unter dem Aspekt der beteiligten Elemente und Beziehungen immer schon *komplex*, unter dem Aspekt der eingeschlossenen disziplinaren Perspektiven immer schon *heterogen* und unter dem Aspekt der Arten der fokussierten Objekte immer schon *hybrid* gewesen. Aber es scheint mir, dass dieses heterogene und hybride Modell der Wissensproduktion jetzt auch die Grenzen zwischen den traditionellen Disziplinen überschreitet. Besonders die Ausbreitung von Forschungstechnologien oder so genannten generischen Technologien, wie Messgeräten, Mikroskopen und Computern, hat dafür gesorgt, dass die Heterogenität und die Überschreitung von Grenzen in diesen Disziplinen ständig zunehmen (vgl. Shinn 2004). Gegenüber der Kernmathematik oder der Kernphysik gewinnt diese heterogene Kooperation eine überragende Rolle in vielen neuen Forschungsgebieten, wie bei der Neuroinformatik, der Nanotechnologie, dem genetischen Engineering oder der Robotik. Die Wissenssituation kann in diesen Fällen besser so beschrieben werden, dass sie sich *im Zustand einer lose gekoppelten Verteiltheit* befindet und nicht in der festen Verfassung einer funktionalen oder sogar hierarchischen Integriertheit. Diese Wissenssituation ist auch weit entfernt von der Phase der endgültigen „Finalisierung", in der ein harter und reifer Kern der Disziplin die Offenheit für viele gesellschaftliche Anwendungen und Orientierungen ermöglicht (Böhme/ van den Daele/Weingart 1976). Sie ähnelt mehr einem „patchwork" disziplinarer Wissensfragmente, das eben in seinen heterogenen Teilen nicht so schön aufgeht wie ein „puzzle".

Was sind die Folgen dieser fragmentalen Verteiltheit für eine Wissenspolitik? Gegenüber postmodernen Theoretikern muss ganz deutlich gesagt werden, dass die Rolle der disziplinaren Wissensproduktion aufrechterhalten werden muss. Denn die Inputs des disziplinären Wissensschatzes und die kontrollierte Weiterentwicklung des fachlichen Methodenrepertoires werden weiterhin benötigt. Was sich aber gegenüber den Konservativen der Moderne sagen lässt, ist Folgendes: Die Disziplinen verlieren unter dem Regime heterogen verteilter Wissensproduktion ihre alles strukturierende Macht; neue Formen der Koevolution zwischen den einzelnen Disziplinen und auch zwischen wissenschaftlichen und außerwissenschaftlichen Institutionen, geteilte Prüfstände für Theorien und technische Innovationen und Meta-Sprachen der wissenschaftlichen Kommunikation (Galison 2004) entstehen und ersetzen die strenge Kontrolle der disziplinaren Theorie. Diese behält allerdings weiterhin ihren Wert für die Evaluation partialer Aspekte.

Eine Wissenspolitik, welche in diesem heterogenen Feld die Wissensproduktion steuern will, muss sich vor allem neuer Instrumente und Organisationsformen bedienen. Dazu zählt aus meiner Sicht an erster Stelle, in diesem heterogenen Feld zwischen den diversen Akteuren und Institutionen die Bildung und Moderation von gemischten Innovationsnetzwerken zu betreiben. Dabei sollte sie die Balance innerhalb der Netzwerke und die Offenheit des Zugangs zu ihnen durch heterogene, sogar oppositionelle Akteure kontrollieren. Sie sollte zur Teilnahme an den Netzwerkaktivitäten auf jeder Ebene ermutigen, z.B. durch das Organisieren interaktiver Workshops zwischen Experten und Bürgern, durch die Mediation zwischen industriellen, politischen und wissenschaftlichen Gruppen oder durch das Einrichten von

Kooperationsnetzwerken oder Kommunikationsplattformen, die das institutionelle Lernen zwischen Wissenschaft, Wirtschaft und Politik verbessern.

Ein zweiter Aspekt des Wandels der Wissensproduktion betrifft den Zeitaspekt: Inwieweit verändert sich die zeitliche Kontinuität von Pfaden? Wie werden die Probleme der zeitlichen Synchronisation angegangen? Die Beschleunigung des Tempos der Wissensproduktion hat die koordinierenden Kapazitäten des über lange Zeit vorherrschenden linearsequenziellen Modells der Innovation an seine Grenzen geführt. Dieses Standardmodell stellt Gewissheit für die unterschiedlichen Akteure her, indem es die Stadien der Entwicklung Schritt für Schritt nacheinander miteinander verband, also zunächst die Stufe der Ideenfindung, dann die Stufe der Erfindung, dann die Stufe der Produktion und schließlich die Stufe der Verbreitung folgen ließ. Diese zeitliche Kontinuität wird zunehmend durch Diskontinuitäten der Entwicklung überlagert. Die unterschiedlichen Aktivitäten von der Ideen-Schöpfung bis zum Wissensmarketing haben sich weitgehend ausdifferenziert und verselbstständigt. Sie sind auf vielen Wissensfeldern gegenwärtig in verschiedenen „funktional spezialisierten Arenen" organisiert (Hage/Hollingsworth 2000). Diese institutionelle Differenzierung bringt es mit sich, dass die Aktivitäten zur gleichen Zeit nebeneinander, wie in parallelen Datenverarbeitungsprozessen, und nicht mehr geordnet nacheinander ausgeführt werden. Die These einer funktionalen Differenzierung der Arenen lässt sich aber nur unter der Bedingung aufrechterhalten, dass von einem einheitlichen Wissensprozess für eine bestimmte Innovation ausgegangen wird, woraufhin die einzelnen Funktionen eingeteilt sind. Das ist aber eher die Sicht einer rückblickenden ordnungsstiftenden Konstruktion, nicht aber der realistische Blick auf „Kreuz und Quer"-Verläufe, auf zufällige Vor- und Rückwärts-Verbindungen und auf im Sinne der funktionalen Erfordernisse unvollständige Ergebnisse.

Die Beschleunigung der Wissensproduktion ist folglich eher mit einer fragmentalen Differenzierung der Sphären und Arenen verbunden. Die Fragmentierung verursacht Probleme der Synchronisation zwischen den unterschiedlichen Tempi in den verschiedenen Feldern (Rammert 2000b). Diskontinuität anstelle von Kontinuität herrscht also vor. Kontinuität kann nicht einfach durch Sequenzierung, Standardisierung oder hierarchische Ordnung sichergestellt werden. Ihre Herstellung bedarf einer Koordinationsweise, welche für die zeitliche Offenheit der Verläufe sensibel ist und trotzdem Strukturierung erlaubt. Dies wird nach den empirischen Beobachtungen der Innovationsforscher durch permanente und parallele Interaktionen zwischen den verschiedenen Akteuren und Agenturen auf den unterschiedlichen Ebenen erlangt. Dort wird dann von Fall zu Fall und von Zeit zu Zeit immer wieder neu ausgehandelt, welche Bezugsgrößen strukturierenden Charakter zugewiesen erhalten.

Was sind die Folgen dieser Diskontinuität und Simultanität der Aktivitäten für die Wissenspolitik? Zunächst einmal müssen die unterschiedlichen Entwicklungstempi, die zwischen den einzelnen institutionellen Feldern bestehen, anerkannt und berücksichtigt werden. Nur so können die Zeithorizonte offengehalten werden. Man muss sich darüber im Klaren sein, dass die Reorganisierung des disziplinaren Wissens in langen Zyklen etwa von 50 Jahren erfolgt, während für das Entstehen von Wissen auf transdisziplinären Forschungsfeldern mit kürzeren Zyklen etwa von 15 Jahren gerechnet werden muss. Das ist im Vergleich zum 5-Jahres-Zyklus der Produktinnovation und zum Ein-Jahres-Zyklus für Marketing-Wissen immer noch lang. Eine nachhaltige Wissenspolitik würde strikte Zeitbindungen und strenge Zeitpläne vermeiden. Sie würde nicht alle Akteure und Instanzen unter ein einheitliches Zeitregime zwingen, das alles gleichmacht, was verschieden sein sollte. Kluge Steuerung des Wissens bedeutet unter diesen Bedingungen „geschehen lassen und gelegentlich intervenieren, nicht strikt reglementieren und andauernd reformieren". Es sollte die vornehmliche Aufgabe der Wissenspolitik sein, den Raum für unterschiedliche Zeit-Horizonte zu erhalten und die Kontinuität durch permanente und parallele Interaktionen auf unterschiedlichen Ebenen durch die Mittel der Mediation und Rahmensetzung und nicht durch die Techniken des Diktierens und Reglementierens herzustellen.

Ein dritter Aspekt des Wandels der Wissensproduktion betrifft die soziale Ordnung: Wie verändern Pluralisierung und Fragmentierung der Akteure und Instanzen das institutionalisierte Rollengefüge, und welcher Koordinationsmechanismus hält die fragmentierte Gesellschaft zusammen? Die Vermehrung der Agenten, die an der Wissensproduktion teilnehmen, führt zu neuen Rollen-Erfordernissen und zu fragmentalen Einheiten, die die gleiche Bündelung von Kompetenzen an jedem Ort reproduziert. Die Forscher-, Erfinder- und Gründerrolle sind nicht mehr auf die institutionellen Felder von Wissenschaft, Technologie und Wirtschaft fein säuberlich aufgeteilt. Was sich mit Schumpeters Erfinder-Unternehmer als Ausnahmetypus schon abzeichnete, wird jetzt zur Normalität: die Mischung der Rollen und institutionellen Kontexte. Die Universitäten ergänzen z.B. ihre traditionellen Forschungs- und Lehrkompetenzen durch neue Management-, „Fund raising"- und „Start up"- Kompetenzen nach dem Vorbild des MIT und von Stanford (vgl. Etzkowitz 2002; Stölting/Schimank 2001), während Unternehmen eigene Labors und Akademien gründen, um wissenschaftliche Lehr- und Forschungskompetenzen neben ihren Management- und Venturefähigkeiten zu entwickeln.

Die Pluralisierung der Akteursperspektiven und der institutionellen Kontexte bereitet für die Koordination der Aktivitäten und für die Qualitätskontrolle des Wissens ernste Probleme. Unter den Bedingungen der funktionalen Differenzierung werden feste Schnittstellen zwischen Wissenschaft, Industrie und Regierung eingerichtet. Differenzen werden dabei mithilfe hoch standardisierter Verfahren geregelt und über hierarchisch organisierte Beratungsgremien bewältigt. Unter den Bedingungen der verteilten und fragmentierten Wissensproduktion entstehen neue Formen der Vermittlung, der Beratung durch gemischte Expertengruppen und die Entwicklung gemischter Personennetzwerke mit geteilter Praxis und unvermittelten Interaktionen (Brown/Duguid 2000: 37). Die Mediation hat sich als ein eigenes Geschäft etabliert. Die Beratungsaktivitäten in Fragen der Wissensproduktion, des Wissensmanagements und in Sachen Wissenspolitik sind zu einer erfolgreichen Beraterindustrie angewachsen. Die Aufgabe des Initiierens und Moderierens von Netzwerken der Wissensproduktion ist komplementär dazu zu einem offensichtlichen Anliegen der staatlichen Agenturen geworden.

Was sind die Folgen dieser Multiplikation der Akteure und der Pluralisierung der Perspektiven für die Wissenspolitik? Da die Ansammlung von Wissen größer ist als je zuvor und da die Rahmen, Orte und Portale des Wissens wie die „mille plateaux" (Deleuze/Guattari) anwachsen und weit verstreut über die Welt sind, reichen die etablierten Mechanismen, wie die curriculare Ausbildung, die öffentliche Meinung und die massenmediale Kommunikation, für die soziale Integration nicht mehr aus. Die Lehrpläne sind schon überfrachtet, die Medien mit dieser Funktion überfordert, und die Öffentlichkeit zu zersplittert. Es bilden sich überall und nebeneinander neue Mischungen des Lehrens und Lernens und neue Medien der Vermittlung heraus, die nicht mehr den Anspruch auf die Vereinheitlichung des Ganzen haben. Vielmehr geben sie sich mit einer losen Verbindung verschiedenartiger Netzwerke zufrieden, die Fragmente eines heterogenen „Ganzen" bilden. Eine Steuerung der Wissensproduktion unter diesen Bedingungen raschen Wachstums und starker Fragmentierung darf nicht den beiden falschen Alternativen folgen, weder in eine Politik der gesteigerten Hierarchisierung, Standardisierung und Explizierung des heterogenen Wissens unter Ausnutzung aller neuen informationstechnischen Mittel zurückfallen noch einer „laissez-faire"-Politik einer postmodernen Anarchie der Netze und eines grenzenlos freien Austausches von Informationen verfallen. Vielmehr wird von einer modernen Wissenspolitik unter Bedingungen fragmentaler Differenzierung erwartet, gleichzeitig sowohl die kreativitätsstiftende Pluralität von Akteuren, Meinungen und Perspektiven aufrechtzuerhalten wie auch Regeln, kulturelle Modelle und Verfahren zu institutionalisieren, die eine kritische Mischung verschiedener Wissenstypen und Prozesse kollektiven Lernens begünstigen (vgl. Rammert 2002a).

13.3 Die Grenzen des Explizit-Machens und die anwachsende Relevanz nicht-expliziten Wissens

Alle Gesellschaften konstruieren sich auch dadurch, dass sie Praktiken und Teile des Wissens von anderen Wissensbeständen unterscheiden und ihnen eine besondere Bedeutung geben. Vormoderne Gesellschaften benutzten Mythen, Rituale und Monumente, um auszudrücken, was ihnen heilig oder in anderer Hinsicht von hoher Relevanz war. Moderne Gesellschaften können dadurch charakterisiert werden, dass sie das implizite, unausgesprochene und traditionelle Wissen immer mehr explizit gemacht haben. Seit der Aufklärung bevorzugen sie das explizite, möglichst schriftlich formulierte und mathematisch formalisierte Wissen im Vergleich zu allen Arten des nicht-expliziten Wissens. Sie sind zudem mehr an der Produktion neuen Wissens als am Zirkulieren des alten Wissens interessiert.

Welches sind die wichtigsten Gebiete in der modernen Gesellschaft, auf denen Wissen mit viel Expertise und großem Aufwand explizit gemacht wird? Allen voran ist es das Gebiet der Wissenschaft, wo technische Erfahrungen und praktisches Wissen in technologische Gleichungen und wissenschaftliche Gesetze umgeformt werden. Dann folgt das Feld der Ökonomie, wo vage kommerzielle Intuition und kaufmännische Schätzungen in genaue Gewinn- und Verlust-Kalküle umgewandelt werden. Es sind die Gebiete des Rechts und der Gesetzgebung, wo moralische Regeln und politische Willensbekundungen im Prozess der Kodifizierung und der schriftlichen Verfassung explizit gemacht werden. Schließlich haben wir das weite Feld der modernen Organisationen vor Augen, wo den Aufgaben und Pflichten ihrer Mitglieder eine gesatzte und formalisierte Form gegeben wird. Rationale Wissenschaft, kapitalistische Ökonomie, positives Recht und komplexe Bürokratie sind die modernen Institutionen, die sich durch den hohen Grad, wie sie ihr Wissen explizit machen, von den früheren unterscheiden.

Wenn wir die eingangs angesprochene Diagnose akzeptieren, dass wir uns einem neuen Gesellschaftstypus nähern, der auf der Achse der Wissensproduktion basiert, dann kann man eigentlich erwarten, dass der moderne Imperativ, das Wissen explizit zu machen, weiterhin verstärkt und intensiviert wird. Für die vier herausgegriffenen Felder heißt das:

1. Das wissenschaftliche Wissen durchdringt alle Praxisfelder, sodass von einer fortschreitenden „Verwissenschaftlichung der Gesellschaft" (vgl. Weingart 1983) gesprochen wird.
2. Die ökonomische Produktion, Aneignung und Evaluation des wissenschaftlichen Wissens erfordert eine Steigerung der Explizitheit: Zeitpläne und Projektformate werden feinkörniger erfasst; Kriterien für die Kostenkontrolle und

für Qualitätsevaluationen werden überall eingeführt; Patentansprüche werden häufiger fixiert, wobei Wissensgewinne bei Neuerungen präziser formuliert werden müssen (vgl. Hack 1998).

3. Die Verteilung der Wissensproduktion auf viele und unterschiedliche Agenten erfordert die detaillierte Definition des Produkts selbst, explizite Regeln des Austauschs, Standards der Kooperation und ein Verhaltenscode, wie Risiken und Gewinne zwischen den Agenten eines Netzwerks aufgeteilt werden (vgl. Teubner 2003).

4. Die Computerisierung von Arbeit und Kommunikation in Organisationen setzt voraus, dass die stillschweigenden Routinen und Praktiken explizit gemacht und in Formalismen der Programmierung transformiert werden (vgl. Rammert u.a. 1998; Funken 2001).

Aber trotz dieses starken Imperativs zur Explizierung des Wissens gehe ich von der Annahme aus, dass im gleichen Maß, wie das explizite Wissen wächst, sich auch die Relevanz des nicht-expliziten Wissens im Regime der verteilten Wissensproduktion erhöht. Die Grenzen der Explizierung und Verwissenschaftlichung (vgl. Böhle 1997b), die schon unter dem Regime der modernen Industrieproduktion sichtbar geworden sind, erlangen gegenwärtig eine kritische Größe und strategische Bedeutung. Ein uneingeschränkter Prozess, alles Wissen explizit und verfügbar zu machen, bedroht die Balance und den Spielraum für Innovation und kollektives Lernen im hochsensiblen System der verteilten Wissensproduktion.

13.3.1 Nicht-explizites Wissen in Wissenschaft und Technik

Die Wissenschaft scheint das Reich rationaler Explikation zu sein, und das Explizit-Machen des Wissens der Königsweg zum Ziel der Erkenntnis. Aber wir haben durch die Studien der neueren Wissenschaftsforschung erfahren, dass wissenschaftliches Wissen auf nichtexplizitem Wissen basiert. Schon Ludwik Fleck (1935) hat gezeigt, dass wissenschaftliche Aussagen, Annahmen über die Effekte der Experimentiergeräte und auch die Interpretationen empirischer Beobachtungen tief in den „Denkstil" eines „Denkkollektivs" eingebettet sind. Dieses gruppengebundene und verkörperte Wissen bestimmte Michael Polanyi später als „implizites Wissen". Er bezog sich dabei auch auf das gestalthafte, stillschweigend wirkende und exemplarische Wissen, für das Thomas Kuhn den bekannten Terminus „Paradigma" prägte. Diese Aussage bedeutet nicht, dass Wissenschaft immer eine Kunst geblieben ist, wie manche postmodernen Denker annehmen, sondern dass die Vorteile moderner Wissenschaft notwendigerweise immer mit nicht-explizitem Wissen verwoben sind. Polanyi drückt diese paradoxe Beziehung zwischen implizitem und explizitem Wissen noch schärfer aus. Er sagt, „dass der Prozess der Formalisierung allen Wissens im Sinne einer Ausschließung jeglicher Elemente impliziten Wissens sich selbst zerstört" (Polanyi 1985: 27).

Moderne Wissenschaften nehmen mehr und mehr technische Instrumente in sich auf (Joerges /Shinn 2001). Sie verändern sich zu „Experimentalsystemen" (Rheinberger 1997), in denen implizite Fähigkeiten und explizites Wissen eng mit den „epistemologischen Objekten" verwoben sind. Harry Collins (1974) hat bereits gezeigt, dass das publizierte explizite physikalische und technische Wissen nicht ausreicht, wenn ein erfolgreiches Experiment in einem anderen wissenschaftlichen Labor repliziert werden soll. Dazu wird noch mindestens eine Person, die Mitglied des ursprünglichen Forscherteams war oder die Praktiken der Gruppe eine Weile als Besucher beobachtet hat, benötigt. Diese berühmte Studie zum Experiment am TEA- Laser- Set betont die Notwendigkeit geteilter kollektiver Erfahrungen und inkorporierten Wissens. Sogar in der höchst expliziten Wissenschaft der Mathematik basiert das Beweisen und die formale Prüfung von Beweisen mit und ohne die Hilfe eines Computers auf dem Hintergrundwissen der mathematischen Kultur, das nicht ausgesprochen und gänzlich explizit gemacht werden kann (Heintz 2000: 175).

Wenn wir die Veränderungen in Richtung verteilter Wissensproduktion, wie sie im zweiten Teil beschrieben wurden, akzeptieren, dann müssen wir mit einer gestiegenen Aufmerksamkeit für die stillschweigenden und impliziten Aspekte des Wissens rechnen. Inter- und transdisziplinäre Kooperationen können z.B. nicht erfolgreich betrieben werden, indem man einfach algorithmischen Regeln der Problemlösung folgt oder die verschiedenen disziplinaren Kodes formal integriert; vielmehr erfordert das einen längeren und offenen Prozess der kulturellen Assimilation („enculturation"), bei dem die verschiedenen Teilnehmer das implizite Wissen der anderen kennen lernen, bei dem sie eine neue gemeinsame und gemischte Sprache entwickeln und mit dem sie eine neue auf den geteilten Praktiken beruhende „Wissenschaftskultur" (Knorr Cetina 2002: 11) begründen. Diese beruht im Wesentlichen auf den gelungenen und zeitweise gefestigten Verbindungen zwischen verschiedenen Praxisgemeinschaften („communities of practice", vgl. Wenger 1998) und Gruppierungen von Forschungsapparaturen, in der Hochenergiephysik z.B. aus der Verkoppelung von diversen Praxisgemeinschaften, wie einfachen Handwerkergruppen, Experimentieringenieuren, Computerspezialisten und mathematisch-theoretischen Physikern, und ihren jeweiligen Instrumenten und Geräten. Jedoch gibt es auch weiterhin eine starke Tendenz, mehr und mehr implizite Annahmen und Praktiken im Prozess der Verwissenschaftlichung explizit zu machen; aber das Abstimmen und Ausbalancieren zwischen den implizit

belassenen und den explizit gemachten Bestandteilen des Wissens gewinnt oberste
Priorität. Unter dem Regime verteilter Wissensproduktion muss bei aller Fortsetzung des Trends zu Explizitheit ein Raum für das Zusammenspiel der heterogenen
disziplinaren Päckchen (vgl. „standardized packages" von Fujimura 1992) expliziten Wissens reserviert werden, in dem wieder neues implizites und kollektiv
inkorporiertes Wissen heranwachsen kann.

13.3.2 Nicht-explizites Wissen in der Wirtschaft

Es wird generell davon ausgegangen, dass die moderne Ökonomie auf rationalen Entscheidungen zwischen Gütern basiert, deren Werte und Kosten explizit
gemacht werden können. Aber besonders auf dem Gebiet technischer Innovation
und der Wahl zwischen Techniken (vgl. Schmid 1998) ist es offensichtlich, dass
Entscheidungen eher Daumenregeln und organisationalen Routinen als rationalen
Kalkülen mit expliziten Kriterien folgen (vgl. Nelson/Winter 1982). Kalküle und
Kriterien dienen eher der nachträglichen Rechtfertigung der mit Gespür und Erfahrung getroffenen Entscheidung.

Unter dem Regime der verteilten Wissensproduktion verschlechtern sich noch
die Rahmenbedingungen für eine zeitliche, sachliche und ökonomische Berechen-
barkeit. Ein „Ungewissheitszirkel" mit einem Kranz von offenen Fragen entsteht
(Rammert 2002a: 167). Der

Zirkel veranschaulicht, wie nicht nur die einzelnen Ungewissheiten, sondern
der gesamte verflochtene Kranz zusammenhängender Probleme eine explizite
Kalkulation von Risiken und Nutzen insgesamt begrenzt. Wenn ein Unternehmen
eine technische Neuerung zu entwickeln beabsichtigt oder einem bestimmten Pfad
der Innovation folgen will, ist es unsicher,

- ob es Zugang zu den relevanten Informationen, wie wissenschaftlichen Tatsachen und technologischem Knowhow, über diese Technologie gewinnen kann,
- ob es in der Lage ist, die relevante Information aus der gesamten Flut an Informationen herauszufiltern,
- ob es über die notwendigen Kapazitäten und Kompetenzen verfügt, sie zu verarbeiten und in nützliches Wissen umzuformen,
- ob der Entwicklungsprozess auch zu einem technisch funktionierenden Produkt führt,
- ob dieses Produkt dann auch wirtschaftlich hergestellt werden kann,
- ob dafür ein neuer Markt etabliert werden kann,

- ob die Nutzer und Verbraucher das Produkt akzeptieren und auch seine Nebenfolgen tolerieren,
- ob es im Hinblick auf die Investitionskosten und die Risiken einen angemessenen Gewinn erzielen kann,
- ob seine Eigentumsrechte daran ausreichend geschützt werden können und
- ob das Produkt den Kompatibilitätsanforderungen technischer Normen und gesetzlich verankerter Umwelt- und Sozialverträglichkeit entspricht.

Unternehmen versuchen, mit diesen Ungewissheiten dadurch zurechtzukommen, dass sie strategische Allianzen und netzwerkförmige Beziehungen mit anderen eingehen, um das relevante Wissen wie die vielen Risiken unter sich zu verteilen. Da der Erfolg einer Innovation von einer immer weiter wachsenden Menge von Umwelteinflüssen abhängt, z.b.

- ob eine Politik der Deregulierung eingeführt wird (z.b. zu unterschiedlichen biotechnologischen Regimes vgl. Barben 2003),
- ob Sicherheits- und Umweltnormen verschärft werden (z.B. bei der Automobil- und Motorenentwicklung vgl. Canzler/Schmidt 2003),
- ob kleine Pannen passieren oder große Unfälle geschehen (z.b. bei hochriskanten Systemen der Atomenergie, Chemie oder Raumfahrt vgl. Perrow 1988) oder
- ob sich die Werte, Leitbilder und Lebensstile in der Gesellschaft verändern (z.b. der autofreien Stadt, des grenzenlosen Wachstums, der Nachhaltigkeit, z.B. Dierkes/Hoffmann/Marz 1992),

reicht die übliche moderne Strategie der Unsicherheitsreduktion nicht mehr aus, nur die eigene Forschungsfunktion zu intensivieren und die Suche nach Informationen und Wissen auf die neuen und heterogenen Felder auszudehnen, um alle diese Ungewissheiten explizit und kalkulierbar zu machen. Kosten, Zeit und Charakter der neuen Unsicherheiten unter Bedingungen verteilter Wissensproduktion setzen dieser Strategie grundsätzlich Grenzen. Eine andere Strategie der Firmen gewinnt hingegen immer stärkeres Gewicht: das Wissen bei anderen zu suchen, sich mit anderen zu strategischen Netzwerken zusammenzutun, um Wissen und Risiken zu teilen, oder Sicherheit dadurch zu steigern, indem man gemeinsam Pfade der technischen Entwicklung untereinander abstimmt und sogar erzeugt (vgl. Kowol/Krohn 2000: 145 ff, welche die „präkontraktuellen Aushandlungen" gegenüber expliziten Verträgen betonen, und Windeler 2001: 184 ff., der von der Bedeutung von „Konventionswissen" und „Netzwerkwissen" neben dem expliziten Wissen spricht). Die Externalisierung vieler eigener Instanzen der Wissensproduktion, die Integration externen Expertenwissens in die eigene strategische Planung und darüber hinaus vor allem das Aufbauen und Teilen von Wissensbeständen und Kompetenzen in Netzwerken scheinen einen Weg aufzuzeigen, mit der Unsicherheit, der Vielfalt und der Verschiedenartigkeit des Wissens fertig zu werden. Beide wissensstrategische Aktivitäten werden weiterhin vorangetrieben, sowohl die explizite Sammlung, Systematisierung und Evaluation der vielen, aber unterschiedlichen Wissensbestände, die zunehmend auch computergestützt integriert und automatisiert werden, als auch die Bildung und Pflege impliziten Wissens, interner Kompetenzen und „difficult-to-trade-knowledge"(Teece/Pisano 1998: 201) in Unternehmen und in Netzwerken. Elektronische Datenbanken mit expliziten Wissensbasen, „intelligente" Entscheidungsprogramme mit expliziten Regeln und auch netzwerkunterstützende Kommunikations- und Kooperationssoftware, welche die Diversität der Interessen, der Pflichten und der Beiträge transparent abbilden können, sind dabei notwendige Werkzeuge und Stützen, können aber nicht allein die schwierigen Probleme einer intuitiven Erschließung des Entwicklungstrends, der reflexiven Integration des Netzwerkwissens und der sensiblen Ausbalancierung der Macht- und Interessensunterschiede in Netzwerken meistern (vgl. Funken/Meister 2003).

13.3.3   Nicht-explizites Wissen, der Staat und die Steuerung

Moderne Staaten basieren auf gesatzten Verfassungsregeln und steuern mithilfe von expliziten Gesetzen und Verordnungen. In der überwiegenden Zeit in der Moderne hat man sie sich meist in der Form von Nationalstaaten als die zentrale Agentur der gesellschaftlichen Regulierung vorgestellt. Die staatliche Verwaltung ist durch eine spezialisierte Teilung der ministerialen Ressorts definiert, die wiederum die expliziten Rahmen für die Finanz- und Wirtschafts- oder Wissenschafts- und Technologiepolitiken abstecken. Aber neuere politikwissenschaftliche Studien über einzelne Politikfelder konnten zeigen, dass der Staat auf den verschiedenen Feldern immer weniger über das steuerungsrelevante Wissen verfügt und diese nicht mehr im Sinne von monopolisierter Steuerung allein regieren kann. Ein explizit formuliertes politisches Programm oder ein gesetzlicher Rahmen kann die beabsichtigten Folgen nur erreichen, wenn die Bedingungen seiner Implementierung, besonders die Interessen und Erfahrungen der unterschiedlichen kollektiven Akteure in dem Politikfeld, wie Arbeitgeberverbände, Gewerkschaften oder Krankenkassenverbände, anerkannt und in dem Gesetzeswerk berücksichtigt werden (vgl. Mayntz 1993). Neue Formen der Regulation wurden getestet, wie die korporative Steuerung, welche die Steuerung zwischen staatlichen Autoritäten und privaten Verbänden aufteilt (vgl. Hollingsworth / Schmitter / Streeck 1994).

Wenn die Anzahl der daran teilnehmenden Akteure wächst, wenn das Wissen, das zum Formulieren regulativer Politik benötigt wird, radikal zwischen den heterogenen individuellen und kollektiven Akteuren verteilt ist und wenn Hochtechnologien sich in schnellem Tempo entwickeln, dann werden alle Arten des Wissens, die bis zu diesem Zeitpunkt noch sicher waren, rasch obsolet. Das neue Wissen, das von jetzt an dringend gebraucht wird, erhält den Status eines seltenen, riskanten und kurzlebigen Guts. In vielen Fällen muss schon politisch gehandelt werden, ohne dass gesichertes Wissens ausreichend vorhanden ist (vgl. Krohn 2003; Wehling 2001). Unter diesen schwierigen Bedingungen verteilter Wissensproduktion ist eine Art Koordinationsmechanismus erforderlich, der beides erreicht: Er muss die Unterschiedlichkeit der beteiligten Akteure und ihrer Wissensperspektiven erhalten und zur gleichen Zeit eine Kultur des Vertrauens und der Kooperation schaffen, die eine Art „verteilter Steuerung" erlaubt, die sich auf explizite Regeln und auf das implizite kulturelle Modell oder „hidden curriculum" bezieht (Rammert 2002a). Wir können auf den verschiedenen Politikfeldern eine Zunahme der Partizipation verschiedener Akteure und eine vermehrte Bildung von Politiknetzwerken und interaktiven Innovationsnetzwerken beobachten, die nicht nur die verschiedenartigen bekannten Teilnehmer aus Wirtschaft, Politik und Wissenschaft integrieren, sondern sogar auch bewusst die oppositionellen Gruppen, wie Umweltschutzaktivisten, Nichtregierungsorganisationen (NGOs) oder den ComputerChaosClub einbeziehen. Diese pluralistischen und demokratischen Formen der Netzwerkorganisation – im Unterschied zu den strategischen Unternehmensnetzwerken und korporatistischen Regimes – scheinen die neuen institutionellen Antworten auf die Probleme der verteilten Steuerung zu sein.

13.3.4 Nicht-explizites Wissen und komplexe Organisationen

Bürokratien als der Prototyp komplexer Organisationen sind durch gesatzte Regeln und formale Verfahren sachlicher Leistungserbringung, besonders durch das Kriterium expliziter Mitgliedschaft definiert (Weber 1976). Die empirische Organisationsforschung hat jedoch gezeigt, dass informelle Regeln, Mythen der Rationalität (DiMaggio/Powell 1983) und Macht, die auf Wissen über strategische Zonen der Ungewissheit (Crozier/Friedberg 1980) beruht, den Kurs der organisationalen Entwicklung mehr bestimmen als explizite Regeln.

Die Komplexität der Organisationen steigt gegenwärtig in zwei Hinsichten an: Intern nimmt sie durch die Einführung neuer Informations- und Kommunikationstechnologien zu (Sproull/Kiesler 1992; Orlikowski u.a. 1996). Dadurch werden die Aufgaben und Vorgänge verdoppelt und die Querverbindungen vervielfacht. Beziehungen und mögliche Interaktionen innerhalb eines Bereichs sowie auch zwischen Bereichen wachsen gleichzeitig exponentiell und erfordern eine verschlankende Reorganisation. Extern nimmt die Komplexität durch die Öffnung der Organisationsgrenzen für vielfältige Akteure und Aspekte aus der Umwelt zu. Allianzen für die Produktentwicklung und Eroberung globaler Märkte, Kooperationen mit Universitäten und Forschungsinstituten, Partnerschaften mit staatlichen und kulturellen Organisationen und präventive Verhandlungen mit Verbraucher- und Umweltschutzinitiativen vergrößern das Spektrum der Aufgaben. Software- und Internetexperten, Medien- und Imageberater, Spezialisten für die europäische Integration oder die kulturellen Probleme globaler Wirtschaft und viele andere mehr gewinnen durch ihr Expertenwissen Einfluss auf die Organisationen, sowohl auf die privaten Unternehmen wie auch auf die öffentlichen Agenturen.

Innerhalb komplexer Organisationen, wie Produktionsunternehmen, Krankenhäusern, Universitäten oder Verkehrsbetrieben, entsteht eine neue Form der Arbeitsorganisation, die ich im Unterschied zur funktionalen Aufteilung der Arbeit als „verteilte Kooperation" bezeichne (Rammert 1999b). Sie folgt nicht mehr den rigiden und expliziten Regeln der tayloristischen Arbeitsorganisation, die hauptsächlich durch eine hierarchische Teilung von Arbeitsplanung im Büro und Arbeitsausführung in der Werkstatt geprägt ist. Sie verlässt auch den Pfad fordistischer Fabrikorganisation, die wesentlich auf einer systematisch organisierten und funktional spezialisierten Arbeitsteilung beruht. Situationen einer „verteilten Kooperation" (Schubert/Rammert/Braun-Thürmann 2002, Meister 2002) ersetzen in vielen Bereichen die stark fixierten, formalisierten und technikgebundenen Tätigkeitsabläufe durch losere Formen der Koppelung von menschlichen und maschinellen Operationen (vgl. Suchman 1993). Die Kooperation und Interaktion bei High-Tech-Arbeitsplätzen wird zum Beispiel durch einen hohen Grad der Eigenaktivitäten der physikalischen Maschinen und der informationsverarbeitenden Systeme gekennzeichnet. Er zeichnet sich häufig durch einen hohen Grad der Diversität der Fähigkeiten und Kompetenzen aus, die für die Bewältigung der Aufgabe erforderlich ist (vgl. Böhle/Bolte 2002). Sind auch die einzelnen Tätigkeitssequenzen hoch formalisiert und standardisiert, so gilt für die Organisation der gesamten Situation verteilter Kooperation, dass ihre Koordination eher naturwüchsig und mit einem entsprechend niedrigen Grad an allgemeiner Formalisierung abläuft. Die Steuerung und Koordination erfolgt nicht durch einen alle Operationen übergreifenden Algorithmus der Problemverarbeitung, sondern sie wird nur durch eine Mischung von expliziten Standards, Routinen und ungeschriebenen Regeln, durch die Vermittlung von „Grenzobjekten" (Star/Griesemer 1989) und durch grenzüberschreitende Aktivitäten (Galison 1997) gesichert, die zwischen den unterschiedlichen Wissenskulturen vermitteln.

Zwischen den Organisationen gewinnen zwei Formen der Vernetzung an Gewicht: Die Herausbildung *strategischer Netzwerke* (Sydow 1992) zwischen Organisationen eines homogenen Feldes, z.b. zwischen Groß- und Kleinunternehmen, Hersteller- und Handelsfirmen in einem ökonomischen Feld wie der Automobil-, der Versicherungs- oder der Filmwirtschaft, verwischt die Grenzen zwischen den Organisationen und lässt eigenartige, lose gekoppelte Gebilde auf einer überorganisationalen Ebene entstehen. Die Bildung *heterogener Netzwerke* zwischen Organisationen unterschiedlicher institutioneller Einbettung, z.b. Politiknetzwerke und Innovationsnetzwerke, weicht die expliziten Grenzen zwischen den institutionellen Sphären von Wirtschaft, Politik und Wissenschaft auf. Welche neuen Probleme der Wissensteilung und der Wissensaneignung entstehen, die nicht mehr nur durch Mittel der Geheimhaltung und des Vertragsrechts (Patente, Lizenzen) geregelt werden können, sondern Vertrauen als grundlegenden Koordinationsmechanismus erfordern (vgl. Powell 1996) mag ein Beispiel aus der radikal verteilten Welt eines virtuellen Unternehmens veranschaulichen. Ein Ingenieur dieses Unternehmens, bei dem er in der Entwicklungsabteilung beschäftigt ist, arbeitet in einem Projekt, an dem strategische Netzwerkpartner und Konkurrenten beteiligt sind, und sitzt zugleich in einem politisch initiierten heterogenen Netzwerk, das Richtlinien für die Sicherheit und Steuerung dieser neuen Technologie aushandeln soll. Die traditionell klare Rolle und Loyalität dieses Ingenieurs gegenüber seinem Basisunternehmen verteilt sich jetzt durch seine Kooperation in einem Projekt, an dem zwei normalerweise miteinander konkurrierende Unternehmen beteiligt sind, und mit seiner Teilnahme an dem Steuerungskomitee, in dem Normen zur Selbstregulierung zwischen Industrie-, Verwaltungs- und politischen Vertretern verhandelt werden, auf drei verschiedene Instanzen auf. Es wird unter diesen Bedingungen nicht mehr nur eine Frage formaler Stellenbeschreibungen und Verträge sein, sondern vor allem eine Frage der organisationalen Kultur und der impliziten Dimensionen des Managements, ob dieser Ingenieur das frisch erworbene Wissen mit seiner Herkunftsorganisation teilt oder es dazu benutzt, das Steuerungskomitee im Sinne einer von ihm stillschweigend begünstigten politischen Gruppierung zu beeinflussen oder den persönlichen Vorteil sucht und es als freier Berater an Konkurrenten verkauft. Diese Vermehrung und Vermischung von Expertenwissen und von Loyalitäten nimmt unter den Bedingungen der verteilten Wissensproduktion zu und fördert treibhausmäßig die Ausbreitung einer florierenden Beratungsindustrie.

Die Überlegungen und Ergebnisse dieses Abschnitts lassen sich dahingehend zusammenfassen, dass ebenso wenig wie das implizite Wissen im Rahmen fortlaufender Modernisierung ganz aufgelöst werden kann, ebenso wenig verliert umgekehrt das explizite Wissen unter einem neuen Regime verteilter Wissensproduktion an Bedeutung. Ich gehe davon aus, dass es kein Nullsummen-Spiel zwischen explizitem und nicht-explizitem Wissen gibt. Beide Wissensarten können wachsen und ihre Wichtigkeit zur gleichen Zeit vergrößern. Auch in der Wissensgesellschaft besteht eine starke Tendenz fort, den Grad der Explikation zunächst einmal auf allen Gebieten anzuheben, wenn sie mit einer Zunahme materieller Komplexität konfrontiert wird, wenn sie mit einer wachsenden zeitlichen Diskontinuität während der Innovation zurechtkommen muss und wenn sie eine größere Vielfalt von Akteuren und ein breiteres Spektrum von Perspektiven integrieren muss. Zusätzlich stärken die Verbreitung der Computertechnologien und die Fortschritte der Telekommunikation die Tendenz, jegliches Wissen explizit zu machen, um es besser senden, verarbeiten und speichern zu können. Aber die traditionellen Grenzen dafür, alles Wissen explizit zu machen, wie sie für die Gebiete der Wissenschaft, Wirtschaft, Politik und für die komplexe Arbeitsorganisation aufgezeigt wurden, verschwinden nicht. Sie verlangen vielmehr eine intensivere Berücksichtigung impliziten Wissens und lassen immer wieder neues implizites Wissen entstehen. Es gibt also eine starke Gegentendenz, nämlich sich zunehmend um die Pflege, Bewahrung und Aneignung des impliziten Wissens zu bemühen, um Vorteile durch Vertrauen, durch unberechenbare Innovation oder durch unnachahmliche Intuition zu erlangen. Die Bedeutung impliziten Wissens rührt vor allem daher, dass es eine notwendige Bedingung ist

- für das Schaffen und Verbreiten wissenschaftlicher Fakten und technischer Artefakte in einer zunehmend miteinander verflochtenen multidisziplinären Forschungslandschaft,
- für den Anschub radikaler technischer Innovationen in Zeiten großer Unsicherheiten,
- für die politische Steuerung solcher Domänen, auf denen die zentrale Autorität des Staates und auch die Gewissheit und Verfügbarkeit des Wissens in Frage stehen, und
- für das Management von Organisationen, welche ihre Grenzen hin zu virtuellen Unternehmen und Netzwerkkooperationen überschreiten.

Diese Tendenz zur Aufwertung nicht-expliziten Wissens gewinnt unter dem Regime der heterogen verteilten Wissensproduktion zunehmend an Bedeutung. Im Zentrum meiner Argumentation steht aber nicht die Substitution der einen durch die andere Wissensform, sondern die angemessene Balance zwischen beiden. Wie diese zu erreichen ist, bildet daher den Bezugspunkt für meine zugespitzten Überlegungen zu einer innovationsorientierten Wissenspolitik.

13.4 Plädoyer für eine „Politik der Wissensdiversität" und des kollektiven Lernens

In der Industriegesellschaft hat die Arbeitsteilung eine explosionsartige Steigerung der Produktivität hervorgerufen. Große komplexe Organisationen und Märkte entwickelten sich zu den zentralen institutionellen Mechanismen der Koordination. Es bildete sich ein Regime funktionaler Differenzierung spezifischer Aktivitäten und komplementärer institutioneller Sphären heraus, um mit den Problemen, ständig und in allen Teilsystemen die Effizienz zu steigern und die Beziehungen zwischen Produktion, Verteilung und Gebrauch der industriellen Güter möglichst krisenfrei zu regulieren, zurechtzukommen. Politiken der Effizienzsteigerung und der wirtschaftlichen Wachstumsforderung waren die adäquaten Mittel auf dem Weg zu einer Wohlfahrtsgesellschaft.

Doch die Vorstellung von einem vorgezeichneten Weg auf eine einheitliche industriekapitalistische Wohlfahrtsgesellschaft hin wurde durch neue Ereignisse und Einsichten, wie z.b. die Erdölkrise, die erkennbaren Grenzen des Wachstums oder die mikroelektronische, die biogenetische und die Internetrevolution tief erschüttert. Wir leben heute in einer Zeit der Unruhe, Ungewissheit und Unübersichtlichkeit. Unterschiedliche Produktionsweisen und unterschiedliche Regulationsregimes entwickeln sich Seite an Seite, manchmal in Kooperation, manchmal im Konflikt miteinander. Es gibt keinen Zweifel an der neuen Tendenz, dass die Produktion, die Verteilung und der Gebrauch von Wissen eine außerordentliche Wichtigkeit in unserer Gesellschaft erlangt haben. In Analogie zur Arbeitsteilung in der Industriegesellschaft kann heute ein paralleler Prozess beobachtet werden – die Wissensteilung. Wir hatten im zweiten Teil argumentiert, dass diese Teilung des Wissens nicht nur die zu bewältigende Menge vergrößert, sondern auch das Maß der Heterogenität von Wissenstypen steigert. Es wird beispielsweise nicht nur immer mehr an medizinischem Wissen in Kliniken und Labors erzeugt, sondern neben dem schulmedizinischen Wissen werden sozialepidemologische Fakten, Erfahrungswissen von Selbsthilfegruppen, Alternativpraktiken chinesischer Medizin und andere Sparten von relevantem Wissen erzeugt, das immer wieder neu gewichtet und in Balance zueinander gebracht werden muss. Diese Vielfalt des Wissens ist auf verschiedene Plätze in der Welt und auf unterschiedliche Orte in der Gesellschaft verstreut.

Wissen ist ein anderes Gut als Autos oder Mikrochips. Es ist ein immaterielles und ein interaktives Gut. Immateriell bedeutet, dass Informationen leicht verteilt, kopiert und gespeichert werden können, wenn sie erst einmal hergestellt und formatiert worden sind. Interaktiv bedeutet, dass Wissen erst im Gebrauch von Informationen, also in Aktionen und Interaktionen, entsteht. Wenn die Wissensproduktion über viele Plätze weit verstreut stattfindet, wenn sie auf verschiedene Akteure, die alle daran beteiligt sind, aufgeteilt ist und wenn sie in unterschiedliche kognitive Perspektiven aufgespalten ist, dann scheint auf den ersten Blick eine Politik der Sammlung, Vereinheitlichung, Standardisierung und Modularisierung rational zu sein. Sie entspricht zwar den Erfahrungen mit der Rationalisierung der industriellen und ökonomischen Prozesse. Aber sie riskiert die Zerstörung gerade derjenigen Eigenschaften, die dem Wissen seinen besonderen Wert verleihen: Das sind der Reichtum der Aspekte und Assoziationen, der beschnitten würde, und der interaktive Charakter des Wissens, der verloren ginge, wenn es grenzenlos explizit gemacht und formalisiert würde.

Denn der Wert des Wissens steigt umso höher an, je mehr es gebraucht wird und je unterschiedlicher die Aspekte sind, unter welchen es genutzt werden kann, während sich der Wert der materiellen Güter durch die Benutzung verringert. Deswegen sollte eine intelligente Wissenspolitik dazu ermutigen, eine Pluralität der Akteure daran zu beteiligen und eine Diversität der Perspektiven dazu aufzubauen. Sie sollte die Unterschiede in und zwischen den verschiedenen Expertenkulturen pflegen. Sie sollte das Denken kreuz und quer zwischen unterschiedlichen Wissensdisziplinen fordern. Und sie sollte Spielräume offenhalten und für öffentliche Arenen sorgen, wo kollektives Lernen zwischen heterogenen Akteuren stattfinden kann. Eine Politik des quantitativen Wissenswachstums sollte durch eine qualitative Politik der Wissensdiversität ergänzt werden.

Literatur

Abels, H. (1998): Interaktion, Identität, Präsentation. Kleine Einführung in interpretative Theorien der Soziologie. Opladen: Westdeutscher Verlag

Amann, K. (1994): Menschen, Mäuse und Fliegen. Eine wissensoziologische Analyse der Transformation von Organismen in epistemische Objekte. In: Zeitschrift für Soziologie 23, S. 22-40

Arthur, B. (1989): Competing Technologies, Increasing Returns, and Lock-in by Historical Events. In: Economic Journal 99, S 116-131

Asdonk, J., Bredeweg, U., Kowol, U. (1994): Evolution in technikerzeugenden und technikverändernden Sozialsystemen – dargestellt am Beispiel des Werkzeugmaschinenbaus. In: Technik und Gesellschaft. Jahrbuch 7. Frankfurt/M., Campus, S. 67-94

Assmann, A., Assmann, J. (1994): Das Gestern im Heute: Medien und soziales Gedächtnis. In: K. Merten, S.J. Schmidt, S. Weischenberg (Hg.): Die Wirklichkeit der Medien. Opladen: Westdeutscher Verlag, S. 114-140

Baecker, D. (1995): Über Verteilung und Funktion von Intelligenz im System. In: Soziologie und künstliche Intelligenz. W. Rammert, (Hrsg.). Frankfurt/M., Campus, S. 161-186

Bammé, A. u.a.(1983): Maschinen-Menschen, Menschen-Maschinen. Grundrisse einer sozialen Beziehung. Reinbek: Rowohlt

Barben, D. (2003): Biotechnologie und Neoliberalismus. Regimeanalytische Rekonstruktion einer „Zukunftstechnologie" im internationalen Vergleich (USA – Deutschland/ EU). Unveröffentlichte Habilitationsschrift, FU Berlin

Bateson, G. (1985): Ökologie des Geistes. Frankfurt/M.: Suhrkamp

Bechmann, G. (1998): Natur als Eigenwert der Gesellschaft? In: J. Halfmann (Hrsg.): Technische Zivilisation. Opladen: Leske & Budrich, S. 73-92

Bechmann,G., Japp, K.-P. (1997): Zur gesellschaftlichen Konstruktion von Natur: Soziologische Reflexion der Ökologie. In: S. Hradil (Hrsg.): Differenz und Integration. Frankfurt/M: Campus, S. 551-567

Beck, U. (1986): Risikogesellschaft. Auf dem Weg in eine andere Moderne. Frankfurt/M.: Suhrkamp

Beck, U. (1998): Die Politik der Technik. Weltrisikogesellschaft und ökologische Krise. In: W. Rammert (Hrsg.): Technik und Sozialtheorie. Frankfurt/M.: Campus, S. 261-92

Beck, U., Giddens, A., Lash, S. (1994): Reflexive Modernization. Cambridge, Polity Press

Beck, U., Giddens, A., Lash, S. (1996): Reflexive Modernisierung. Eine Kontroverse. Frankfurt/M.: Suhrkamp

Bell, D. (1979): Die nachindustrielle Gesellschaft. Frankfurt/M.: Campus (zuerst 1973)

Belliger, A., D. J. Krieger (2006): ANThology. Ein einführendes Handbuch zur Akteur-Netzwerk-Theorie. Bielefeld: Transkript

Ben-David, J., (1971): The Scientist's Role in Society. A Comparative Study. Englewood Cliffs: Prentice-Hall

Bender, G. (Hrsg.) (2001): Neue Formen der Wissenserzeugung. Frankfurt/M., Campus

Bender, G. (2006): Technologieentwicklung als Institutionalisierungsprozess: Zur Entstehung einer soziotechnischen Welt. Berlin: Edition Sigma Berger, J. (1982): Die Versprachlichung des Sakralen und die Entsprachlichung der Ökonomie. In: Zeitschrift für Soziologie 11(4), S. 353-365 Berger, P., Luckmann, T. (1969): Die gesellschaftliche Konstruktion der Wirklichkeit. Frankfurt/M: Fischer

Bijker, W. E., T. P. Hughes, T. J. Pinch (eds) (1987): The Social Construction of Technological Systems. New Directions in the Sociology and History of Technology. Cambridge: MIT Press

Birrer, F. (2001): Combination, hybridization and fusion of knowledge modes. In: G. Bender (Hrsg.): Neue Formen der Wissenserzeugung. Frankfurt/M., Campus, S. 57-68

Blättel-Mink, B. (2006): Kompendium der Innovationsforschung. Wiesbaden: VS-Verlag Sozialwissenschaften

Bloor, D. (1976): Knowledge and Social Imagery. London: Routledge

Blum, A. F., P. McHugh (1975): Die gesellschaftliche Zuschreibung von Motiven. In: K. Lüderssen, F. Sack (Hrsg.): Seminar: Abweichendes Verhalten II: Die gesellschaftliche Reaktion auf Kriminalität, Band 1: Strafgesetzgebung und Strafrechtsdogmatik, Frankfurt/Main: Suhrkamp, S. 171-198

Blumenberg, H. (1981): Lebenswelt und Technisierung unter Aspekten der Phänomenologie. In: H. Blumenberg, Wirklichkeiten in denen wir leben. Aufsätze und eine Rede, Stuttgart: Reclam, S. 7-54

Bogard, W. (1996): The Simulation of Surveillance. Hypercontrol in Telematic Societies. Cambridge: Polity Press

Böhle, F. (1997a): Subjektivierendes Arbeitshandeln – Zur Überwindung einer gespaltenen Subjektivität. In: Technik und Subjektivität. C. Schachtner, (Hrsg.). Frankfurt/M., Suhrkamp

Böhle, F. (1997b): Verwissenschaftlichung als sozialer Prozeß. In: Bieber, D. (Hrsg.): Technikentwicklung und Industriearbeit. Frankfurt/M.: Campus, S. 153-179

Böhle, F., Bolte, A. (2002): Die Entdeckung des Informellen. Der schwierige Umgang mit Kooperation im Arbeitsalltag. Frankfurt/M., Campus

Böhle, F., u.a. (2002): Umbrüche im gesellschaftlichen Umgang mit Erfahrungswissen. Frankfurt/M., Campus

Böhme, G. (1992): Natürlich Natur. Über Natur im Zeitalter ihrer technischen Reproduzierbarkeit. Frankfurt/M.: Suhrkamp.

Böhme, G., Stehr, N. (eds.) (1986): The Knowledge Society. Dordrecht, Reidel

Böhme, G., van den Daele, W., Krohn, W. (1977): Experimentelle Philosophie. Ursprünge autonomer Wissenschaftsentwicklung. Frankfurt/M.: Suhrkamp

Böhme, G., van den Daele, W., Weingart, P. (1976): Finalization in Science. In: Social Science Information 15, S. 307-330

Böhme, Gernot (1992): Technische Zivilisation. In: Technik und Gesellschaft. Jahrbuch 6. Frankfurt/M.: Campus. S. 17-40

Bora, A., Decker, M., Grunwald, A., Renn, O. (Hg.) (2005): Technik in einer fragilen Welt. Die Rolle der Technikfolgenabschätzung. Berlin: Edition Sigma

Botthof, A., Pelka, J. (Hrsg.) (2003). Mikrosystemtechnik. Zukunftsszenarien. Berlin: Springer

Bourdieu, P. (1979): Entwurf einer Theorie der Praxis. Frankfurt/M.: Suhrkamp

Bourdieu, P. (1992): Die Kodifizierung. In: ders.: Rede und Antwort. Frankfurt/M.: Suhrkamp

Bowker, G., S. L. Star (1998): How Things (Actor-Net)work: Classification, Magic and the Ubiquity of Standards. In: Philosophia 25 (3-4), S. 195-220

Brand, K.-W. (Hrsg.) (1998): Soziologie und Natur. Opladen: Leske & Budrich

Braun, I. (1993): Technik-Spiralen. Vergleichende Studien zur Technik im Alltag. Berlin: Edition Sigma.

Braun, I./Joerges, B. (Hg.) (1994): Technik ohne Grenzen. Frankfurt/M.: Suhrkamp

Braun-Thürmann, H. (2002): Künstliche Interaktion – Wie Technik zur Teilnehmerin sozialer Wirklichkeit wird. Wiesbaden: Westdeutscher Verlag

Braun-Thürmann, H. (2002): Über die praktische Herstellung der Handlungsträgerschaft von Technik. In: Können Maschinen handeln?. W. Rammert, Schulz-Schaeffer, I. (Hrsg.). Frankfurt/M., Campus, S. 161-187

Braun-Thürmann, H. (2005): Innovation. Bielefeld: Transcript Verlag

Brooks, R. (2002): Menschmaschinen. Wie uns die Zukunftstechnologien neu erschaffen. Frankfurt/M.: Campus

Brown, J.S., Duguid, P. (2000): Mysteries of the Region: Knowledge Dynamics in Silicon Valley. In: Lee, C.-M. et al. (eds): The Silicon Valley Edge. Stanford, Stanford University Press, S. 16-39

Bunge, M. (1985): Technology: From Engineering to Decision Theory. In: Treatise on Basic Philosophy, vol. 7, Epistemology and Methodology III. Philosophy of Science and Technology, part 2, S. 219-311

Burkart, G. (1994): Individuelle Mobilität und soziale Integration. Zur Soziologie des Automobilismus. In: Soziale Welt 45(2), S. 216-241

Burkhard, H.-D., Rammert, W. (2000): Integration kooperationsfähiger Agenten in komplexen Organisationen. Möglichkeiten und Grenzen der Gestaltung hybrider offener Systeme. In: Working Paper TUTS-WP-1-2000, Technical University Berlin

Button, G. (Hrsg.) (1993): Technology in Working Order. Studies of Work, Interaction and Technology. London: Routledge

Callon, M. (1983): Die Kreation einer Technik. Der Kampf um das Elektroauto. In: Technik und Gesellschaft. Jahrbuch 2, Frankfurt/M., Campus, S. 140-160

Callon, M. (1987): Society in the Making: The Study of Technology as a Tool for Sociological Analysis. In: The Social Construction of Technological Systems. W.E. Bijker, T.P. Hughes, T. Pinch (eds). Cambridge, MA: MIT Press, S. 83-103

Callon, M. (1993): Varieties and Irreversability in Networks of Technique Conception and Adoption. In: D. Foray, C. Freeman (eds), Technology and the Wealth of Nations. London: OECD, S. 232-269

Callon, M. (1995): Four Models for the Dynamics of Science. In: Handbook of Science and Technology Studies. A. Jasanoff et al. (eds). Thousand Oaks: Sage, S. 29-63

Callon, M., B. Latour (1992): Don't Throw the Baby Out with the Bath School! A Reply to Collins and Yearley. In: Andrew Pickering (Hrsg.): Science as Practice and Culture: Chicago u.a.: University of Chicago Press, S. 343-368

Callon; M. (1986): Some Elements of a Sociology of Translation: Domestication of the Scallops and the Fishermen of St. Brieux Bay. In: John Law (Hrsg.), Power, Action, and Belief. London: Routledge, S. 196-229

Canzler, W., Schmidt, G. (Hrsg.) (2003): Das zweite Jahrhundert des Automobils. Technische Innovationen, ökonomische Dynamik und kulturelle Aspekte. Berlin: edition sigma

Cassirer, E. (<1930>1985): Form und Technik. In: Symbol, Technik, Sprache. Aufsätze aus den Jahren 1927-193 3. Hamburg: Felix Meiner

Castells, M. (1996): The Rise of the Network Society. Oxford: Blackwells

Christaller, T. u.a. (2001): Robotik. Perspektiven des menschlichen Handelns in der zukünftigen Gesellschaft. Berlin, Springer

Christaller, T., Wehner, J. (Hrsg.) (2003): Autonome Maschinen. Perspektiven einer neuen Technikgeneration. Wiesbaden: Westdeutscher Verlag

Coleman, J. S. (1990): Foundations of Social Theory. Cambridge. Mass. u.a.: The Belknap Press of Harvard University Press

Collins, H. M. (1974): The TEA Set: Tacit Knowledge and Scientific Networks. In: Science Studies, vol. 4, S. 165-186

Collins, H.M. (1981): Stages in the Empirical Programme of Relativism. In: Social Studies of Science 11, S. 3-10

Collins, H. M. (1990): Artificial Experts. Social Knowledge and Intelligent Machines. Cambridge: MIT Press

Collins, H. M. (1992): Changing Order. Replication and Induction in Scientific Practice, rev. ed. Chicago: Chicago University Press

Collins, H. M., Martin Kusch (1998): The Shape of Actions. What Humans and Machines Can Do, Cambridge, Mass. u.a.: The MIT Press

Cronberg, T., Sørensen, K. (eds) (1995): Similar Concerns, Different Styles? Technology Studies in Western Europe. Brussels: Office for Publications of the European Communities

Crossley, N. (1996): Intersubjectivity. The Fabric of Social Becoming, London: Sage

Crozier, M., Friedberg, D. (eds.) (1980): Actors and Systems. The Politics of Collective Action. Chicago, University of Chicago Press

Dahrendorf, R. (1967): Homo Sociologicus. Pfade aus Utopia. R. Dahrendorf. München, Piper, S. 128-194

David, P. A. (1985): Clio and the Economics of QWERTY. In: American Economic Review 75 (2), S. 332-337

David, P. (1993): Path-Dependence and Predictability in Dynamic Systems with Local Network Externalities: A Paradigm of Historical Economics. In: D. Foray, C. Freeman (eds), Technology and the Wealth of Nations. London: OECD, S. 208-231

D'Avis, W. (1994): Können Computer denken? Eine bedeutungs- und zeittheoretische Analyse von KI-Maschinen: Frankfurt/Main u.a.: Campus

Degele, N. (1995): Vom Nutzen nichtgenutzter Expertensysteme. In: Soziologie und künstliche Intelligenz. Produkte und Probleme einer Hochtechnologie. W. Rammert (Hrsg.). Frankfurt/M.: Campus, S. 275-298

Degele, N. (2002): Einfuhrung in die Techniksoziologie. München: Fink

Dennett, D. (1987): The Intentional Stance. Cambridge, MA: MIT Press

Dennett, D. (1989): The Interpretation of Texts, People and Other Artifacts. Bielefeld: Zentrum für Interdisziplinäre Studien, Preprint no. 15

Dennett, D. C. (1971): Intentional Systems. In: Journal of Philosophy 68(4)

Denzinger, J. (1993): Verteiltes, wissensbasiertes Gleichheitsbeweisen durch Teamwork. In: H. J. Müller (Hrsg.): Verteilte Künstliche Intelligenz. Methoden und Anwendungen. Mannheim: BI- Wissenschaftsverlag, S. 311-321

Derrida, J. (1995): Mal d'Archivé (Archive Fever). Paris

Dessauer, F. (1927): Philosophie der Technik. Das Problem der Realisierung. Bonn: Cohen

Dessauer, F. (1956): Streit um die Technik. Freiburg i.B.: Herder

Dewey, J. (<1925>1995): Erfahrung und Natur. Frankfurt/M.: Suhrkamp

Dewey, J. (<1929>1998): Die Suche nach Gewißheit. Frankfurt/M.: Suhrkamp

Dewey, J. (<1938> 2002): Logik. Die Theorie der Forschung. Frankfurt/M.: Suhrkamp

Dewey, J. (<1940>1946): Nature in Experience. In: ders.: Problems of Men. New York: Philosophical Library; S. 193-207

Dewey, J. (<1941>1946): The Objectivism-Subjectivism of Modern Philosophy. In: ders.: Problems of Men. New York, S. 309-21

Dewey, J. (1902): Interpretation of Savage Mind. In: Psychological Review 9, S. 39-52

Dewey, J. (1916): Essays in Experimental Logic. Chicago: University of Chicago Press

Dewey, J. (1938): Logic. Theory of Inquiry. New York: Henry Holt and Co

Dewey, J., Bentley, A. (1949): Knowing and the Known. Boston: Beacon Press

Dewey; J. (1912): Introduction. Essays in Experimental Logic. New York: Dover Publ., S. 1-74

Dierkes, M. (Hrsg.) (1997): Technikgenese: Befunde aus einem Forschungsprogramm. Berlin: Edition sigma

Dierkes, M., Hoffmann, U. (eds) (1992): New Technology at the Outset. Social Forces in the Shaping of Technological Innovations. Boulder, COL: Westview Press

Dierkes, M., Hoffmann, U., Marz, L. (1992): Leitbild und Technik. Zur Entstehung und Steuerung technischer Innovationen. Berlin: Sigma

DiMaggio, P., Powell, W. (1983): The Iron Cage Revisited: Institutional Isomorphism and Collective Rationality in Organizational Fields. In: American Sociological Review 48. S. 147-160

Ditton, J. (1998): Public support for town centre CCTV schemes: Myth or reality? In: Norris, C., Moran; J., Armstrong, G. (eds): Surveillance, Closed Circle Television, and Social Control. Aldershot: Ashgate

Dolata, Ulrich (2003): Unternehmen Technik. Akteure, Interaktionsmuster und strukturelle Kontexte der Technikentwicklung. Berlin: Edition Sigma

Dosi, G. (1982): Technological Paradigms and Technological Trajectories. In: Research Policy 11, S. 147-166

Drexler, K. E. (1990): Engines of Creation. London: Fourth Estate Ltd

Dreyfus, H. (1972): Die Grenzen künstlicher Intelligenz. Was Computer nicht können. Königstein: Athenäum

Dreyfus, H. L. (1979): What Computers Can't Do. New York: Harper and Row Dreyfus, H. L., Dreyfus, S. E. (1987): Künstliche Intelligenz. Von den Grenzen der Denkmaschine und dem Wert der Intuition. Reinbek, Rowohlt

Du Gay, P., Hall, S., James, L., Mackay, H., Negus, K. (1997): Doing Cultural Studies – The Story of the Sony Walkman. London: SAGE / Open University

Durkheim, E. (1895, 1961, 1970): Regeln der soziologischen Methode, 3. Auflage. Neuwied: Luchter- hand

Eder, K. (1998): Kommunikation über Natur. In: J. Halfmann (Hrsg.): Technische Zivilisation. Opladen: Leske & Budrich, S. 51-72

Elias, N. (1984): Über die Zeit. Frankfurt/M.: Suhrkamp

Ellul, J. (<1954>1964): The Technological Society. New York: Alfred A. Knopf

Elster, J. (1983): Explaining Technical Change. A Case Study in the Philosophy of Science. Cambridge: Cambridge University Press

Esposito, E. (1993): Der Computer als Medium und Maschine. In: Zeitschrift fur Soziologie, Jg. 25, H. 5, S. 338-354

Esposito, E. (1995): Interaktion, Interaktivität und die Personalisierung der Massenmedien. In: Soziale Systeme 1(2), S. 225-260

Etzkowitz, H. (2002): MIT and the Rise of Entrepreneurial Science. London: Routledge

Etzkowitz, H., Leydesdorff, L. (eds) (1997): Universities and the Global Knowledge Economy. A Triple Helix of University-Industry-Government Relations. London: Pinter

Etzkowitz, H., Webster, A., Gebhardt, C., Cantisano, C. and Branca, R. (2000): The Future of the University and the University of the Future: Evolution of Ivory Tower to Entrepreneurial Paradigm. In: Research Policy 29, S. 313-330

Faßler, M. (1996): Mediale Interaktion. Speicher, Individualität, Öffentlichkeit. München: Fink

Feenberg, A. (1991): Critical Theory of Technology. New York: Oxford U. P.

Fleck, L. (1935): Genesis and Development of a Scientific Fact. Chicago, University of Chicago Press

Flusser, V. (1991): Gesten. Versuch einer Phänomenologie. Düsseldorf: Bollmann

Foner, L. N. (1997): What's an Agent, Anyway? A Sociological Case Study. In: W. Lewis Johnson (Hrsg.): Proceedings of the First International Conference on Autonomous Agents (Agents '97), Marina del Rey, Ca., February 5 – 8, 1997. New York: ACM

Foray, D., Freeman, C. (eds.) (1993): Technology and the Wealth of Nations. London, OECD

Foucault, M. (1973): Archäologie des Wissens. Frankfurt/M.: Suhrkamp

Foucault, M. (1975): Überwachen und Strafen. Die Geburt des Gefängnisses. Frankfurt/M.: Suhrkamp

Foucault, M. (1976): Die Geburt der Klinik. Eine Archäologie des ärztlichen Blicks. Frankfurt/M: Suhrkamp

Franke, S. (2001): Car-Sharing: Vom Ökoprojekt zur Dienstleistung. Berlin: Edition Sigma Fricke, W. (Hrsg.) (1998): Innovationen in Technik, Wissenschaft und Gesellschaft. Bonn: Friedrich-Ebert-Stiftung

Fujimura, J. (1992): Crafting Science: Standardized packages, boundary objects, and ‚translation'.In: Pickering, A. (ed.): Science as practice and culture. Chicago, University of Chicago Press, S. 168-213

Fuller, S. (1994). Making Agency Count. A Brief Foray into the Foundation of Social Theory. In: American Behavioral Scientist 37(6), S. 741-753

Funken, C. (2001): Die Modellierung der Welt. Wissenssoziologische Studien zur Software-Entwicklung. Opladen, Leske und Budrich

Funken, C., Meister, M. (2003): Netzwerke als Singles Bar, Affinity Groups und interorganisationales Regime. Zu einigen Schwierigkeiten, das soziale Geschehen von Unternehmensgründungen informationstechnisch zu unterstützen. In: T. Christaller, Wehner, J. (Hrsg.): Autonome Maschinen. Wiesbaden, Westdeutscher Verlag, S. 69-93

Galison, P. (1996): Computer Simulations and the Trading Zone. In: The Disunity of Science: Boundaries, Contexts, and Power. P. Galison, Stump, D. (eds.). Stanford, Stanford University Press, S. 118-157

Galison, P. (1997): Image and Logic: A Material Culture of Microphysics. Chicago, University of Chicago Press

Galison, P. (2004): Heterogene Wissenschaft: Subkulturen und Trading Zones in der modernen Physik. In: J. Strübing u.a. (Hrsg.): Kooperation im Niemandsland. Opladen, Leske + Budrich, S. 2757

Galison, P., Stump, D. (eds) (1996): The Disunity of Science. Stanford, Stanford University Press

Garfmkel, H. (1967): Studies in Ethnomethodology. Englewood Cliffs, N.J., Prentice Hall

Garud, R., Carnoe, P. (eds) (2001): Path Dependence and Creation. Mahwah, N.J.: Lawrence Erlbaum

Gasser, L. (1991): Social Conceptions of Knowledge and Action. DAI-foundations and Open Systems Semantics. In: Artificial Intelligence, 47, S. 107-138

Gehlen, A. (1957): Die Seele im technischen Zeitalter. Reinbek: Rowohlt

Gerth, H., C. W. Mills (1953/1970): Person und Gesellschaft. Die Psychologie sozialer Institutionen. Frankfurt/Main u.a.: Athenäum

Geser, H. (1989): Der PC als Interaktionspartner. In: Zeitschrift für Soziologie, Jg. 18, H. 3, S. 230-243

Gibbons, M., Limoges, C., Nowotny, H., Schwartzman, S., Scott, P., Trow, P. (1994): The New Production of Knowledge. The Dynamics of Science and Research in Contemporary Societies. London, SAGE

Giddens, A. (1988): Die Konstitution der Gesellschaft. Grundzüge einer Theorie der Strukturierung, Frankfurt/Main u.a.: Campus

Giddens, A. (1995): Konsequenzen der Moderne. Frankfurt/M.: Suhrkamp

Giedion, S. (<1948>1984): Die Herrschaft der Mechanisierung. Frankfurt/M.: EVA

Giegel, H.-J. (1998): Operation und Kultur. Kulturspezifische Beobachtungen der Technik. In: W. Rammert (Hrsg.): Technik und Sozialtheorie. Frankfurt/M.: Campus, S. 149-188

Gilbert, N., Conte, R. (eds.) (1995): Artificial Societies. The Computer Simulation of Social Processes. London: UCL Press

Gilfillan, S.C. (1935): The Sociology of Invention. Chicago: Follet

Gläser, J. (2001): Modus 2a und Modus 2b. In: G. Bender (Hrsg.): Neue Formen der Wissenserzeugung. Frankfurt/M,: Campus, S. 83-99

Goffman, E. (1980): Rahmen-Analyse. Ein Versuch über die Organisation von Alltagserfahrungen. Frankfurt/Main: Suhrkamp

Goffman, E. (1982): Das Individuum im öffentlichen Austausch. Mikrostudien zur öffentlichen Ordnung. Frankfurt/Main: Suhrkamp

Goffman, E. (1983): Wir alle spielen Theater. Selbstdarstellung im Alltag. („The Presentation of Self in Everyday Life", New York 1959). München, Piper

Granovetter, M. (1985): Economic Action, Social Structure, and Embeddedness. In: American Journal of Sociology 91, S. 481-510

Grint, K., Woolgar, S. (1997): The Machine at Work. Technology, Work and Organization. Cambridge: Polity

Groys, B. (1992): Über das Neue. Versuch einer Kulturökonomie. München: Hanser

Groys, B. (1997): Technik im Archiv. Die dämonische Logik technischer Innovation. In: Technik und Gesellschaft. Jahrbuch 9, S. 15-32

Grundmann, R. (1997): Die soziologische Tradition und die natürliche Umwelt. In: S. Hradil (Hrsg.): Differenz und Integration. Frankfurt/M.: Campus, S. 533-550

Grunwald, A. (2002): Wenn Roboter planen: Implikationen und Probleme einer Begriffszuschreibung. In: Können Maschinen handeln? W. Rammert, Schulz-Schaeffer, I. (Hrsg.). Frankfurt/M.: Campus, S. 141-160

Habermas, J. (1968): Technik und Wissenschaft als „Ideologie". Frankfurt/M.: Suhrkamp

Habermas, J. (1981): Theorie des kommunikativen Handelns, 2 Bände. Frankfurt/M.: Suhrkamp

Hack, L. (1998): Technologietransfer und Wissenstransformation. Zur Globalisierung der Forschungsorganisation von Siemens. Münster: Westfälisches Dampfboot

Hacking, I. (1998): Ironiker, Reformer und Rebellinnen oder Was sich sozial konstruieren läßt. In: Neue Rundschau 109, S. 19-43

Hacking, I. (1999): Was heißt ‚soziale Konstruktion'? Zur Konjunktur einer Kampfvokabel in der Wissenschaft. Frankfurt/Main: Fischer

Hage, J., Hollingsworth, R. (2000): A Strategy for Analysis of Idea Innovation Networks and Institutions. In: Organization Studies 21, S. 971-1004

Halfmann, J. (1996): Die gesellschaftliche „Natur" der Technik. Eine Einführung in die soziologische Theorie der Technik. Opladen: Leske + Budrich

Halfmann, J. (1998): Der wissenschaftliche Konstruktivismus und die Natur: Das Problem der Beobachterzirkularität (Manuskript)

Halfmann, J. (2004): Technik und Kausalität. In: K. Kornwachs (Hrsg.): Technik – System – Verantwortung. Münster: LIT-Verlag, S. 189-197

Halfmann, J., Bechmann, G., Rammert, W. (Hrsg.) (1995): Technik und Gesellschaft, Jahrbuch 8. Theoriebausteine der Techniksoziologie. Frankfurt/M., Campus

Hannay, N. Bruce, McGinn, Robert E. (1981): The Anatomy of Modem Technology. In: Daedalus 109, S. 25-53

Haraway, D. J. (1995): Die Neuerfindung der Natur. Primaten, Cyborgs und Frauen. Frankfurt/Main u.a.: Campus

Hastedt, H. (1991): Aufklärung und Technik. Grundprobleme einer Ethik der Technik. Frankfurt/M.: Suhrkamp

Hayek, F. A. (1945): The Use of Knowledge in Society. In: American Economic Review 35(4), S. 519-530

Heath, C., Luff, P. (2000): Technology in Action. Cambridge: Cambridge University Press

Heidegger, M. (1962): Die Technik und die Kehre. Pfullingen: Neske

Heidenreich, M. (2000): Regionale Netzwerke in der globalen Wissensgesellschaft. In: Weyer, J. (Hrsg.): Soziale Netzwerke. München: Oldenbourg, S. 87-110

Heidenreich, M., Krauss, G. (1998): The Baden-Württemberg production and innovation regime: past successes and new challenges. In: Braczyk, H.-J., Cooke, P., Heidenreich, M. (eds): Regional Innovation Systems. London, UCL Press, S. 214-244

Heider, F. (1926): Ding und Medium. In: Symposion 1, S. 109-157

Heider, F., M. Simmel (1944): An Experimental Study of Apparent Behavior, in: American Journal of Psychology 57, S. 243-259

Heintz, B. (1993): Die Herrschaft der Regel. Zur Grundlagengeschichte des Computers. Frankfurt/M.: Campus

Heintz, B. (1995): „Papiermaschinen". Die sozialen Voraussetzungen maschineller Intelligenz. In: W. Rammert (Hrsg.): Soziologie und künstliche Intelligenz. Frankfurt/M.: Campus, S. 37-64

Heintz, B. (2000): Die Innenwelt der Mathematik. Zur Kultur und Praxis einer beweisenden Disziplin. Wien: Springer

Helmstädter, E. (2000): Wissensteilung. In: Graue Reihe des Instituts Arbeit und Technik. Gelsenkirchen

Hemlin, S. (2001): Organizational aspects of mode 2 / triple helix knowledge production. In: G. Bender (Hrsg.): Neue Formen der Wissenserzeugung. Frankfurt/M.: Campus, S. 181-200

Hempel, L., Metelmann, J. (Hg.) (2005): Bild – Raum – Kontrolle. Videoüberwachung als Zeichen gesellschaftlichen Wandels. Frankfurt/M.: Suhrkamp

Hennen, L. (1991). Technisierung des Alltags. Ein handlungstheoretischer Beitrag zur Theorie technischer Vergesellschaftung. Opladen, Westdeutscher Verlag

Hickman, L. (1990): John Dewey's Pragmatic Technology. Bloomington: Indiana University Press

Hickman. L. (1988): The Phenomenology of the Quotidian Artefact. In: P. Durbin (Hrsg.): Technology and Contemporary Life. Dordrecht: Reidel

Hirschauer, S. (1999): Die Praxis der Fremdheit und die Minimierung der Anwesenheit. Eine Fahrstuhlfahrt. In: Soziale Welt 50, S. 221-246

Hirschauer, S. (2004): Praktiken und ihre Körper. Über materielle Partizipanden des Tuns. In: K. H. Hörning, J. Reuter (Hg.): Doing Culture. Neue Positionen zum Verhältnis von Kultur und sozialer Praxis. Bielefeld, transcript, S. 73-91

Hirsch-Kreinsen, H. (2002): Unternehmensnetzwerke – revisited. In: Zeitschrift für Soziologie 31(2), S. 106-124

Hollingsworth, R., Schmitter, P. Streeck, W. (1994): Governing Capitalist Economies. New York, Oxford University Press

Holtgrewe, U. (1997): Frauen zwischen Zuarbeit und Eigensinn. Der EDV-Einzug in Kleinstbetriebe und die Veränderungen weiblicher Assistenzarbeit. Berlin: Edition Sigma

Honneth, A. (1980): Arbeit und instrumentales Handeln. Arbeit, Handlung, Normativität. In: A. Honneth, Jaeggi, U. (Hrsg.). Frankfurt/M.: Suhrkamp, S. 185-233

Hood, W. (1982): Dewey and Technology: A Phenomenological Approach. In: Research in Philosophy and Technology, vol. 5, S. 189-207

Hood, W. (1992): Dewey and the Technological Context of Directed Praxis. In: R. W. Burch, H. J. Saatkamp (eds): Frontiers in American Philosophy, vol. I, Texas A&M Press, College Station, S. 125-136

Hörning, K. H. (1986): Technik und Symbol, in: Soziale Welt 36, S. 186-207

Hörning, K. H. (2001): Experten des Alltags. Die Wiederentdeckung des praktischen Wissens. Weilerswist: Velbrück

Hubig, C., Hüning, A., Ropohl, G. (2000): Nachdenken über Technik. Die Klassiker der Technikphilosophie. Berlin: Edition Sigma

Hubig, C. (2004): Selbständige Natur oder verselbständigte Medien – Die neue Qualität der Vernetzung. In: K. Kornwachs (Hrsg.): Technik – System – Verantwortung. Münster: LIT-Verlag, S. 129-144

Hughes, T. P. (1983): Networks of Power. Electrification in Western Societies, 1880-1930. Baltimore: John Hopkins University Press

Hughes, T. P. (1987): The Evolution of Large Technological Systems. In: W. E. Bijker, T. P. Hughes, T. J. Pinch (eds): The Social Construction of Technological Systems, Cambridge: MIT Press, S. 51-81

Hughes, T., P. (1986): The Seamless Web: Technology, Science, Etcetera, Etcetera. In: Social Studies 16, S. 281-292

Husserl, E. (<1936>1982): Die Krisis der europäischen Wissenschaften und die transzendentale Phänomenologie. Hamburg: Felix Meiner

Hutchins, E. (1996): Cognition in the Wild. Cambridge: MA: MIT Press

Hutchins, E. (1998): Learning to navigate. In: Chaiklin, S., Lave, J. (eds): Understanding Practice. Perspectives on Activity and Context. Cambridge, Cambridge University Press

Ihde, D. (1979): Technics and Praxis. A Philosophy of Technology. Boston: Reidel

Ihde, D. (1983): Existential Technics. Albany: State University of New York Press

Ihde, D. (1990): Technology and the Lifeworld. From Garden to Earth. Bloomington: Indiana University Press

Illich, I. (1975): Selbstbegrenzung. Eine politische Kritik der Technik. Reinbek: Rowohlt

Innis, H. (1972): Empire and Communication. Toronto: University of Toronto Press

Innis, H. (1973): The Bias of Communication. Toronto: University of Toronto Press

Janning, F. (1998): Das politische Organisationsfeld. Opladen, Westdeutscher Verlag

Japp, K. P. (1998): Die Technik der Gesellschaft? In: W. Rammert (Hrsg.): Technik und Sozialtheorie. Frankfurt/M.: Campus, S. 293-326

Joas, H. (1989): Praktische Intersubjektivität. Die Entwicklung des Werkes von G. H. Mead. Frankfurt/M.: Suhrkamp

Joas, H. (1992): Die Kreativität des Handelns. Frankfurt/M.: Suhrkamp

Joas, H., Knöbl, W. (2004): Sozialtheorie. Zwanzig einführende Vorlesungen. Frankfurt/M.: Suhrkamp

Joerges, B. (1979): Überlegungen zu einer Soziologie der Sachverhältnisse. „Die Macht der Sachen über uns" oder „Die Prinzessin auf der Erbse". In: Leviathan 7(1), S. 125-137

Joerges, B. (1995): Prosopopoietische Systeme. Probleme konstruktivistischer Technikforschung. In: Technik und Gesellschaft. Jahrbuch 8, S. 31-48

Joerges, B. (1996): Technik. Körper der Gesellschaft. Arbeiten zur Techniksoziologie. Frankfurt/Main: Suhrkamp

Joerges, B., Shinn, T. (2001): Instrumentation. Between Science, State, and Industry. Dordrecht: Kluwer

Johnston, R. (1972): The Internal Structure of Technology. The Sociology of Science. In: P. Halimos (ed.). The Sociological Review Monograph, no. 18. University of Keele, S. 117-130

Jokisch, R., (Hrsg.) (1982): Techniksoziologie. Frankfurt/M., Suhrkamp

Jung, C. (2002): Das künstliche Bein – eine soziologische Analyse der gegenwärtigen Entwicklungen in der Prothetik. Unveröff. Magisterarbeit am Institut für Soziologie der TU Berlin

Jünger, F. G. (1949): Die Perfektion der Technik, 2. erw. Aufl. Frankfurt/M.: Vittorio Klostermann

Kapp, E. (<1877>1978): Grundlinien einer Philosophie der Technik. Zur Entstehungsgeschichte der Cultur unter neuen Gesichtspunkten. Braunschweig: Westermann

Karafyllis, N.C. (2005): Biofakte als Innovationen. Eine Typologie kreatürlicher Medien lebendiger Technik. In: Abel, G. (Hg.): Kreativität. Berlin, S. 339-350

Kern, H., Schumann, M. (1984): Das Ende der Arbeitsteilung? Rationalisierung in der industriellen Produktion. München: Beck

Kirn, S. (1996): Organizational Intelligence and Distributed Artificial Intelligence. In: G. M. P. O'Hare, N. R. Jennings (Hrsg.): Foundations of Distributed Artificial Intelligence. New York u.a.: John Wiley & Sons, S. 505-526

Knie, A. (1994): Gemachte Technik. Zur Bedeutung von „Fahnenträgem", „Promotoren" und „Definitionsmacht" in der Technikgenese. In: Technik und Gesellschaft. Jahrbuch 7, S. 41-66

Knie, A., Canzler, W. (1998): Möglichkeitsträume. Wien: Böhlau

Knoblauch, H. (1995): Kommunikationskultur. Die kommunikative Konstruktion kultureller Kontexte. Berlin, de Gruyter

Knoblauch, H. (1996): Arbeit als Interaktion. Informationsgesellschaft, Post-Fordismus und Kommunikationsarbeit. In: Soziale Welt 47, S. 344-362

Knoblauch, H., Heath, C. (1999): Technologie, Interaktion und Organisation: Die Workplace Studies. In: Schweizerische Zeitschrift für Soziologie 25, S. 163-181

Knorr Cetina, K. (1988): Das naturwissenschaftliche Labor als Ort der ‚Verdichtung' von Gesellschaft. In: Zeitschrift für Soziologie 17, S. 85-101

Knorr Cetina, K. (1992a): Zur Unterkomplexität der Differenzierungstheorie. Empirische Anfragen an die Systemtheorie. In: Zeitschrift für Soziologie 21(6). S. 406-419

Knorr Cetina, Karin (1992b): The Couch, the Cathedral, and the Laboratory: On the Relationship between Experiment and Laboratory in Science. In: Andrew Pickering (ed.), Science as Practice and Culture. Chicago: Chicago University Press, S. 113-138

Knorr Cetina, K. (1995): Laboratory Studies: The Cultural Approach to the Study of Science. In: S. Jasanoff u.a. (Hrsg.): Handbook of Science and Technology Studies. Thousand Oaks: Sage, S. 140-66

Knorr Cetina, K. (1998): Sozialität mit Objekten. Soziale Beziehungen in post-traditionalen Wissensgesellschaften. In: W. Rammert (Hrsg.), Technik und Sozialtheorie, Frankfurt/M. u.a.: Campus, S. 83-120

Knorr Cetina, K. (1999): Epistemic Cultures. Cambridge: Harvard University Press

Knorr Cetina, K. (2002): Wissenskulturen. Ein Vergleich naturwissenschaftlicher Wissensformen. Frankfurt/M., Suhrkamp

Kornfeld, W. A., Carl E. Hewitt (1981): The Scientific Community Metaphor. In: IEEE Transactions on Systems, Man and Cybernetics 11(1), S. 24-33

Kowol, U., Krohn, W. (1995): Innovationsnetzwerke. Ein Modell der Technikgenese. In: Technik und Gesellschaft. Jahrbuch 8. J. Halfmann, Bechmann, G., Rammert, W. (Hrsg.). Frankfurt/M.: Campus, S. 77-106

Kowol, U., Krohn, W. (2000): Innovation und Vernetzung. Die Konzeption der Innovationsnetzwerke. Kap IV. In: Weyer, J. (Hrsg.): Soziale Netzwerke. München: Oldenbourg Verlag, S. 135-160

Krämer, S. (1988): Symbolische Maschinen. Die Idee der Formalisierung im historischen Abriß. Darmstadt: Wissenschaftliche Buchgesellschaft

Krohn, W. (1989): Die Verschiedenheit der Technik und die Einheit der Techniksoziologie. In: P. Weingart (Hrsg.): Technik als sozialer Prozeß. Frankfurt/M.: Suhrkamp, S. 15-43

Krohn, W. (1997): Rekursive Lernprozesse: Experimentelle Praktiken in der Gesellschaft – Das Beispiel der Abfallwirtschaft. In: Technik und Gesellschaft. Jahrbuch 9, Frankfurt/M.: Campus, S. 65-90

Krohn, W. (2003): Das Risiko des (Nicht-) Wissens. Zum Funktionswandel der Wissenschaft in der Wissensgesellschaft. In: Boeschen, S., Schulz-Schaeffer, I. (Hrsg.): Wissenschaft in der Wissensgesellschaft. Wiesbaden, Westdeutscher Verlag, S. 97-118

Krohn, W., G. Krücken (1993): Risiko als Konstruktion und Wirklichkeit. Eine Einführung in die sozialwissenschaftliche Risikoforschung. In: W. Krohn, G. Krücken (Hrsg.), Riskante Technologien: Reflexion und Regulation. Einführung in die sozialwissenschaftliche Risikoforschung. Frankfurt/Main: Suhrkamp, S. 9-44

Krohn, W., Rammert, W. (1993): Technologieentwicklung: Autonomer Prozeß und industrielle Strategie. In: Rammert, W.: Technik aus soziologischer Perspektive. Kap. 4, Opladen, Westdeutscher Verlag, S. 65-92.

Krohn, W., Weyer, J. (1989): Gesellschaft als Labor. Die Erzeugung sozialer Risiken durch experimentelle Forschung. In: Soziale Welt 40, S. 349-73

Kron, G. (Hrsg.) (2002): Luhmann modelliert. Sozionische Ansätze zur Simulation von Kommunikationssystemen. Opladen, Leske und Budrich

Kuhlen, R. (1999): Die Konsequenzen von Informationsassistenten. Frankfurt/Main: Suhrkamp

Kuhn, T. S. (1962): Die Struktur der wissenschaftlichen Revolutionen. Frankfurt/M., Suhrkamp

Kurzweil, R. (1999): Homo s@piens. Leben im 21. Jahrhundert – Was bleibt vom Menschen? 3. Auflage. Köln: Kiepenheuer und Witsch

Lash, S., Urry, J. (1994): Economies of Sign and Space. London: Sage

Latour, B. (1983): Give me a Laboratory and I will Raise the World. In: K. Knorr Cetina, M. Mulkay (Hrsg.): Science observed. Thousand Oaks: Sage, S. 141-70

Latour, B. (1987): Science in Action. How to Follow Scientists and Engineers through Society. Cambridge, MA: Harvard U.P.

Latour, B. (1988): Mixing Humans and Nonhumans Together. The Sociology of a Door-Closer. In: Social Problems 35(3), S. 298-310

Latour, B. (1991): Technology is Society Made Durable. In: John Law (ed.): A Sociology of Monsters. Essays on Power, Technology and Domination, Sociological Revue Monograph 38. S. 103-132

Latour, B. (1992): Where are the Missing Masses? The Sociology of a Few Mundane Artifacts. In: W. Bijker, Law, J. (eds): Shaping Technology, Building Society. Cambridge, MA, MIT Press, S. 225-258

Latour, B. (1994a): On Technical Mediation: The Messenger Lectures on the Evolution of Civilization. In: Common Knowledge 3(2), S. 29-64

Latour, B. (1994b): Une sociologie sans objet? Remarques sur l'interobjectivité. In: Sociologie du Travail, Jg. 36, H. 4, S. 587-607

Latour, B. (1995): Wir sind nie modern gewesen. Versuch einer symmetrischen Anthropologie. Berlin, Akademie-Verlag

Latour, B. (1996): Der Berliner Schlüssel. Erkundungen eines Liebhabers der Wissenschaften. Berlin, Akademie-Verlag.

Latour, B. (1996): On actor-network theory. A few clarifications. In: Soziale Welt, Jg. 47, H. 4, S. 369-381

Latour, B. (1998): Über technische Vermittlung. Philosophie, Soziologie, Genealogie. Technik und Sozialtheorie. W. Rammert, (Hrsg.). Frankfurt/M., Campus: 29-81

Latour, B. (2001a): Eine Soziologie ohne Objekt? Anmerkungen zur Interobjektivität. In: Berliner Journal für Soziologie 11, (2), S. 237-252

Latour, B. (2001b): Das Parlament der Dinge. Frankfurt/M.: Suhrkamp

Latour, B. (2005): Reassembling the Social. An Introduction into Actor-Network-Theory. Oxford: Oxford University Press

Latour, B. (2006): Ethnografie einer Hochtechnologie. Das Pariser Projekt ‚Aramis' eines automatischen U-Bahn-Systems. In: W. Rammert, C. Schubert (Hg.): Technografie. Zur Mikrosoziologie der Technik. Frankfurt/M.: Campus, S. 25-60

Law, J. (1987): Technology and Heterogeneous Engineering: The Case of Portuguese Expansion. In: W. Bijker, T. Hughes, T. Pinch (eds): The Social Construction of Technological Systems, Cambridge, MA: MIT Press, S. 11-134

Law, J., Callon, M. (1992): The Life and Death of an Aircraft: A Network Analysis of Technical Change. In: W. Bijker, J. Law (eds): Shaping Technology/Building Society. Studies in Socio-technical Change. Cambridge, MA: MIT Press, S. 21-52

Lee, C.-M., Miller, W.F., Hancock, M.G., Rowen, H.S. (eds) (2000): The Silicon Valley Edge. A Habitat for Innovation and Entrepreneurship. Stanford: Stanford University Press

Lenk, K. H. (Hrsg.) (2001): Advances in the Philosophy of Technology. Münster: Lit Verlag

Leroi-Gourhan, A. (1980): Hand und Wort. Die Evolution von Technik, Sprache und Kunst. Frankfurt/M.: Suhrkamp

Lettkemann, E., Meister, M. (2004): Vom Flugabwehrgeschütz zum niedlichen Roboter. Zum Wandel des Kooperationen stiftenden Universalismus der Kybernetik. In: Strübing, J., Schulz-Schaeffer, I., Meister, M., Gläser, J., (Hrsg.): Kooperation im Niemandsland. Opladen, Leske + Budrich, S. 105-136

Linde, H. (1972): Sachdominanz in Sozialstrukturen, Tübingen: J. C. B. Mohr

Linde, H. (1982): Soziale Implikationen technischer Geräte, ihrer Entstehung und Verwendung. In: Rodrigo Jokisch (Hrsg.): Techniksoziologie, Frankfurt/Main: Suhrkamp, S. 1-31

Lindemann, G. (2002): Die Grenzen des Sozialen. Zur sozio-technischen Konstruktion von Leben und Tod in der Intensivmedizin. München: Fink

Lindemann, G. (2002): Person, Bewusstsein, Leben und nur-technische Artefakte. In: Können Maschinen handeln? W. Rammert, Schulz-Schaeffer, I. (Hrsg.). Frankfurt/M.: Campus, S. 79-100

Lindemann, G. (2003): Beunruhigende Sicherheiten: Zur Genese des Hirntodkonzepts. Konstanz: UVK

Luckmann, T. (1980): Lebenswelt und Gesellschaft. Paderborn, Schöningh Luckmann, T. (1992): Theorie des sozialen Handelns. Berlin: de Gruyter

Luhmann, N. (1969): Die Praxis der Theorie. In: Soziale Welt, Jg. 20, S. 129-145

Luhmann, N. (1975): Macht. Stuttgart: Enke

Luhmann, N. (1977): Differentiation of Society. In: Canadian Journal of Sociology 2, S. 29-53

Luhmann, N. (1984): Soziale Systeme. Grundriß einer allgemeinen Theorie. Frankfurt/Main: Suhrkamp

Luhmann, N. (1989): Kommunikationsweisen und Gesellschaft. In: Technik und Gesellschaft. Jahrbuch 5, S. 11-18

Luhmann, N. (1990): Die Wissenschaft der Gesellschaft, Frankfurt/Main: Suhrkamp

Luhmann, N. (1992): System und Absicht der Erziehung. In: N. Luhmann, E. Schorr (Hrsg.): Zwischen Absicht und Person. Frankfurt/Main: Suhrkamp, S. 102-124

Luhmann, N. (1997): Die Gesellschaft der Gesellschaft. Frankfurt/M.: Suhrkamp

Lundvall, B.-A. (1993): User-Producer Relationships, National Systems of Innovation and Internationalization. In: Technology and the Wealth of Nations. D. Foray, Freeman, C. (eds), London, OECD, S. 277-300

Lutz, B. (1987): Das Ende des Technikdeterminismus und die Folgen. In: Technik und sozialer Wandel. B. Lutz, (Hrsg.). Frankfurt/M., Campus, S. 34-52

Lyon, D. (2001): Surveillance Society: Monitoring Everyday Life. Buckingham: Open University Press

Machlup, F. (1962): The Production and Distribution of Knowledge in the United States. Princeton: Princeton University Press

MacKenzie, D. (1988): Micro versus Macro. Sociologies of Science and Technology. In: Working paper No. 2, PICT Edinburgh

MacKenzie, D., Wajcman, J. (eds) (1985): The Social Shaping of Technology. London: Open University Press

Maes, P. (1994): Agents that Reduce Work and Information Overload. In: Communications of the ACM 37(7), S. 30-40

Malsch, T. (1995): Problembegriff und „Problem Solving". Ein Essay über kritische Intelligenz und Wissensgenese. In: Soziologie und künstliche Intelligenz. W. Rammert, (Hrsg.). Frankfurt/M., Campus, S. 133-160

Malsch, T. (1997): Die Provokation der „Artificial Societies". In: Zeitschrift für Soziologie, Jg. 26, H. 1, S. 3-21

Malsch, T. (2001): Naming the Unnamable: Socionics or the Sociological Turn of/to Distributed Artificial Intelligence. In: Autonomous Agents and Multi-Agent Systems 4, S. 155-186

Malsch, T., (Hrsg.) (1998): Sozionik: Soziologische Ansichten zur künstlichen Sozialität. Berlin, Sigma

Malsch, T., Bachmann, R., Jonas, M., Mill, U., Ziegler, S. (1993): Expertensysteme in der Abseitsfalle? Fallstudien aus der industriellen Praxis. Berlin: Sigma

Malsch, T., W. Brauer, H.J. Müller, W. Rammert (1997): Sozionik. Erforschung und Modellierung künstlicher Sozialität. Vorschlagspapier für die DFG, Hamburg

Mambrey, P. (1993): Das Schreibklavier als Metapher und Medium. In: Technik und Gesellschaft. Jahrbuch 7. Frankfurt/M., Campus, S. 127-148

Mambrey, P., Paetau, M., Tepper, A. (1995): Technikentwicklung und Leitbilder. Neue Steuerungsund Bewertungsinstrumente. Frankfurt/M.: Campus

Mannheim, K. (1929): Ideologie und Utopie. Bonn

Marcuse, H. (1967): Der eindimensionale Mensch: Studien zur Ideologie der fortgeschrittenen Industriegesellschaft. Neuwied: Luchterhand

Marin, B., Mayntz, R. (eds) (1991): Policy Networks. Frankfurt/M.: Campus

Marx, K. (1969): Das Kapital. Kritik der politischen Ökonomie, Bd. I. Berlin: Dietz-Verlag (zuerst 1867)

Maturana, U., Varela, F. (1980): Autopoiesis and Cognition. The Realization of the Living. Dordrecht: Reidel

Mauss, M. (<1936>1975): Soziologie und Anthropologie, Bd. 2. München: Hanser, darin die vier Kapitel zur Technik des Körpers, S. 199-220

Mayntz, R. (1988): Zur Entwicklung technischer Infrastruktursysteme. Differenzierung und Verselbständigung. In: Zur Entwicklung funktionaler Teilsysteme. R. Mayntz, Rosewitz, B., Schimank, U., Stichweh, R. Frankfurt/M.: Campus, S. 233-259

Mayntz, R. (1993): Große Technische Systeme und ihre gesellschaftstheoretische Bedeutung. In: Kölner Zeitschrift für Soziologie und Sozialpsychologie 45, (1), S. 97-108

Mayntz, R. (1993): Networks, Issues, and Games: Multiorganizational Interactions in the Restructuring of a National Research System. In: Games in Hierarchies and Networks. F. W. Scharpf. Frankfurt/M.: Campus, S. 189-209

Mayntz, R., Hughes, T.P. (eds) (1988): The Evolution of Large Technical Systems. Frankfurt/M.: Campus

McCarthy, J. (1979): Ascribing Mental Qualities to Machines, Technical Report Memo 326. Stanford, Ca.: Stanford AI Lab

McLuhan, M. (1964): Die magischen Kanäle. „Understanding Media". Düsseldorf: Econ

Mead, G. H. (1968): Geist, Identität und Gesellschaft. Frankfurt/M., Suhrkamp

Mead, G. H. (1983 <1927>): Die objektive Realität der Perspektiven. In: G. H. Mead, Gesammelte Aufsätze, Bd. 2, hrsg. von H. Joas. Frankfurt/M.: Suhrkamp

Meister, M. (2002): Grenzzonenaktivitäten. Formen einer schwachen Handlungsbeteiligung der Artefakte. In: Rammert, W., Schulz-Schaeffer, I. (Hrsg.): Können Maschinen handeln? Soziologische Beiträge zum Verhältnis von Mensch und Technik. Frankfurt/M.: Campus, S. 189-222

Mensch, G. (1977): Das technologische Patt. Innovationen überwinden die Depresion. Frankfurt/M.: Fischer

Merleau-Ponty, M. (1967): Das Auge und der Geist. Reinbek: Rowohlt

Merton, R. K. (1936): The Unanticipated Consequences of Purposive Social Action. In: American Sociological Review 1, S. 894-904

Merz, M. (2002). Kontrolle – Widerstand – Ermächtigung: Wie Simulationssoftware Physiker konfiguriert. In: Können Maschinen handeln?, W. Rammert, Schulz-Schaeffer, I. (Hrsg.). Frankfurt/M.: Campus, S. 267-290

Meyer, M. (2001): The emergence of developer communities in a novel field of technology: A case of Mode 2 knowledge production? In: G. Bender (Hrsg.): Neue Formen der Wissenserzeugung. Frankfurt/M., Campus, S. 147-162

Milgram, S. (1974): Obedience to Authority. An Experimental View. New York: Harper & Row

Mill, Ulrich (1998): Technik und Zeichen. Über semiotische Aktivität im technischen Kotext. BadenBaden: Nomos

Mills, C. W. (1940): Situated Actions and Vocabularies of Motive, in: American Sociological Review 5(6), S. 904-913

Minsky, M. (1985): The Society of Minds. New York: Simon & Schuster (dt. Mentopolis, Stuttgart: Klett-Cotta 1990)

Mitcham, C. (1978): Types of Technology. In: Research in Philosophy and Technology 1, S. 229-294 (Greenwich: Jay Press)

Mitcham, C. (1994): Thinking Through Technology. The Path between Engineering and Philosophy. Chicago: The University of Chicago Press

Moravec, H. (1990): Mind Children. Der Wettlauf zwischen menschlicher und künstlicher Intelligenz, Reinbek bei Hamburg: Rowohlt

Moravec, H. (1993): Geist ohne Körper – Visionen von der reinen Intelligenz. In: Gert Kaiser, Dirk Matejovski, Jutta Fedrowitz (Hrsg.): Kultur und Technik im 21. Jahrhundert. Frankfurt/M.: Campus, S. 81-90

Moscovici, S. (1982): Versuch über die menschliche Geschichte der Natur. Frankfurt/M., Suhrkamp

Müller, H.-J. (1993): Verteilte Künstliche Intelligenz. Mannheim: BI-Wissenschaftsverlag

Mumford, L. (<1934>1963): Technics and Civilization. New York: Harcourt Brace

Mumford, L. (1977): Der Mythos der Maschine. Kultur, Technik und Macht. Frankfurt/M.: Fischer

Münch, R. (1990): Differentiation, Rationalization, Interpenetration: The Emergence of Modem Society. In: Differentiation Theory and Social Change. Comparative and Historical Perspectives. J. Alexander, Colony, P. (eds.). New York, Columbia University Press. S. 441-464

Nelson, R., (ed.) (1993): National Innovation Systems: A Comparative Analysis. Oxford: Oxford University Press

Nelson, R., Winter, S. (1977): In Search of a Useful Theory of Innovation. In: Research Policy 6, S. 36-76

Nelson, R., Winter, S. (1982): An Evolutionary Theory of Economic Change. Cambridge, MA: Belknap Press for Harvard University Press

Newell, A., H. A. Simon (1972): Human Problem Solving, Englewood Cliffs, NJ: Prentice-Hall

Nonaka, I., Takeuchi, H. (1997): Die Organisation des Wissens. Frankfurt/M.: Campus

Norris, C., Armstrong, G. (1999): The Maximum Surveillance Society. The Rise of CCTV. Oxford: Berg

Norris, C., Moran; J., Armstrong, G. (eds) (1998): Surveillance, Closed Circle Television, and Social Control. Aldershot: Ashgate

Nowotny, H., et al. (2001): Re-thinking Science: Knowledge Production in an Age of Uncertainties. Cambridge, Polity Press

Ogburn, W. F. (1936): Technological Trends and National Policy. Washington

Ogburn, W. F. (1957): Culture Lag as Theory. In: Sociology and Social Research XLI (Jan), S. 167-173

O'Hare, G. M., Jennings, N. R. (eds) (1996): Foundations of Distributed Artificial Intelligence. New York: John Wiley & Sons

Orlikowsky, W. (1992): The Duality of Technology: Rethinking the Concept of Technology in Organizations. In: Organization Science, vol 3, no. 3, S. 398-427

Orlikowski, W., Walsham, G., Jones, M., de Gross, J. (eds.) (1996): Information Technology and Changes in Organizational Work. London: Chapmann & Hall

Ortmann, G., Windeler, A. Becker, A., Schulz, H.-J. (1990): Computer und Macht in Organisationen. Mikropolitische Analysen. Opladen: Westdeutscher Verlag

Peine, A. (2006): Innovation und Paradigma. Epistemische Stile in Innovationsprozessen. Bielefeld: Transkript

Peirce, C.S. (1905a): What Pragmatism is. In: The Monist 15, S. 161-81

Peirce, C.S. (1905b): Issues of Pragmaticism. In: The Monist 15, S. 481-99

Perrow, C. (1987): Normale Katastrophen. Die unvermeidbaren Risiken der Großtechnik. Frankfurt/M.: Campus

Pickering, A. (1984): Constructing Quarks. A Sociological History of Particle Physics. Chicago: U.P.

Pickering, A. (1993): The Mangle of Practice: Agency and Emergence in the Sociology of Science. In: American Journal of Sociology 99(3), S. 559-593

Pickering, A. (1995): The Mangle of Practice: Time, Agency and Science. Chicago: University of Chicago Press

Pinch, T., Bijker, W. (1987): The Social Construction of Facts and Artifacts. In: W. Bijker, T. Hughes, T. Pinch (eds), The Social Construction of Technological Systems. Cambridge, MA: MIT Press, S. 17-50

Pinch; T.J. (1986): Confronting Nature: The Sociology of Solar-Neutrino Detection. Dordrecht: Reidel

Pirker, T. (1962): Büro und Maschine. Tübingen: Mohr

Polanyi, M. (1946): Science, Faith, and Society. London: Oxford University Press

Polanyi, M. (1959): The Personal Knowledge. London: Routledge

Polanyi, M. (1965): The Structure of Consciousness. In: Brain, Bd. 68, Teil IV, S. 799-810

Polanyi, M. (1966): The Tacit Dimension. Garden City. New York: Doubleday

Polanyi, M. (1985): Implizites Wissen, (dt. Ausg. Von „The Tacit Dimension"). Frankfurt/M.: Suhrkamp

Popitz, H. (1989): Epochen der Technikgeschichte. Tübingen: Mohr (Siebeck)

Popitz, H. (1995): Der Aufbruch zur Artifiziellen Gesellschaft. Tübingen: Mohr

Popper, K. R. (1972): Objective Knowledge. An Evolutionary Approach. Oxford: Clarendon

Poster, M. (1995): The Second Media Age. Cambridge: Polity Press

Postman, N. (1985): Wir amüsieren uns zu Tode. Urteilsbildung im Zeitalter der Unterhaltungsindustrie. Frankfurt/M.: Fischer

Powell, W. (1990): Neither Market, Nor Hierarchy: Network Forms of Organization. In: Research in Organization Behavior 12. S. 295-336

Powell, W. (1996): Trust-based Forms of Governance. In: Kramer, R.M., Tyler, T.R. (eds): Trust in Organizations. Thousand Oaks, SAGE, S. 51-67

Powell, W., Koput, K., Smith-Doerr, L. (1996): Interorganizational Collaboration and the Locus of Innovation: Networks of Learning in Biotechnology. In: Administrative Science Quarterly 41(1). S. 116-145

Preda, A. (2006): Wie Techniken Finanzmärkte erschaffen: Der Fall des Börsentickers. In: W. Rammert, C. Schubert (Hg.): Technografie. Zur Mikrosoziologie der Technik. Frankfurt/M.: Campus, S. 101-139

Rammert, W. (1983). Soziale Dynamik der technischen Entwicklung. Theoretisch-analytische Überlegungen zu einer Soziologie der Technik am Beispiel der „science-based industry". Opladen: Westdeutscher Verlag

Rammert, W. (1988): Das Innovationsdilemma. Technikentwicklung im Unternehmen. Opladen: Westdeutscher Verlag

Rammert, W. (1989): Technisierung und Medien in Sozialsystemen. Annäherung an eine soziologische Theorie der Technik, in: Peter Weingart (Hrsg.), Technik als sozialer Prozeß, Frankfurt/Main: Suhrkamp, S. 128-173

Rammert, W. (1993): Technik aus soziologischer Perspektive. Forschungsstand – Theorieansätze - Fallbeispiele. Ein Überblick. Opladen: Westdeutscher Verlag

Rammert, W. (1995): Regeln der technikgenetischen Methode. Die soziale Konstruktion und evolutionäre Dynamik von Technik. In: Technik und Gesellschaft. Jahrbuch 8. Frankfurt/M., Campus, S. 13-30

Rammert, W. (1995a): Soziologische Zugänge zur künstlichen Intelligenz. In: Rammert, W., (Hrsg.): Soziologie und künstliche Intelligenz. Frankfurt/M.: Campus. S. 65-110

Rammert, W. (1995b): Von der Kinematik zur Informatik. Konzeptuelle Wurzeln der Hochtechnologien. In: W. Rammert (Hrsg.), Soziologie und künstliche Intelligenz. Produkte und Probleme einer Hochtechnologie: Frankfurt/Main u.a.: Campus, S. 65-110

Rammert, W. (1997a): New Rules of Sociological Method: Rethinking Technology Studies. In: British Journal of Sociology 48, S. 171-191

Rammert, W. (1997b): Innovation im Netz – Neue Zeiten für technische Innovationen: heterogen verteilt und interaktiv vernetzt. In: Soziale Welt 48, S. 397-416

Rammert, W. (1998a): Giddens und die Gesellschaft der Heinzelmännchen. Zur Soziologie der technischen Agenten und Multi-Agenten-Systeme. In: T. Malsch (Hrsg.): Sozionik. Zur Erforschung und Modellierung künstlicher Sozialität. Berlin: Sigma, S. 91-128

Rammert, W. (1998b): Die kulturelle Orientierung der technischen Entwicklung. Eine technikgenetische Perspektive. In: Sozialgeschichte der Informatik. D. Siefkes u.a. (Hrsg.). Wiesbaden, Deutscher Universitätsverlag, S. 51-68

Rammert, W. (1998c): Technikvergessenheit der Soziologie? Eine Erinnerung als Einleitung. In: Rammert, W., (Hrsg.): Technik und Sozialtheorie. Frankfurt/M.: Campus. S. 9-28

Rammert, W. (1998d): Die Form der Technik und die Differenz der Medien. In: W. Rammert (Hrsg.), Technik und Sozialtheorie, Frankfurt/Main u.a.: Campus, S. 293-326

Rammert, W. (1998e) Virtuelle Realitäten als medial erzeugte Sonderwirklichkeiten – Veränderungen der Kommunikation im Netz der Computer. In: M. Faßler (Hrsg.): Alle möglichen Welten. Virtualität, Wahrnehmung, Kommunikation. München: Fink, S. 33-48

Rammert, W. (1999a): Die praktische Konstitution eines interaktiven Mediums und seiner Wissenswelten. In: C. Honegger, S. Hradil, F. Traxler (Hrsg.): Grenzenlose Gesellschaft? Opladen: Verlag Leske + Budrich, S. 252-269

Rammert, W. (1999b): Routinen und Risiken verteilter Kooperation – Der OP als Beispiel für hochtechnisierte Arbeitssituationen. (Unveröffentlichter Projektantrag) TU Berlin

Rammert, W. (2000a): Technik aus soziologischer Perspektive 2: Kultur – Innovation – Virtualität. Wiesbaden: Westdeutscher Verlag

Rammert, W. (2000b): Ritardando and Accelerando in Reflexive Innovation, or How Networks Synchronise the Tempi of Technological Innovation. In: Working Paper TUTS-WP-7-2000, Technical University Berlin.

Rammert, W. (2002a): The Cultural Shaping of Technologies and the Politics of Technodiversity. In: Sørensen, K. H., Williams, R. (eds): Shaping Technology, Guiding Policy: Concepts, Spaces & Tools. Cheltenham: Edward Elgar Publishing, S. 173-194

Rammert, W. (2002b): The Governance of Knowledge, Limited: The rising relevance of non-explicit knowledge under a new regime of distributed knowledge production. In: The Governance of Knowledge. N. Stehr, (ed.). Brunswick, N.J., Transaction Books

Rammert, W. (2003): Technik in Aktion: Verteiltes Handeln in soziotechnischen Konstellationen. In: Christaller, T., Wehner, J. (Hrsg.): Autonome Maschinen. Perspektiven einer neuen Technikgeneration. Wiesbaden: Westdeutscher Verlag, S. 289-315

Rammert, W., Böhm, Wolfgang, Olscha, Christian, Wehner, Josef (1992): Vom Umgang mit Computern im Alltag. Fallstudien zur Kultivierung einer neuen Technik. Opladen: Westdeutscher Verlag

Rammert, W., Schlese, M., Wagner, G., Wehner, J., Weingarten, R. (1998): Wissensmaschinen – Soziale Konstruktion eines technischen Mediums: Das Beispiel Expertensysteme. Frankfurt/M.: Campus

Rammert, W., Schulz-Schaeffer, I. (2001): Die Technik handelt mit. Sozionik: Künstliche Agenten in hybriden Kooperationssystemen. In: Forschung aktuell, Themenschwerpunkt „Mensch-Maschine-System". TU Berlin

Rammert, W., Schulz-Schaeffer, I. (Hrsg.) (2002): Können Maschinen handeln? Soziologische Beiträge zum Verhältnis von Mensch und Technik. Frankfurt/M.: Campus

Rammert, W., Schubert, C. (Hg.) (2006): Technografie. Zur Mikrosoziologie der Technik. Frankfurt/M.: Campus

Rammler, S. (2001): Mobilität in der Moderne. Geschichte und Theorie der Verkehrssoziologie. Berlin: Edition Sigma

Ravetz, J.R. (1971): Scientific Knowledge and its Social Problems. New York: Oxford University Press

Reckwitz, A. (2000): Der Status des ‚Mentalen' in kulturtheoretischen Handlungserklärungen. Zum Problem der Relation von Verhalten und Wissen nach Stephen Turner und Theodore Schatzki. In: Zeitschrift fur Soziologie, Jg. 23, H. 3, S. 167-185

Reckwitz, A. (2003): Grundelemente einer Theorie sozialer Praktiken. Eine sozialtheoretische Perspektive. In: Zeitschrift für Soziologie 32(4), S. 282-301

Reeves, B., C. Nass (1996): The Media Equation. How People Treat Computers, Television, and New Media Like Real People and Places. Cambridge: Cambrige University Press

Rheinberger, H.-J. (1994): Experimentalsysteme, Epistemische Dinge, Experimentalkulturen. Zu einer Epistemologie des Experiments. In: Deutsche Zeitschrift für Philosophie 42, S. 405-417

Rheinberger, H.-J. (1997): Toward a History of Epistemic Things. Synthesizing Proteins in the Test Tube. Stanford: Stanford University Press

Rohbeck, J. (2004): Interpretation technischer Kultur. Hermeneutik – Diskursanalyse – Systemtheorie. In: K. Komwachs (Hrsg.): Technik – System – Verantwortung. Münster: LIT-Verlag, S. 145-156

Ropohl, Günter (1979): Eine Systemtheorie der Technik. Zur Grundlegung der Allgemeinen Technologie. München: Hanser

Rorty, R. (1982): Consequences of Pragmatism. Minneapolis: U. of Minnesota Press.

Rosa, H. (2005): Beschleunigung. Die Veränderung der Zeitstruktur in der Moderne. Frankfurt/M.: Suhrkamp

Rosenberg, N. (1976): Marx als Kenner der Technologie. In: Monthly Review 2 (3), S. 58-77

Roxin, Claus (1997): Strafrecht, Allgemeiner Teil, Band 1: Grundlagen: Der Aufbau der Verbrechenslehre, 3, Auflage. München: Beck

Rumelhart, C., McClelland, I. (Hrsg.) (1986). Parallel Distributed Processing. Vol I. Foundations. Cambridge: MA, MIT Press

Schadewaldt, F. (1970): Die Begriffe „Natur" und „Technik" bei den Griechen. In: ders.: Hellas und Hesperien. Gesammelte Schriften. Zürich: Artemis, S. 512-524

Schatzki, T. (1996): Social Practices. A Wittgensteinian Approach to Human Activity and the Social. Cambridge: Cambridge University Press.

Schegloff, E. A. (1972): Sequencing in Conversational Openings. In: Directions in Sociolinguistics. The Ethnography of Communication. New York: Holt, S. 346-380

Schelsky, H. (1961): Der Mensch in der wissenschaftlichen Zivilisation. Opladen: Westdeutscher Verlag

Schimank, U. (1996): Theorien gesellschaftlicher Differenzierung. Opladen: Leske + Budrich

Schirrmacher, F. (Hrsg.) (2001): Die Darwin AG. Kiepenheuer & Witsch

Schivelbusch, W. (1983): Lichtblicke. Zur Geschichte der künstlichen Helligkeit im 19. Jahrhundert. München: Hanser

Schlese, M. (1995): Software als „Medium der Kommunikation": Zur Rolle von Leitvorstellungen bei der Konstruktion eines wissensbasierten Systems. In: Soziologie und künstliche Intelligenz. Produkte und Probleme einer Hochtechnologie. W. Rammert, (Hrsg.). Frankfurt/M.: Campus, S. 359-392

Schmid, M. (1998): Rationales Verhalten und technische Innovation. Bemerkungen zum Erklärungspotential ökonomischer Theorien. In: Rammert, W. (Hrsg.): Technik und Sozialtheorie. Frankfurt/M., Campus, S. 189-224

Schmuck-Widmann, H. (1996): Leben mit den Fluten. Überlebensstrategien von Char-Bewohnern in Bangladesh. Berlin: FDCL

Schmuck-Widmann, H. (1997): Wissenskulturen im Vergleich. Bäuerliche und ingenieurwissenschaftliche Wahrnehmungen und Strategien zur Bewältigung der Flut in Bangladesh. In: A. Triebel (Hrsg.): Die Pragmatik des Gesellschaftsvergleichs. Leipzig, S. 217-227

Schmuck-Widmann, H. (1998): Floods in Bangladesh: Disaster or Part of the Lifeworld? European Engineers' Perception, Knowledge and Techniques in Comparison to Local and Indigeneous Knowledge and Strategies. Paper presented at the 14th World Congress of Sociology, Montréal

Schneider, V., Kenis, P. (1996): Verteilte Kontrolle: Institutionelle Steuerung in modernen Gesellschaften. In: Kenis, P., Schneider,V. (Hrsg.): Organisation und Netzwerk. Institutionelle Steuerung in Wirtschaft und Politik. Frankfurt/M.: Campus, S. 9-43

Schroer, M. (2006): Räume, Orte, Grenzen. Auf dem Weg zu einer Soziologie des Raums. Frankfurt/M: Suhrkamp

Schubert, C. (2006): Die Praxis der Apparatemedizin. Ärzte und Technik im Operationssaal. Frankfurt/M.: Campus

Schubert, C., Rammert, W., Braun-Thürmann, H. (2002): Uncertainty in complex work situations. Anaesthesia as a case of disbributed action. (Unveröffentlichtes Vortragsmanuskript) TU Berlin

Schulte-Fortkamp, B. (2002): The meaning of annoyance in relation to the quality of acoustic environments. In: Noise and Health. An Interdisciplinary Journal (15), S. 13-18

Schulz-Schaeffer, I. (1998): Akteure, Aktanten und Agenten. Konstruktive und rekonstruktive Bemühungen um die Handlungsfähigkeit von Technik. In: Th. Malsch (Hrsg.),

Sozionik. Soziologische Ansichten über künstliche Sozialität, Berlin: Edition Sigma, S. 128-167

Schulz-Schaeffer, I. (1999): Technik und die Dualität von Ressourcen und Routinen. In: Zeitschrift für Soziologie 28(6), S. 409-428

Schulz-Schaeffer, I. (2000): Sozialtheorie der Technik, Frankfurt/Main u.a.: Campus.

Schulz-Schaeffer, I. (2002): Innovation durch Konzeptübertragung. Der Rückgriff auf Bekanntes bei der Erzeugung technischer Neuerungen am Beispiel der Multiagentensystem-Forschung. In: Zeitschrift für Soziologie 31 (3), S. 232-251

Schulz-Schaeffer, I. (2007): Zugeschriebene Handlungen. Ein Beitrag zur Theorie des Handelns. Weilerswist: Velbrück

Schumpeter, J. (1946): Kapitalismus, Sozialismus und Demokratie. Bern: Francke

Schumpeter, J. (1961): Konjunkturzyklen. Göttingen: Vandenhoeck & Ruprecht (zuerst 1939)

Schütz, A. (1974, zuerst 1932): Der sinnhafte Aufbau der sozialen Welt. Frankfurt/M., Suhrkamp

Schütz, A., Luckmann, T. (1979): Strukturen der Lebenswelt, Bd. 1. Frankfurt/M., Suhrkamp

Schütz, A., Luckmann, T. (1984): Strukturen der Lebenswelt, Bd. 2, Frankfurt/Main: Suhrkamp

Searle, J. R. (1986): Geist, Hirn und Wissenschaft, Frankfurt/Main: Suhrkamp

Searle, J.R. (1997): Die Konstruktion der gesellschaftlichen Wirklichkeit. Zur Ontologie sozialer Tatsachen. Reinbek: Rowohlt

Shapin, S., Schaffer, S. (1985): Leviathan and the Air-Pump. Princeton: U.P.

Shinn, T. (2004): Paradox oder Potenzial. Zur Dynamik heterogener Kooperation. In: J. Strübing u.a. (Hrsg.): Kooperation im Niemandsland. Opladen: Leske+ Budrich, S. 77-101

Shoham, Y. (1993): Agent-oriented Programming, in: Artificial Intelligence 60(1), S. 51-92

Simmel, G. (1900): Die Arbeitsteilung als Ursache für das Auseinandertreten der subjektiven und objektiven Kultur, wiederabgedruckt in: ders. (1983): Schriften zur Soziologie. Eine Auswahl, hrsg. von H.-J. Dahme und O. Rammstedt, Frankfurt/M., Suhrkamp

Simmel, G. (1992): Soziologie. Untersuchungen über die Formen der Vergesellschaftung. GA Bd. 11, Frankfurt/M: Suhrkamp

Simon, H. A. (1981): The Sciences of the Artificial, 2nd ed. rev. Cambridge: MIT Press

Soeffner, A.-G., Raab, I. (1998). Sehtechniken. Die Medialisierung des Sehens: Schnitt und Montage als Ästhetisierungsmittel medialer Kommunikation. In: Technik und Sozialtheorie. W. Rammert, (Hrsg.). Frankfurt/M., Campus, S. 121-148

Soeffner, H.-G. (1989): Auslegung des Alltags – Alltag der Auslegung. Zur wissenssoziologischen Konzeption einer sozialwissenschaftlichen Hermeneutik. Frankfurt/M.: Suhrkamp

Sproull, L., Kiesler, S. (1992): New Ways of Working in the Networked Organization. Cambridge, MA.

Star, S. L. (1993): Cooperation Without Consensus in Scientific Problem Solving: Dynamics of Closure in Open Systems. In: Cooperation or Conflict? S. Easterbrook, (ed.). London: Springer, S. 93-106

Star, S. L. (1996): Working together: Symbolic Interactionism, activity theory, and information systems. In: Engeström, Y., Middleton, D. (eds): Cognition and Communication at Work. Cambridge: Cambridge University Press, S. 296-318

Star, S. L. (2004): Kooperation ohne Konsens in der Forschung: Die Dynamik der Schließung in offenen Systemen. In: J. Strübing u.a. (Hrsg.): Kooperation im Niemandsland. Opladen, Leske + Budrich, S. 58-76

Star, S. L., Griesemer, J. R. (1989): Institutional Ecology: „Translations" and Coherence: Amateurs and Professionals in Berkeley's Museum of Vertebrate Zoology, 1907-1939. In: Social Studies of Science 19, S. 387-420

Steels, L. (1994): The artificial life roots of artificial intelligence. In: Artificial Life, Vol. 1, no.1/2, S. 75-110

Stehr, N. (2000): Die Zerbrechlichkeit moderner Gesellschaften. Weilerswist: Velbrück

Stehr, N. (2003): Wissenspolitik. Frankfurt/M.: Suhrkamp

Stehr, N., von Storch, H. (1999): Klima – Wetter – Mensch. München: Beck

Stölting; E., Schimank, U. (Hrsg.) (2001): Die Krise der Universitäten. SH 20 des Leviathan. Wiesbaden: Westdeutscher Verlag

Strübing, J. (1997): Symbolischer Interaktionismus revisited: Konzepte für die Wissenschafts- und Technikforschung. In: Zeitschrift für Soziologie, Jg. 26, H. 5, S. 368-386

Strübing, J. (2005): Pragmatistische Wissenschafts- und Technikforschung. Theorie und Methode. Frankfurt/M.: Campus

Strübing, J., Schulz-Schaeffer, I., Meister, M., Gläser, J. (Hrsg.) (2004): Kooperation im Niemandsland. Neue Perspektiven auf Zusammenarbeit in Wissenschaft und Technik. Opladen, Leske + Budrich

Strum, S., Latour, B. (1987): The Meanings of Social: From Baboons to Humans. In: Social Science Information 26, S. 783-802

Suchman, L. A. (1987): Plans and Situated Actions. The Problems of Human/Machine Communication. Cambridge: University Press

Suchman, L. A. (1993): Technologies of Accountability: Of Lizards and Aeroplanes. In: G. Button (Hrsg.): Technology in Working Order. London: Routledge, S. 113-126

Sydow, J., van Well, B. (1996): Wissensintensiv durch Netzwerkorganisation. In: Managementforschung 6, Wissensmanagement. G. Schreyögg, Conrad, P. (Hrsg.). Berlin: de Gruyter

Technik und Gesellschaft. Jahrbuch 9 (1997): „Innovation – Prozesse, Produkte, Politik". W. Rammert, G. Bechmann (Hrsg.), Frankfurt/M.: Campus

Teece, D., Pisano, G. (1998): The Dynamic Capabilities of Firms. An Introduction. In: Dosi, G., Teece, D. and J. Chitry (eds.): Technology, Organization, and Competitiveness. Oxford: Oxford University Press, S. 193-212

Teubner, G. (2001): Das Recht hybrider Netzwerke, Ms., zugänglich unter: http://www.uni-frankfurt.de/fb01/teubner/frame2.htm.

Teubner, G. (2003): Hybrid Laws. Constitutionalizing Private Governance Networks. In: Kagan, R., Winston, K. (eds): Legality and Community. California University Press

Teubner, G. (2006): Zur Ausweitung des Akteurstatus in Recht und Politik. In: Zeitschrift für Rechtssoziologie 27 (1), S. 5-30

Thiedecke, U. (Hrsg.) (2003): Virtuelle Gruppen. Wiesbaden: Westdeutscher Verlag, 2. überarbeitete und aktualisierte Auflage

Trist, E. (1981): The Evolution of Socio-Technical Systems. Toronto

Tuchel, K. (1967): Herausforderung der Technik. Gesellschaftliche Voraussetzungen und Wirkungen der Technik. Bremen: Carl Schünemann

Turing, A. (1937): On Computable Numbers with an Application to the Entscheidungsproblem. In: Proceedings of the London Mathematical Society 42, no.2

Turing, A. (1950): Computing Machinery and Intelligence. In: Mind 59, S. 433-460

Turkle, S. (1998): Leben im Netz. Identität in Zeiten des Internet. Reinbek: Rowohlt

Turner, S. (1995): The Social Theory of Practices: Tradition, Tacit Knowledge and Presuppositions. Cambridge. Polity Press

Tushman, M. L., Rosenkopf, L. (1992): Organizational Determinants of Technological Change: Toward a Sociology of Technological Evolution. In: Research in Organization Behavior 14, S. 311-347

Tyrell, H. (1978): Anfragen an die Theorie der gesellschaftlichen Differenzierung. In: Zeitschrift für Soziologie 7, S. 175-193

van de Ven, A., Polley, D., Garud, R., Venkatraman, S. (1999): The Innovation Journey. Oxford: Oxford University Press

Veblen, T. (1899): The Theory of the Leisure Class, dt. (1971) Theorie der feinen Leute, München: DTV

Veblen, T. (1954): The Engineers and the Price System. New York: The Viking Press

Virilio, P. (1989): Die Sehmaschine. Berlin: Merve Verlag

von Foerster, H. (1985): Sicht und Einsicht. Versuche zu einer operativen Erkenntnistheorie. Braunschweig: Vieweg

von Foerster, H. (1993): Wissen und Gewissen. Frankfurt/M.: Suhrkamp

von Kempski, I. (1954). Handlung, Maxime und Situation. In: Studium Generale 7, S. 60-68

Wagner, G. (1998): Die programmierte Medizin. Zur sozialen Konstruktion des Computers in der Intensivmedizin. Opladen: Westdeutscher Verlag

Weber, M. (1976): Wirtschaft und Gesellschaft. Grundriss der verstehenden Soziologie. 5. Revidierte Auflage. Tübingen: Mohr

Wehling, P. (2001): Jenseits des Wissens? Wissenschaftliches Nichtwissen aus soziologischer Perspektive. In: Zeitschrift für Soziologie 30, S. 465-484

Wehling, P. (2003): Die Schattenseite der Verwissenschaftlichung. Wissenschafltiches Nichtwissen in der Wissensgesellschaft. In: Boeschen,S., Schulz-Schaeffer, I. (Hrsg.): Wissenschaft in der Wissensgesellschaft. Wiesbaden: Westdeutscher Verlag, S. 119-142

Wehner, J. (1995): Wissensrepräsentation: Experten und ihre symbolische Reproduktion. In: Soziologie und künstliche Intelligenz. Produkte und Probleme einer Hochtechnologie. W. Rammert, (Hrsg.). Frankfurt/M.: Campus, S. 245-274

Weiner, B. (1994): Motivationspsychologie, 3. Auflage. Weinheim: Beltz

Weingart, P. (1982): Strukturen technologischen Wandels. Zu einer soziologischen Analyse der Technik. In: Techniksoziologie. R. Jokisch (Hrsg.). Frankfurt/M.: Suhrkamp, S. 112-141

Weingart, P. (1983): Verwissenschaftlichung der Gesellschaft – Politisierung der Wissenschaft. In: Zeitschrift für Soziologie 12(3), S. 225-241

Weingart, P. (1997): From „Finalization" to „Mode 2": Old Wine in New Botties. In: Social Science Information 36(4), S. 591-613

Weingart, P. (2001): Die Stunde der Wahrheit? Zum Verhältnis der Wissenschaft zu Politik, Wirtschaft und Medien in der Wissensgesellschaft. Weilerswist: Velbrück

Weingart, P., (Hrsg.) (1989): Technik als sozialer Prozeß. Frankfurt/M., Suhrkamp

Weiß, J. (2002). Technik handeln lassen? In: Können Maschinen handeln? W. Rammert, Schulz-Schaeffer, I. (Hrsg.), Frankfurt/M., Campus, S. 65-78.

Weizenbaum, J. (1977): Die Macht der Computer und die Ohnmacht der Vernunft. Frankfurt/Main: Suhrkamp

Welsh, B.C., Farrington,D.P. (2002): The Crime Effects of CCTV. A systematic review. Home Office Research Study 252, www.homeoffice.gov.uk/rds/pdfs2/hors252.pdf

Wengenroth, U. (1997): Zur Differenz von Wissenschaft und Technik. In: Technikentwicklung und industrielle Arbeit. D. Bieber (Hrsg.). Frankfurt/M.: Campus, S. 141-152.

Wenger, E. (1998): Communities of Practice. Learning, Meaning, and Identity. Cambridge: Cambridge University Press

Werle, R. (2005): Institutionelle Analysen technischer Innovationen. In: Kölner Zeitschrift für Soziologie und Sozialpsychologie 57 (2), S. 308-332

Weyer, J. (1997): Vernetzte Innovationen – innovative Netzwerke: Airbus, Personal Computer und Transrapid. In: Technik und Gesellschaft, Jahrbuch 9 „Innovation – Prozesse, Produkte, Politik". Frankfurt/M.: Campus, S. 125-152

Weyer, J. (Hg.) (2000): Soziale Netzwerke. Konzepte und Methoden der sozialwissenschaftlichen Netzwerkforschung. München/Wien: Oldenbourg

Weyer, J., Kirchner, U., Riedl, L., Schmidt, J. (1997): Technik, die Gesellschaft schafft. Soziale Netzwerke als Ort der Technikgenese. Berlin: Sigma

White, L. (1962): Medieval Technology and Social Change. Oxford: Oxford University Press

White, L. (1968): Deus ex Machina. Cambridge: Cambridge University Press

Wiley, N. (1994): The Semiotic Self. Oxford: Polity Press

Williams, R., Sørensen, K. (eds) (2002): Social Shaping, Guiding Policy. Concepts, Spaces, and Tools. Edinburgh: Edgar Elger

Willke, H. (2002): Dystopia. Studien zur Krisis des Wissens in der modernen Gesellschaft. Frankfurt/M.: Suhrkamp

Windeler, A. (2001): Unternehmensnetzwerke. Konstitution und Strukturation. Wiesbaden: Westdeutscher Verlag

Windeler, A. (2003): Kreation technologischer Pfade: ein strukturationstheoretischer Analyseansatz. In: Schreyögg, G., Sydow, J. (Hg.): Managementforschung 13. Wiesbaden: Gabler, S. 295-328

Winner, L. (1977): Autonomous Technology. Technics-out-of-Control as a Theme in Political Thought. Cambridge: MIT Press

Wittgenstein, L. (1984): Philosophische Untersuchungen. Frankfurt/M.: Suhrkamp

Wittgenstein, L. (1988): Tractatus logico-philosophicus. Philosophische Untersuchungen u.a. Werkausgabe Band 1. Frankfurt/M.: Suhrkamp

Wolfe, A. (1993): The Human Difference. Animals, Computers, and the Necessity of Social Science. Berkeley: University of California Press

Zilsel, E. (1976): Die sozialen Ursprünge der neuzeitlichen Wissenschaft. Frankfurt/M.: Suhrkamp

Zoche, P. (Hrsg.) (1994): Herausforderungen für die Informationstechnik. Heidelberg: Physica

Nachweise

1. „Technik, Handeln und Sozialstruktur: Eine Einleitung in die Soziologie der Technik" ist ein bisher unveröffentlichtes Manuskript, das in stark didaktisch überarbeiteter und um Bilder, Kästen, Übungsaufgaben und Glossar ergänzter Version im Frühjahr 2007 als Beitrag unter dem Titel „Technik und Gesellschaft" zur 4. veränderten Auflage des Lehrbuchs Soziologie, hrsg. von Hans Joas, im Campus-Verlag erschienen ist.

2. „Die technische Konstruktion als Teil der gesellschaftlichen Konstruktion der Wirklichkeit" liegt seit 2002 als Manuskript vor und ist zuerst erschienen in Dirk Tänzler, Hubert Knoblauch, Hans-Georg Soeffner (Hrsg.): Zur Kritik der Wissensgesellschaft. Konstanz: UVK 2006, S. 83-100.

3. „Die Form der Technik und die Differenz der Medien: Auf dem Weg zu einer pragmatistischen Techniktheorie" ist zuerst erschienen in W. Rammert (Hrsg.): Technik und Sozialtheorie. Frankfurt/M.: Campus 1998, S. 293-326.

4. „Weder festes Faktum noch kontingentes Konstrukt: Natur als Produkt experimenteller Interaktivität" ist zuerst erschienen in Soziale Welt, Jg. 50, Heft 3, 1999, S. 281-296.

5. „Technik als verteilte Aktion: Wie technisches Wirken als Agentur in hybriden Aktionszusammenhängen gedeutet werden kann" wurde 2002 verfasst und ist zuerst erschienen in Klaus Kornwachs (Hrsg.): Technik – System – Verantwortung. Münster: LIT Verlag 2004, S. 219-231.

6. „Technik und Handeln: Wie soziales Handeln sich auf menschliches Verhalten und technische Abläufe verteilt" wurde zusammen mit Ingo Schulz-Schaeffer verfasst und ist zuerst erschienen in W. Rammert, Schulz-Schaeffer, I. (Hrsg.): Können Maschinen handeln? Frankfurt/M., Campus 2002, S. 11-64.

7. „Verteilte Intelligenz im Verkehrssystem: Interaktivitäten zwischen Fahrer, Fahrzeug und Umwelt" ist zuerst erschienen in der Zeitschrift für wirtschaftlichen Fabrikbetrieb 97 (2002), S. 404-408.

8. „Gestörter Blickwechsel durch Videoüberwachung? Ambivalenzen und Asymmetrien soziotechnischer Beobachtungsordnungen" wurde 2002 ver-

fasst und ist zuerst erschienen in Leon Hempel, Jörg Metelmann (Hrsg.): Bild – Raum – Kontrolle. Videoüberwachung als Zeichen gesellschaftlichen Wandels. Frankfurt/M: Suhrkamp 2005, S 342-359.

9. „Nicht-explizites Wissen in Soziologie und Sozionik: Ein kursorischer Überblick" war ein im Auftrag des Bundesministeriums für Bildung und Forschung an das Forschungsinstitut für anwendungsorientierte Wissensverarbeitung (FAW) in Ulm vergebenes Gutachten, das im Abschlussbericht „Management von nicht-explizitem Wissen: Noch mehr von der Natur lernen" in Teil 3 im März 2001, S. 113-147 broschiert veröffentlicht worden ist.

10. „Die Zukunft der künstlichen Intelligenz: verkörpert – verteilt – hybrid" ist ein bisher unveröffentlichtes Manuskript aus dem Jahr 2002.

11. „Computer und Gesellschaft: Vom Kommandieren anonymer Rechenknechte zur Interaktivität mit persönlichen Agenten" ist zuerst in der Beilage „Computer und Gesellschaft" der Neuen Züricher Zeitung Nr. 113 vom 18./19. Mai 2002, S. 57 erschienen.

12. „Hochtechnologien in der öffentlichen Wahrnehmung oder: Was Laien lernen können, wenn Wissenschaftler sich streiten" ist zuerst erschienen im Jahrbuch 2000/2001 des Wissenschaftszentrums Nordrhein-Westfalen, Düsseldorf 2001, S. 119-126.

13. „Zwei Paradoxien einer innovationsorientierten Wissenspolitik: Die Verknüpfung heterogenen und die Verwertung impliziten Wissens" ist zuerst erschienen in Soziale Welt 54, Heft 4, 2003, S. 483-508.